རིན་སྤུངས་ཀྱི་ལོ་རིམ་མེ་ལོང་།

仁布年鉴

2017

（总第1卷）

中共仁布县委员会
仁布县人民政府 主办
仁布县地方志办公室 编

方志出版社
Publishing House of Local Records

数字仁布 2016

辖区面积：2124.11平方千米

年末常住人口：35397人

地区生产总值：5.03亿元

第一产业：9515万元

第二产业：22455万元

第三产业：18316万元

全社会固定资产总额：7.2亿元

全社会消费品零售总额：6600万元

地方公共财政预算收入：3004万元

工业总产值：6678.11万元

招商引资到位资金：1000万元

农牧民人均可支配收入：6589.4元

县委书记　张晓培

县委副书记、县长　次仁顿珠

县委副书记、人大常委会党组书记、主任　达娃卓玛

县政协党组书记、主席　旦　增

2016年9月11日，班禅额尔德尼·确吉杰布在仁布县开展佛事活动期间与仁布县领导班子合影

2016年7月23日，武警西藏总队政委肖阳忠（左五）到仁布县慰问结对帮扶寺庙僧尼

2016年5月4日，西藏自治区常务副主席丁业现（前排左二）到仁布县考察精准扶贫产业项目

2016年3月20日，西藏自治区人大常委会副主任、日喀则市委书记丹增朗杰（中）到仁布县日龙布村农业合作社检查指导工作

2016年6月24日，黑龙江省佳木斯市人大常委会副主任、总工会主席董琨（二排右四）到仁布县中学开展爱心助学活动

2016年7月20日，西藏自治区人大常委会副主任李文汉（右二）到仁布县调研精准扶贫工作

2016年8月27日，西藏自治区副主席、区教工委书记房灵敏（左二）到仁布县中学检查指导工作

2016年3月6日，西藏自治区政协副主席金世洵（左三）到仁布县政协考察

2016年8月11日，黑龙江省高级人民法院院长石时态（前排右四）到仁布县人民法院调研对口援藏工作

2016年6月7日，日喀则市委书记张延清（左一）到仁布县强钦寺管委会检查党建工作

2016年8月10日，西藏自治区宣传部副部长、文明办主任仁青罗布（左二）到仁布县检查指导工作

2016年8月18日，西藏自治区纪委常委、监察厅副厅长、正厅级纪检员巴桑卓玛（左一）到仁布县康雄乡检查指导工作

2016年6月15日，西藏自治区国税局局长胡苏华（前排左二）到仁布县国税局检查指导工作

2016年5月11日，西藏自治区高级人民法院副院长米玛次仁（左二）到仁布县人民法院检查指导工作

2016年9月23日，国家督学、厦门市人民政府教育督导室原主任陈江汉（前排右一）到仁布县督导检查验收义务教育均衡发展工作

2016年11月17日，日喀则市人大常委会副主任尼玛仓（左二）到仁布县调研

2016年8月29日，仁布县新一届县委常委合影

2016年8月29日，中国共产党仁布县第九次代表大会全体代表合影

2016年8月31日，仁布县第十三届人民代表大会第一次会议新当选人大班子对宪法宣誓

2016年7月1日，仁布县庆祝建党95周年暨“先、优”表彰大会

2016年9月22日，仁布县民族团结表彰大会合影

2016年11月9日，仁布县召开2016年财政预算工作会议

2016年12月15日，召开2016年全县信访工作专题会

2016年9月7日，日喀则市第十四届珠峰文化旅游节、仁布县第五届江嘎尔藏戏文化旅游节开幕式

2016年9月8日，江嘎尔藏戏文化旅游节物交会

2016年9月8日，江嘎尔藏戏文化旅游节藏戏表演

2016年9月8日，首届仁布玉女杯旅游形象大使大赛

仁布墨玉

康雄乡细褐羊毛织品

康雄酥油花

查巴乡特色菜籽油

藏鸡合作社养鸡场

横跨雅江两岸的仁布大桥

措拉嘎布神山

仁布火车站站台（仁布火车站始建于2009年底，2014年9月通车）

门曲河畔青稞地

编辑说明

一、《仁布年鉴》自2017年开始编纂，每年出版1卷，2017年卷为第1卷。

二、《仁布年鉴》以马克思列宁主义、毛泽东思想、邓小平理论、“三个代表”重要思想、科学发展观和习近平新时代中国特色社会主义思想为指导，始终坚持“实事求是、质量第一、存史资政、服务大众”的办鉴宗旨，全面、系统、翔实地记述仁布县上一年度政治、经济、文化、社会等各项事业的基本情况，为社会各界与国内外人士了解和研究当今仁布县提供翔实资料。

三、《仁布年鉴》分为正文与彩页两部分。正文采取分类编辑法，以类目、分目、条目为主要框架结构，个别包含多方面资料的条目，则在段落间加插楷体标题提示，方便读者查阅全书。

四、《仁布年鉴（2017）》载录仁布县2016年经济社会发展的基本资料，设有特载、综述、大事记、政治、武装、法治、经济管理、社会事业、城市建设·环保、交通·通信、金融、乡（镇）概况、附录等内容，通过这些内容，可以为人们了解仁布县、认识仁布县提供一个全新的窗口。

五、《仁布年鉴》的编辑宗旨，在于求真务实，力求真实生动地反映仁布县在改革开放和现代化建设中取得的崭新成就。

六、《仁布年鉴》所提供的内容和数据，分别来自于仁布县各有关部门和乡（镇）人民政府，经各级领导审核，但由于口径与统计方法不同，恐有不一致之处，使用时应以县统计局提供的数据为准。

《仁布年鉴》编辑部

2017年11月1日

《仁布年鉴》编纂委员会

《仁布年鉴》编辑部

图书在版编目（C I P）数据

仁布年鉴. 2017 / 仁布县地方志办公室编. -- 北京：方志出版社，2017.10

ISBN 978-7-5144-2598-7

Ⅰ. ①仁… Ⅱ. ①仁… Ⅲ. ①仁布县 – 2017 – 年鉴
Ⅳ. ①Z527.54

中国版本图书馆CIP数据核字(2017)第260549号

仁布年鉴（2017）

编　　者：仁布县地方志办公室
责任编辑：王　俊

出 版 人：冀祥德
出 版 者：方志出版社
地址　北京市朝阳区潘家园东里 9 号（国家方志馆 4 层）
邮编　100021
网址　http://www.fzph.org
发　　行：方志出版社图书经销中心
电话（010）67110500
经　　销：各地新华书店
印　　刷：河南匠心印刷有限公司

开　　本：889 × 1194　　1/16
印　　张：24.5
字　　数：437千字
版　　次：2017年10月第 1 版　　2017年10月第 1 次印刷
印　　数：001 ~ 500册

ISBN 978-7-5144-2598-7　　定价：350.00元

目 录

特 载

综 述

大事记

政　治

中共仁布县委员会

仁布县人民政府

仁布县人民代表大会常务委员会

中国人民政治协商会议仁布县委员会

中共仁布县纪律检查委员会（监察局）

武 装

仁布县人民武装部

仁布县公安消防大队

武警仁布县中队

法 治

仁布县公安局

仁布县人民检察院

仁布县人民法院

仁布县司法局

经济管理

仁布县发展和改革委员会

仁布县财政局

仁布县国土资源局

仁布县商务局

仁布县安全生产监督管理局

仁布县国家税务局

仁布县工商行政管理局

仁布县旅游局

中国石油天然气股份有限公司西藏日喀则销售分公司仁布加油站

社会事业

仁布县民政局

仁布县人力资源和社会保障局

仁布县民族宗教事务局

仁布县卫生局

仁布县食品药品监督管理局

仁布县文化广播电影电视局

仁布县农牧局

仁布县科学技术局

仁布县扶贫开发办公室

仁布县林业局

仁布县水利局

仁布县教育（体育）局

切洼乡

姆乡

仁布乡

帕当乡

然巴乡

普松乡

查巴乡

附 录

彩页目录

特 载

中国共产党仁布县第九届委员会新当选县委书记讲话

县委书记 张晓培

（2016年8月29日）

刚刚闭幕的仁布县第九次党代会，选举产生了中共仁布县第九届委员会和仁布县纪律检查委员会。刚才，县委九届一次全委会又选举产生了新一届县委常委会和书记、副书记，通过了中国共产党仁布县纪律检查委员会第一次全体会议的选举结果的报告、中国共产党仁布县第九届委员会第一次全体会议选举结果。在此，我代表新一届县委常委会，对各位委员的信任和支持表示衷心的感谢！

新一届县委领导班子，受命于“十三五”规划开局之年的重要时期，肩负着“贫困人口全部脱贫，全面建成小康社会”的历史使命，肩负着市委、市政府寄予的厚望，肩负着仁布3.5万群众对我们的期待，我们深感任务艰巨，责任重大。从现在起，新一届县委就要开始履行自己的职责，同全县广大干部和人民群众一道，踏上全面建设富裕、民主、文明、和谐仁布的新征程。我们每一位委员一定要倍加珍惜时代给予的机遇和舞台，倍加珍惜组织赋予的信赖和重托，倍加珍惜全县党员和干部群众寄予的期望和支持，倍加珍惜当前的大好发展机遇，视信任为责任，视责任为使命，务实创新，实干担当，顽强拼搏，扎实工作，出色完成县九次党代会确定的目标任务，向党和人民交上一份满意的答卷。借此机会，我代表新一届县委班子讲几点意见，与大家共勉。

一、讲政治、顾大局

政治坚定是合格领导干部的必备条件，善谋全局是成熟领导干部的重要标志。我们必须坚定不移地同以习近平同志为总书记的党中央保持高度一致，全面贯彻党的路线方针政策，认真执行中央、区党委、市委的决策部署，始终保持政治上的清醒和坚定，始终站在全局的高度谋划事业，尽心尽责地完成好各项工作任务。要把政治坚定摆在首位，旗帜鲜明，针锋相对地反对十四世达赖集团分裂破坏行径，在大是大非上头脑清醒，在方向原则上立场坚定，坚决维护中央权威，坚决反对分裂，维护祖国统一，加强民族团结，确保边疆安全、边防巩固。县委作为全县各项事业的领导核心，要善于把方向、抓大事、管全局，集中精力抓好带有全局性、战略性和前瞻性的重大问题。我们各位委员都要站在党和人民的立场，从全局着眼想问题、作决策、干工作，提高县委的决策质量和工作水平；要坚决服从组织决定，自觉围绕全县大局开展工作，把本职工作放到稳定发展的大局中去考虑，推动县委决策更好的落实。

二、讲纪律、守规矩

坚持党要管党、从严治党，坚持纪在法前、纪严于法，坚持惩前毖后、治病救人，坚持问题导向、分级负责。运用监督执纪“四种形态”，即党内关系要正常化，批评和自我批评要经常开展，让咬耳扯袖、红脸出汗成为常态；党纪轻处分和组织处理要成为大多数；对严重违纪的重处分、做出重大职务调整应当是少数；而严重违纪涉嫌违法立案审查的只能是极少数。真正把党的政治纪律、组织纪律、廉洁纪律、群众纪律、工作纪律、生活纪律立起来、严起来、执行到位，作为中共仁布县第九届委员会委员，要带头遵纪守法，带头遵守《仁布县干部职工管理办法（试行）》和“十条规矩”。

三、讲责任、重落实

执行就是水平，落实就是能力。未来五年规划已经制订，目标和任务已经明确。能否把宏伟蓝图变成现实，关键看落实。中共仁布县第九届委员会不管在任何时候、任何情况下，都要带头以《党章》、党的各项纪律和规矩为根本遵循，审视我们的党性和大局意识、核心意识特别是看齐意识，严守组织纪律，决不允许在贯彻落实上打一丝折扣、搞一点变通。一定要坚决贯彻执行上级的决策部署，踏踏实实干事，不空谈、不唱高调，不做表面文章，不搞形式主义，走出办公室，深入基层一线，俯下身子、放下架子，一心一意抓落实，切实做到事事有人抓、事事有落实、事事见成效。

四、讲奉献、有作为

当前，仁布县四项任务是维护稳定、灾后重建、精准脱贫、产业发展。中共仁布县第九届委员会要立足于仁布实际，认真践行科学发展观，大力实施“教育强县、农牧稳县、旅游兴县、产业立县”的发展战略，团结带领全县干部群众朝着宏伟目标迈出坚实步伐。蓝图已经绘就，方向已经明确，剩下的就是实干、巧干和拼命干。“空谈误国、实干兴邦”。我将以科学发展观和正确的政绩观为指导，大胆创新、开拓进取、敢闯善为，努力开创工作新局面。这次党代会，科学规划了未来五年的发展蓝图，制订了“2018年摘掉贫困县帽子，2020年全面建成小康仁布”的宏伟目标，这是对全县3.5万群众的庄严承诺，也是新一届县委的重大历史责任。要实现这一宏伟目标，必须坚持以经济建设为中心，抓住发展这个执政兴国的第一要务，不畏艰难，扎实苦干，全力推动经济社会长足发展和长治久安进程。

五、讲团结、聚合力

“人心齐、泰山移”。团结是各项事业成功的根本保证。能不能搞好团结，是衡量和检阅领导班子和领导素质高低、党性强弱的重要标志。团结出向心力，出战斗力，出凝聚力，出号召力，也出生产力，更出干部。作为中共仁布县第九届委员会委员，一定要认真贯彻落实习近平总书记“加强民族团结，建设美丽西藏”的重要指示精神，像爱护自己的眼睛一样珍惜和维护班子团结，像珍爱自己生命一样珍视团结，坦诚相待、真诚相处，互相尊重、互相关心、互相信任、互相支持，大事讲原则，小事讲风格，形成同心同德、同向同行、共谋发展、齐促稳定的强大合力。要坚持集体领导、民主集中、个别酝酿、会议决定，进一步完善和遵守县委全委会、常委会议事规则和重大事项请示报告制度，严守纪律，按规矩办事，凡是涉及全局和长远发展的重大问题都要集体讨论、集体决定，不断提高科学决策、民主决策、依法决策水平。

六、讲廉洁、树形象

一个受群众拥护的班子，必定是勤政为民的班子，必定是清正廉洁的班子。新任的每一名县委委员必须树立正确的权利观、地位观、利益观，克己自律，清正务实，真心实意为民办实事解难事谋利益。

要坚持廉洁自律。清廉关系人心向背、关乎党的生死存亡，是对每一位党员领导干部的现实考验。作为中共仁布县第九届委员会委员，要牢记立身不忘做人之本，时刻警醒为了谁、依靠谁、我是谁。要牢记用权不谋一己之私，认真落实“两个责任”，严格执行廉洁自律各项规定，每位同志都要更加自重、自省、自警、自励，以身作则、率先垂范，以实际行动维护党的先进性和纯洁性。

要弘扬良好作风。良好作风是勤政为民的基石，是领导干部的人格力量。结合“两学一做”学习教育、“三严三实”专题教育，作为中共仁布县第九届委员会委员，工作期间要带头佩戴党徽、带头挂牌上岗，敢于亮明身份，以中共党员身份为荣，带头树立起说办就办、马上就办、办就办好的工作作风。要牢记党的根本宗旨，自觉践行党的群众路线，时刻把群众的利益放在第一位，带头深入实际、深入基层，多到矛盾突出的地方去，多到困难多的一线去，想办法、理思路、解难题，始终保持艰苦奋斗的作风；要坚持求真务实的工作态度，树立起正确的政绩观，自觉尊重客观规律，不做表面文章、不急功近利，集中精力研究解决改革发展稳定中的重大问题，集中精力研究解决群众生产生活中的紧迫问题，集中精力研究解决党的建设中的突出问题，多干打基础、利长远的实事，一步一个脚印地做好工作、取得实效，努力形成务实、清廉、高效的作风氛围。

各位委员、同志们，我们面临的任务光荣而艰巨，肩负的使命崇高而神圣。全县人民对我们新一届县委寄予了殷切希望，让我们更加紧密的团结在以习近平同志为总书记的党中央周围，同心同德、开拓创新、真抓实干、求真务实、攻坚克难、勇于担当，为全面实现第九次党代会确定的目标任务而努力奋斗，在全面建成小康仁布进程中展示新风采，创造新业绩，续写新辉煌！

政府工作报告

——在仁布县第十三届人民代表大会第二次会议上

仁布县人民政府县长 次仁顿珠

（2017年3月26日）

一、2016年工作回顾

2016年在自治区党委政府、市委市政府和县委的坚强领导下，我们团结带领全县各族人民，贯彻落实中共十八大、十八届三中、四中、五中、六中全会和中央第六次西藏工作座谈会精神，学习贯彻习近平总书记系列重要讲话及自治区第九次党代会精神，贯彻落实市委一届五次全会精神和县委九次党代会精神，落实市委“6677”总体发展思路和县委“教育强县、农牧稳县、产业立县、旅游兴县”战略，大力发扬珠峰精神，围绕既定目标，扎实做好各项工作，圆满完成了县十二届人大十次会议确定的各项目标任务，全县经济社会持续保持又好又快发展势头，实现了“十三五”良好开局。

——综合实力持续提升。2016年，面对复杂繁重的改革发展稳定任务，我们迎难而上、主动作为、砥砺前行，全县经济社会发展实现预期目标。全县实现地区生产总值5.03亿元，同比增长9.24%。地方一般公共财政预算收入完成3004万元，同比增长45.83%。全社会固定资产投资完成7.2亿元，同比增长20.17%。社会消费品零售总额达6600万元，同比增长27%。农牧民人均可支配收入达到6589.4元，同比增长9.5%。各项税收达2716万元，同比增长75.56%。金融机构各类存贷款额达7.07亿元。各项指标创历史新高。

——农牧业发展持续加快。农业产值实现7958.7万元，同比增长42.22%，林业产值实现101.34万元，同比增长47.4%；农林牧渔服务业产值实现1101.26万元，同比增长0.36%。全年粮油总产量1538万公斤；蔬菜总产量468.4万公斤，饲草总产量303.3万公斤，粮、经、饲种植比例调整为79.6：16.9：3.5。开工建设帕当乡、查巴乡、康雄乡12000亩高标准基本农田。引进推广“藏青2000”“喜拉22号”高产脱毒马铃薯等良种种植，种植面积达4.25万亩。发放农机具627台（部），农机覆盖率达60%。全年新生仔畜27267头（只、匹），出栏39020头（只），牲畜免疫率达100%。实施“娟姗牛”人工冻配奶牛改良工程，全年改良奶牛512头。全年劳务输出26787人次，创收8294.16万元。康雄乡亚德细褐羊毛制品基地荣获全国科普示范基地奖，普松乡白仲村筘子制作技术示范基地和切洼乡普纳村蔬菜种植示范基地荣获自治区科普示范基地奖，仁布县被评为2016—2020年全国首批科普示范县，6名群众被评为“科普惠农兴村计划”农村科普带头人。

——项目建设持续加大。全年共实施项目162个，其中续建项目16个，新建项目72个，计划外项目74个，投资总额达14.88亿元。接待客商60余人次，洽谈项目15个，签订光伏、种植业、饮用水、矿产业等项目意向合同7个，协议引资到位资金1000万元。完成4.25灾后重建防洪项目和小农重点项目等一批水利重点项目，总投资达1.2亿元。续建新建一批交通重点项目，总投资达4.34亿元。

新增公路里程65.29公里，新增硬化路面10.42公里。全长95.5公里的仁帕沥青路基本建成通车，彻底解决了乡乡通油路难题；全长13.7公里的康雄乡则拉村公路基本建成，解决了全县最后一个行政村通达难题。挂牌成立西藏仁布神湖旅游开发有限责任公司。“雍泽绿观相湖”景区游客服务中心完成终验，景区道路全线贯通。嘎布久嘎生态民俗旅游村顺利评为国家AAA级旅游景区，游客服务中心主体建设及景区基础设施建设投入使用，仁布县旅游商品展销厅开张营业。圆满举办第五届江嘎尔藏戏文化旅游节，首届仁布玉女杯旅游形象大使大赛引起广泛关注。

——城乡面貌持续改善。完成县城总规修编和9个乡镇小城镇建设总体规划，启动城市景观风貌规划编制工作，全面推进老城区市政基础设施改造，新区布局加快建设。建成新区防洪堤工程，启动新区神湖路、环山路建设。续建公租房100套，开工建设120套。完成县直周转房建设48套，续建乡镇干部职工周转房378套。以拍卖和挂牌方式完成县城新区商业街两批次土地出让工作，共出让土地25宗，面积达22239.68平方米，成交价1896万元，已交保证金485万元。积极开展县城机关事业单位环卫分片包街工作制，有效推进县城净化美化。德吉林镇、查巴乡被列为全国重点乡镇，康雄乡茶村被列为全区唯一的全国散居型试点村庄。

——民生事业持续进步。全面打响精准扶贫攻坚战，有效实施“九个一批”工程，全年实现297户1582人脱贫。开工建设产业扶贫项目7个，带动106户496人创业增收；开工建设易地搬迁项目380户，拨付资金6063.87万元；开工建设德吉林镇特色小城镇等5个灾后重建项目，完成投资3100万元；开展“订单式”培训，培训人数达240人，创收143万元；全年实现生态脱贫896人，完成计划的191%；全县社会兜底保障达362户1279人；1851名干部职工结对帮扶建档立卡户2317户，送出慰问金共计125.45万元；8家企业与24个重点贫困村建立帮扶机制，实施项目8个，带动20人就业；建立扶贫援藏机制1项、就业扶贫援藏1项、培训建档立卡贫困人口23人。中小学教育质量持续提升，顺利通过国家义务教育均衡发展评估验收。县中学考取内地西藏班、区内外重点高中、中等职业学校人数持续增加。全年大病统筹基金支出达839.08万元，门诊统筹基金支出达6.51万元。全年完成城乡居民物理体检34494人，基础疫苗接种率和国家扩大免疫疫苗接种率分别达99%以上和98%以上。藏医特色科室建设取得显著成效，切洼乡卫生院成功研制了藏药药浴“五味甘露”治疗法。计划生育各项优惠政策有效落实，“三项扶助”资金力度不断加大。对口援藏省市医疗单位捐赠药品和医疗器械价值达61万元。全年城镇居民、职工参加“五大保险”人数达24390人次，征缴基金达2302.34万元。完成危房改造82户，拨付补助资金123.39万元；争取农村危房改造项目294户，补助资金达441万。发放城镇、农村低保资金总额达479.4万元，发放困难家庭医疗救助资金247.32万元，发放特殊困难群众临时救助资金108.08万元，兑现低保家庭高龄老人等特殊人群补贴资金总额达208.33万元。“五保供养”标准由每人每年4400元提高至4740元。文化“五下乡”活动有效开展；“村村通”“户户通”覆盖率达98.8%。完成全县文物普查巡查和资料收集整理工作；喇嘛玛尼新入选自治区级非物质文化遗产。孤儿集中收养和流浪乞讨人员教育帮扶工作得到加强；儿童妇女工作上台阶；有效服务军队和支持国防建设。

——社会治理持续深化。有效推进安全生产工作，开展建筑施工领域等各类检查42次，查处各类安全隐患74处，下达整改指令53份，整改率达100%。全力做好食品药品安全工作，开展食品药品专项检查65次，督促整改150余条。全面加强源头管控，认真做好疫情防控工作。扎实开展结核病等防治工作，加强学校等公共场所传染病防控。认真开展寺庙管理和僧尼服务工作，全力做好“128”接待服务工作，积极推进利寺惠僧政策落实。评选表彰县级和谐模范寺庙12座、爱国守法先进僧尼237名，市级和谐模范寺庙4座、爱国守法先进僧尼130名。有效贯彻自治区十项维稳措施，全面推进城镇网格化管理，全面加强各类矛盾调解化解工作，围绕“10+2”任务，有效开展“先进双联户”评选创建活动，促进社会治理。全面落实铁路护路联防工作各项机制，认真开展铁路护路联防工作。积极开展民族团结进步创建活动，切洼乡开发区成功申报民族团结进步示范点。全面加强流动人口服务管理工作，切洼公安一级检查站“过滤网”和“护城河”作用明显。

——生态建设持续推进。有效推进环境保护网格化管理，严格环评项目审批，大力开展砂石厂整治，增强企业环保意识。完成仁布村、江新村、祥巴村、萨达村、孔培村等5个行政村自治区级生态村创建工作。有效实施门曲河源头治理工程、农村饮用水水源地保护项目、县域自来水厂水源地保护项目。大力实施薪材替代、太阳灶工程，提高农牧民家庭生活能源薪材替代率。大力开展植树造林工程，完成拉日铁路仁布段、拉萨周边、防沙治沙封育等重点区域造林共计1519.84公顷。开展县城新区、单位院区、嘎布久嘎游客接待中心绿化工作，推进同江林卡基建改造升级。加强湿地保护，建成帕当乡孔培湿地公园。认真做好野生动物肇事补贴和生态公益林补偿工作，共计兑现资金326.7万元。落实草原保护政策，兑现草原生态保护补助奖励机制资金356.06万元，兑现草原监督员资金21.6万元。强化国土执法监察，全力推进矿产资源工作。

——政府建设持续加强。严格落实“一减四压”要求，全面规范“三公经费”使用。全面规范资金管理使用、规范公车管理使用、规范商租房租金管理，全面整顿干部职工差旅报销。全年共办理人大代表议案128件、政协委员提案121件，有效解决了一批群众关心的热点难点问题。严格落实党风廉政建设责任制工作要求，严肃整饬庸政、懒政、怠政现象，大力整治不作为、乱作为、慢作为现象，坚决惩治腐败现象，以实实在在的作风转变促进机关效能全面提升，有力推动了中央八项规定精神和区党委“约法十章”“九项要求”落地生根，推动了“两学一做”学习教育深入开展，推动了“讲学习、讲忠诚、正风纪、转作风、提效能”主题活动取得实效。

各位代表！取得这样的成绩，是因为我们始终坚持把党委领导、政府主导作为推进工作的根本保证，把问题导向、精准发力作为推进工作的关键所在，把解放思想、改革创新作为推进工作的重要动力，把作风建设、干部管理作为推进工作的重要途径，把提升服务、优化环境作为推进工作的重要抓手，把强化督查、倒逼责任作为推进工作的重要保障，通过改善软环境和发展硬设施，全力破解制约经济社会发展的瓶颈问题、提升开放水平。

各位代表！成绩来之不易，这是以习近平同志为核心的党中央特殊关怀的结果，是区市党委、政府大力支持的结果，是黑龙江省人民无私援助的结果，是县委坚强领导的结果，是全县干部群众团结拼搏、共同奋斗的结果。在此，我代表县人民政府，向坚持奋战的各位干部职工和辛勤劳动的广大农牧民群众，向无私对口支援的黑龙江省人民，向给予政府工作大力支持的各位人大代表、政协委员，向无私奉献的全体武警官兵和政法干警，向所有关心、支持和参与仁布发展的社会各界人士，表示诚挚的感谢和崇高的敬意！

各位代表！成绩令人欢欣鼓舞，但我们也清醒地看到，仁布县经济社会发展与市委、市政府和县委的要求，与全面建成小康社会的目标，与全县广大农牧民群众的期盼相比，还有一定差距，还存在一些困难和挑战。一是发展基础薄弱。城乡基础设施还不完善，具有全局支撑性、基础保障性、整体带动性的大项目开工不足，发展短板问题依然突出，一些农牧区面貌长期得不到根本改善，部分农牧民生活比较困难，脱贫攻坚任务繁重。二是发展动力不足。农牧业发展水平偏低，机械化程度依然不高，农牧业生产方式落后的现状没有得到根本改变；农牧民合作社产业化水平低、规模小，品牌效应没有形成，市场竞争力不强，财政增收压力较大。三是发展意识不强。一些干部群众思想解放不够，仍不同程度地存在小富即安、封闭保守和“等靠要”思想，一些党员干部担当精神欠缺、发展意识不强、创新能力不足，干事创业的氛围不够浓厚。四是发展面临的挑战依然严峻。反分裂斗争依然尖锐复杂，反渗透、反破坏、反自焚任务依然十分艰巨，意识形态领域安全依然不能放松，社会治安工作依然不能懈怠松劲，驻村驻寺工作依然需要加强。

挑战与机遇并存，危与机可以相互转化。在看到问题的同时，也面临许多难得的发展机遇和有利条件，我们要把握好发展机遇、利用好发展条件、挖掘好发展潜力。一是发展区位优越。仁布县扼守日喀则市东大门，地处“拉萨——山南——日喀则核心经济圈”黄金节点位置，境内多神山圣湖、名寺古刹，为打造三市1小时经济圈、生活圈、旅游圈提供了得天独厚的条件。二是发展机遇宝贵。仁布县在日喀则市推进实施国家“一路一带”战略建设和对外开放战略布局中具有重要地位，随着市委“6677”发展思路的深入实施，为仁布县扩大开放、提速发展、长治久安提供了难得的发展机遇。三是发展政策优惠。中央第六次西藏工作座谈会给予了西藏诸多特殊优惠政策，灾后重建、脱贫攻坚等惠民富民政策的深入实施以及黑龙江省对口支援全方位、宽领域、多层次推进，为仁布县实现长足发展、科学发展提供了坚强后盾；中央对西藏的转移支付和项目支持力度逐年递增，给予西藏特殊优惠金融政策持续加大，金融机构向仁布县授信资金持续增加，为我们提速发展、跨越发展提供了充裕的资金保障。四是发展战略明确。县委在综合分析仁布县经济社会发展阶段性特征和着眼如期实现全面建成小康社会百年奋斗目标的基础上，科学提出了“四大发展战略、四项重点任务”，为仁布县今后各项工作开展指明了方向、明确了路径、提供了遵循。五是发展环境优化。社会局势长期保持和谐稳定，全县各族干部群众干事创业、致富奔小康的热情持续高涨，为仁布县争先进位、跨越发展营造了良好的发展环境，更增强了我们做好各项工作的信心和决心。我们要增强改革意识、机遇意识、发展意识、担当意识、危机意识，坚定做好各项工作的信心和决心，全力推动全县经济社会长足发展和长治久安。

二、2017年工作安排

2017年政府工作总体思路是：以邓小平理论、“三个代表”重要思想、科学发展观为指导，认真贯彻中共十八大、十八届历次全会精神、中央第六次西藏工作座谈会精神，学习贯彻习近平总书记治国必治边、治边先稳藏重要战略思想和加强民族团结、建设美丽西藏的重要指示，坚持依法治藏、富民兴藏、长期建藏、凝聚人心、夯实基础的重要原则，贯彻落实自治区第九次党代会精神、市委一届五次全委会精神，按照市委“6677”总体发展思路，瞄准全面建成小康社会宏伟目标和建设和谐文明幸福美丽仁布总目标，坚持提速跨越、又好又快工作总基调，

全面落实县委经济工作会议部署要求，大力实施“教育强县、农牧稳县、产业立县、旅游兴县”四大发展战略，坚决做好“维护稳定、灾后重建、精准脱贫、产业发展”四项重点任务，发扬“珠峰精神”，攻坚克难，抢抓机遇，乘势而上，努力开创仁布长足发展和长治久安新局面，为与全国全区全市一道全面建成小康社会打下更加坚实的基础。

2017年全县经济社会发展的主要目标是：地区生产总值增长16%以上；地方一般公共财政预算收入增长45%以上；全社会固定资产增长50%以上；社会消费品零售总额增长19%左右；城镇居民人均可支配收入增长11%以上；农村居民人均可支配收入增长17%以上；居民消费价格增长控制在4%以内，城镇登记失业率控制在3%以内。

实现上述奋斗目标，我们要以不进则退的危机感，时不我待的紧迫感，舍我其谁的使命感，以更大的决心、更严的要求、更高的标准，更加积极有为地破解发展面临的各种难题，更加积极主动地抓好以下重点工作：

（一）积极推进农牧稳县战略，着力实现协调发展。要围绕“调结构提品质增效益”目标要求，坚持把产业化作为引导农牧业发展的战

略方向，把提升科技种植养殖水平作为农牧业发展的最大潜力，把增加农畜产品附加值作为农牧业发展的着力点和着眼点，把提高农牧民收入作为根本出发点和落脚点，把推进耕地、草地等生产资料合理流转、有效聚集作为农牧业产业化发展的有效路径，把延长和完善产业链作为推进农牧业发展的重大举措，全面激活各类资源要素、生产要素、市场要素，发展壮大各方市场主体，推动农牧业走规模化生产、市场化运作、品牌化发展。要坚持因地制宜，充分结合各乡镇海拔光照、气候温度、地形状况、水源供给等条件，大力发展高原特色有机种植业、养殖业、农畜产品加工业。在地势平缓、耕地相对集中的地方大力实施标准方田项目建设，开展耕地整平、土壤改良，形成稳定的高产青稞种植示范基地，建设仁布“粮仓”；在海拔较低、水资源较丰富的地方大力实施蔬菜温棚项目建设，形成高产高收的蔬菜、瓜果种植示范基地，建设仁布“菜园”；在耕地分散、水源较好的地方大力实施牲畜育肥项目建设，形成稳定的饲草供给基地和农畜产品保障基地，建设仁布“畜牧产品生产车间”。今年要继续推广优质马铃薯高标准栽培技术示范种植基地建设、红颜草莓示范种植基地建设、蜜蜂养殖示范基地建设、藏香猪养殖示范基地建设。完成江嘎灌区、强钦灌区、查巴乡贡热玛友灌区等配套项目与节水改造工程，开工建设康年灌区工程、普松乡曲米嘎姆水库；积极开展切洼乡奴水库、姆乡水土保持等两个重点水利项目前期工作。实施600亩“藏青2000”二级种子良种田建设；示范推广1.8万亩“藏青2000”和2万亩“喜拉22号”种植；示范推广2000亩脱毒马铃薯种植。积极开展现代农业示范园区建设，在姆乡、帕当乡、查巴乡、仁布乡、德吉林镇、切洼乡创建“千亩千斤”示范田，在康雄乡、普松乡、然巴乡创建“百亩千斤”示范田。特别是要做细做实做足青稞增产工作，确保生产区每亩增产50斤。继续做好仁布县5个“娟姗牛”配种点人工冻配落实工作，实现黄牛改良“0”突破。积极推进高标准农田建设，提高农机化作业率。今年要完成然巴乡德米村肉羊标准化养殖场、查巴乡曲参村绵羊标准化养殖场、德吉林镇当雄村肉羊标准化养殖场等项目建设。要进一步做好土地确权工作，鼓励群众将耕地、草场以转包、出租、转让等多种形式向种粮大户、专业合作社、龙头企业流转，发展多种形式的规模化种养殖业，释放更多剩余劳动力。大力发展观光农牧业，推动农牧业与旅游业深度融合发展。

（二）积极推进脱贫攻坚工作，着力实现共享发展。到2018年脱贫摘帽任务和到2020年实现贫困对象“三不愁”“三保障”“三有”目标，完成全县2332户10277人如期脱贫任务，是我们与市委市政府签订的“军令状”，是全面建成小康社会的底线任务，是我们向全县人民做出的庄严承诺。我们要举全县之力攻坚克难、集全县之智脱贫攻坚。要按照“宜农则农、宜牧则牧、宜商则商、宜游则游”的原则，因地施策、因人施策，统筹做好产业带动脱贫、易地搬迁脱贫、生态补偿脱贫、发展教育脱贫、社会兜底脱贫、转移就业脱贫、医疗救助脱贫、金融扶持脱贫、灾后重建脱贫、援藏脱贫、党建脱贫各方面工作，充分发挥各方面政策的叠加聚合效益，全力完成今年610人脱贫任务。要强化领导责任、强化资金投入、强化部门协同、强化社会参与、强化任务落实，坚决完成全年369户1810人易地扶贫搬迁任务，年底前实现635户2991人搬迁群众入住。继续开展“订单式”培训，与各乡镇或技能培训组织（单位）签订“精准扶贫技能就业促进协议书”，全力促进建档立卡户贫困群众就近就便、不离乡不离土就业；继续通过采取“三级一批”方式，加大对建档立卡贫困户失业青年再就业技能培训，特别是汽车驾驶、装载机、挖掘机等方面技术培训，努力实现“培训一人、就业一人、脱贫一户”。完成7个已开工扶贫产业项目建设，争取实施一批计划内精准扶贫产业项目建设。加快灾后重建新建项目开工建设，力争年底前完成全部重建任务。

（三）积极推进产业立县战略，着力实现内生发展。要坚持把产业发展作为有效提高群众收入和实现充分就业的有效途径，作为加快经济结构调整和推进城乡一体化发展的重要举措，作为推进城镇化建设和全面建成小康社会的固本之举，作为实现全县经济社会长足发展和长治久安的治本之策。要主动融入“拉萨——山南——日喀则核心经济圈”，努力在三市经济发展大棋盘中找准产业发展新定位、在三市产业发展大趋势中打造产业发展新高地、在三市错位发展大格局中构建产业发展新优势、在三市互补发展大融合中实现产业大发展。要加快“十三五”期间计划内产业项目实施，努力营造百业发展、百态兴旺的良好氛围。要积极营造高效的服务环境、公平的竞争环境、公正的法治环境、亲商的人文环境，构建“亲”“清”新型政商关系，以良好的发展软环境助力招商产业落地生根、开花结果。按照仁布县产业发展规划，继续做好招商引资工作。要继续加大对亚德细褐纺织品、帕当六玄琴制作、普松乡白仲村筘子制作、德吉林镇奴日村藏靴制作、亚德翠玉民族手工艺等合作社组织扶持力度，努力推动形成品牌效应，打造特色产业发展明星企业。今年要认真做好意向性合同商洽工作，尽快推动光伏项目、种植业项目、饮用水项目开工建设，尽早投产营运、见到成效。要积极探索通过PPP等多种模式，全年争取实施产业项目12个以上，融资资金7050万元以上，实现受益群众734人以上。

（四）积极推进项目规划建设，着力实现联动发展。要把项目建设作为推进经济社会发展的“牛鼻子”，作为群众增收致富的“加速器”，作为实现全面建成小康社会的“助推器”，积极引导项目建设向制约全县经济社会发展的“短板”领域倾斜、向长期“欠债”的民生领域倾斜。要根据全县经济社会发展的战略方向、优先领域，进一步抓好项目谋划、完善项目储备。要加快推进仁布县“十三五”规划盘子内项目建设，积极争取盘子外项目落地。坚持规划引领储项目、千方百计招项目、竭尽全力上项目，把加快推进教育领域项目建设作为优先领域，全面改善教学条件和教学水平；把加快实施医疗卫生领域项目建设作为重要领域，全面提升卫生系统医疗服务水平；把加快和完善基础设施建设作为关键领域，全面提升县道绿化率、乡道硬化率、村道通畅率。今年要完成康雄乡中心小学教师周转宿舍、普松乡小学附属幼儿园、查巴乡吾米村幼儿园、帕当乡萨达村、萨嘎村、切洼乡奴达村等项目建设，开工建设查巴乡查巴村、玉拉村、贡热村、曲参村、帕当乡孔培村、姆乡祥巴村、苦龙普村、苦龙达村、切洼乡切洼村、杰雄村、康雄乡帕加村等13个行政村教学点幼儿园等项目。完成县藏医院、县疾病预防控制中心建设，开工建设县重大动物疫情应急物资储备及冷链设备建设项目等工程。完成康雄乡油路岔口至塔热村公路建设，德吉林镇明珠桥梁改建工程，开工建设康雄乡茶村至普松乡白仲村乡道、康雄乡卡洛自然村至陈村村道、切洼乡国道318岔口至扎西林村火车站公路建设。大力发展客运线路，建设帕当乡孔培村等5个客运站停靠点，基本建成了通达73个行政村、通畅9个乡镇、通往5个县（区）的网络交通体系。以交通大发展全面促进生产全要素优化配置、促进生产资料优化聚集、促进生产方式优化提高。

（五）积极推进旅游兴县战略，着力实现开放发展。要坚持“特色、精品、高端”的导向，按照“人无我有、人有我优”的发展思路，充分发挥仁布县区位地理优势、自然禀赋优势、人文资源优势，完善基础设施、优化服务管理、打造特色品牌。要加强区域合作，进一步整合全县旅游资源和提升旅游服务水平。要积极实施“走出去”战略，积极推动仁布旅游线路融入日喀则东环线和雅江之旅环线，深挖旅游潜力、整合旅游资源，打造精品旅游线路。要坚持以市场为导向，加大旅游产品开发和宣传、打造旅游知名品牌。要大力发展特色民俗文化，围绕古寺名刹、古墓古壁画、古村古树做文章、挖文化、找特色，开辟更多旅游支点、塑造更多旅游景点、打造更多旅游亮点。重点做好“雍泽绿观相湖”景区、嘎布久嘎生态民俗旅游村宣传推广工作。积极做好玉器、藏香、酥油花、细褐商品等民族手工业产品包装宣传工作，进一步丰富旅游消费产品。要完善仁布县旅游基础设施建设，积极推进仁布至浪卡子通县油路建设。要全面加强文物保护和利用工作，继续做好文物普查巡查和资料收集整理，建立文物保护长效机制；要全面加强非遗保护工作，深入开展非遗项目收集，积极做好非遗申报工作，实施非遗“走出去”战略，建立健全非遗保护奖励机制。充分围绕观光旅游，打造“吃、住、行、游、购”一条龙服务。今年完善雍泽绿神湖和嘎布久嘎生态民俗村各项基础设施建设和后续管理，做好景区人员培训和市场对接工作；加大宗奴生态度假村的开发建设，打造萨达民俗生态旅游村和强钦寺朝圣旅游项目建设；加快“卡日圣山风景名圣区”与萨达村打造成生态观光区；完成灾后寺庙修复工程，特别是要做好切洼乡嘎布久嘎寺灾后重建工作和康雄乡查雄寺维修及附属工程建设。

（六）积极推进教育强县战略，着力实现均衡发展。要坚持把发展教育作为经济社会发展的先导、作为阻断贫困群众代际传递的治本之策，作为人才兴县、人才强县的固本之举，作为脱贫扶智的有力抓手。要继续加大对教育事业的投入，全面完成和巩固“五个100%”工作要求。全面加强中小学校长队伍、教师队伍、教研队伍建设、全面提升教研水平、全力支持创建精品课程，打造校园特色文化，鼓励和支持各中小学学校推进内涵式发展，积极创建全市一流中小学。要继续改善各乡镇中心小学办学条件，特别是海拔较高乡镇的办学条件，推动师资力量合理流动，实现教育资源均衡发展。要大力发展学前教育，优化教学点设置，加强学期专业教师配备，提升幼儿入园率和双语教育覆盖面。要继续加大对高校贫困大学生的帮扶力度，全面提升中高院校就读率。同时，要引导和支持民营企业开展各类职业技术教育和技能培训，加快建设一批便于各类人群就近就便就业的受训基地建设、实用技能培训基地建设、创业孵化基地建设，努力满足各类人员就业创业需要，实现技能创收、技艺致富。

（七）积极推进生态文明建设，着力实现绿色发展。要牢固树立“绿水青山就是金山银山、冰天雪地也是金山银山”的意识，坚定不移实施“六城共建”战略；坚决摒弃先污染后治理的思想，决不能以牺牲生态环境作为代价发展经济，坚定不移推进美丽仁布建设。要着眼推进生态文明各方面制度建设，研究探索在生态保护区域内，统筹建立生态保护和建设、区域经济发展和民生改善协调共生体制机制，在尊重自然、保护自然、顺应自然中，实现有效保护与合理开发、生态恢复与群众创收的良性发展、循环发展。要严格落实“党政同责、一岗双责、失责追责”工作要求，推进环境保护三级网格化管理，压实县、乡、村三级环保责任。把环保要求贯穿经济社会发展全过程、贯穿城乡一体化建设全过程、贯穿项目建设全过程，加大资源开发和重大开发建设规划的环评工作，严把环境准入、产业准入和资源准入关，严肃查处违法违规行为。大力开展县城环境卫生整治、砂石厂和砖厂整治；从快从重查处污染排放问题，大力加强环境监察力度，全力做好迎接中央环境保护综合督察工作。坚持因地制宜，尊重自然、保护第一，全力提升荒山滩涂绿化率、城镇村居绿化率、农田耕地绿化率，大力开展植树造林工程、封山育林工程、湿地保护工程，大力实施经济林工程，大力实施沙漠化荒漠化治理工程、交通道路绿化走廊工程、河沟流域治理工程，大力推进草原生态保护和草原生态补偿奖励机制工作。今年要重点实施好拉萨周边造林绿化工程、县防沙治沙工程、康雄乡年布沟泥石流建设项目、然巴乡强热沟＃2泥石流建设项目、查巴乡强热沟＃1泥石流建设项目。继续做好9处农村引用水水源地保护项目。继续做好野生动物肇事赔偿工作、退耕还林还草工作；大力推动城市净化建设、乡村绿化建设、村居美化建设，积极做好全国重点镇和村庄规划试点申报工作。

（八）积极推进维稳综治工作，着力实现和谐发展。要坚持目标导向、坚持问题导向，健全预防和化解社会矛盾体制，健全社会稳定风险排查机制，健全公共安全管理体系，健全应急管理体系，推动维护稳定工作法治化、规范化、科学化、精细化、信息化。要坚持把安全生产作为经济社会发展必须守住的底线、红线、高压线，以对党和人民高度负责的态度，全力推进安全生产工作，绝不要带血的GDP。要强化安全生产领域领导和管理，完善各类安全生产事故应急预案，压实县乡村三级安全生产目标责任，坚决防止重安排、轻落实，重排查，轻整治，重形式、轻实效的现象，使安全生产各项要求真正严起来、实起来，各项工作真正执行到位、落实到位。要积极做好安全生产宣传教育，提高全民安全生产意识。要继续开展建筑领域专项整治，坚决遏制施工不规范、建筑材料不合规、材料价格不合理、安全措施不到位以及拖欠民工工资等问题。要全面加强食品药品监管，积极推进食品药品网格化建设，建成县乡村三级网格监管模式。大力开展各类食品药品专项检查，确保群众用药安全。要加强对食品的流通管理，完善流通环节监管措施，确保全程监管，把好从生产加工到餐桌每一道环节关口，确保舌尖上的安全。加强重大疫情管控，强化源头管理。要全面加强寺庙管理，要深入贯彻党中央关于民族宗教工作的方针政策，全面提高新形势下宗教工作水平；继续开展寺庙“六建”“六个一”“九有”“一覆盖”等利寺惠僧工程建设；继续开展“一创建”评选工作，全面改善僧尼修行条件和生活条件；要继续开展僧尼免费体检和免费送医送药活动，加大僧尼大病救助力度，让广大僧尼进一步感受到党和政府的关怀与温暖；要认真做好寺庙管理和僧尼服务工作，有序开展各类传统佛事活动；要积极开展寺庙法治教育，增强僧尼国家意识、法律意识、公民意识，积极引导藏传佛教与社会主义社会相适应，发挥寺庙教化群众、维护稳定方面的积极作用。要全面加强维稳管控，积极落实自治区维稳十项措施落实。要积极开展各类形式的平安创建工作，全面加强社会治理创新，加强群防群治队伍建设，创新社会管理网。扎实推进“1+10+X”网格化管理体系建设，整合社会管理职能部门资源和力量，做好基层矛盾纠纷排查化解和社会治安突出问题整治工作，形成资源共享、事务共商、活动共办的“3＋X”管理服务模式。完善便民警务站职能，压实各乡镇派出所责任，落实“一村一警”建设任务，靠实“双联户”户长职责，推进县、乡、村、联户四级网格化管理体系建设。发挥县、乡、村、联户四级温馨调解室（站）作用，加强矛盾纠纷排查调处，构建人民调解、行政调解、司法调解相互衔接的大调解工作格局。

三、政府自身建设

全面建成小康社会责任重大、使命光荣，争先进位时间紧迫、任重道远。我们要以开展“两学一做”学习教育，“讲学习、讲忠诚、正风纪、转作风、提效能”主题活动和“深化五项教育、增强五个意识”主题活动为契机，把党的领导贯彻到政府建设的方方面面，努力建设人民群众满意的政府。

（一）推进法治建设。按照“法无授权不可为、法定职责必须为”要求，坚持依法行政、依法治县，积极打造法治化、便利化的营商环境。推进决策科学化民主化法治化，推进干部廉政建设，推进政府廉洁建设，自觉接受人大、政协、社会和舆论监督，及时办好各类议案提案。

（二）抓好效能提升。要站在转变工作职能和提升服务水平的高度，全力推进政府部门效能建设。认真做好简政放权各项工作，推动政府权力清单公示公开。简化审批程序，提升服务质量，推行更加便捷的“一站式”服务模式。开展行政领域专项整治，杜绝不作为、乱作为、慢作为等现象。

（三）加强作风建设。坚决贯彻执行中央八项规定精神和区党委“约法十章”“九项要求”，严格按照《仁布县干部职工管理规定》要求，转变工作职能、改进工作作风，加强干部管理、强化干部监督，推进机关单位作风建设、提升服务水平。依法推进政府信息公开，充分利用广播电视、政府LED显示屏等宣传平台、仁布新闻等微信网络，及时传递政务信息，回应社会关切，提升政府公信力。

（四）强化督导检查。加强政府工作落实督查力度，建立专项工作督办制度，构建管用高效的政府工作督办体制机制。特别是要进一步分解、细化市委和县委争先进位考核内容，形成单位考核清单；明确检查考核时限和责任分工，强化督办落实和效能问责。

各位代表！回顾过去，我们豪情满怀；展望未来，我们信心百倍！让我们更加紧密地团结在以习近平同志为核心的党中央周围，在县委的坚强领导下，在人大的高效监督下，按照县委经济工作会议的决策部署，坚定信心、积极进取、主动作为、开拓创新，以优异的成绩迎接党的十九大胜利召开！

仁布县人民代表大会常务委员会工作报告

——在仁布县第十三届人民代表大会第二次会议上

仁布县人民代表大会常务委员会主任　达娃卓玛

（2017年3月26日）

一、过去一年的主要工作

2016年，是仁布县全面实施“十三五”规划的开局之年，也是人大工作不断改进和发展的重要一年。在县委的坚强领导和县政府的大力支持下，我们始终高举中国特色社会主义伟大旗帜，以邓小平理论、“三个代表”重要思想、科学发展观为指导，全面贯彻落实中共十八大、十八届历次全会和中央第六次西藏工作座谈会精神，以及自治区第九次党代会和市委一届三次全委会、县委第九次党代会等重要会议精神，深入学习贯彻习近平总书记系列重要讲话精神，始终坚持党的领导、人民当家做主、依法治国有机统一，紧紧围绕“十三五”规划的全面实施，严格按照市委“6677”战略部署，坚持县委“教育强县、农牧稳县、旅游兴县、产业立县”工作思路，依法行使职权，积极开展工作。一年来，共听取审议“一府两院”工作报告12个，开展专题调研3次，集中视察3次，作出决议决定23项，决定和批准任免国家机关工作人员65人次，选举新一届县乡人大代表459名，较好的完成了县委确定的各项任务，为加快推进仁布县依法治县进程，实现经济社会又好又快发展作出了新的更大贡献。

（一）严把换届纪律，确保人大换届选举依法有序进行

——主动作为，把党的领导贯穿始终。人大常委会紧跟国家相关法律法规，贯彻中央和区党委关于县、乡人大换届选举的部署，严格按照选举办法实施细则、代表法实施细则、人事任免办法和乡镇人大工作条例的相关规定，及时确定选举时间、代表名额、常委会组成人员名额，保障县乡人大换届选举工作依法依规进行。一是成立以县乡党委书记挂帅的人大换届选举领导机构，专门指定安排73名驻村工作队队长担任县乡镇选区换届领导小组组长，抽调县、乡（镇）、村共700余人充实换届工作专班，形成纵向到底、横向到边的组织领导体系。二是全县9名县级干部全程参与，成立9个督（指）导小组，深入开展“走百家、访千人”的活动，把宣传阵地摆在田间地头、大街小巷，形成全覆盖立体式宣传网络，使换届工作家喻户晓、人人皆知、深入人心，最大限度夯实群众基础。三是采取集中培训、送教上门、以会代训、发放指导手册、编印工作推进表等形式，加强乡镇领导干部、换届工作人员教育培训，让他们学深吃透政策法规，确保自身过硬。累计开展培训21场、400余人，为有序推进换届工作提供了有力支撑。四是县乡村三级全员动员，及时梳理上届人大代表名额、比例构成、履职情况和人大、政府领导班子职数设置；及时开展代表人选和选民参选率摸底等工作，建立相关台账10余份，做到情况清、底数明，为顺利启动换届工作提供翔实依据。五是按照便于县乡换届选举同步进行，便于选民参加选举和了解代表候选人，便于代表联系选民开展活动、接受监督的原则，以居住地为单位，全县共登记选民23869人，划分县乡选区202个，按照每个选区1~3名代表，合理确定县乡代表名额459名。县乡两级人大换届选举工作于3月底启动，8月底顺利完成，选民参选率达到97%以上。

（二）改进监督工作，着力增强人大监督工作取得实效

——*按照宪法和法律规定，加强行政司法监督*。一是强化行政监督，促进依法行政。依法听取和审议“一府两院”工作报告，充分吸纳人大代表的意见和建议，对报告进行修改和完善，根据审议情况作出决议决定；依法审查和批准计划报告、预算报告、审计报告，切实保证计划、预算编制的合法性、科学性和有效性。依法听取和审议年度计划、预算执行情况报告、财政决算报告、预算调整报告，有针对性地提出全县经济社会发展存在的问题及意见，增强了计划、预算执行的完整性和严肃性，对重点建设项目进行审查，对部分重大项目的资金拨付和使用情况进行跟踪检查，强化了预算约束，规范了财政管理。二是强化司法监督，促进公平正义。依法听取和审议“两院”工作报告，旁听重点案件的开庭审理工作；结合司法体制改革先后开展对县人民法院审判工作的专项监督检查，对县人民检察院民事行政诉讼案件等方面的监督检查，要求“两院”在审判、执行工作和检察监督案件中，提高审判质量和效率，针对存在的问题提出意见建议，督促“两院”不断规范司法行为，有力推动了司法改革，共同维护公平正义。县人民代表大会闭会期间，常委会坚持有计划地听取和审议“一府两院”及其有关职能部门专项工作报告20余个，充分履行工作监督职责。

——*围绕县委中心工作，广泛开展视察监督*。仁布县人大常委会围绕中心工作，坚持完善执法检查程序和形式，采取常委会牵头、县乡两级人大代表上下联动、人大代表参与的方式，按照听取相关部门汇报，深入实际、深入基层、深入群众，了解和掌握群众最直接、最现实的热点、难点问题，发现问题及时提出意见建议。一年来，分别对8乡1镇的精准扶贫、中小学均衡教育发展、乡村道路交通三大问题开展了三次视察监督工作，共30余名代表参加了视察，发现了59项问题和意见、建议，整理归纳后及时转交县人民政府办理。视察监督工作中发现的问题得到了有效的解决。县人大常委会还指定一名副主任，全程参与全县政府采购，还根据常委会工作分工情况，联系各自分工单位对招投标及项目验收等事宜积极履行人大监督职能。

——*认真执行代表法，切实支持保障代表依法履职*。一是保证代表执行代表职务。确保代表出席人民代表大会，审议和表决各项议案、报告。保证代表知情权和知政权，组织代表参加执法检查、专题调研和专项视察，为代表审议好议案和报告创造了有力条件。二是强化代表的履职能力。根据换届后新配备的县乡人大干部业务不精，新当选的县乡人大代表履职能力不强这一实际情况，组织县、乡两级人大代表，以《选举法与选举工作》以及如何提高人大代表建议、议案质量及办理质量和代表履职能力等为内容，由常委会各副主任亲自授课，举行了为期两天的业务培训。同时，解决每个乡镇人大代表培训经费各1万元，乡镇人大代表培训全覆盖。使他们的业务水平和履职能力有了较大的提高。三是增强代表议案建议办理实效。常委会从交办、办理、督办三个环节采取措施，综合运用代表参与督办、经常性督办、专项督办询问等方式，保证代表议案建议件件有回音、有落实、有实效。在仁布县第十二届第十次会议和十三届一次会议上代表提出意见、建议共288件，经县人大常委会主任会议研究梳理确定后，及时召开仁布县议提案交办会议，交由政府系统办复。通过县政府有关部门的努力，代表提出意见、建议问题，在规定时限内均进行办理和答复。人大常委会重视加强对重点建议的督办，适时开展了办理答复跟踪检查，代表满意率均有所上升。

（三）坚持依法依规原则，把好人事任免工作关

——始终把坚持党的领导作为人大工作的灵魂，紧紧围绕县委中心工作依法履职。依法任免国家机关工作人员，是宪法和法律赋予人大常委会的一项重要职责，是人民当家做主的组织保证和行使管理国家政治权力的体现。县人大坚持党管干部原则与严格依法任免的有机统一，充分发挥民主，严格遵守程序，认真做好人事任免工作。一年来，常委会共依法任免国家机关工作人员65名。一是把好任前考察关，增强人大依法任免的严肃性。对“一府两院”提请的任命人员，严格按照《中华人民共和国地方各级人民代表大会和地方各级人民政府组织法》等规定的条件进行任免。二是严格任免程序。在坚持党管干部原则下，按照干部德、能、勤、绩、廉、以德为先的要求，依法行使人事任免权。三是加强对任命人员的任后监督，推行任职宣誓制度，适时听取有关工作汇报，把对工作的监督和对任命人员的监督结合起来，规范行使任免权，保证了国家机关工作的正常运转和有效推进。

（四）正确引导信访工作，提高信访工作水平

——始终坚持正确引导信访工作作为人大工作的出发点，做好人大信访各项工作。人大信访工作是加强“一府两院”监督的重要方式，也是了解社情民意、关心群众疾苦、帮助解决困难的重要渠道，常委会把处理好群众信访问题放到维护人大形象、发挥人大作用、构建和谐仁布的高度上来，进一步建立健全人大信访工作责任制，变上访为下访，无论常委会领导下乡，还是组织代表视察调研，都不忘了解群众的实际困难，倾听群众的声音，反映群众的意见和建议，把一些上访隐患消除在萌芽状态。信访数量比起以往有所下降。同时加强信访督办，认真做好来信来访的受理、交办、转办和催办工作。截至目前，共接到来信1件，比去年总次数下降了50%。

（五）坚持规范管理，全面加强自身建设

——围绕主题活动，扎实开展党建和党风廉政建设。县人大常委把个人自学与集中学习结合起来，扎实开展“两学一做”学习教育和“讲学习、讲忠诚、正风纪、转作风、提效能”主题活动，积极履行党风廉政建设主题责任和监督责任，认真贯彻执行《关于新形势下党内政治生活的若干准则》和《中国共产党党内监督条例》，严格按照中央八项规定精神和区党委“约法十章”“九项要求”，积极配合县委做好巡视巡查工作和财务监督工作，全面推进常委会党建和党风廉政建设工作。带头践行社会主义核心价值观、保持积极健康生活方式，自觉做到党规党纪面前知敬畏守规矩，保持良好精神状态、积极为党的事业担当作为。真正提高认识，找到差距，明确努力方向。

各位代表！仁布县十三届人大常委会所取得的成绩，得益于县委的正确领导和全县各族人民的高度信任，得益于市人大常委会的有力指导，得益于“一府两院”协同配合和县乡人大及其常委会的大力支持，得益于人大代表、常委会组成人员和全体工作人员履职尽责、辛勤工作。在此，我谨代表仁布县十三届人大常委会向大家表示崇高的敬意和衷心的感谢！

总结一年来的工作，取得了一定的成绩，也存在诸多不足。主要表现在：监督工作的力度还有待于进一步加强，特别是对预算调整的监督和常委会审议意见落实情况的监督还缺乏力度；对代表的培训教育力度不够；对乡镇人大工作的指导主动性和针对性不强；对代表建议、批评和意见办理的督办力度还应进一步加大；对“两学一做”和主题教育活动中整改措施落实还不够深入等等。在今后的工作中，我们高度重视这些问题，虚心听取代表和各方面的意见，自觉接受监督，不断加强和改进各项工作。

二、2017年主要任务

2017年是实施“十三五”规划的重要一年，是仁布县全面推进各项工作、向全面建成小康社会阔步迈进的关键一年。我们必须毫不松懈地维护社会稳定，全面贯彻落实中共十八大、十八届历次全会、自治区第九次党代会、市委一届五次全委会和区、市“两会”精神，坚持党的领导、人民当家做主、依法治国有机统一，紧紧围绕市委“6677”总体思路和县委“四大战略”布局，加强对“一府两院”的监督，维护宪法和法律权威，依法行使职权，积极开展工作。

（一）始终坚持党的领导，确保人大工作政治方向。继续在强化理论武装上下功夫，把党的各项方针政策、部署要求学习贯彻好深入学习贯彻党的十八届六中全会精神，深刻领会好习近平总书记对新形势下加强和规范党内政治生活、加强党内监督做出的总体部署，提出的一系列新思想、新观点、新要求，坚决落实全会通过的“一准则一条例”，进一步增强“四个意识”，特别是核心意识、看齐意识，自觉地在思想上、政治上、行动上与以习近平同志为核心的党中央保持高度一致，坚决维护党中央权威，切实把党的十八届六中全会精神学习贯彻好；深入学习贯彻自治区第九次党代会精神和市委第五次全委会、县委第九次党代会精神，充分认识当前形式、准确把握战略定位、全面明确目标任务，切实把市委的指示要求和县委的决策部署贯彻落实好；深入开展好“两学一做”学习教育，把学习党章党规和习近平总书记系列重要讲话精神与学习贯彻区、市重要会议精神结合起来，与推进县委“四大战略”总体发展思路结合起来，立足实际，抓好抓实“深化五项教育、增进五个意识”主题活动。

（二）立足人大机关的职能作用，依法行使好职权。充分发挥人民代表大会制度的优越性，按照党对人大工作的要求，把握人大工作定位，根据宪法和法律赋予人大的立法权、监督权、重大事项决定权和任免权，切实发挥好人大的职能作用。一是围绕中心、突出重点、增强实效，加强和改进监督工作。综合运用法定监督形式，进一步发挥监督发现问题、解决问题、改进工作的效能。围绕精准扶贫、环境保护、产业发展、灾后重建、项目建设等重点工作，适时开展代表集中视察监督、执法监督。及时听取审议相关工作的专项报告并审议。二是坚持党管干部原则与人大依法行使选举任免权的有机统一，进一步完善选举任免工作程序和表决方式，保证党组推荐人选通过法定程序成为国家权力机关的领导人员。通过资格审查、任前考试、履职承诺、宪法宣誓、履职评议等方式，进一步加强和规范人事任免程序，增强被任命人员的法律意识和公仆意识。

（三）充分发挥人大代表作用，夯实人大工作的基层基础。代表工作是人大工作的基础，县乡人大在我国政权建设中具有独特的基础性作用。必须坚持尊重代表的主体地位，不断创新代表工作机制。切实增强代表履职能力，使代表工作更富生机活力。要以落实宪法和法律赋予地方各级人大及其常委会的职权为根本，不断强化县乡人大的组织建设、制度建设和能力建设。一是提升代表履职能力。按照代表法的规定，开展至少两次县乡人大代表的培训；一次区内考察和一次集中视察活动。二是丰富代表履职平台。依托“人大代表之家”建设，密切代表与群众的联系，推进代表联络、履职平台建设，推动代表活动和建议向社会公开，丰富代表闭会期间的履职活动，促进代表工作常态化。三是强化代表建议工作。推行常委会领导领衔重点项目督办代表建议的机制，建立代表建议办理激励机制，推动代表建议办理工作由“重答复”向“重落实”转变。四是推动基层人大建设。认真贯彻落实区党委《关于加强县乡人大工作和建设的实施意见》精神，从规范机构设置、加强工作力量、增强履职能力等方面，协调指导县乡人大的规范化、标准化建设。进一步明确和规范代表选举、人大会议、重大事项、监督工作、人事任免、代表工作等的履职内容和工作职责，促进履职行为规范化、代表活动经常化。

（四）准确把握人大工作定位，深化推进常委会自身建设。始终坚持思想政治建设不放松，深入学习贯彻中共十八大、十八届三中、四中、五中、六中全会精神和习近平总书记系列重要讲话精神，进一步坚定“四个自信”，提升“四个意识”，坚决贯彻中央大政方针、市委指示要求和县委决策部署，切实把思想和行动统一到县委的具体工作要求上来。始终坚持理论学习不放松，健全学习制度，拓展学习内容，不断提升大局观念、法治思维和履职能力；加强调查研究和理论研究，注重总结基层经验，广泛汇集各界智慧，为常委会审议决定提供参考依据和民意基础。始终坚持作风建设不放松，严格执行从严治党各项纪律和规定要求，深入开展好“两学一做”学习教育，抓好“深化五项教育、增进五个意识”主题活动，进一步巩固和拓展学习教育成果。始终坚持规范化建设不放松，全力协助县委抓好中央、区、市党委关于进一步加强和改进人大工作相关要求，督促和指导基层人大提高履职能力，加强自身建设，进一步夯实人大工作基础。

各位代表，全面深化改革、推进发展稳定对法治建设提出了新的更高的要求，人大工作责任重大、使命光荣。让我们紧密地团结在以习近平总书记为核心的党中央周围，高举中国特色社会主义伟大旗帜，以邓小平理论、“三个代表”重要思想、科学发展观为指导，深入践行党的群众路线教育实践活动。在县委的坚强领导下，团结和依靠广大人民群众，坚定信心、锐意进取、扎实工作，为建设和谐文明幸福美丽的仁布而不懈奋斗，以优异成绩迎接党的十九大胜利召开！

扎实工作 积极进取 为推动政协工作上台阶而努力奋斗

——在政协第二届仁布县委员会第一次会议闭幕会上的讲话

政协党组书记、主席 旦 增

（2016年6月24日）

政协第二届仁布县委员会第一次会议，在市委、市政府以及市政协的指导下，县委、县政府的领导下，经过全体委员和与参会同志的共同努力，圆满完成了各项议程，今天就要胜利闭幕了。

会议期间，大家听取了县委书记的重要讲话；审议通过了县政协常委会工作报告和提案工作情况的报告；列席了仁布县第十三届人民代表大会第一次会议，听取了县人民政府县长次仁顿珠同志所作的《政府工作报告》和其他报告；会议通过了有关决议；并选举产生了县政协新一届领导班子。会议自始至终洋溢着团结、民主、奋进、和谐的气氛，是一次民主求实、催人奋进的大会，也是一次聚精会神谋发展、凝心聚力促和谐的大会。在这里，我代表仁布县政协，对大会的圆满成功，对新产生的县政协二届委员会表示热烈的祝贺！

四年来，全体政协委员认真履行三大职能，切实做到政治协商有创见、民主监督有实效、参政议政有成果，为仁布县的改革发展稳定发挥了重要作用。与此同时，政协履行职能的制度化、规范化、程序化建设扎实推进，政协自身建设进一步加强，为新一届政协工作打下了良好的基础。这次换届，县一届政协部分领导同志和委员，由于年龄或工作变动原因，不再担任新一届政协领导职务和委员，他们在任期间兢兢业业，勤奋工作，为仁布县经济社会发展做出了积极贡献。在此，让我们以热烈的掌声，向光荣离任的同志表示衷心的感谢和崇高的敬意！

在此，我代表县政协就新一届政协工作的开展讲三点意见：

一、围绕中心“助发展”，在推动仁布长足发展上有新贡献

发展是第一要务。各位政协委员要把思想和认识统一到县委、县政府的中心工作和决策部署上来，把服务发展、促进发展作为分内之责，想发展大局、议发展大事、谋发展大计。

*一要善谋发展之策。*合众谋以立策，集群言以兴国。县政协和广大政协委员要牢牢把握全县经济社会发展大局，紧紧围绕打造新型产业集群、发展高效特色农业、推进生态文化旅游产业化、完善城市规划与建设等重点问题，积极开展调查研究，提出前瞻性、针对性、可操作性的意见和建议。尤其要针对精准扶贫开发、义务教育均衡发展、社会民生改善等重大课题，出主意、想办法、谏诤言，真正把精力放在对经济社会发展趋势的把握上，放在对改革发展稳定深层次矛盾的分析上，放在县委、县政府关注的大事、难事对策的研究上，当好县委、县政府科学决策的“参谋部”和“智囊团”。

*二要善优发展之境。*现代经济就是环境经济，

环境已成为经济发展的第一要素和吸引投资的核心竞争力，集中代表一个地区的发展前景和发展后劲。县政协和广大政协委员要进一步解放思想、更新观念，把营造良好的发展环境作为推动经济发展最重要的前提和基础。在继续用好建议案、提案、视察、民主评议、听政议政等有效监督形式的同时，加大对服务经济发展职能部门和执法部门的监督力度，敢于抓重点、讲真话，突出对县委、县政府重点工程项目建设、城市规划发展、及群众关注的社会热点、难点问题的监督，切实做到围绕发展抓监督、搞好监督保发展。

*三要善聚发展之力。*实现仁布科学发展、跨越发展，需要举全县之力、集各方之智。县政协和广大政协委员要充分发挥联系广泛、人才荟萃的优势，不断探索新途径、新方法。同时，政协组织要进一步加强与各界人士包括新的社会阶层人员的沟通与联系，整合不同的社会资源，聚合各界人士的感情，把上上下下的思想统一起来，使县委、县政府对形势的正确判断成为社会各界的共识，把方方面面的智慧和力量凝聚起来，使县委、县政府的科学决策转化为社会各界的实际行动。形成聚精会神谋发展、全力以赴促转型的强大合力，促进全县经济社会发展在新的起点上实现新跨越。

二、协调关系“促和谐”，在促进仁布和谐社会建设上有新作为

人民政协是党和政府联系群众、团结群众的纽带和桥梁，在构建和谐社会中具有特殊重要的作用。我们要坚持把发扬民主、增进团结、协调关系、化解矛盾作为履行职能的重要着力点，努力为促进政党关系、民族关系、宗教关系、阶层关系的和谐发挥积极作用。

*一要充分发扬民主，为构建和谐仁布夯实政治基础。*人民政协是各种意见和建议进行交流、交锋、交融的重要平台，是对重大问题协商求同的重要途径。作为政协组织，要切实尊重各民主党派、工商联、人民团体和各界人士的民主权利，坚持平等协商、民主议事的原则。努力畅通反映各种意见的渠道，使他们的意见和建议充分表达，愿望和要求充分反映，智慧和才干充分集中，努力营造肝胆相照、荣辱与共、平等参与、相互尊重的氛围。

*二要努力化解矛盾，为构建和谐仁布奠定群众基础。*政协组织汇聚着一大批学有所长的专业技术人员及行业名人，他们不仅代表本界别群众参政议政，而且在本界别群众中有很高的威望和影响。可以影响和引导所代表界别的群众，对于协助党和政府协调关系、化解矛盾、排忧解难，最大限度地增加和谐因素起着至关重要的作用。在这方面，政协组织要依据自身委员分布广泛、地位超脱、信息渠道畅通等优势，积极主动地向县委、县政府及有关部门把了解的信息及时反映出来，把观察、分析的问题及时警示出来，发挥“预警器”的作用。同时，政协委员还要利用自身的影响力，对一些不稳定的因素和倾向性问题，从宏观处着眼、微观处入手，认真倾听群众呼声，体察群众情绪，充分反映社情民意，广泛集中民智。尤其要关注征地拆迁、教育、住房、社保、医疗等关系群众切身利益的问题，关注城乡困难群众生产生活实际等热点、难点问题，努力配合和帮助县委、县政府处理好各种矛盾和问题，担当群众与党和政府之间的“缓冲器”。

*三要着力加强监督，为构建和谐仁布提供切实保障。*各位委员要围绕仁布改革发展稳定的大局，不断创新民主监督的方法，大力探索民主监督的途径，努力畅通反映社情民意的渠道。通过民主评议、专题视察、委员提案等方法，对国家法律法规的贯彻实施及国家机关工作人员勤政廉政等方面进行及时有效监督，推动机关行政效能建设，促进干部作风转变，为加强共产党领导的各党派间的团结合作提供切实有效的保障。

三、抓好自身“强基础”，要在提高政协履职能力和水平上有新成就

新形势下的政协工作，应不断深化对新时期人民政协工作特点和规律的认识，努力在创新中求突破、在突破中求实效，使政协工作更好地体现时代性、把握规律性、富于创造性。各位委员要在继承和发扬过去一些好经验、好做法的基础上，积极探讨履行职能的新形式新方法，进一步提高政协履职成效，使政协工作焕发出新的生机和活力。

*一要加强和改善党对政协工作的领导。*这既是做好政协工作的根本，也是提高党执政能力建设的一个重要方面。全县各党组织要按照总揽全局、协调各方的原则，切实做到思想上重视、政治上关心、组织上保证、工作上支持政协工作，坚持定期听取政协工作汇报，分析研究和解决政协工作中出现的新问题、新情况，积极探索和完善政协参政议政的各项制度，努力拓宽政协委员的知情领域，使政治协商更加畅通、民主监督更加有力、参政议政更加有效。

*二要充分发挥政协党组的核心作用。*新一届县政协党组要在继承中创新、在创新中发展，不断开创政协工作的新局面。要从全县改革发展稳定的大局出发，确定政协的工作方向和工作重点；要带头学习党的路线方针政策，带头解放思想、实事求是、与时俱进，以思想的大解放推动工作的大发展。与此同时，紧密结合工作实践，把请进来与走出去相结合，大力加强理论与实践的学习与交流，形成多途径、多形式为委员服务的格局，打造服务型机关；大力加强政协工作宣传，不断扩大政协工作影响力，建设开放型机关。

*三要切实加强委员队伍建设。*新一届政协委员既有刚当选的新委员，也有上届连任的老委员。新委员需要提高素质，老委员也要适应新的形势发展需要。因此，结合“委员履职能力提升年”“基层政协组织建设年”活动，严格按照市政协委员管理暂行规定的要求，县政协有针对性地组织好政协委员进行政治学习和业务知识培训，提高提案撰写质量，作为政协一项经常性基础工作，常抓不懈。在政协组织里大兴学习之风、调研之风、求真务实之风，不断提高自身的政治素质和政治理论水平，做到参政参在关键处，建言建在点子上。同时，希望政协不断加强制度建设，建立健全履行职能的各种制度和程序，不断提高政协工作的整体水平，让政协组织和政协委员更好地为仁布县科学发展、跨越发展服务。

各位委员、同志们，一届政协的辉煌历程，已经画上圆满句号；二届政协的光辉业绩，等待大家奋力开拓。人民政协承担的任务更加艰巨，肩负的使命更加光荣。让我们紧密团结在以习近平同志为总书记的党中央周围，深入贯彻落实科学发展观，同心同德、开拓进取，为早日建成富强、文明、生态、和谐的新仁布而努力奋斗！

锲而不舍 挺纪在前 坚定不移推进全面从严治党

——在中共仁布县九届纪律检查委员会第二次全体会议上

县委常委、纪委书记 卢继峰

（2017年3月25日）

这次会议的主要任务是：贯彻落实十八届六中全会精神、十八届中央纪委七次全会、九届区纪委二次全会和一届市纪委五次全会精神，全面总结仁布县2016年党风廉政建设和反腐败工作，安排部署2017年工作任务。刚才，晓培书记作了重要讲话，希望大家认真学习，深刻体会、抓好贯彻落实。

一、2016年工作回顾

2016年，是仁布县党风廉政建设和反腐败工作取得新的成效的一年。县委对党风廉政建设和反腐败工作旗帜鲜明、领导有力，全县各级党组织深入学习贯彻习近平总书记系列重要讲话精神，认真贯彻落实中央、区党委、市委和县委关于加强党风廉政建设和反腐败工作的各项重大决策和部署，坚持标本兼治、综合治理、惩防并举、注重预防的方针，以认真开展“两学一做”学习教育为主线，以党风廉政建设责任制为龙头，全面抓好反腐倡廉各项工作，全县上下纪律规矩意识逐步增强，党风政风持续好转，党内政治生态呈现新的气象。

（一）强化责任担当，推动主体责任落实

坚持率先垂范，履行主体责任坚强有力。县委把党风廉政建设和反腐败工作纳入到全县经济社会发展和党的建设总体布局，作为全面从严治党的重要内容，与灾后重建、扶贫攻坚、产业发展等中心工作同部署、同落实。年初，根据仁布县实际情况，县委组织召开了全县党风廉政建设和反腐败工作会议，会上与各乡镇、各县（区、中）直单位共57个单位签订了《党风廉政建设和反腐败工作责任状》，把党风廉政建设责任落实到了各分管领导，责任部门，实行一级抓一级，年终进行考核，增强了各部门和各级领导抓好党风廉政建设工作的责任感，形成了横向到边，纵向到底，上下联动的责任机制；年中，成立了以县委书记张晓培同志为组长的落实党风廉政建设责任制检查考核小组，同时，县委常委会会议先后5次研究部署全县党风廉政建设和反腐败工作，8次研究讨论案件查办工作，为促进仁布县党风廉政建设和反腐败工作的开展奠定了良好的环境和坚实的基础。

强化执纪监督，监督责任落实有力。作为党内监督专责机关，全县各级纪检监察机关在党风廉政建设和反腐败斗争中责无旁贷。按照党章和其他党内法规的要求，明确职责定位，聚焦中心任务，突出执纪审查，坚定不移从严治党，驰而不息正风肃纪，旗帜鲜明反腐惩恶。牢牢把握标本兼治、综合治理、惩防并举、注重预防的方

针，坚持把纪律和规矩挺在前面，持之以恒落实中央八项规定精神和区党委“约法十章”“九项要求”，着力解决发生在群众身边的不正之风和腐败问题，执纪监督问责工作成效显著，取得了良好的政治效果和法纪效果，为仁布县经济社会长足发展和长治久安提供了严明的纪律保证。

（二）加强学习教育，推动党规党纪贯彻执行

深入开展“两学一做”学习教育活动及“讲学习、讲忠诚、正风纪、转作风、提效能”主题活动。“打铁还需自身硬”，作为纪检监察干部，深入开展学习教育，是提升自身监察工作能力的内在要求和重要体现。按照市纪委、县委对活动的部署要求，全县纪检监察干部立足做一名敢于监督、敢于执纪、敢于问责的纪检监察干部，深入贯彻党的十八届六中全会精神，深入学习习近平总书记系列重要讲话精神，把握内涵和核心要义，坚持理论指导实践的方针，深刻把握新形势下的治国方略、治党方略，坚持问题导向，把自己摆进去，切实转变工作作风，坚定不移推进全面从严治党，把党风廉政建设和反腐败工作不断引向深入。

加强廉政文化教育。在全县县直、区（中）直52个单位580余名党员干部中开设廉政讲堂，由县委领导、县纪委、监察局、县委办、宣传部、党校等理论研究人员对《廉洁自律准则》《纪律处分条例》《问责条例》内容进行讲解宣传11次，组织全县党员干部集中观看《永远在路上》《作风建设在西藏》等廉政教育片12次，召集县直各党支部开展“讲党性、学党纪、守党规”主题讨论2次。组织全县9个乡镇、47个县直机关事业单位、73个行政村驻村工作队员共700余名党员干部职工开展《准则》《条例》考试。

（三）严肃换届纪律，全力做好县乡换届风气监督工作

坚持教育在先、警示在先。一是利用网信、微信以及移动通信短信、彩信宣传换届政策法规和换届纪律信息21条，悬挂换届纪律漫画26幅，发放宣传资料5000余份。二是组织县级领导、各单位负责人、换届工作人员、“两代表一委员”观看《镜鉴——湖南衡阳、四川南充违反换届纪律案件警示录》5次，观看人数达800余人次。

坚持监督在前、处置在前。一是在县城主要街道和各乡镇政府驻地设立县纪委换届举报箱28个，责成各乡镇纪委在所辖各行政村设立举报信箱73个，期间县纪委检查举报箱128次；牵头成立9个县乡领导班子换届风气督查小组，开展换届风气监督检查50余次；二是严格按照“十严防”要求，认真做好228名党代表、95名人大代表、87名政协委员进行资格审查，及时取消了2名不符合党代表条件的代表资格。

（四）强化监督检查，保持反腐高压态势

开展“两项资金”检查。2016年，县委先后2次召开“两项资金”监督检查会议，研究部署“两项资金”检查工作。成立了“两项资金”监督检查领导小组，对全县易地扶贫搬迁资金、灾后恢复重建资金、产业发展资金、生态补偿资金等管理和使用情况进行监督检查，有效保证了专项资金管理规范、审批规范、使用规范。

驰而不息纠正“四风”。锲而不舍落实中央八项规定精神、区党委“约法十章”“九项要求”和区纪委“十项严禁”要求，攻坚作风顽疾，驰而不息纠正“四风”。一是坚持一个节点一个节点持续发力，在重大节假日期间，通过下发通知，利用微信工作群、手机短信等平台发送廉洁过节短信等方式，重申作风建设各项规定14次；二是强化日常监督力度，紧盯重要节点。县纪委深入酒店、餐厅、农家乐、旅游景点开展明察暗访，对遵守八项规定精神，严守区纪委“十项严禁”情况检查17次，畅通监督渠道，开通“四风”问题监督举报电话，主动接受群众监督。三是改进方法，喷涂公车标识。按照市委、市纪委要求，对全县110辆公务用车进行了公车标识喷涂工作，促进了公务用车在阳光下使用，刹住了“车轮上的腐败”。四是加大通报曝光力度，县纪委及各基层单位对违反中央八项规定、违反工作纪律的党员干部通报2起6人。

持续加大惩治腐败力度。坚持有腐必反、有贪必肃，用最坚决的态度减少腐败存量，最果断的措施遏制腐败增量，始终以“零容忍”的态度惩治腐败，坚决查办领导干部严重违纪违法案件，严肃查办基层损害群众利益的案件，始终保持惩治腐败高压态势。2016年，县纪委监察局共收到问题线索9件，其中市纪委转办3件，单位受理6件。目前，了结处理7件，立案审查2件，结案率达100%。收缴违纪款上交国库113131元；进行批评教育4人、开展谈话函询1人、诫勉谈话1人、给予党纪政纪处分1人，对4名干部不廉洁行为予以全县通报。

（五）深化纪律检查体制改革，打造过硬纪检监察干部队伍

一是结合县乡党委换届，全县8乡1镇纪委配齐了纪委书记、纪委委员和纪检专干，更好的促进了乡镇纪委回归主业主责，彻底消除乡镇纪委“零办案”现象。二是建立健全《中共仁布县纪委监察局查办案件涉案款物管理规定（试行）》《中共仁布县委反腐败协调小组工作规则（试行）》《仁布县纪检监察机关工作交流协调制度》等业务工作制度，修订完善了约谈报告制度等9项工作实施办法、充实完善了县纪委常委会议事规则等11项内部管理制度，有效加强了纪检监察机关建设和纪检监察干部管理。三是注重干部培训，提高综合素质。通过采取组织培训、跟班学习、以岗代训、检查考核等方式，对各乡镇纪委书记、纪检专干进行培训。去年，共举办纪检监察业务培训班2期，培训纪检业务人员120人次，采取跟班学习方式，培训乡镇纪检机关干部11人，采取选派方式，推荐外出学习16人，有效提高全县纪检干部培训覆盖率。

2016年全县党风廉政建设和反腐败工作取得了一些成绩，这是县委正确领导的结果，是全县各级党组织对主体责任主动担当的结果，是全县纪检监察干部辛勤付出的结果，更是全县广大干部群众鼎力支持的结果。

在总结成绩的同时，我们清醒地认识到工作中仍然存在一些问题和不足：少数党组织和党员领导干部对党风廉政建设和反腐败斗争严峻复杂形势的认识不深，从严管党治党的意识不强，落实主体责任的新措施、新办法不多，传导责任压力不够，腐败问题依然多发；作风建设还停留在治标层面，长效机制还没有形成，遏制“四风”反弹的压力较大，实现常态化还任重道远。少数纪检监察干部还存在自身不硬、作风不实、能力不足等问题，难以适应新形势新任务的需要。对此，我们要高度重视，切实解决。

二、2017年工作任务

党风廉政建设和反腐败斗争只有进行时，没有休止符，全面从严治党永远在路上。年初召开的十八届中央纪委七次全会，深入贯彻十八届六中全会精神，对推进全面从严治党提出了新的要求。2017年是全面从严治党再出发的重要一年，也是落实自治区第九次党代会精神的开局之年，做好今年党风廉政建设和反腐败工作意义重大。今年工作的总体要求是：全面贯彻中共十八大和十八届三中、四中、五中、六中全会精神，深入贯彻习近平总书记系列重要讲话精神，认真落实十八届中央纪委七次全会部署，按照自治区第九次党代会、九届区纪委二次全会精神和一届市纪委五次全会安排部署，抓住严肃党内政治生活这个重点，瞄准营造山清水秀政治生态这个目标，强化党内监督，加强纪律建设，深化标本兼治，狠抓责任落实，从严管好队伍，推动全面从严治党向纵深发展，以优异成绩迎接党的十九大召开。

（一）严肃党内政治生活，夯实全面从严治党政治根基

严肃党内政治生活是推进全面从严治党的基础。党要管党、从严治党，首先要从党内政治生活管起、严起。党的十八届六中全会审议通过了《关于新形势下党内政治生活的若干准则》（简称《准则》），从12个方面提出了党组织和党员干部必须遵守的行为规范，为严肃党内生活确立了基本规范，是依规治党、从严治党的重要制度成果。全县党员干部要把学习贯彻《准则》作为当前和今后一个时期的重要政治任务。要坚持把学习《准则》与学习习近平总书记系列重要讲话特别是《习近平总书记全面从严治党论述摘编》

结合起来，与学习党章和《廉洁自律准则》《纪律处分条例》《问责条例》《党内监督条例》《巡视工作条例》等党内法规结合起来，切实增强贯彻执行的自觉性和坚定性。县纪委要加强对学习《准则》情况的监督检查，对贯彻落实《准则》不力、党内政治生活不严肃不认真、造成严重后果或不良影响的，既要追究当事人的直接责任，又要追究主体责任、监督责任和领导责任。

加大干部选任工作监督，严把选人用人政治关、廉洁关。加强对领导干部遵守政治纪律和政治规矩、廉洁纪律情况的摸底排查，完善领导干部廉政档案。严把“党风廉政意见回复”关，及时、准确做出结论性意见，防止“带病提拔”“带病上岗”。严格落实“纪检监察机关意见必听，线索具体的信访举报必查”的要求，对政治上有问题、搞团团伙伙的一票否决。围绕党的十九大代表选举以及村居“两委”班子换届选举工作，深化换届风气监督，严肃查处违反政治纪律和组织纪律的行为。

（二）严明党的纪律，坚守全面从严治党政治底线

加强纪律建设是推进全面从严治党的治本之策。习近平总书记指出，“党的纪律是多方面的，但政治纪律是最重要、最根本、最关键的纪律”。加强党的纪律建设，首要任务是严明党的政治纪律和政治规矩。各级党组织和广大党员干部要把严守政治纪律视为生命、放在首位，心存敬畏、严格遵守。必须把纪律要求贯穿于党员干部日常管理全过程，切实把党的纪律立起来、严起来、硬起来。必须牢固树立西藏海拔高但学习贯彻习近平总书记系列重要讲话精神和以习近平同志为核心的党中央决策部署标准更高，牢固树立西藏客观条件特殊但从严治党和反腐倡廉没有任何的特殊性，牢固树立西藏氧气少气压低但执行《准则》《条例》、坚定理想信念的标准不能降低。

严明组织纪律。遵守党的政治纪律，最核心的就是要坚决维护党中央权威。各个领域，各个方面都必须坚定自觉坚持党的领导，始终做到心有中央、心为中央，始终坚持同“北京时间”对表，始终坚持以党的旗帜为旗帜、以党的方向为方向、以党的意志为意志，一切工作都要按党中央号令办，一切事情都要按党中央部署要求去落实，一切成绩都要归功于党中央的英明决策。要自觉做到党中央提倡的坚决响应、党中央决定的坚决执行、党中央禁止的坚决不做，不能各行其是、各自为政，不能标新立异、另搞一套。

强化组织意识培养。教育广大党员特别是党员领导干部时刻牢记自己第一身份是共产党员、第一职责是为党工作，坚持“四个服从”，相信组织、依靠组织、服从组织，自觉接受组织安排和纪律约束，任何时候都不能游离于党组织之外，更不能凌驾于党组织之上，做到始终忠诚于组织。要加强对民主集中制、落实“三重一大”决策制度、党政主要领导不直接分管“人财物”规定、领导干部个人重大事项请示报告制度等执行情况的监督检查，坚决纠正和严肃查处“一言堂”“家长制”、重大事项、重要问题“事前不请示、事后不报告”以及我行我素、脱离组织监管等行为。严格执行党的干部人事政策，对任人唯亲、搞团团伙伙，封官许愿、跑风漏气、收买人心，为干部提拔任用打招呼、递条子等问题，一经发现、严肃查处。

（三）强化党内监督，筑牢全面从严治党政治防线

强化党内监督是推进全面从严治党的重要保障。党委监督是全方位的监督，是第一位的监督，全县各级党组织要全面履行从严治党主体责任，发挥全面监督的作用。切实加强对下级党组织和党员领导干部的监督。要注重日常监督管理，着力在抓早抓小上下功夫，发现苗头性、倾向性问题和轻微违纪问题要尽早开展提醒谈话、诫勉谈话，防止小错酿成大错。各级党委主要负责同志绝不能当“甩手掌柜”，要切实履行好第一责任人的职责，既要敢于监督、善于监督，对领导班子负总责，对下一级党组织负总责，对所管辖的单位、部门负总责，又要以身作则当标杆，以上率下作示范，层层传导压力，一级一级压实责任，确保监督责任落地生根。要重视民主监督，充分保障党员知情权、监督权，鼓励和支持党员在党内监督中发挥积极作用，对干扰妨碍监督，打击报复监督的要严肃处理。

纪检监察机关要履行好专责监督职责。纪检监察机关作为党内监督执纪的专责机关，必须坚定不移地把严明政治纪律和政治规矩作为重要职责，摆在更加突出位置，严格监督执纪，坚守责任担当，推动全面从严治党迈上新台阶。要落实好《中国共产党党内监督条例》《中国共产党问责条例》，强化权利运行制约。加强对政治纪律和政治规矩执行情况的监督检查，督促各级党组织和广大党员干部增强“四个意识”特别是核心意识、看齐意识，对那些有令不行、有禁不止，搞上有政策、下有对策，自行其是、阳奉阴违，搞团团伙伙、拉帮结派，欺骗组织、对抗组织审查的，坚决严肃查处，教育警示广大党员干部坚守政治信仰、站稳政治立场、把准政治方向。

强化对“一把手”的监督，不断加强反腐倡廉制度建设。积极探索强化对“一把手”监督的具体办法，结合案件查办和巡察监督发现的问题，查找在工程建设、行政审批等重点领域和关键环节监管上存在的缺陷和制度漏洞，进一步健全用制度管权管事管人的制度体系，推动权力在监督的环境下、在法治的轨道上运行。要抓住“关键少数”中的“关键少数”，多设置一些监督“探头”，使“一把手”置身于党组织、党员、群众监督之下。要继续加强对民主集中制、“三重一大”决策制度和党政正职不直接分管“人财物”等有关制度规定执行情况的监督检查。严肃追究违反制度规定的行为，推动制度刚性运行，把制度的笼子扎得又紧又牢。

发挥巡察在党内监督中的“利剑”作用。改进巡察工作，把被巡察单位党内政治生态情况作为重点内容，重点发现“三大问题”“六项纪律”方面存在的问题。加强对领导干部落实党的路线方针政策，坚持党管干部原则、选对人用好人等情况的巡视监督，体现“政治体检”要求。立足本届、统筹规划，确保年内完成10个县直单位、3个乡镇所辖21个行政村的巡察任务。增强巡察的针对性、实效性，对问题没见底、整改不到位的单位，及时开展“回头看”。积极探索开展“轻骑兵”“小分队”式专项巡察，瞄准问题，靶向治疗。

发挥派驻机构的“探头”作用。抓紧做好5家县纪委派驻纪检组干部选配工作，进一步明确职责权限，理顺工作关系。建立纪委常委分管、纪检监察室联系派驻纪检组的制度，加强日常管理和业务指导，发挥“派”的权威和“驻”的优势。派驻纪检组要当好“探头”，紧盯被监督单位领导班子及其成员特别是主要领导干部，紧盯被监督单位全面从严治党、党风廉政建设和反腐败工作中的重点问题。要带着实际情况和具体问题，定期向县纪委汇报工作，被监督单位党组（党委）要积极支持派驻纪检组工作，自觉接受监督。

（四）坚决惩治腐败，盯紧全面从严治党关键环节

坚决惩治腐败是全面从严治党的关键环节。当前，仁布县反腐败工作依然严峻复杂的形势没有变，坚决惩治腐败的任务也没有变。要继续保持高压态势，坚持有腐必反，有贪必肃，力度不减、节奏不变，坚决遏制腐败蔓延势头。加大对土地征收流转、农村“三资管理、支农惠农补贴、驻村办实事经费、教育“三包”、社保医保低保、生态补偿、产业扶持、精准扶贫、灾后重建资金管理使用、选人用人等重点领域、关键环节腐败案件的查处力度。深刻剖析中共十八大以来查处的典型案件，充分利用违纪党员干部忏悔录，通过党内通报、向社会公开等途径，用身边的事，教育身边的人。

准确把握运用好监督执纪“四种形态”。紧紧扭住“常态”不放，对出现违纪苗头或轻微违纪的，及时开展批评与自我批评，及时由党组织出面对其咬咬耳朵、扯扯袖子，让其红红脸、出出汗，而不能放任自流，更不能放水养鱼。要正确把握“大多数”，对违反党的纪律的行为，根据违纪行为的性质、情节及造成的后果，依据《中国共产党纪律处分条例》等党内法规及时做出党纪轻处分和组织处理。要坚决惩处“少数”和“极少数”，对构成严重违纪的党员干部，必须及时给予重处分、做出重大职务调整；如果构成严重违纪且涉嫌违法，必须果断进行立案审查。将问题线索“五类处置方式”与监督执纪“四种形态”有机结合，坚决查处严重违纪、涉嫌违法的党员干部，彰显党纪国法的严肃性，营造“不敢腐”的氛围。

坚持“零容忍”态度惩治腐败。坚持党委对反腐败工作的统一领导，加强反腐败组织协调，增强工作合力，提升执纪效率，坚决减少腐败存量，重点遏制腐败增量。聚焦政治纪律、组织纪律和廉洁纪律，坚持有腐必反、有贪必肃，不断巩固反腐败斗争压倒性态势成果。对信访举报、巡察移交和执纪审查中发现的问题线索大起底，强化执纪审查。对不收敛不收手，问题线索反映集中、群众反映强烈，现在重要岗位且可能还要提拔使用的领导干部，要重点查处。

（五）加强作风建设，抓实全面从严治党重要任务

加强作风建设是推进全面从严治党的重要内容。经过党的群众路线教育实践活动、“三严三实”专题教育和“两学一做”学习教育，全县“四风”问题得到一定遏制，但不正之风树倒根存，深层次问题还没有完全破除，“病原体”并没有根除。必须以锲而不舍、弛而不息的决心，发扬“钉钉子”精神，继续聚焦一个个重要节点，持续发力，积小胜为大胜，久久为功，带动作风的整体转变。着力防松懈、防变通、防反弹，既要经常抓、长期抓，又要严格执纪监督。把违反中央八项规定精神、区党委“约法十章”“九项要求”和区纪委“十个严禁”行为列入纪律审查重点，作为纪律处分的重要内容，严肃查处违反规定的行为，尤其是要查处顶风违纪的案件，让那些我行我素、依然故我的人付出代价。建立和完善一整套明确、便利、管用、有约束力的制度和机制，以制度规范约束党员干部的思想行为，让中央八项规定精神落地生根，推进作风建设常态化、长效化。对“四风”问题多发频发的，既要处理当事人，又要严肃追究所在单位、部门的主体责任和监督责任。要定期通报曝光违纪问题，发挥警示震慑作用。

坚决纠正损害群众利益问题。聚焦发生在群众身边的不正之风和腐败问题，严肃查处和纠正向群众摊派费用，违规收缴群众款物或处罚群众，克扣群众财物、拖欠群众欠款的突出问题，抢占掠夺、贪污挪用征地拆迁和惠农资金的严重问题；严肃处理在办理涉及群众事务时故意刁难、吃拿卡要甚至欺压群众的违纪行为，尤其是对那些胆敢向扶贫、民生款物伸手的，从严从重坚决查处，坚决遏制基层不正之风和腐败蔓延势头，切实维护群众合法权益。

驰而不息纠正“四风”。咬住“四风”问题不放松、不歇气，重点整治违规公款吃喝、违规发放津补贴、违规大操大办婚丧喜庆事宜、违规收送红包礼金、变相公款旅游、赌博等顽疾。紧盯重要时间节点和享乐奢靡问题，对顶风违纪的严惩不贷，对隐形变异问题要深挖细查，释放越往后执纪越严的强烈信号，坚决防止反弹，不断巩固和拓展纠正“四风”成果。对执纪审查对象存在“四风”问题的，先于其他问题查处并一律通报、曝光。

（六）加强党的领导，落实全面从严治党政治责任

全县各级党组织要增强主体责任意识，把管好党治好党作为最大政绩，做到聚精会神抓党建、围绕稳定谋发展，以更加坚定的态度，更加有力的措施，层层压紧压实党委主体责任。党委书记要增强“第一责任人”意识，牢固树立抓好全面从严治党是本职、不抓全面从严治党是失职、抓不好全面从严治党是不称职的理念，具体抓，抓具体，不当“甩手掌柜”；班子成员要增强“一岗双责”意识，用统筹的理念、辩证的观点，同步抓好分管工作和党的建设，做到两手抓、两手都要硬。各级纪检监察机关要履行好监督责任，把主体责任落实情况作为监督执纪的重点，认真落实述责述廉、检查考核、约谈提醒等制度，督促各级党组织及时解决党的建设特别是党内政治生活存在的突出问题。健全完善全面从严治党责任考核评价机制，科学评估党组织和党员领导干部履职情况，把考评结果记入党员领导干部廉政档案，作为考核评先、干部奖惩和选拔任用的重要依据。要用好《问责条例》这个制度利器，对党的领导弱化、党的建设缺失、从严治党责任落实不到位的，对维护党的政治纪律和政治规矩失责、贯彻中央八项规定精神不力、选人用人问题突出、腐败问题严重、不作为乱作为的，要敢于问责，定期报告问责情况，公开曝光典型问题；对不敢问责，该问不问、问责不严的党委、纪委也要问责，坚决防止问责制度虚化空转。

（七）加强反腐倡廉教育，筑牢从严治党思想防线

加大廉政教育力度。以理想信念和宗旨教育、党性党风党纪教育、法治教育、诚信教育为重点，将“深化五项教育、增进五个意识”与市委“6677”工作思路相结合，将“两学一做”学习教育与“讲学习、讲忠诚、正风纪、转作风、提效能”主题活动相结合，教育引导党员干部特别是领导干部，做到权为民所用、情为民所系、利为民所谋、难为民所解。把反腐倡廉教育纳入各级党委理论学习中心组学习内容，纳入党员干部教育培训计划，通过举办示范教育、警示教育和岗位廉政教育等各种活动，增强教育的多样性、灵活性、针对性和实效性，把培育廉洁从政价值理念贯穿于党员干部培养、选拔、管理和使用的全过程。

推进廉政文化建设。充分发挥廉政文化的熏陶、引导、渗透、影响作用，把教育与管理结合起来，立足实际，着眼长远，创新工作载体，推进廉政文化走廊建设等工作，形成整体廉政效益，做到有“基”可循，筑“实”根基，促进廉政文化教育进村入户，努力营造良好的舆论环境。

（八）建设忠诚干净担当的纪检监察干部队伍，强化从严治党重要力量

紧紧围绕全面从严治党，持续深化“三转”，全县各级纪检监察机关和纪检监察干部要牢固树立“四个意识”，保持坚强政治定力，把牢正确政治方向，站稳政治立场，坚定崇高理想信念，在政治上讲忠诚，组织上讲服从，工作上讲原则，行动上讲纪律。一是要保持高度的学习自觉，树立终身学习的理念，重视学习、加强学习、善于学习，“找立场、找观点、找方法”，做到知行合一、学以致用。二是要保持高度的担当自觉。坚守党章赋予的政治责任，在依然严峻复杂的反腐败形势面前敢于担当，在维护党的政治纪律和政治规矩上敢于担当，在矢志不渝地抓好党的作风建设上敢于担当，在坚定不移反对腐败、坚决遏制腐败滋生蔓延势头上敢于担当。要亮出执纪之剑，绷紧纪律之弦，加强对党员干部的日常监督，伸长耳朵，瞪大眼睛，敢于执纪，敢于问责，抓早抓小，动辄则咎。三是要保持高度的作风自觉。始终保持严和实的作风，时时处处坚持重实际、说实话，办实事、求实效，善于把中央、自治区、市委和县委的重大战略部署与本单位实际工作紧密结合起来，把对党的事业负责的态度和科学务实的精神结合起来，把心思用在“真干事”上，把本事体现在“能干事”上，把本领花在“多干事”上，把水平体现在“干成事”上。四是要保持高度的纪律自觉。严格遵守党章党纪，严格遵守党的政治纪律和政治规矩，牢固树立“监督者更要接受监督”的意识，坚持廉洁用权，认真落实请示报告、线索处置、审查审理、涉案款物管理工作规程，加强监督管理，严格自由裁量权，让监督别人的人更要受到严格监督；对不担当、不负责的纪检干部要调整岗位，对不忠诚、不干净的纪检干部要坚决查处，对违纪、失职失责、跑风漏气，造成严重后果的纪检干部要严肃处理。

同志们，全面从严治党永远在路上。推进全面从严治党，纪检监察机关责任重大、使命光荣。让我们更加紧密地团结在以习近平同志为核心的党中央周围，在市纪委和县委的坚强领导下，不忘初心、继续前行，敢于担当、主动作为，坚定不移推进全面从严治党，不断取得党风廉政建设和反腐败斗争新成效，以优异成绩迎接党的十九大的胜利召开！

仁布县人民检察院工作报告

——在仁布县第十三届人民代表大会第二次会议上

仁布县人民检察院检察长 旦 增

（2017年3月26日）

2016年，我院在县委和市检察院的坚强领导下，在县人大及其常委会的法律监督、工作监督和县政协的民主监督下，在县政府及社会各界的支持、帮助下，认真落实习近平总书记系列重要讲话精神，深入贯彻执行党的十八届三中、四中、五中、六中全会精神，全市检察长工作会议精神，以“两学一做”学习教育为契机，以贯彻执行《准则》《条例》为载体，主动融入社会经济发展大局，切实肩负起维护社会稳定、促进社会公平正义、保障人民安居乐业的职业使命，为仁布县社会经济全面发展提供了良好的法治环境。

一、2016年主要工作回顾

一、充分发挥刑事检察职能，深入推进依法治县

始终坚持依法从重从快方针，确保“稳、准、狠”地打击各类刑事犯罪，为仁布县经济发展和各项社会事业进步创造了良好的社会环境，发挥好在构建和谐社会中的主力军作用。2016年，共受理公安机关（含森林公安机关）提请审查批捕案件3件6人，审查后批准逮捕3件5人，不捕1人。共受理移送审查起诉\不起诉8件9人，其中公安机关移送7件8人，自侦部门移送1件1人；审结7件8人，审结率为88%，其中提起公诉3件4人，不起诉4件4人，退回补充侦查1件1人；适用简易程序1件1人，出庭支持公诉3件4人，法院开庭审理后做出判决3件4人，其中有期徒刑3件4人。通过行使刑事检察职能，有力地震慑了犯罪，增强了人民群众安全感，维护了社会和谐稳定。

二、加大查办预防职务犯罪工作力度，推动反腐败工作深入开展

我院继续以“突出办案重点，提高办案质量，确保办案效果”为目标，把查办发生在群众身边的腐败案件作为工作的重点，结合仁布实际，针对城镇居民养老保险、就业再就业资金、农村低保补助资金、基层村组干部以权谋私，贪污涉农资金引起群众不满的问题，加大了查处力度。2016年以来，立案查办挪用公款案件1件1人。通过案件的查办，充分发挥了检察机关查办职务犯罪的职能，有力地推动了全县查办发生在群众身边的“四风”专项活动的开展，促进了农村社会稳定，打击了基层村组干部职务犯罪，维护了法律的尊严。在查办职务犯罪的同时，我院积极开展预防职务犯罪工作，做到查办与预防相统一，我院一直把查办发生在群众身边的“四风”和腐败案件作为工作的重点，结合仁布实际，针对城镇居民养老保险、就业再就业资金、农村低保补助资金、基层村组干部以权谋私、贪污受贿涉农资金引起群众不满的问题，采取有力的预防措施，加强思想政治教育。

作为党领导的国家法律监督机关，近年来，检察机关全面落实中央扶贫开发工作会议和习近平总书记等中央领导同志关于扶贫开发工作的重要指示精神，认真落实中共中央、国务院关于打赢脱贫攻坚战的决定，充分认识检察机关服务和保障扶贫开发工作的重大意义，加强与扶贫部门协作配合，严肃查办、积极预防扶贫领域职务犯罪，努力做到在“精准扶贫”中加强“精准监督”，保障扶贫政策和资金落实到位，为打赢脱贫攻坚战提供强有力的司法保障。并结合当前实际开展法治宣传5次，参加县委各类重大会议宣传预防职务犯罪4次，与相关部门签订了责任书，在本县8乡1镇和检察新址办公楼前共设立10个举报箱，检察长带领干警多次前往查看举报箱，将群众所提意见及举报线索进行梳理，方便了群众来信来访。

三、强化法律监督力度不断加大，监督效果明显增强

今年以来，我院紧紧围绕“强化法律监督，维护公平正义”工作主题，把人民群众反映的司法人员和行政执法人员违法犯罪行为作为监督的重点，树立“大监督”意识，对办案程序进行规范，对监督途径进行探索，对监督手段进行强化，坚持“三个注重”，即注重查摆、注重整改、注重实效，积极发挥检察监督职能作用，做到快捕快诉，在保证案件质量的前提下，缩短办案时限，捕、诉准确率均达100%。2016年以来我院共审查县法院民事诉讼案件27件92人，其中裁定3件33人，调解24件59人。

四、积极参加社会治安综合治理，为仁布县维稳工作保驾护航

我院严格按照“创平安单位，建平安仁布县城”的要求，切实搞好检察环节的社会治安综合治理工作，对可能出现或已经出现不稳定因素的地方和部门，积极组织干警参与转化、消除、整治工作，及时派员参加综治工作。一是认真贯彻执行县委的维稳工作安排部署，严格落实区党委的十项维稳工作要求，严守带班值班和执勤备勤纪律。二是严格实施24小时值班制度、维稳一线指挥部带班值班制度，在各敏感时段，确保“三不出”。三是根据县委和政法委统一安排，我院全体干警积极参与“128”法会安保、康雄乡大桥设卡等各项维稳任务。我院一年来共出警力175人次，出动警车58台次。

五、加强法治宣传教育，促进社会矛盾化解

认真落实检察环节社会管理综合治理措施，努力减少社会不稳定因素，根据上级院的要求，我院深入学校、乡村上法治课，开展法律咨询，直接面对群众释法说理，答疑解难，宣传法律，共发放宣传资料2053册，宣传单3389份，“12·4”举办了以“弘扬宪法精神，构建和谐社会”为主题的全国法治宣传日活动，共散发宣传资料6423份，接受群众咨询185次，我院并派出3名检察官到幼儿园、中小学兼任法治副校长，在学校大力营造学法、懂法、守法的浓厚气氛，取得了较好的法治效果和社会效果。

六、科技强检的统一业务应用水平又上新台阶

统一业务应用系统作为一种辅助手段，对全院干警所办案件进行实时监控，把执法规范的“软约束”变成网络运行的“硬制约”，承办人只能在系统中根据配置的流程和文书进行“规定动作”，对于出现的不规范行为，系统将及时发出警示，杜绝超出规定之外的“随意动作”，有效防止人为、任意性执法活动的产生，也避免了工作的疏忽和遗漏。同时，统一业务应用系统的运行，改变了以往对案件的监督模式，由之前的事后监督转变为事前、事中监督，有权限的领导可以随时了解案件在检察环节的所有具体信息，有效督促检察干警转变执法观念、规范司法行为，严格按照法律规定执行好每一步法律程序。统一业务应用系统通过对检察机关办理业务信息的实时集中汇总，为及时、准确、规范地公开案件信息，深化检务公开，接受案件当事人、辩护人、诉讼代理人的查询，提供迅捷畅通的渠道，充分保障人民群众对检察工作的知情权、参与权和监督权，努力做到让人民监督检察权，让检察权在阳光下运行。

七、以创建学习型检察院为载体，大力推进干警的专业素质建设

积极开展创建学习型检察院活动，建立创建活动的考核评价、表彰激励和保障机制，进一步落实了全院干警定期集中学习制度、党组中心组学习制度，把教育培训作为加强法律监督能力建设的一项重要措施，大力加强专业技能培训，针对不同岗位人员实行分类培训，组织全体干警参加检察机关执法规范的学习培训和全省检察机关业务知识巡回讲学的学习，选派干警参加省、市院组织的各类岗位培训9人，到市党校培训2人，使干警的素质得到了较大的提高。

八、加强自身建设，着力打造过硬检察队伍

为认真贯彻执行中央八项规定，进一步强化机关纪律作风整顿工作，我院采取一系列有效措施切实加强自身建设，认真整改机关纪律作风，营造昂扬向上、求真务实、严明有序的工作氛围，建设勤政为民、高效廉洁、求真务实的检察工作人员和检察队伍。一是组织全院干警采取集中和自主的方式学习党的十八届三中、四中、五中、六中全会精神，《中国共产党章程》《中国共产党纪律处分条例》，学习中央八项规定和“十条禁令”，引导干警树立正确的人生观、世界观、价值观和“立检为公，执法为民”的思想意识。二是针对不同阶段的工作重点、难点，组织干警开展相关业务的学习，拓展干警的工作思路，提高干警运用科学理论解决实际问题的能力，增强为群众服务的本领和才干。三是运用与时俱进的思维，注重从细节入手，进一步健全和落实岗位责任制，进一步完善学习制度，考勤制度，规范工作程序，修改完善内部工作职责和内部管理制度。四是建立长效机制。加大政策宣传力度，绩效考核制度和问责制度，加强对干警的日常管理，建立起学习、监督、预防和奖惩为一体的作风建设长效机制，从而切实提高服务群众的能力和成效，切实提高依法办案、执法为民的本领。

九、改善办公环境，提高工作效率

我院技侦楼于2016年7月竣工，强化基础设施建设和装备建设提供了保障。但离上级要求需改装技侦楼有些不足，2016年中以来，根据现代化的办公需求以及技术侦查要求，我院共投资35万元用于我院新址检察技侦楼大、小会议室和审讯室、大厅、案管中心全面改造，现阶段已基本完成基础工作，做到了井然有序，保证了我院办公环境的全面改观，为今后的现代办公环境打下了良好的基础。

十、紧抓落实党建、党风廉政建设，提供强有力的思想和组织保证

一是我院党支部在县机关工委的领导和院党组的指导下，坚持以邓小平理论和“三个代表”重要思想为指导，全面落实科学发展观，认真贯彻落实党的十八届三中全会精神、以加强党的执政能力建设和党的先进性建设为主线，着力加强党员队伍的思想建设、组织建设和作风建设，不断夯实党建工作基础，为全面完成各项检察工作提供强有力的思想和组织保证。开展“三会一课”12次，培养入党积极分子3人，目前我院党员占全院的100%。二是认真贯彻落实党风廉政建设，坚持从严治党、从严治检，狠抓领导干部纪律作风和党风廉政建设，层层签订党风廉政建设责任书，健全《领导干部廉政档案》，形成严格规范，推进决策落实。继续整治“四风”，严格执行中央“八项规定”、区党委“约法十章”“九项要求”。

十一、积极开展专项活动，切实保障民生民利

一是2016年以来我院认真贯彻落实市委和区市两级检察院、县委的决策部署，突出从严治党的要求，牢固树立四个意识，以“两学一做”学习教育活动为契机，把思想教育贯穿始终、把提高党员素质贯穿始终、把联系检察实际贯穿始终、把解决问题贯穿始终、把学习和工作相促进贯穿始终，在院党组的直接领导下，各科室积极配合，全院干警积极参与，确保了“两学一做”学习教育活动在我院扎实有效地开展。二是我院驻村干警千方百计为民办实事、办好事、解难事。开展爱国教育、法治宣传13次，帮助完善村务公开、民主管理、乡规民约等制度7件，帮助培养入党积极分子5名，发展预备党员1名，排查矛盾纠纷2件。在重要节日和敏感节点深入联系点、结对帮扶家庭开展调研慰问，夯实基层发展稳定根基。三是我院积极开展精准扶贫结对帮扶活动，全体干警先后两次深入包村点康雄乡麦措村，自筹资金为十六户结对帮扶户送去大米等价值12000元的生活用品，使广大村民深切感受到了党和政府的温暖。

各位代表，过去一年检察工作的发展进步，是县委和市检察院正确领导，县人大及其常委会有力监督，县政府关心支持和县政协及社会各界监督帮助的结果。在此，我代表县检察院表示衷心的感谢！

在总结工作成绩的同时，我们也清醒地认识到，我院工作仍然存在一些薄弱环节和亟待解决的问题，主要有：一是检察职能发挥与全面依法治国要求、人民群众期盼还有差距。二是一些检察人员司法理念不适应新形势新要求，运用法治思维和法治方式服务大局、化解矛盾的能力有待提升。三是办案力量不足、案多人少矛盾仍然突出，高素质人才和基层专业技术人才缺乏，检务保障尚需改善。在新的一年，我们将坚持问题导向，努力加以解决。

二、2017年工作安排

2017年是党的十九大召开之年，也是全面贯彻落实自治区第九次党代会精神的第一年。县检察院将更加紧密地团结在以习近平同志为核心的党中央周围，高举中国特色社会主义伟大旗帜，深入贯彻落实中共十八大、十八届三中、四中、五中、六中全会和中央第六次西藏工作座谈会精神，以邓小平理论、“三个代表”重要思想、科学发展观为指导，深入贯彻落实习近平总书记系列重要讲话精神和治国理政新理念新思想新战略、特别是治边稳藏重要战略思想和对政法工作的重要指示，按照自治区第九次党代会的部署，忠实履行宪法法律赋予的职责，充分发挥检察机关职能作用，不断加强人民检察院队伍建设，为西藏长足发展和长治久安提供有力司法保障，以优异成绩迎接党的十九大胜利召开！为此，将着重做好以下六项工作：

一是突出抓好维护稳定工作。国家安全和社会稳定始终是西藏经济社会发展的基本前提。将始终牢固树立稳定压倒一切的思想，强化忧患意识、底线思维，积极融入维护稳定大局、靠前掌握情况、加强问题预判，依法用好批捕、起诉等手段。坚决打击敌对势力分裂渗透破坏活动，严厉打击严重影响群众安全感刑事犯罪，从重打击危害食品药品安全犯罪，严惩安全生产领域犯罪，积极参与社会治安防控体系建设。

二是突出抓好惩防职务犯罪工作。坚持有腐必反、有贪必肃，坚决查办政府投资重大工程项目中的职务犯罪，严肃查办涉农扶贫、环境保护、社会保障、科技创新等领域的腐败案件。加强对行政执法人员和基层干部的职务犯罪预防，积极开展预防调查、犯罪分析和预防对策研究，探索建立预防告诫制度，推动健全职务犯罪预警机制，为建设法治仁布营造良好的法治环境。

三是突出抓好各种会议和领导讲话精神的贯彻落实。认真学习贯彻落实系列重要会议和领导重要讲话精神，重点做好会议的传达学习和贯彻落实工作。

四是突出抓好述职述廉、党风廉政建设联席会议等制度的落实，加强对干警遵守纪律、贯彻落实“八项规定”、落实廉洁自律规定等情况的监督。加强对执法办案的监督，紧紧抓住侦监、公诉、反贪、反渎、控申、民行检察等执法办案重点科室，落实各项监督措施，将内部监督贯穿于诉讼环节始终，做到检察权运行到哪里，监督就延伸到哪里。

五是突出抓好法律监督工作。积极破解影响和制约规范司法的难点，重点推进以司法责任制为核心的司法体制改革，严格按照高检院、区检院、市院的统一部署，优化检察机关司法职权配置，提高司法效率。六是突出抓好院党组核心作用。发挥党组引领检察工作的核心作用，必须严字当头。院党组带头严守党的政治纪律、组织纪律和政治规矩，认真落实中央决策部署，自觉在思想上政治上行动上同以习近平同志为核心的党中央保持高度一致。做政治上的“明白人”，时刻谨记政治纪律不可违，政治规矩不可越，在政治方向、政治立场、政治言行上，同党中央保持高度一致，自觉维护中央权威。深化“一准则”“一条例”的贯彻执行，贯彻落实好监督执纪“四种形态”新要求，严惩违法违纪违规行为，永葆检察队伍的纯洁性。

各位代表，在新的一年里，县检察院将更加紧密地团结在以习近平同志为核心的党中央周围，在上级人民检察院和县党委正确领导下，自觉接受人大及其常委会的监督、政协民主监督和社会各界监督，克难攻坚，奋发有为，努力开创仁布县检察工作新局面，不辜负党和人民的信任与重托，为全市“6677”工作，为加快推进仁布长促发展和长治久安做出新的更大贡献！

名词解释

1. 检察机关：指行使检察权或者法律监督职能的人民检察院。

2. 逮捕：公安机关、人民检察院和人民法院为防止犯罪嫌疑人或者被告人逃避侦查、起诉和审判，进行妨碍刑事诉讼的行为，或者发生社会危险性，而依法剥夺其人身自由，将其羁押起来的一种强制措施。

3. 自侦案件：指人民检察院依法直接立案侦查的刑事案件。

4. 挪用公款罪：是指国家工作人员，利用职务上的便利，挪用公款归个人使用，进行非法活动的，或者挪用公款数额额较大，进行盈利活动的，或者挪用数额较大、超过三个月未还的行为。

5. 四风：指形式主义、官僚主义、享乐主义、奢靡之风。

6. 四个意识：政治意识、大局意识、核心意识、看齐意识。

7. 三会一课：是指定期召开支部党员大会、支部委员会、党小组会，按时上好党课。

仁布县人民法院工作报告

——在仁布县第十三届人民代表大会第二次会议上

仁布县人民法院院长　索朗央宗

（2017年3月26日）

2016年主要工作回顾

2016年，仁布县人民法院在县委的坚强领导、县人大的有力监督、县政府、政协及社会各界的关心支持下，全面贯彻落实中共十八大、十八届三中、四中、五中、六中全会及全区政法工作会议精神，深入学习贯彻习近平总书记系列重要讲话精神和治国理政新观念新思想新战略，特别是“治国必治边、治边先稳藏”重要战略思想，认真落实仁布县十三届一次人大会议决议，紧紧围绕“努力让人民群众在每一个司法案件中感受到公平正义”目标，忠实履行宪法和法律赋予的职责，服务仁布县四大战略、四项任务工作，深入推进平安仁布、法治仁布的建设，各项工作取得新进展。

一、坚守首要政治任务，全力以赴做好维稳工作

一年来，院党组坚持将“四个全面”和治边稳藏的战略布局贯穿法院工作始终，按照县委、县维稳办、县政法委的具体安排部署，以重大敏感节点的绝对安全为重点，认真贯彻落实“十项”维稳措施，积极参与巡逻联防矛盾联调等维稳中心工作，细致排查化解矛盾纠纷，完善处突方案，加强处突演练，有效防控社会稳定风险。全年在设卡巡逻、值班备勤、“12·8”维稳、法治宣传等工作累计投入警力681人次，车辆596台次，投入资金58万余元。

二、依法履行审判职责，切实维护社会大局稳定

（一）依法惩治刑事犯罪，促进“平安仁布”建设。共受理刑事案件3件4人，其中盗窃案2件3人，非法猎捕杀害珍贵濒危野生动物案1件1人，案件审结率、依法开庭率、判后答疑率均为100%。在刑事审判中：一是严格落实“两评一会”制度，充分发挥主审法官和合议庭成员作用，提高办案质量。二是将量刑纳入规范化、制度化的轨道，确保量刑均衡，落实宽严相济刑事政策，提高服判息诉率，实现了法律效果与社会效果的统一。三是注重刑事附带民事案件的调解，有效化解矛盾纠纷，最大限度减少不和谐因素。四是对重大典型疑难案件，通过媒体公开和剖析，既提高办案法官分析案情、解决问题的能力，又使疑难案件的审理执行更加集思广益，置于社会公众的监督之下。

（二）有效化解民事纠纷，促进“和谐仁布”建设。主动适应经济发展新常态，妥善审理抓发展、惠民生、护生态、促脱贫等领域发生的各类民商事案件36件，结案率和调撤率为100%，标的281.8万元。一是不断加大对传统民事案件的审理力度，简化办案程序就地巡回审判，加大司法救助力度，以多种措施维护群众合法权益，促进社会和谐稳定。二是提高人民调解员和人民陪审员在矛盾纠纷调处中的作用，组织精干法官对基层调解员、铁路联防员进行专题调解方法和技能培训，构建“三位一体”调解体系，以多元化手段，化解各类民事纠纷。三是对涉及“三农”“三费”“铁路”的案件，开辟绿色通道，注重依法快审快判，保护当事人的合法权益。四是继续加大车载流动法庭巡回办案和法治宣传力度，全年巡回办案率为93.7%。五是实施全面、全程、全员调解，坚持调判结合，促进案结事了人和，调撤率达100%。

（三）着力推进执行工作，促进“诚信仁布”建设。在执行工作中，举全院之力，采取扎实有效的工作措施，以最大的决心克服“执行难”。共受理执行案件21件，执结标的156.4万元，执行信息录入和录入准确率均为100%。一是建立健全了执行威慑、执行救助、执行登记与执行衔接等一系列长效机制，大力推行快速反应机制。二是努力构建“党委领导、人大监督、政府支持、各界配合、法院主办”的执行联动工作格局，设立执行失信人员信息公开平台，协同人大代表、派出所干警和有威望的社会各界人士，从多方位、多角度、多渠道开展工作，联动解决“硬骨头”案件。三是推行“四查”办案，即通过主动查询工商登记、税务登记、银行账户、房产、车辆等措施，集中力量突破典型案件，打造震慑效果。四是重点抓好涉诉信访及有信访苗头案件的执行工作，努力减少社会矛盾，维护社会和谐稳定。五是以清理执行积案为抓手，先后抽调86余警力开展集中清积活动，召开集中兑现执行案款大会2次，成功执结重大信访隐患案件12件，执结率100%。

三、贯彻司法为民宗旨，提升司法服务能力和水平

以“两个中心”为载体，探索司法为民新举措。倾力打造诉讼服务对外窗口，共接待来信来访368人次，其中立案52件，提供法律咨询376人次，“12368”热线接待群众230人次，指导人民调解案件91件，办结率为100%；加快探索执行指挥中心建设，推动建立“内外联动、信息共享、快速反应、功能齐全”的执行指挥体系，进一步破解执行难题。

以“三大平台”为支撑，打造数字化法律平台。以科技强院为目标，建立区、市、县法院联网的局域网络，司法政务管理实现了信息化全覆盖。开通“12368”诉讼服务热线和微信、移动信息平台，积极推进审判流程公开、执行信息公开、裁判文书公开，公开率为100%。打造数字化法院，将案件信息录入、裁判文书签发、电子卷宗归档、公文收发流转全部纳入网上办理。

以“5+2+1”为重点，突出法院特色驻村队伍。共选派8名干警进驻2个行政村，在协助县、乡党委、政府落实好各项惠民政策的同时，加大教育引导和扶持力度，自行筹资和发动干警捐资0.8万元，协助落实相关惠民项目26个、资金达251万元。为民办实事395件，惠及农牧民群众1038余人。积极开展“结对帮扶”工作，致力于精准扶贫、精准脱贫，共有17名党员干警与27户77人开展“结对认亲”活动，并为结对帮扶贫困群众解决生产、生活物资2.5万元。

以“法律七进”为载体，力推法治珠峰建设。按照“谁执法谁普法”的要求，制作法律“七进”宣传手册，采取法官讲法、判后答疑、送法下乡等方式，进行法治宣传175场次，专题讲座35场次，发放法律宣传资料3.6万余份，重点对寺庙和学校开展专题法治讲座12场次，服务拉日铁路建设，成立涉铁矛盾纠纷排查和法治宣传专案组，成功化解涉铁遗留案件。

以“两学一做”为抓手，狠抓法院队伍建设。狠抓党风廉政建设，坚决贯彻落实党中央关于党风廉政建设和反腐败斗争的统一部署。严格执行“五个严禁”，全面落实“两个责任”，坚持把纪律挺在前面，严格落实中央“八项规定”精神、区党委“约法十章”“九项规定”和《仁布县党风廉政建设责任书》的各项要求，不断改进司法作风，强化权力运行监督，保证权力规范运行，充分发挥审判职能，既以零容忍态度惩治司法腐败，又坚持依法严惩腐败犯罪，推动人民法院党风廉政建设和反腐败工作；以“星级化”党员领导干部和队伍建设为标准，创建党建品牌，细化分解工作任务32项，确保责任明确；制订《五年教育培训规划》，实施“三带工程”、完善“四项制度”、强化“七项培训”、提升“八种能力”，共培训干警28人次，培训人民陪审员30人次，培训人民调解员644人次。

以“十三五项目”为突破，力促基础设施建设。投资501万元的康雄乡亚德中心法庭主体工程已建成；争取投资306万元的诉讼便民服务中心建设项目有望今年落地；争取项目开通了三级网络，健全视频会议系统。

以“最后一公里”为目标，全面提供司法服务。积极开展“司法大拜年”涉民生案件专项活动，切实加大司法救助力度，为困难当事人缓减免诉讼费2050元，发放司法救助金13.2万元，车载流动法庭巡回调解案件98件，行驶里程6.8万余公里，召开2次涉民生案件执行兑现大会，发放执行款137.2万元。

以“信息化建设”为契机，构建阳光司法新机制。积极推进法院信息化建设，完成了所有案件信息录入工作，为当事人及有关方面查询案件提供了便利。多次选派干警到高院、市中院进行培训，或邀请专家进行授课，着力解决法院干警不会用、不善用、不愿用的问题，基本实现办案办公网络化、自动化，做到新收案件网上流传、网上办理。拓展群众沟通渠道，建立仁布县法院微信公众平台，借助“仁布县发布”“仁布新闻”等平台，发布司法信息30余条。

四、把握司法方向，提升接受监督能力

始终秉持监督就是支持、就是爱护关心的理念，自觉把工作置于党的领导和人大的监督之下，加大与“两代表一委员”及社会各界的联系，坚持重大事项、重大案件、重要改革、重要部署及时请示汇报，全力做好代表、委员建议和关注事项的办理。大力推进人民陪审员的参审率，今年参与办理案件53件。建立健全多元化矛盾纠纷解决机制，共成立特邀调解组织10个，聘请特邀调解员10人。积极拓宽监督渠道，邀请人大代表、政协委员、社会各界视察法院、旁听案件审理35人次，保障人民对法院工作的知情权、参与权、表达权、监督权。坚持顶层设计原则，以推进法官入额为抓手，着力构建法官单独职务序列改革，顺利完成了首批9名入额法官的考核工作。

各位代表，一年来，面对艰巨繁重的维稳和审判执行工作和其他各项工作任务，院党组团结带领全院干警负重前行，呈现出整体推进、重点突破、全面提升的良好局面。再次荣获全区“优秀法院”、全市“清理执行积案先进单位”“目标考核先进集体”“党建工作先进集体”等荣誉，成绩的取得是县委坚强领导和县人大及其常委会有力监督的结果，是县政府、县政协及社会各界大力支持的结果。在此，我谨代表院党组和全体干警，向各级党委、人大、政府、政协，向各位代表、委员表示衷心的感谢，并致以崇高的敬意！

在肯定成绩的同时，我们也清醒地认识到，面临新形势新任务，当前法院工作中还存在不少困难和问题：一是法院干警整体素质还不高，运用法治思维和法治方式驾驭复杂局面、处理复杂案件的能力不够。二是随着司法改革的全面推进，触及审判工作深层次的矛盾和问题亟待面对与解决。三是招人难、留人难的问题突出，法院队伍建设和管理面临新情况。四是现有的司法保障能力与实际工作需求还不适应。硬件上，新址附属设施建设亟待完善；软件上，随着案件数量和新类型案件的叠加纷呈，办案压力越加沉重，缺编缺员交织、案多人少、事多人缺的矛盾更加突显。

2017年工作思路

2017年，我院将继续在县委的坚强领导下，全面贯彻落实县委第九届代表大会和全市政法工作会议的精神，认真执行本次人大会议决议，全面践行“努力让人民群众在每一个司法案件中都感受到公平正义”的宗旨。为党的十九大胜利召开营造安全稳定的社会环境和公平正义的法治环境。具体从六个方面着力抓好工作：

一、强化司法为民意识，充分发挥审判职能

始终坚持依法审判与服务大局相统一，维护稳定与化解矛盾相结合，个案公正与社会公平相协调，进一步发挥审判职能作用。依法严惩各类严重刑事犯罪，继续完善法院服务经济社会发展的具体措施，妥善审理与经济、政治、文化、社会和生态文明密切相关的各类案件，坚决维护社会公平正义。

二、推进司法体制改革，建立完善司法治度

加大改革统筹力度，形成“一盘棋”格局，把司法改革作为推动我院工作发展的关键，进一步统一思想，凝聚共识，以积极主动的热情、攻坚克难的精神，树立改革大局观，做到理解、支持、参与改革。以改革促审判、促服务、促发展，确保实现法官分类管理和员额制改革到位。

三、加强党风廉政建设，坚持反腐败斗争

要坚持标本兼治，深入推进法院党风廉政建设和反腐败斗争，加强党性党规党纪教育，加强理想信念教育和司法廉洁教育，深化以忠诚、为民、担当、公正、廉洁为主要内容的政法干警核心价值观教育，加强法院廉政文化建设，筑牢拒腐防变的思想防线，继续完善落实司法廉洁风险防控机制，推行权力清单、责任清单制度。加强党的建设，发挥党建的核心引领作用，充分落实“三会一课”“民主评议党员”等制度，抓住批评与自我批评的关键，同时继续以“星级化”党员领导干部和队伍建设为标准，积极创建党建品牌，从而造就一支政治觉悟高、作用发挥好、品行修养优的法院党员队伍。

四、加强法院队伍建设，夯实法院基层基础

以建设正规化、专业化、职业化法院为重点，以建设忠诚干净担当的法院队伍为目标，以保障公正廉洁司法为抓手，全力加强队伍建设和教育管理工作。深入开展“五项教育、增进五个意识”主题教育活动，增强干警的“四个意识”，全面落实管党治党主体责任，扎实推进法院队伍正规划、专业化、职业化建设。

五、建立健全智慧法院，提供优质司法服务

法院受理的案件是经济社会发展的“晴雨表”、是社情民意的“风向标”。依法审判各类案件，既是履行法定职责，也是必不可少的公共服务。人民法院要通过依法履职，努力为社会提供更多优质司法服务。要完善司法公开制度机制，增强公开效果，让人民群众更好地感受到公平正义。依托法院“一张网”，强化信息平台应用，推进电子卷宗录入、庭审语音识别、审判智能服务等科技系统与办公办案平台融合，提升信息化建设水平，促进公正司法。强化律师服务平台应用，更好的保障律师依法执业。综合运用云计算、大数据等技术，推进数据共享，研究构建司法人工智能系统，为审判体系和审判能力现代化注入新动力，为司法改革和法治仁布建设提供有力支撑。

六、依法接受人大监督、促进司法公开透明

自觉接受人大法律监督，积极配合人大常委会开展专项视察，认真做好年度报告、专项工作报告和代表建议办理等工作。进一步完善代表、委员联络工作机制，畅通联络和监督渠道，采取“走出去”“请进来”等方式，主动上门走访、邀请座谈，及时通报法院工作信息，听取代表、委员意见建议，推进监督联络工作常态化。

各位代表，新要求开启了新征程，新形势必然有新作为。新的一年，我们将认真贯彻县委的决策部署，不忘初心、奉法为重、依法履职，勇于担当、锐意进取，不断开创法院工作新局面，为推进平安仁布、法治仁布建设，实现跨越式发展和长治久安，做出新的更大贡献！

仁布县人民政府关于2016年法治政府建设工作总结报告

仁布县副县长 次仁欧珠

（2017年1月5日）

2016年，仁布县政府在县委的正确领导下，在市政府法治办的精心指导下，认真落实党的十八届四中、五中、六中全会精神，以党的“两学一做”主题教育活动为契机，从健全法治机构和加强队伍建设入手，以提高依法行政意识和能力、完善行政决策机制、规范行政执法行为为重点，着力推进政府管理创新，强化行政行为监督，增强社会自治功能，依法行政和法治政府建设取得明显成效。现对照《中共西藏自治区委员会 西藏自治区人民政府关于贯彻落实〈法治政府建设实施纲要（2015年—2020年）〉的实施意见》《西藏自治区人民政府办公厅关于做好2016年度法治政府建设重点工作的通知》和《日喀则市关于印发深入推进依法行政和加快建设法治政府的实施办法的通知》，将仁布县2016年法治政府建设工作简要总结如下：

一、依法推动重点领域工作

（一）巩固发展民族团结

年初与各乡（镇）、各寺庙管理机构分别签订了《仁布县2016年统战民族宗教工作目标管理责任书》和《仁布县2016年宗教领域工作目标管理责任书》，细化了2016年度仁布县统战、民族、宗教工作的任务分解。

（二）依法管理宗教事务

深入开展寺庙“两守两尽”为主题的寺庙法治宣传教育活动以及9月民族团结宣传教育活动，寺庙僧尼“藏汉双语”学习教育活动。其中宣传各类政策法规32场次，发放宣传册子1450余份。

（三）依法开展反分裂斗争

严格按照“平安建设”“三反四方”“处置宗教领域突发事件”综治工作考核内容，依法开展相关考核工作。

（四）加强生态环境保护

为贯彻落实《国务院关于印发“十二五”节能减排综合性工作方案的通知》《国务院关于加强环境保护重点工作的意见》《西藏自治区“十二五”节能减排综合性工作实施方案》，落实目标责任，强化监督管理，确保仁布县污染物减排约束性指标，仁布县与各乡镇企事业单位签订《2016年度主要污染物总量减排目标责任书》；编制《仁布县环境保护局权力责任清单》共161项，目前，流程图正在制作中。

（五）加强和创新社会治理

积极推行县、乡、村、联户四级网格化管理体系建设。根据仁布县实际，县级网格以各便民警务站为单位将县城分为3块网格，网格责任主体为各便民警务站；乡级网格以各乡（镇）所在地机关和企事业单位、个体工商户为单位分为9块网格，网格责任主体为各乡（镇）派出所；村级网格以行政村为单位分为73块网格，网格责任主体为“一村一警”；联户级网格以全县“双联户”为单位分为856块网格，网格主体责任为“双联户”户长。每个网格有一名网格长和网格责任人，网格长和网格责任人要做到家庭情况、人员类别、区域设施、困难问题、隐患矛盾等心中有数、登记造册；充分发挥“双联户”作用，认真开展矛盾纠纷联排联调工作，力争做到矛盾纠纷不出户；开展人大代表、政协委员、社会组织等第三方参与矛盾纠纷排查调处工作和重大矛盾纠纷专班协调等多元化机制，建立县、乡、村、联户四级温馨调解室（站），严格执行联户每天排查、村每周排查、乡半月排查、县每月排查、每月召开一次矛盾纠纷调处会议等工作机制，加大矛盾纠纷排查调处工作。

为了掌握矛盾纠纷主动权，打好社会稳定主动仗，综治办与县司法局、法院、检察院、公安局、信访局等相关部门协调合作，建立资源共享、纠纷共调的人民调解、行政调解、司法调解“三调联动”机制，做到早发现、早调解，消除各类矛盾纠纷苗头和隐患。去年，全县矛盾纠纷排查化解3143次，发现隐患117处，共调处矛盾纠纷117件，调处率达100%。去年全县发动干部群众21570余人（次），排查化解各类隐患和矛盾纠纷、安全隐患670次，出动23120人（次）开展环境卫生整治756次。

特别是近三年来在排查化解拉日铁路建设工程矛盾纠纷中，积极发挥多部门联动的“大调解”工作机制，排查化解涉铁矛盾纠纷1450余件，追讨资金3560余万元，确保了拉日铁路建设项目的顺利进行。

二、依法正确履行政府职能

（一）建立行政机关权利清单

根据《中共西藏自治区委员会办公厅 西藏自治区人民政府办公厅印发〈关于继续深化行政审批制度改革推行政府工作部门权力清单制度的实施方案〉的通知》、《日喀则市人民政府办公室关于关于印发日喀则市推行市县（区）政府工作部门权责清单制度工作方案的通知》，结合仁布县政府职能转变和机构改革工作，以行政权力运行标准化为核心，探索建立仁布县“权力清单、责任清单”的行政权责清单制度，确保“行政权力进清单、清单之外无权力”。目前仁布县政府工作部门行政权力清单责任事项整理工作已完成。

（二）推进政府事权规范化、法律化

仁布县政府工作部门的各项行政职权及其依据、行使主体、运行流程、对应责任等，目前已经以清单形式明确列出。全县行政权力事项共3456项。其中：行政许可170项、行政处罚2537项、行政强制159项、行政征收13项、行政给付26项、行政检查224项、行政确认44项、行政奖励80项、行政裁决1项、其他类202项，子项共87项。每项权力都明确了实施机构、实施依据、公开范围、事项来源、权属划分等。

通过建立权力清单和相应的责任清单制度，明确政府工作部门职责权限，大力推动简政放权，规范政府部门权利运行，加快形成边界清晰、分工合理、权责一致、运转高效、依法保障的政府职能体系和科学有效的权利监督、制约、协调机制，全面推进依法行政。

（三）严格行政审批监督管理

根据上级相关文件要求，积极推动“双公示”工作的开展。项目方面，建立项目信息登记平台，梳理各个项目详细资料，并将资料上传至西藏投资项目在线审批监管平台，确保所有项目手续合规、合法。对相关承建单位资质进行严格审查，建立“红黑”名单，将失信企业黑名单借助微信、QQ、媒体等方式进行公示。物价方面，密切跟踪居民生活必需品特别是基本蔬菜品种的市场供应和价格变化，把保持物价基本稳定作为物价工作的首要任务，通过调查，将近期价格变化通过电子屏向群众进行公示，拟定砂石料价格及运费指导价，并将收费标准公示，防止出现市场垄断现象。

（四）健全政务服务体系

政务公开工作主要由县政府办办公室牵头负责，日常网站、微信、微博、公众账号等由县委宣传部运维。今年以来县工信局根据全区安排部署实施了第一期电子政务工程，政府办、卫生局等多家单位纳入该工程，全县73个村均实现互联网全覆盖，大幅提高便民服务水平。

三、依法加强制度建设

（一）建立政府立法体制机制

于本级政府的内设机构设置了法治办。此外，在7月初，根据仁布县的法治工作需要，并参

考其他兄弟县（区）做法，法治办积极与县编委办沟通，并多次向县委、县政府进行专题汇报，对辖区内9个乡镇人民政府的内设机构设置了法治办。因权限问题未涉及立法事宜。

（二）推动重点领域政府立法

因权限问题未涉及立法事宜。

（三）加强规范性文件合法性审查和备案审查

不涉及设立行政许可、行政处罚、行政强制、行政收费等事项，严格规范性文件备案审查制度。

（四）加强对政府规章和规范性文件的清理

严格落实规范性文件清理制度。

四、建立健全科学民主决策机制

（一）积极推行和建立政府法律顾问制度

仁布县政府法律顾问制度正在多方协调制订中。

（二）严格重大行政决策法定程序

制订出台《仁布县干部职工管理办法（试行）》《仁布县关于实施“三重一大”事项决策制度的若干意见（试行）》《仁布县委“七人小组”会议酝酿干部任免事项规则（试行）》《中共仁布县委常委会议事制度（试行）》《仁布县人民政府县长办公会制度（试行）等相关报告制度。

（三）建立行政决策责任追究制度

高度重视党风廉政建设和反腐败工作。2016年4月组织召开全县党风廉政建设和反腐败工作会议，会上与各乡镇、各县直单位、各区（中）直单位共计57个单位签订了《党风廉政建设和反腐败工作责任状》，并督促各乡镇以藏文形式与辖区内各机关事业单位、行政村签订责任状。年中，成立了以县委书记为组长的落实党风廉政建设责任制检查考核小组，并由3名县委副书记担任检查考核小组组长，带队深入全县9个乡镇、15个县直单位、3个寺庙管委会、18个行政村检查考核党风廉政建设开展情况。

县委常委会先后5次研究部署全县党风廉政建设和反腐败工作，8次研究审议案件查办工作。县委中心理论组先后11次组织全县正科级及以上党员领导干部学习党风廉政建设和反腐败工作相关内容。今年9月至10月，采取单独约谈与集体约谈形式，与全县9个乡镇、47个县直单位负责人开展廉政谈话。成立县委巡察工作领导小组，设立县委巡察办，对人社局等4家单位开展巡察工作。县委书记书记带头履行“第一责任人”责任，重要工作亲自研究、重大问题亲自过问、重点环节亲自协调、重要案件亲自督办，带头在全县广大党员干部中讲廉政党课，带头遵守中央八项规定精神、区党委“约法十章”“九项要求”，带头遵守仁布县机关事业单位干部职工管理“十条规矩”、下乡入户纪律“六原则”“八禁止”、工作日期间禁酒令“七严禁”等一系规章制度，全县党风政风为之一振、社风民风为之一新。

（四）加强行政机关合同管理

仁布县各有关部门严格遵循相关合同管理制度。

五、严格规范工作文明执法

（一）深化行政执法体系改革

为了解把握政府工作部门履职情况，职责交叉事项，组建机构部门设置意见、人员编制管理等方面的建议，县编办制作了《关于转变政府职能和机构改革工作的调查问卷》，面向县级领导干部、县直部门负责人和各乡镇发放了调查问卷共计62份。为机构改革中理顺部门职责关系，加大机构和职责整合力度，建立健全部门间配合机制，形成工作合力提供了有力的参考依据。根据自治区、市委、市政府统一要求，县编办拟定了《仁布县政府职能转变和机构改革方案》，与市编办多次沟通协商、修改完善后，仁布县机改方案已初步审核通过。按照自治区部署要求，仁布县按中县设置机构，可设置政府工作部门23个（监察局不计入个数），其中政府必设16个工作部门。此次机构改革，充分考虑到仁布县县情，结合工作实际，经县委、政府主要领导批示，仁布县满额设置23个政府工作部门。

（二）完善行政执法工作机制

将网格化管理纳入社会治安防控体系建设；完善先进“双联户”考核奖惩机制；完善综治工作考核办法；出台《仁布县公安机关辅警人员管理办法（试行）》；将网格化管理纳入社会治安防控体系建设；建立网络安全重大事项报告制

度；网络安全应急响应机制。

（三）规范行政执法行为

县审改办从5月上旬至7月下旬，对政府部门涉及行政权力清单的28家单位权力事项进行整理审核，有问题的与有关部门进行联系、上门指导填报、通过多种形式督促上报。及时对各单位上报的权力清单、责任清单、事项进行了逐一登记，提出初步审核意见、及时反馈，并要求有关单位按反馈意见进行修改再上报。按“三上三下”工作方法，严格以法律法规规章、党中央国务院和区规范性文件等为依据，做到了不擅自增加、扩大或者放弃隐瞒所行驶的行政权力，确保行政权力事项全面、真实、合法、有效。“三上”期间县审改办与县法院、司法局抽调人员就行政权责清单项目的合法性进行集中审核，与有关单位反复沟通、现场纠错，对仁布县行政权力及项目前置审批条件进行了逐一确认，并由审核工作组成员和各单位对所确认的行政权力项目分别签字盖章，保证集中审核工作质量。

全县“三上三下”审核结束后，派专人参加市审改办安排的集中审核会，在市审改办领导高度重视、精心组织，审改办工作人员耐心指导下，仁布县涉及行政职权28家单位权责清单经过多次审核后仁布县最初的职权项目从1875项增加到3456项，子项7项增加到87项。

六、强化对行政权力的监督和制约

（一）强化内部监督

加强财政工作的规范化、标准化和制度化，结合年度重要工作，草拟了《政府采购管理办法》，对仁布县政府采购、采购文件编制、预选采购、合同后续监管、采购招标质疑处理及特约监督员管理进行规范。以及《仁布县行政事业单位内部控制规范》规范性文件，旨在进一步规范权力运行、明确各部门职责、完善相关财政制度，使各项财政工作有据可依。

（二）主动接受监督

自觉接受同级人大极其常委会监督，认真办理人大代表建议、政协委员提案。依法处理信访和信访复查复核，不干涉人民法院和行政复议机关依法受理和审理案件。

（三）严格行政问责

高度重视党风廉政建设和反腐败工作。2016年4月组织召开全县党风廉政建设和反腐败工作会议，会上与各乡镇、各县直单位、各区（中）直单位共计57个单位签订了《党风廉政建设和反腐败工作责任状》，并督促各乡镇以藏文形式与辖区内各机关事业单位、行政村签订责任状。年中，成立了以县委书记为组长的落实党风廉政建设责任制检查考核小组，并由3名县委副书记担任检查考核小组组长，带队深入全县9个乡镇、15个县直单位、3个寺庙管委会、18个行政村检查考核党风廉政建设开展情况。县委常委会先后5次研究部署全县党风廉政建设和反腐败工作，8次研究审议案件查办工作。县委中心理论组先后11次组织全县正科级及以上党员领导干部学习党风廉政建设和反腐败工作相关内容。今年9月至10月，采取单独约谈与集体约谈形式，与全县9个乡镇、47个县直单位负责人开展廉政谈话。成立县委巡察工作领导小组，设立县委巡察办，对人社局等4家单位开展巡察工作。

县委书记书记带头履行“第一责任人”责任，重要工作亲自研究、重大问题亲自过问、重点环节亲自协调、重要案件亲自督办，带头在全县广大党员干部中讲廉政党课，带头遵守中央八项规定精神、区党委“约法十章”“九项要求”，带头遵守仁布县机关事业单位干部职工管理“十条规矩”、下乡入户纪律“六原则”“八禁止”、工作日期间禁酒令“七严禁”等一系规章制度，全县党风政风为之一振、社风民风为之一新。

七、依法规范和化解社会矛盾

（一）建立健全社会矛盾纠纷化解机制

今年来，仁布县委、县政府进一步深化了对信访工作的重要性认识，并多次在县维稳工作指挥部专题会议和处理信访突出问题及群体性事件联席会议上，对信访工作作出部署，提出明确要求：一是建立健全领导责任制，试行党政“一把手”总负责、分管领导具体负责、其他领导一岗双责、一级抓一级，层层抓落实的责任制；二是安排县委理论中心组集中学习《西藏自治区信访工作责任追究办法（试行）》，增强各乡镇、县直各部门树立依法依规、按政策、按程序及时妥善处理信访事项的责任意识；三是完善信访各项制度，巩固党群、干群关系，提升干部形象、组织形象，结合县域制订了《关于设立县委书记接待日、县委书记信箱公告》

（二）加强行政复议、应诉工作

按照涉法涉诉信访工作机制改革的总体要求，严格实行诉讼与信访分离，把涉法涉诉信访问题纳入法治轨道解决，县信访局对涉法涉诉事项不予受理，引导信访人依照规定程序向有关政法机关提出，或及时转同级政法机关处理。严格落实“属地管理、分级负责，谁管理、谁负责，依法、及时、就地解决问题与疏导教育相结合”的原则，健全依法及时就地解决群众合理诉求机制，积极引导群众以理性方式逐级表达诉求，不支持、不受理越级上访。

（三）依法规范信访秩序

进一步人民调解工作规范化。今年以来，总结“大排查、大调解”活动经验，进一步强化人民调解规范化运行，主要做法是：一是按照人民调解组织规范化建设工作要求，今年5月份进一步调整充实仁布县8乡1镇人民调解组织及调解员队伍，细化了工作措施，工作上有了较强的针对性。二是积极参与涉法涉诉信访案件调处，结合开展法治宣传活动，引导群众依法开展信访活动。三是针对仁布县今年邻里纠纷、婚姻家庭纠纷、土地资源纠纷多的实际，加强与各乡镇人民调解委员会的指导和协条沟通。四是为提高基层人民调解员的调解技能，年内组织开展1次调解员业务培训。五是进一步规范了调解案件卷宗填写和整理。目前仁布县所有调解文书都是统一使用市局印发的藏汉双语版的调解卷宗。通过以上工作变群众“上访”为法律工作者“下访”，通过调解、法律咨询等方式，为群众提供服务，妥善处理了切身人民利益的日常矛盾纠纷和案件。

八、加强组织领导和工作保障

（一）健全领导体制机制

建立以政府县长为组长，分管领导为常委副组长，政府办公室主任为副组长，各乡镇与县直各涉法单位为主要成员的法治政府建设协调小组，确保组织体系健全，工作开展畅通高效。

（二）树立法治思维

积极开展法治宣讲宣传及学习活动，将法治学习纳入政府学习日程，将每周二下午19：30-20：30一小时定为全县干部职工集中学法时间，并聘请县法院法治工作者定期做法治授课，向干部职工印发法治常识小册，切实保证人人知法、懂法、守法、用法。

（三）加强政府法治机构和队伍建设

政府部门权力清单和责任事项公布之后，我们将抓好贯彻执行、跟踪监督。一是严格执行权责清单。我们将狠抓清单制度的贯彻执行，确保清单制度落地见效。落实责任主体，严格责任追究，防止发生越位、缺位、错位。二是建立动态管理机制。根据法律、法规的颁布、修订、废止以及部门职能变化，及时调整完善政府权责清单。三是推进政府职能转变和机构改革。本着权责一致的原则，积极谋划行政审批制度改革后政府组成架构、权力运行方式和部门联动工作机制，确保仁布县转变政府职能、简政放权成果惠及民生。

（四）深入开展法治宣传教育

结合普法工作及法治政府建设工作制作、悬挂、粘贴各类法治宣传横幅、海报、标语、专栏，印制、发放各类法治常识小册，加强仁布县政府法治信息撰写力度，畅通信息报送渠道，切实提高法治信息质量，准确及时地为上级领导决策提供帮助。截至2016年12月，法治办与各种媒体保持联系，广泛宣传法治，接受县电视台专访2次，并通过“仁布县发布”“仁布新闻”微信公众号及“仁布县发布”今日头条号发布法治信息50余条，起到了良好的宣传作用。

仁布县2016年国民经济和社会发展计划执行情况与2017年国民经济和社会发展计划（草案）的报告

——在仁布县第十三届人民代表大会第二次会议上

仁布县发展和改革委员会主任 李 成

（2017年3月26日）

一、2016年国民经济和社会发展计划执行情况

2016年在自治区党委政府、市委市政府和县委、政府的正确领导下，贯彻落实中共十八大、十八届三中、四中、五中、六中全会和中央第六次西藏工作座谈会精神，学习贯彻习近平总书记系列重要讲话及自治区第九次党代会精神，落实市委市政府“6677”发展战略和县委确定“四项重点任务”（维护稳定、灾后重建、精准脱贫、产业发展），大力实施“教育强县、农牧稳县、产业立县、旅游兴县”四大发展战略，围绕既定目标，扎实做好各项工作，以加快小康社会建设进程总揽全局，以增加农牧民收入为出发点，努力改善困难群众的生产生活条件，加大招商引资力度，牢固树立全面、协调、可持续的发展观，全县经济社会发展呈现出速度较快、结构优化、效益提升、动力增强、民生改善的良好态势，计划指标完成情况较好，实现了“十三五”良好开局。

——经济运行总体平稳。全县生产总值预计实现5.03亿元，同比增长9.24%。地方一般公共财政预算收入完成3004万元，同比增长45.83%。物价基本稳定，能源、交通、通信等基础设施和重点工程建设成效显著，一年来全社会固定资产投资完成累计达7.2亿元，完成计划投资的102%。社会消费品零售总额达6600万元，同比增长27%。农村居民人均可支配收入达6589.4元，同比增长9.5%。2016年全县共输出劳务26787人次，创收8294.16万元。各项税收达2716万元，同比增长75.56%。金融机构各类存贷款余额达7.07亿元。各项指标创历史新高。

——项目建设持续加大。2016年共实施项目162个，续建项目16个，新建项目共72个，计划外项目74个，投资总额为14.88亿元；积极与张氏企业洽谈查巴乡贡觉门曲矿泉水开发项目；拟引进开发东北特色综合项目及建设灵芝和红景天繁殖栽培基地；拟引进光伏发电项目，总投资约50亿元。加快推进6条市政道路整治改造和5条市政道路新建工作；规划完善仁布新区布局，推进仁布商贸新城、给排水等市政基础设施、藏医院、综合文体中心、广播影视服务中心等项目建设；着力打造查巴、康雄小城镇建设示范点，已形成较好基础。同时完成“十三五”规划编制工作，建立“十三五”项目库，规划项目387个，计划资金54.9亿元。

——脱贫攻坚扎实推进。2016年实现脱贫297户、1582人，带动社会保障兜底362户，1279人。一是易地扶贫搬迁取得重大突破，搬迁项目共计635户2991人，其中2016年搬迁建设266户1181人，总投资7086万元，实际到位资金6160.11万元，已使用资金6063.87万元，资金使用率98.4%；开工380户，开工率达142.85%，已竣工52户229人，入驻率19.4%。二是脱贫攻坚合力全面形成。发挥龙头企业和专业合作社的带动作用以及脱贫户和致富能手的示范作用，部门和城市对口帮扶、企业帮扶和定点帮扶、干部驻村帮扶等多层次扶贫格局形成。

——结构调整持续优化。三次产业调整为17∶48∶35。其中第一产业实现9515万元，同比增长13.33%；第二产业实现22455万元，同比增长6.45%；第三产业实现18316万元，同比增长11.31%。农业产值预计实现7958.7万元，同比增长42.22%；林业产值预计实现101.34万元，同比增长47.4%；农林牧渔服务业产值预计实现1101.26万元，同比增长0.36%；工业生产总值预计实现6678.11万元，同比增长19%。全县在稳定粮食综合生产能力的前提下，调整种植产业比例，围绕增强农畜产品市场竞争力、增强农牧业效益和农牧民收入三大目标，坚持市场导向、效益优先、特色拉动和龙头企业带动原则，重点推进全县农牧业经济结构调整。完成农田改造3.2万亩，推广良种4.25万亩。全县粮油总产量达3076万斤，单产640万斤；蔬菜总产量936.8万斤，比2015年增加206.9万斤；饲草总产量606.6万斤，比2015年减少183万斤；全年新生崽畜27267头（只、匹），出栏39020头（只）。

——招商引资成效明显。仁布县紧紧围绕县委“教育强县、农牧稳县、产业立县、旅游兴县”战略，不断优化投资环境、增强服务能力、完善优惠政策、创新招商思路，积极开展多种合作形式，通过各种方式广泛发布、推介项目，尤其是抓紧加快产业建设及企业入驻机制，充分发挥仁布县地理环境优势条件，积极配合做好招商引资工作落实力度和推进方式，努力在全社会营造安商、亲商、扶商的投资环境。全年共接待客商60余人次，洽谈项目15个，签订意向合同7个，协议引资21.71亿元，到位资金1000万元。

——灾后重建有效推进。全县“4·25”灾后恢复重建项目共有8个，总投资5107.2万元，2016年度目标任务为3047万元，目标完成率为总投资的60%。全县完成投资3100万元，完成率为101.7%。德吉林镇特色小城镇建设项目已完成工程量的50%；帕当乡萨达村整村推进项目已完成工程量的60%；查巴乡吾米村整村推进项目已完工；帕当乡孔培村防洪堤项目已完工；七座寺庙维修项目已完成工程量的89%。城乡面貌持续改善。

——深化物价监管成效。充分发挥价格杠杆作用，整顿市场价格秩序，为实体经济发展创造良好价格环境。加强市场价格调控。分析研判价格走势，做好重要商品和服务价格监测工作，积极应对蔬菜和猪肉价格季节性上涨，有效防范市场价格异常波动，保持物价总水平总体基本稳定。

二、2017年经济社会发展的基本思路和目标任务

2017年是实施“十三五”规划的重要一年，是精耕细作保稳定的巩固之年，也是革故鼎新谋发展的攻坚之年。做好2017年经济社会发展工作，对巩固当前发展改革良好态势、推进社会稳定和长治久安具有十分重要的意义。做好2017年的经济工作，我们的基本思路是：紧紧围绕推动科学发展、建成小康社会和西藏跨越式发展这个主题，正确把握经济发展形势，牢固树立科学发展观，抓住国家重点投入、西部大开发和对口援藏的契机，深化改革，扩大开放，加快发展，改善民生，保持稳定，努力在走有中国特色、西藏特点、日喀则特征、仁布特有的发展路子上迈出新步伐，促进经济社会又好又快发展。根据这一总体要求，结合仁布县实际。2017年仁布县主要经济预期目标是：全县地方生产总值增长17%以上，地方一般公共预算收入增长45%以上，全社会固定资产投资增长50%以上，社会消费品零售总额增长18%左右，城镇居民人均可支配收入增长11%以上，农村居民人均可支配收入增长17%以上，居民消费价格增长控制在4%以内，城镇登记失业率控制在3%以内。要实现上述目标任务，应重点抓好以下几个方面的工作：

（一）加强重点项目建设，努力扩大投资规模。加大向上争取力度，申报一些基础设施项目、一些对全县经济发展有较大促进作用的项目，争取更多的国家投资；加强项目库建设，把项目前期工作做深做细，进一步提高项目质量；加强项目建设管理，加大对项目建设过程中的监管、检查力度，保质、保量完成每个项目建设，确保投资效益的最大发挥。

1. 压实责任，全面完成固定资产投资任务。按照市、县工作安排部署，把加大投资作为应对经济下行压力、促进经济稳定增长最有效动力，把落实重点项目作为完成投资目标的第一要务，解放思想，打破常规，拓宽思路，破除体制机制障碍；坚持市场运作，多元筹资，激发经济发展活力；充分发挥县主体作用，层层压实责任，形成促投资抓项目的合力，努力实现固定资产投资增长50%以上的目标任务。

2. 突出重点，狠抓重点项目建设。一是严格实行重点项目联系制度，继续落实“一个项目、一名领导、一个目标、一抓到底”的工作保障机制。二是把各行业领域重点项目归口纳入县项目办统一管理，切实发挥项目办的督导、协调和统领作用。三是建立重点项目台账，实行项目“一项一案”的动态监控管理和问题销号制度。四是落实中央预算内资金，抢抓专项资金申报，扩大社会资本的注入渠道，加大金融支持项目力度等工作，全力推进投融资模式创新，努力形成投资主体多元化。五是配合援藏干部做好援藏口子11个项目的建设。六是调动全社会力量，强化招商责任和意识，建立奖励激励机制，积极开展全员招商、精准招商、产业链招商、以商招商，千方百计补足投资项目缺口。

3. 加强项目监管力度，确保及时保质完成项目建设。全县按照工程建设程序，严格执行项目“五制”（招投标制、法人制、合同制、监理制、竣工验收制），保证工程质量。进一步加强项目的管理工作，安排专人加强项目的现场质量安全管理、环境保护工作、安全生产工作及项目资料归档，确保项目的各项建设程序符合规范要求，保证及时完成施工任务。

（二）积极推进农牧稳县战略，着力实现协调发展。发展壮大现代农业。继续调整优化农业结构，提高绿色优质农产品供给，坚持把产业化作为引导农牧业发展的战略方向，把推进土地、草场等生产资料流转作为农牧业发展的根本路径，把提升附加值水平作为农牧业发展的着力点和着眼点，把延长和完善产业链作为推进农牧业发展的重大举措，把提高农牧民收入作为根本出发点和落脚点，全面激活各类资源要素、生产要素、市场要素，发展壮大各方市场主体。重点构建集约化社会化畜牧养殖体系，加快畜禽自繁自育体系建设，优化调整畜牧业布局和畜种结构，发展规模化标准化养殖，推动以牛羊育肥为重点的特色优质畜产品基地建设。稳步推进耕地、草场等生产资料流转，形成规模化生产、市场化运作、品牌化发展。大力发展观光农牧业，推动农牧业与旅游业深度融合发展。

（三）积极推进脱贫攻坚工作，坚决打赢脱贫攻坚战。立足全县资源禀赋，紧紧围绕市委、市政府提出的“6677”工作思路和县委、县政府提出的全县发展思路（教育强县、农牧稳县、旅游兴县、产业立县），充分挖掘特色产业发展潜力，扶持壮大区、市、县级龙头产业及专合组织，不断优化产业结构，提升产业支撑，精准对焦贫困乡镇、贫困村、贫困户，以市场为导向，积极打造“一村一品”“一户一业”特色优势产业，提高贫困人口参与度，切实增加贫困人口经济收入。如期实现全县2332户10277人如期脱贫，24个重点贫困村如期退出、贫困县帽子如期摘掉。要增强紧迫感、责任感、危机感，瞄准2018年实现贫困县脱贫全面摘帽和2020年实现贫困对象“三不愁”“三保障”“三有”既定目标，全面做好“九个一批”工作，全力推进易地扶贫搬迁工作。要继续强化领导责任、强化资金投入、强化部门协同、强化社会参与、强化任务落实，举全县之力攻坚克难、集全县之智脱贫攻坚，充分发挥各方面政策的叠加聚合效益，确保完成今年104户416人脱贫任务，完成369户1810人易地扶贫搬迁任务，真正做到稳步脱贫、如期脱贫，真脱贫、脱真贫。

（四）着力抓好灾后重建工作。认真贯彻落实区、市党委、政府关于灾后重建的决策部署，按照灾后重建规划，结合仁布县实际，研究完善重建方案，确保重建工作符合发展实际、体现群众意愿。合理利用5073万元灾后重建资金着力抓好德吉林镇特色小城镇以及查巴乡吾米村和帕当乡萨达村整村推进等项目建设，充分发挥灾后重建资金的最大效益。

（五）加强和改进社会监督工作。一是继续推进明码标价和收费公示制度，并以此为契机，大力推进经营者价格诚信建设。二是推进价格举报工作，完善价格举报规章制度，拓宽价格利益诉求渠道，提高价格举报办理质量。

（六）全面推进社会事业发展，切实保障和改善民生。一是大力促进就业创业。二是加快完善社会保障体系。三是着力促进教育均衡发展。四是加快推进健康仁布建设。五是扎实抓好安全生产和维护社会和谐稳定。

（七）践行绿色发展方式。实施能耗强度和能耗总量双控，鼓励低碳产业发展，坚持淘汰落后产能，推动企业加快实施技改改造，推动继续降低单位地区生产总值能耗。加快电力体制改革，增强电力消纳能力，力争在“十三五”期间达到民电小康水平；大力实施清洁能源建设；积极推进增量配电试点项目。推动建立统一开放、竞争有序的能源市场体系。加快生态循环农业示范县建设，重点实施化肥农药减施、畜禽废弃物综合利用、地力改良提升工程、重大病虫害防治、秸秆综合利用等工程，提高农业资源环境对农业可持续发展的支撑能力。

各位代表，2017年经济和社会发展目标任务艰巨，使命光荣，让我们在县委、县政府的坚强领导下，在县人大的监督支持下，紧紧围绕社会稳定和长治久安总目标，坚定信心，迎难而上，群策群力，扎实工作，促进仁布经济社会持续健康发展，以优异成绩迎接党的十九大胜利召开！

仁布县2016年财政预算执行情况与2017年财政预算（草案）的报告

——在仁布县第十三届人民代表大会第二次会议上

仁布县财政局

一、2016年预算执行情况

2016年，是全面实施“十三五”规划的开局之年，面对艰巨繁重的改革发展稳定任务，在县委、县政府的正确领导及区、市两级财政部门的大力支持和关心帮助下，我们认真贯彻执行县委、政府各项重大决策部署，以及县十二届人民代表大会第十次会议审议通过的预算决议要求，积极落实财政政策，以发展经济、壮大财力为目标，以服务大局、严格监管为主线，以公平分配、改善民生为重点，充分发挥财政职能作用，民生福利取得新改善，转方式调结构取得新进展，社会大局保持稳定。圆满的完成了县十二届人大第十次会议确定的预算收支任务。

（一）落实人大预算决议情况

2016年，全县财政认真贯彻落实新《预算法》和县委、政府的决策部署，按照仁布县十二届人大第十次会议决议，积极推进财税体制改革，加强预算管理，充分发挥财政职能作用。

1. 强化增收节支，确保预算平稳运行。一是全力组织财税收入，主动与税务部门联系，相互配合，共同努力，形成合力，积极做好税收入库工作。同时，强化对执收单位收入的监督检查，确保非税收入应收尽收；二是严控一般公共服务支出、降低行政运行成本。建立厉行节约反对浪费长效机制，严格执行党政机关会议费、培训费、差旅费、公务接待费、公务购置及运行费等相关管理办法。2016年全县实际发生“三公经费”928.58万元（不含教育口，下同），比2015年同期减少75.3万元，同比下降7.5%。其中：公务接待费支出112.04万元，比2015年同期减少8.38万元，同比下降6.95%；公务用车购置及维护费用816.54万元，比2015年同期减少66.92万元，同比下降7.57%。其中：公务用车购置费220万元，同比增支17万元，增长8.37%、公务用车运行维护费596.54万元，同比减少83.92万元，下降12.33%。三是积极盘活财政存量资金，全年清理收回财政结转结余资金1029万元。对于收回的财政结转结余资金，合理调整使用方面，投入到脱贫攻坚及仁布县急需的领域，提高财政资金使用效益。四是通过仁布县政府新闻网、微信平台，对38个预算单位进行了预决算公开，公开内容主要是各单位的部门职能、部门预决算表、一般公共预算收支决算总表、一般公共预算财政拨款支出预算表、年度预决算情况说明、年度“三公”经费预决算情况说明。

2. 优化支出结构，促进民生改善。一是保障各单位正常运转和人员经费落实，从严控制一般性支出，降低政府运行成本。兑现行政事业单位调资政策。二是全力保障民生支出。全年民生投入达56953万元，占公共财政预算支出的65.36%。保障了教育、文化事业发展、社会保障和就业、医疗卫生、农林水等民生支出。实现了城乡最低生活保障、五保供养、困难群众临时生活补助和社会就业扩面目标。支持了教育均衡发展、乡村学校改造，藏医院、乡镇卫生院建设以及水利、生态公益林等项目的建设。

3. 强化四项财政管理，加强监督检查，确保财政资金健康运行。加强财政收入的管理，对财政预算收入征缴、划转、报解全过程进行监督，保证预算收入及时、足额上缴国库；加强财政专项支出管理，重点对财政支农惠农政策、民生事业、抗灾救灾及灾后重建补助资金等财政资金的执行情况进行检查，保证财政资金的使用效率和效益；加强对国有资产的监督管理，定期或不定期的对各级行政事业单位的国有资产处置活动进行监督检查，防止国有资产流失；加强财政监督检查执法力度，有效维护财政秩序，促进改革、发展、稳定和廉政建设。

4. 强化科学管理，进一步提高财政管理水平。充分发挥财政职能作用，组织、统筹、安排好各项资金，为仁布县新农村建设作好财力保障，促进经济社会的良性循环发展；把握经济发展主旋律，始终坚持发展是硬道理，密切关注本县区域内经济运行质量和年度财政收入进度，关注影响财政收支的不确定因素，定期分析预算执行中出现的新情况、新问题，分析财政收入增减变化原因，做好财政收支状况的趋势分析，及时解决出现的新情况、新问题。

（二）2016年公共财政预算执行情况

公共财政预算收入完成3004万元，同比增收944万元，增长45.82%。完成年初预算1098万元的273.58%，完成考核目标2472万元的121.52%，超额完成了市委、市政府既定的任务。加上上级补助收入83007万元、调入预算稳定调节基金1125万元，全县可安排使用的公共财政预算收入总计87136万元，同比增长36.55%。公共财政预算支出87136万元，同比增长39%。收支相抵，无结余，全年公共财政预算实现平衡。

1. 主要收入项目执行情况

——增值税完成937万元，同比增长423.56%。

——营业税完成700万元，同比下降34.39%，主要原因是2016年5月1日起全面实施“营改增”，对企业和居民实施结构性减税。

——企业所得税完成163万元，同比增长20.7%。

——个人所得税完成18万元，同比增长50%

——城市维护建设税完成180万元，同比增长57.89%。

——印花税完成46万元，同比增长27.77%。

——耕地占用税完成672万元，同比增收668万元。

——非税收入完成288万元，同比下降78.12%，主要原因是2015年年初一次性入库预留的罚没、房租等收入。

2. 主要支出项目执行情况

一般公共服务支出11504万元，同比下降21.03%（降低了行政运行成本）。主要用于：维护政权运转，保障各类会议的召开、党委、政府同意落实的各项资金及民族宗教事务、群众团体事务、党建、纪检监察等工作的顺利开展。

国防支出38万元，主要用于：兵役征集、基础设施建设等。

公共安全支出4992万元，同比下降1.57%。主要用于：保障消防、公安、检察、法院、司法等单位依法履职，维护社会稳定，保障公共安全。拨付资金784万元，用于公安看守所及康雄乡中心人民法庭建设。拨付资金11万元，用于普法宣传、法律援助及社区矫正。拨付资金266万元，用于消防业务经费、设备更新及基础设施建设等。拨付资金3931万元，有效保障了政法部门正常运转、办案业务、维护稳定、装备配备等经费支出。

——教育支出11654万元，同比增长24.16%。主要用于：安排资金1500万元，支持义务教育均衡发展。拨付资金1110万元，继续推进农村薄弱学校改造、学前教育发展及四有工程建设。拨付资金243万元，改善农村学校教师住宿条件。拨付资金1000万元，改善乡村幼儿园办学条件。

科学技术支出207万元，同比下降4.6%。主要用于：科技推广、科技特派员补助。

文化体育与传媒支出1995万元，同比增长

134.4%。主要用于：拨付资金850万元，完善县级公共体育服务设施。拨付资金253万元，开展群众文化活动，提高群众文化素养、丰富人民群众文化生活，促进了文化繁荣。

社会保障和就业支出11071万元，同比增长256.32%。主要用于：行政事业单位离退休费2837万元、就业补助505万元、抚恤62万元、社会福利11万元、残疾人事业173万元、自然灾害生活补助5390万元（其中：4·25地震灾后重建补助5110万元）、最低生活保障544万元、临时救助178万元、其他生活救助150万元。社会救助体系得到进一步巩固和完善，切实解决了城乡困难群众的基本生活问题。

医疗卫生与计划生育支出5927万元，同比增长19.54%。主要用于：拨付资金1465万元，支持基层医疗卫生机构和藏医院建设。公共卫生480万元、医疗保障2126万元、计划生育事务81万元、综合医院800万元。全县医疗基础设施和就医条件得到改善，城乡居民医疗保障水平不断提高。

节能环保支出195万元，主要用于：环保宣传、环境监察执法、生态村创建等。

城乡社区支出5983万元，同比增长196.18%。主要用于：城镇基础设施建设5700万元。

农林水支出26306万元，同比增长46.62%。主要用于：农业6470万元，其中：农业事业运行879万元、科技转化与推广服务360万元、病虫害控制144万元、防灾救灾45万元、农业生产支持补贴754万元、农村公益事业300万元、农业资源修复与利用2716万元（生态补偿脱贫转移就业人员岗位补助2117.1万元）、其他农业支出1081万元；林业4224万元，支持重点区域造林、森林植被恢复、重点防护林、防沙治沙等项目建设，兑现森林生态效益补偿资金；水利11062万元，支持水利工程、水土保持、防汛、农田水利等工程建设。扶贫1237万元，支持精准扶贫产业发展及基础设施建设等；农业综合开发1000万元，主要是土地治理；农村综合改革903万元，主要是对村民委员会和村党支部的补助及对村集体经济组织的补助；其他农林水支出1410万元，主要是宗嘎村、司玛村基础设施建设项目、定向政策性扶贫补助、现代农业发展资金。

交通运输支出1097万元，同比增长222.6%。主要用于：康雄茶村公路、康雄油路岔口至帕夏村公路建设及道路养护、维修。

资源勘探信息等支出102万元，同比下降37%。主要用于安监局单位运转、执法等。

商业服务业等支出75万元，主要用于旅游局单位运转及宣传经费等。

国土海洋气象等支出2260万元，主要用于4.25地震地质灾害防治、排危、规划等及耕地补偿。

住房保障支出3730万元，同比增长66.74%。主要用于：农村危房改造441万元、城镇保障性安居工程及周转房建设1500万元、住房改革1789万元（公积金、购房补贴）。

（三）政府性基金执行情况

2016年全县政府性基金收入完成150万元，均为上级补助收入，全县政府性基金支出150万元，其中：体育事业的彩票公益金支出130万元，主要用于德吉林镇、普松乡、查巴乡室外健身场地建设；教育事业的彩票公益金支出3万元，主要用于切洼乡小学少年宫运转补助；其他社会公益事业彩票公益金支出17万元，主要用于五保户集中供养机构工作经费。

（四）公共财政预算执行情况原因分析

总体上看，全县财政收支运行平稳，收入保持了一定的增幅，支出控制在预算之内，支出结构进一步调整，保证了农业、教育、社保、卫生等民生项目和重点建设项目支出的需要。

收入方面：财政收入较快增长的主要动力仍是基建类税收收入提供坚强支撑，并进一步夯实了增值税、营业税、企业所得税、城市建设维护税等税种的税源基础，使这些税种获得较大数额的增收，对全县财政收入的持续、快速增长有不可忽视的作用。因营改增带来的影响，积极组织各类非税收入的均衡入库，防止了非税收入的流失。

支出方面：根据收入预算，按照财政支出与财力相适应及收支平衡的原则，安排财政支出87136万元，按同口径比较，同比增长39%。增长主要原因为：一是部门预算到位率逐年提高，在很大程度上确保了支出进度。二是各部门加大重点项目推进力度，灾后恢复重建、精准扶贫、水利项目等相关工作顺利开展并及时形成实物工作量。三是各单位加大了对预算执行工作的重视程度，加快了资金的使用。四是财政支出拨付进度加快，支出结构进一步优化。财政部门在保障资金安全有效的前提下，加快了支出进度，避免年底集中支出，减少资金结余结转，提高了财政资金使用效益。

各位代表，回顾一年的工作，全县收支任务圆满完成，支持发展保障有力，民生投入继续加大，改革创新深入推进，财政监督得到加强。这些成绩的取得，得益于县委、政府坚强领导和科学决策，得益于人大、政协的监督指导，得益于区、市财政及社会各方面的理解支持。同时，我们也清醒地认识到，财政改革发展中仍面临不少困难和问题，一是税源基础薄弱，财源结构仍然不够合理，缺乏支柱税源，财政收入保持平稳增长难度较大；二是财政收支矛盾未得到有效缓解，民生保障的力度有待加强。事关保稳定保增长和民生福利方面的刚性增支大幅增加，与有限财力之间的矛盾十分突出，发展的步伐与形势要求还有一定差距，民生保障的力度还有待进一步加强；三是财税体制改革需进一步深入推进，预算的执行力有待加强，盘活财政存量资金力度有待于加大，财政规范管理和加强监督的任务还很重。四是财政在保稳定、促进社会和谐发展大局中的任务日益繁重，每年的法定、政策性配套和强基惠民、新增人员支出等任务依然艰巨，加上脱贫攻坚刚性支出居高不下，财政资金的供需矛盾日显凸出，结构优化难度递增。因此，需进一步转变思路，调整结构、深化改革、完善措施，逐步加以解决。

二、2017年预算草案

（一）预算编制的基本思路

2017年全县财政预算编制认真贯彻新《预算法》《国务院关于深化预算管理制度改革的决定》等文件精神，按照区、市经济工作会议安排部署，围绕县委、政府中心工作，坚持按轻重缓急有序安排，确保县委、政府各项重大决策部署得到落实。坚持保运转、保重点、保改革、保民生，根据“积极稳妥、量力而行、讲求绩效、收支平衡，统筹兼顾、突出重点、有保有压，艰苦奋斗、勤俭节约”的方针进行预算编制。一是统筹财力，实施综合预算。稳妥预测收入，统筹一般公共预算、政府性基金预算，盘活存量、用好增量，促进财政资金优化配置。二是服务大局，保障重点项目。在保工资、保运转和保基本民生的基础上，着重保障脱贫攻坚、重点产业、基础设施建设、生态环境保护等。三是留有余地，树立“过紧日子”思想。按规定做好资金预留，压缩非刚性、非急需支出，减少绩效不高的项目资金安排。五是严格预算约束，严格控制追加，无预算一般不得安排支出。

（二）全县财政收支预算草案

全县公共财政预算收入1317.6万元，比2015年预算1098万元增长20%，其中：税收收入1172.4万元，比2015年预算977万元增长20%；非税收入145.2万元，比2015年预算121万元增长20%。加上上级提前下达转移支付收入37150.95万元，公共财政预算收入总计38468.55万元，全县公共财政预算支出安排38468.55万元，同比增长10.24%。

（三）政府性基金预算草案

全县政府性基金预算收入1214万元，上级转移性收入3万元，政府性基金收入总计1217万元，全县政府性基金支出安排1217万元。

（四）完成2017年财政预算任务的主要措施

新的一年，财政部门将在县委、政府的坚强领导下，在县人大常委会的依法监督下，在县政协的支持下，紧紧围绕县委、政府的中心工作，统筹兼顾、突出重点，继续推进财政改革，加强财政监督，提高财政管理水平，化被动为主动，攻坚克难，确保财政预算目标实现。

1. 强化征管措施，提高收入质量。一是大力支持重大项目建设，多渠道筹集资金加大投入，支持实体经济发展，带动财税收入稳定增长。二是加大收入征管力度，提高质量和效率。对重点行业实施实时监控，加大土地出让金、房租收入、排污费、罚没收入等征收力度。力争年底完成市委、市政府下达的考核目标任务4355.8万元。

2. 严格预算约束，提高预算执行力。按照“保运转、保重点、保改革、保民生”的思路积极稳妥安排财政资金，进一步调整支出结构，将更多财力用于民生、脱贫攻坚及生态环境保护。一是提高财政保障能力，多方筹集资金，切实保障民生投入和重点建设项目资金需求。二是大力清理存量资金，对结转结余两年以上的资金进行清理、整合，提高财政资金使用效益。三是厉行勤俭节约，牢固树立“用财有度、过紧日子”的思想，严格控制一般性支出和“三公”经费，严格预算约束，严格控制追加，除政策性支出和救灾救济等特殊支出外，一般不追加预算。

3. 深化财政改革，进一步提高科学管理水平。一是完善预算管理体系，实行全口径预算管理，努力提高预算编制的科学性、准确性和精细化程度；二是加强财政监督工作。完善财政内部监督制约制衡机制，做好事前、事中检查，使监督检查关口前移，防患于未然。加大对民生资金、涉农资金的财政监督工作，对违纪违规违法行为进行严肃查处。三是加强财源建设工作的组织领导，细化目标任务，分解落实责任，统一部署，全县齐抓共管，确保财源建设推进扎实有效。四是加强对国有资产的监督管理，摸清国有资产家底，完成全县行政事业单位的国有资产清查，防止国有资产流失。

4. 加强五大建设，提升行政效能，展现财政干部队伍新风貌。加强管理制度、干部队伍、业务技能、行政效能、党风廉政五方面的建设。严格依章依规办事，做好教育培训工作，提高工作效率和业务水平；切实转变作风，做到主动服务，真诚服务，提高服务质量和工作效能；注重加强党风廉政建设，引导干部职工树立廉洁意识，筑牢拒腐防变的思想道德防线，同时积极开展好党的群众路线教育实践活动。打造一支“作风优良、业务精干、廉洁高效、能打硬仗“的财税干部队伍。

各位代表，2017年财政改革发展任务艰巨，责任重大。我们将在县委、政府的坚强领导下，牢固树立四个核心意识，主动适应新常态，坚持低调务实、少说多干、敢于担当、改革创新、积极作为，确保完成全年各项工作任务，为全面建成小康社会而努力奋斗。

综 述

仁布县概况

【自然地理】 仁布县地处藏南谷地，喜马拉雅山中段北坡和冈底斯山的东段南坡，全县地势东高、西低，北部和南部均为高坑的山地，中部门曲河流域为较宽的谷地，境内沟壑纵横、山脉大多呈东西走向，全县地形较为破碎，阶地发育不完整。最高峰为东南角的乃钦康桑峰，海拔为7191米，终年积雪不溶。雅鲁藏布江在境内湍急而过。全县有一半地区的海拔在4000米以上；东部5个乡平均海拔在4000米以上；西部3乡1镇平均海拔在3700米以上。

【气候】 仁布县属高原半干旱河谷农业气候区。由于海拔较高，有明显的高原季风气候特点。具体表现为：温暖干燥，冬春两季多风沙，干湿季分明，日照充足，冬长夏短，日温差大，寒冷期长，春迟，夏短，冬长，秋冬差异不大，空气干燥，冬春多风沙，年无霜期120天。夏季在副热带高原气候影响下，有印度洋暖湿气流的侵入，气候温暖湿润。冬天受强劲的西风带控制，气候寒冷干燥。按照气候变化的特点，四季划分为：春季（3—5月底）、夏季（6—8月底）、秋季（9—10月底）、冬季（11—次年2月）。

【行政区划】 仁布，藏语意为“聚宝、多宝”之意，位于日喀则市东部，距离市区110公里，距离拉萨市170公里。全县辖8乡1镇，73个行政村，6881户35397人。

【自然资源】 土地资源。全县土地总面积3183068亩，其中宜农土地126229.7亩，占3.96%；宜林土地30681.3亩，占0.96%；宜牧土地2564564.7亩，占80.5%；暂不宜农林牧土地461592.6亩，占14.5%。耕地面积93967.2亩，占全县总面积的2.95%；草场面积2571040.6亩（内含人工草场），占全县总面积的80.77%；林地面积9718.7亩，占全县总面积的0.31%；交通道路用地1967.9亩，占全县总面积的0.06%；河流水域面40990.7亩，占全县总面积1.29%。

植物资源。全县植物种类中，禾本科、菊科、莎草科种类所占比重较大，分别占13.5%、10.1%、6.2%。天然草地中，饲用植物也以这3个科有关属种为主，其次是豆科、蔷薇科、蓼科的少数属、种。

药物资源。仁布县野生植物种类较多，其中经济价值高的药用植物有雪莲花、野核桃、杏桃、沙棘、紫云英、贝母、柴胡、大黄、黄芪、当归、天南星、萤花、杜鹃、爬地柏、高山柳等，这些野生植物在仁布县分布较广，随地可掘，由于其营养丰富，因此是藏族人民待客、送礼、制作藏药的重要物品。

林地资源。仁布县林地资源面积为9718.7亩，占总土地面积的0.31%。其中有林地453.6亩，占总林地面积的4.48%；灌木林地9281亩，占总林地面积的95.5%；未成林造林地2.1亩，占总林地面积的0.02%。

动物资源。仁布县境内的主要野生动物有：獐子、水獭、旱獭、猞猁、狼、狐狸、棕熊、岩羊、黄羊、藏原羚、温泉蛇、沙蜥、野猫、野兔等，主要分布在天然植被保存量相对多、保护工作开展相对好的切洼乡、康雄乡、然巴乡、德吉林镇和帕当乡等乡镇。昆虫类种类繁多，主要农作物害虫有蚜虫、螵虫、甘兰夜蛾、金龟子、潜叶蚁、地老虎等。鱼类有高原鳅、异齿裂腹鱼、双须叶须鱼、高原裸鲤、鮡鱼等。其中鮡鱼有黑斑鮡、黄斑鮡、纹胸鮡属珍惜水产资源，为国家级保护动物。饲养动物主要有牦牛、黄牛、犏牛、马、骡、驴、山羊、绵羊、猪、鸡等。

水能资源。仁布县自然降水丰富且多集中在6～9月牧草和农作物生长季节。全县年平均水总量为35.41亿立方米，平均每亩土地降水1112.4立方米，年均降水451.5毫米。总的降雨趋势由西南向东北逐渐增加。降水季节与牧草农作物生长季节相同，历时150天左右，期间降水量478～513毫米。占年降水量的85%～89%，有利于牧草发育生长和庄稼的壮籽，有利于农牧业生产发展。雅鲁藏布江为仁布县的客水资源，多年平均流量约131.5051亿立方米，由于地理、技术和发展水平等原因，尚未开发利用。门曲河为仁布县的一级支流，境内流程57.5公里，勇曲河为二级直流，在县境内流程26公里，其尾部多年平均流量为1.43立方米/秒。此外全县境内有众多的高原湖泊和季节性河流小溪，主要代表有然巴铜措、娘叠措、白仲措、雍泽律措和然巴雄曲、查巴普曲、江嘎普曲、奴曲、宗噶普曲等众多水资源。到2000年全县境内共有水电站5座，总装机容量1165千瓦，其中仁布县水电站始建于1975年，当时装机容量100千万／2台。

光热资源。仁布县日平均气温大于0摄氏度，最暖月平均气温在12摄氏度以上，最冷月（元月）平均地温在－2.3摄氏度至－6.4摄氏度，全年极端最低气温－21摄氏度，极端最高气温27摄氏度。全年平均日照数2300小时，实际日照2100～2500小时，年均每天日照8小时左右，日照率70%，日光辐射总量为139.75～152.48千卡/平方厘米。

矿产资源。仁布县矿藏资源丰富，已探明的有铬铁、玉石、铅锌、铜矿、黄金、花岗石、大理石、红柱石、水晶石、白灰等十几种矿物。玉器享誉区内外，铬铁矿储藏量较大，尚在进一步勘探分析中，仁布白灰过去曾用作布达拉宫外墙专用粉刷涂料，也是画师绘画不可缺少的颜料。

人文资源。仁布县名胜古迹众多。位于德吉林镇艾玛村的雍泽绿神湖，被群众视为可以“观相的神湖”；以往班禅灵童转世，也按惯例到此观相湖测定。全县有寺庙17座、拉康1座，位于县城内的强钦寺始建于1427年，寺内供奉着一尊高13米，铜底镀金的强巴佛像，为西藏三大强巴佛像之一。仁布县江嘎尔藏戏是国家公布的首批非物质文化遗产之一，其唱腔高亢浑厚、古朴粗犷，舞蹈动作优美，节奏悠缓，深受西藏各族群众的喜爱和传颂。

【经济和社会发展】 2016年，仁布县委、政府按照“教育强县、农牧稳县、产业立县、旅游兴县”四大发展战略，做好“维护稳定、灾后重建、精准脱贫、产业发展”四项重点任务，顺利完成各项目标任务。2016年，全县生产总值实现5.03亿元，同比增长9.24%。地方一般公共财政预算收入完成3004万元，同比增长45.83%。全社会固定资产投资完成7.2亿元，完成计划投资的102%。社会消费品零售总额达6600万元，同比增长27%。农村居民人均可支配收入达6589.4元，同比增长9.5%。

【农牧业发展】 2016年，农业产值实现7958.7万元，同比增长42.22%，林业产值实现101.34万元，同比增长47.4%；农林牧渔服务业产值实现1101.26万元，同比增长0.36%。全年粮油总产量1538万公斤；蔬菜总产量468.4万公斤，饲草总产量303.3万公斤，粮、经、饲种植比例为79.6：16.9：3.5。

开工建设帕当乡、查巴乡、康雄乡12000亩高标准基本农田。引进推广“藏青2000”和“喜拉22号”高产脱毒马铃薯等良种种植，种植面积达4.25万亩。发放农机具627台（部），农机覆盖率达60%。全年新生仔畜27267头（只、匹），出栏39020头（只），牲畜免疫率达100%。实施“娟姗牛”人工冻配奶牛改良工程，全年改良奶牛512头。切洼乡普纳村蔬菜种植示范基地荣获自治区科普示范基地奖，仁布县被评为2016—2020年全国首批科普示范县，6名群众被评为“科普惠农兴村计划”农村科普带头人。

【民族手工业】 2016年，康雄乡酥油花制作销售创收15万元、亚德细褐羊毛制品销售创收20万元、翠玉加工创收15万元，普松乡筘子制作创收18万元，德吉林镇藏靴制作创收15万元，然巴乡藏药藏香加工创收25万元。康雄乡亚德细褐羊毛制品基地荣获全国科普示范基地奖，普松乡白仲村筘子制作技术示范基地荣获自治区科普示范基地奖。

【旅游业发展】 2016年，全县旅游人数达83278人次、同比增长3.6%，实现旅游收入393.1万元，同比增长4%。

【改革发展】 2016年，群众房权证办理工作顺利推进，发放房权证152本。土地变更调查工作有效开展，完成12宗土地登记发证发放工作。以拍卖和挂牌方式完成县城新区商业街两批次出让工作，共出让土地25宗，面积22239.68平方米。落实商事制度改革，全年“五证合一”共换照50户，其中企业37户、农民专业合作社13户；“两证合一”营业执照共换照277户，新办114户。城乡义务教育资源优化配置，顺利通过国家义务教育均衡发展评估验收。全年接待客商60余人次，洽谈项目15个，签订光伏、种植业、饮用水、矿产业等项目意向合同7个，到位资金1000万元。

【城乡建设】 2016年，完成县城总规修编和9个乡镇小城镇建设总体规划，启动城市景观风貌规划编制工作，建成新区防洪堤工程，启动新区神湖路、环山路和老城区地下管道等市政基础设施建设。续建公租房100套，开工建设120套；完成县直周转房建设48套，续建乡镇干部职工周转房378套。德吉林镇、查巴乡被列为全国重点乡镇，康雄乡茶村被列为全区唯一的全国散居型试点村庄。

【劳务输出】 2016年，实现劳务输出26787人次，实现经济收入8294.16万元。

【脱贫攻坚】 2016年，实现297户1582人脱贫。开工建设产业扶贫项目7个，带动106户496人创业增收；开工建设易地搬迁项目380户，拨付资金6063.87万元；开工建设德吉林镇特色小城镇等5个灾后重建项目，完成投资3100万元；开展“订单式”培训，培训人数达240人，创收143万元；全年实现生态脱贫896人，完成计划的191%；全县社会兜底保障达362户1279人；1851名干部职工结对帮扶建档立卡户2317户，送出慰问金共计125.45万元；8家企业与24个重点贫困村建立帮扶机制，实施项目8个，带动20人就业；建立扶贫援藏机制1项、就业扶贫援藏1项、培训建档立卡贫困人口23人。

【教育事业】 2016年，县级财政对教育投入达2500万元，持续多年保持20%以上的速度递增。全面提升中小学教育质量，12名学生考取内地西藏班，内地西藏班上线率居全市第六；62名学生考取区内外重点高中，164名学生考取普通高中，122名学生考取区内外中等职业学校。学前两年入园率达88.54%，学期三年入园率达69.09%。

【卫生事业】 2016年，全县医疗基金总额达2823.32万元，家庭账户基金支出达346.54万元；大病统筹基金支出达839.08万元，门诊统筹基金支出达6.51万元，参合率100%。疫苗接种建证建卡率达100%，基础疫苗接种率达99%以上，国家扩大免疫疫苗接种率达到98%以上。农牧民免费健康体检和健康档案立卡工作持续开展，全年完成城乡居民物理体检34494人。藏医特色科室建设取得显著成效，切洼乡卫生院成功研制了藏药药浴“五味甘露”治疗法。黑龙江宝德生物有限公司捐赠药品45万元，协调哈尔滨第三人民医院捐赠医疗器械16万元。

【社会保障】 2016年，仁布县城镇居民医疗保险参保人数和城镇职工医疗保险参保人数分别达632人和1548人，基金征缴分别为30.3万元和1533.09万元；城镇职工养老保险和城乡居民社会养老保险参保人数分别达235人和18494人，缴费金额分别达306.9万元和172.35万元；城镇职工生育保险实现参保人数1237人，征缴基金89.6万元；单位和个人失业保险参保人数达817人，征缴基金126.3万元；工伤保险参保人数达1427人，征缴基金43.8万元。

【文化宣传】 2016年，县委理论中心组集中学习18次，其中集中观看视频2次，开展集中讨论4次。围绕脱贫攻坚、灾后恢复重建和小城镇建设工作，组织策划宣传报道活动，营造了全社会支持参与扶贫开发攻坚、灾后恢复重建和小城镇建设的工作氛围。全年上报各类信息578条。充分利用仁布县电视台自办节目、《仁布动态》藏汉双语、微信微博公众号、政府网站、LED显示屏以及宣传展板、横幅等平台，大力宣传县乡党委领导班子换届工作的相关知识，营造风清气正的换届风气。全年制作宣传展板12张，悬挂横竖幅38条，微信微博“仁布县发布”公众号发布新闻和标语100余条，《仁布动态》刊播70余条，电视台自办节目播报120条，积极宣传仁布县经济社会发展成果。

【党建工作】 2016年，对全县152个基层党组织，3277名党员组织关系进行了排查、梳理，严格党费收缴，建立完备的党员信息库。全年新发展党员153人。组织1922名党员开展公开承诺，兑现承诺3000余件。推行了“一对一”“一帮几”结对帮扶制度，全县1596名干部与2003户困难群众结成了帮扶对子，走访慰问达4000余次，投入资金400余万元。依托亚德细褐纺织、酥油花、青稞酒制作、藏鸡养殖、生态旅游开发展等优势项目，着力发展村集体经济建设，发展壮大特色产业，增强可持续造血功能，引领贫困群众致富增收。

【和谐社会】 2016年，仁布县围绕“10+2”任务，有效开展“先进双联户”评选创建活动；全面落实铁路护路联防工作各项机制，认真开展铁路护路联防工作；积极开展民族团结进步创建活动，切洼乡开发区成功申报民族团结进步示范点；加强流动人口服务管理工作，切洼公安一级检查站“过滤网”和“护城河”作用明显。全县评选表彰县级和谐模范寺庙12座、爱国守法先进僧尼237名，市级和谐模范寺庙4座、爱国守法先进僧尼130名。

【作风建设】 2016年，仁布县严格落实“一减四压”（减少行政预算，压会、压车、压接待费用、压办公开支）要求，全面规范“三公经费”使用。全面规范资金管理使用、规范公车管理使用、规范商租房租金管理，全面整顿干部职工差旅报销。全年共办理人大代表议案128件、政协委员提案121件，有效解决了一批群众关心的热点难点问题。严格落实党风廉政建设责任制工作要求，严肃整饬庸政、懒政、怠政现象，大力整治不作为、乱作为、慢作为现象，坚决惩治腐败现象，以实实在在的作风转变促进机关效能全面提升，有力推动了中央八项规定精神和区党委“约法十章”“九项要求”落地生根，推动了“两学一做”学习教育深入开展，推动了“讲学习、讲忠诚、正风纪、转作风、提效能”主题活动取得实效。

（刘忠顺）

大事记

1月

10日　由县政府组成的联合清查组，深入县直各部门，实地清查各类固定资产。

15日　仁布县召开“万名村（居）干部素质提升工程”培训动员大会。

22日　为加强仁布县药品市场的规范管理，保障农牧民群众用药安全，仁布县对医疗器械经营、使用单位进行突击检查，并对违规单位下发责令整改通知书，限期整改。

27日　仁布县新任县级领导深入8乡1镇调研乡镇工作，听取乡镇主要负责人做的工作汇报，并提出建议。

29日　仁布县公安系统积极组织全体民（辅）警开展防自焚演练。此次演练共出动警力36人，灭火器18个，灭火毯9张，单警装备35套。

月内　仁布县全面拉开“八项重点工作”考核工作帷幕，紧接着成立专人专组，分赴各乡（镇）对全县“八项重点工作”进行实地考核。

月内　仁布县组织宣传部、科技局、卫生局、司法局、文广局等相关部门30余人，成立专人专组，深入辖区内8乡1镇开展以科技、文化、卫生、法律、爱国爱教为主题的“五下乡”活动。

2月

1日　仁布县组织开展农村危房改造验收工作。共涉及5个乡（镇），28个行政村，145户，涉及资金共计2134288.01元。

2日　武警西藏总队副司令员赵贵龙在武警西藏总队日喀则支队政治部主任李旭祥、仁布县委常委、政法委书记周庆，县委常委、副县长旦增和县武警中队负责人的陪同下到仁布县看望慰问结对帮扶联系点，送去11000元慰问金和价值8000余元的慰问品。

19日　仁布县2016年度重点区域生态公益林建设项目进行了邀标，标志着该项目正式启动。项目总投资9310184元，涉及全县29个造林点。

月内　为全力保障仁布县春运期间不出现任何问题，全县共出动警力289人次，车辆64辆次。重点对仁布县境内318国道、县城各重点道路进行了隐患排查。

月内　仁布县“三证合一、一照一码”，共发放加载统一社会信用代码的农民专业合作社营业执照139份，其中换发执照132户，新设立7户；私营企业149份，其中新设立私营企业执照17户，换发132户；新办个体户17份。

月内 1—2月成品油销售236.65吨，其中汽油95.39吨；柴油141.26吨。与2015年同期相比增长44.34%。天然气销售9吨，与2015年同期相比增长8.43%。

3 月

7日 为切实保障学校食品安全，保证师生身体健康，维护正常的教育教学秩序及社会稳定，对辖区内县中学、小学、幼儿园以及8乡1镇中心小学开展突击性食品安全专项检查活动，同时还对学校周边超市及小卖部进行了食品安全检查。

同日 仁布县委组织部深入8乡1镇兑现2015年度村“两委”班子考核激励资金，奖励资金共计15.47万元，用于奖励23个村（居）。

同日 自治区政协副主席金世洵到仁布县检查指导维稳工作，市政协主席普布和仁布县委书记陈宝柱陪同检查。

10日 仁布县举行2016年机关干部职工“双语”培训班开班仪式，31名机关干部参加开班仪式。

同日 仁布县召集县城沿路个体经营户140余人，在仁布县党政办公大楼召开2016年度落实市容和环境卫生“门前四包”责任制动员大会。

12日 仁布县组织开展义务植树造林活动，共组织机关干部与德吉林镇吉雄村农牧民群众200余人，在吉雄村280亩荒地开展植树造林活动，市政协副主席、驻仁布县维稳督导组组长罗布参加此次活动。

15日 教育厅副厅长吴爱珍一行检查组到仁布县检查指导开学工作，市教育局局长索旺、仁布县政协主席旦增和政府副县长拉桑桑旦陪同检查。

16日 仁布县组织召开卫生工作先进典型表彰会议。共表彰先进集体11个，发放奖励资金1.49万元；先进管理者6个，发放奖励资金5600元；先进个人22名，发放奖励资金1.75万元。

月内 仁布县委组织部开展“四到位”（组织领导到位、人员配备到位、信息采集到位、组织排查到位），力推党员信息库建设工作，全县10个基层党委和23个县直机关党支部100%建库、3000余名党员100%入库。

月内 各级驻村工作队共开展“双语”培训164场次，参加人数1254余人次，共发放《藏汉日常用语读本》《藏汉“双语”基础单词》《藏汉双语基本知识读本》等学习资料1200余份，确保每名驻村工作队员、村“两委”班子、汉族同志都有藏汉“双语”学习资料。

月内 仁布县颁发首张网上自主申请企业名称的营业执照。这标志着仁布县企业名称核准工作模式将发生根本性变化。

月内 仁布县初步完成造林前期工作，重点区域生态公益林建设工程涉及29个作业区，工程总面积2542.5亩。

月内 按照属地化管理原则，县疾控中心和各乡镇卫生院在本辖区内对各学校及托幼机构的各类传染病进行一次全面排查工作。

4 月

7日 仁布县成立公安刑警为主力的专项小组展开摸排工作。按照“有黑打黑、无黑除恶、无恶治邪、无邪治乱”的方针，深入了解仁布县是否存在村霸、乡霸矿霸和黑恶势力、宗教势力。经过深入摸排，在仁布县境内未发现黑恶势力和犯罪情况。

15日 仁布县组织相关部门深入县中学为广大师生讲授防火知识，上好“开学第一课”。消防宣传员为师生们讲授了如何落实消防安全管理、防火巡查、防火检查等各项消防职责，并从实际出发，用通俗易懂的语言，达到了较好的教育效果。

20日 仁布县纪委监察局开展2016年纪检监察业务培训，县委常委、纪委书记卢继峰出席培训动员会，各乡镇纪委书记、纪检专干，县直各单位派驻纪检组组长、党风廉政建设工作联络员等53人参加培训会。

22日 仁布县组织全县700余名党员干部分别在县直3个考场、乡镇9个考场同步进行党内两项法规考试，以考促学。考试内容为新修订的《中国共产党廉洁自律准则》和《中国共产党纪律处分条例》。

26日 仁布县8乡1镇开展实施“万名村居干部文化素质提升工程”测试考试。参加此次考试共有400余人，其中村干部395人，后备干部50余人。本次考试内容图文结合，通俗易懂，如：藏汉翻译日常用语、基本数字运算、请假证明等常规写作等。

同日 仁布县组织人员对信访专干人员进行培训。此次培训发放了28个加密锁，培训了28个县直单位及8乡1镇共37个单位，网上信访系统应用覆盖率达100%。

月内 仁布县完成工业总产值1658万元，同比增长20%。

月内 第一季度，仁布县共组织税收收入共计883万元，与2015年同期相比增加380万元，增长75.54%。

月内 一季度仁布县落实“三包”经费共计132.88万元，惠及学生5363名；落实营养改善资金共计34.34万元，惠及学生4293名。

月内 一季度拉日铁路仁布段火车站共计运送旅客545人次，到达旅客458人次。

月内 一季度全县劳务输出990人，1105人次，创收达356.4万元，比2015年同期增长5%。开展了农牧民技能培训班（一期）培训农牧民学员30名，投入培训经费10万元，为参训学员就业增收搭建了平台。

月内 一季度仁布县快递行业进出口数量达5305件。其中邮政寄递4571件，进口4099件，出口472件；申通快递寄递734件，进口702件，出口32件。

月内 仁布县共调运良种28.3万公斤。其中，“藏青2000”14.4万斤、“喜马拉雅22号”40.2万斤、“藏青320”2万斤，折资为191.39万元。良种种植面积2.7万亩的任务，已全部落实到乡村。

月内 仁布县旅游人次11365人次，同比增长0.9%；旅游收入达25.72万元，同比增长5.8%。

月内 仁布县开展“巾帼在行动·关爱“两癌”妇女及贫困母亲”为主题的送温暖活动。走访8乡1镇33户贫困母亲，共发放慰问金13200元。为3名“两癌”贫困母亲发放3万元的“两癌”救助基金。

月内 仁布县开展全县餐饮服务环节无证行为专项整治工作，共检查餐饮服务单位329家，共出动执法人员10人次，车辆2台次，督促指导2家无证经营者办理了餐饮服务许可证。

月内 仁布县开展为期15天的村医培训班。培训对象为仁布县73个行政村至今未接受过正规培训的村医，共计60人。培训内容包括医学基础知识、常见多发病诊治，村医80种用药基础知识、基本公共卫生服务，孕产妇保健服务、慢病管理，传染病报告等内容，旨在尽可能全面覆盖常见临床知识，提高村医业务水准和临床技能。

月内 仁布县深入8乡1镇大力宣传预防接种相关政策和知识。通过现场专题讲座、发放宣传资料等方式展开，共计发放宣传单300张，为100名左右适龄儿童接种了相关疫苗。

月内 仁布县开展宣传农牧民享受财政补助优惠政策及直接补贴政策的明白卡活动。此次活动发放宣传册231册、宣传购物袋267个。

月内 仁布县文广局协调县统战部、县民宗局等单位对县境内的石刻文物进行前期摸底调查工作，并进行了详细的登记。据统计，石刻文物共1200余座（个）。其中摩崖造像89座，石刻造像830余座，摩崖文字48个，石刻文字140余个。

5 月

1日 仁布县国税局成功开具“营改增”增值税建筑业税票一张，税款39600元，比改革前减少1000余元，实现“开门红”。仁布县国税局在“营改增”过程中以“5+2”“白加黑”的模式推进政策宣传、数据补录、核定、培训、模拟操作等工作，把“营改增”前期准备工作做足、做细，确保

“营改增”各项工作落地、开花、结果。

4日 仁布县姆乡对5位五保老人进行慰问，同时发放了总价值达1850元电饭锅、酥油、白糖、砖茶等生活用品。

6日 仁布县召开相关会议，拟增加管护人员485人，其中湿地保护员40人，监护员5人；野生动物管护员400人，监护员5人。

12日 仁布县民政局组织牵头农牧、国土、环保等10余家单位开展防灾减灾宣传活动，此次宣传活动共悬挂横幅13条，发放宣传手册200余本，宣传单800余张。

18日 市委常委、纪委书记马陵田，市纪委副书记、监察局局长辛春弟一行到仁布县检查指导党风廉政建设和反腐败工作。

20日 今日头条号“仁布县发布”共发布各类信息500余条，累计阅读量突破16万人次，影响力得到大幅提升。

28日 仁布县为2015年退役的两名士兵和家人发放了自主择业一次性经济补助和家属优待金。资金发放标准为：服役满2年的退役士兵一次性经济补助每人每年5.4万元和家属优待金2万元，共发放资金14.8万元。

月内 为进一步巩固党和政府同宗教界人士的密切联系，促进社会和谐，仁布县对全县18个寺庙的193名在编僧尼进行免费健康体检，体检率100%。

月内 仁布县财政局牵头，组成培训小组，开展集中讲课式培训，共22人参加。培训主要是对各乡（镇）会计人员进行财务知识、法律法规各项财务制度以及财务管理业务程序培训。

月内 仁布县利用电视、广播、电子显示屏、政府网站、微信平台等大力宣传项目建设领域突出问题专项整治行动的重要性和必要性，同时深入各村集中宣传教育、发放宣传册、海报等，共计发放宣传手册390份，宣传海报320份。

月内 仁布县举办万名村居干部素质能力提升第一期集中培训班。培训采取专业辅导、现场答辩、经验传授、交流研讨等形式进行授课，开设藏语文、汉语文和数学三个课目，并利用本乡镇师资库组织第一期培训班开设夜校。

月内 为保证农牧民家庭基本信息和乡村基本公共服务功能情况摸底调查统计工作按时按量完成，仁布县对6197户34494人进行摸底、调查、统计和录入，为各级党委、政府帮助广大农牧民群众脱贫致富提供了重要参考依据。

月内 仁布县中学选派教师对护路队员进行定期学习培训，累计派出教师30余人次，授课200余课时，取得了良好的学习成效。

月内 仁布县对辖区内商铺、出租房进行检查。共排查商铺120家，其中新增23家，登记从业人员126人，出租房屋42家，并将新增商户以及出租房屋信息录入系统，未发现治安消防隐患。

月内 仁布县2015年申报的两个社区综合服务中心项目已全面开工建设。基本完成项目主体建设工作，完成项目70%。

月内 仁布县达热瓦青稞酒上市前期工作进展顺利筹备。

月内 为保障全县学校师生的饮食安全，仁布县共出动执法人员16人次，执法车辆2台次，检查各类食堂22家次、餐馆36家次。此次检查重点为全县各级学校食堂、学校周边餐馆及小卖部，全力保障了师生的饮食安全。

月内 仁布县固定资产投资项目共实施56个，总投资6.42亿元，完成投资1.36亿元。其中续建项目16个，总投资4.99亿元，完成投资7447万元；新建项目40个，总投资1.43亿元，完成投资6111万元。

6 月

12日 仁布县兑现涉林资金296.81万元。其中野生动物肇事补偿资金179.4万元，涉及全县72个村、1955户；2015年生态公益林补偿资金114.77万元；野生动物疫病监测人员资金2.64万元。

13日 仁布县组织召开精准扶贫“十三五”产业项目安排部署会，会议就“十三五”产业项目规划工作，结合仁布县实情，统筹全县精准扶贫整体工作要求，做出了具体导向，罗列出产业扶贫、林业扶贫、旅游文化扶贫及少数民族专项资金扶贫等产业项目扶贫方略，为仁布县“十三五”精准扶贫工作指明了方向、铺平了道路。

14日　仁布县兑现城乡居民的新型社会救助资金524.86万元。其中农村低保对象5046人，发放低保资金319.50万元；城市低保对象226人，发放低保资金46.56万元；城乡困难群众解决医疗救助179人，兑现资金60.8万元；发放临时救助资金98万元。

15日　日喀则副市长嘎玛洛穷带队的检查组对仁布县“仁帕公路”进行检查指导工作。

21日　由市政协副主席赵占文带队的市委换届工作督导组到仁布县检查指导换届工作。县政协主席旦增和县委常委纪委书记卢继峰陪同检查。

24日　自治区发改委副主任罗布次仁率教育厅规划处、基教处、职成处等部门和自治区发改委、那曲地区教体局、山南地区教体局、拉萨市教体局等单位组成的自治区义务教育发展督导评估组，对仁布县推进县域义务教育均衡发展工作进行了自治区级督导评估检查。达到仁布县通过自治区对义务教育发展基本均衡验收，符合申报国家对仁布县开展县域义务教育均衡发展督导评估验收的要求。

7 月

6日　黑龙江省第六批援藏干部到达仁布县，受到了全县干部职工群众的夹道欢迎。

27日　仁布县全面正式启动“两证合一”，将对所有从事餐饮服务、销售食品的经营行为发放全国统一的新版食品经营许可证，一律实行“统一受理、统一核查、统一发证”。新版食品经营许可证有效期从3年变更为5年，内容增加了日常监管机构、日常监管负责人、投诉举报电话、二维码等，将“食品流通”修改为“食品销售”。

29日　西藏武警总队政委肖阳忠到定点帮扶的强钦寺、强钦村、强钦村曲康户进行了调研慰问，日喀则市武警支队政委朗杰，仁布县委副书记、县长次仁顿珠陪同调研。

月内　上半年工业总产值达到2150吨，实现销售收入2100万元，解决就业人口147人。截至，工业园区道路、通信、排污、供水等基础设施建设框架已初步形成。

8 月

1日　由县委常务副书记带队，以县委副书记、政府县长，县委常委、政法委书记、公安局政委，县委常委、政府副县长等领导及相关部门负责人组成的慰问组，先后到全县各驻军部队开展“八一”建军节慰问活动。此次慰问，共发放慰问金1.6万元。与此同时，县民政局负责人带领的慰问组深入全县8乡1镇，为全县250个农村优抚对象（退役军人、现役军人）送去慰问，共发放慰问金12.5万元。

3日　仁布县机关食堂正式向全县干部职工开放，机关食堂面积1569平方米，可容纳200人同时就餐。

9日　仁布县组织相关部门召集全县公共服务、银行、通信行业等8家公用企业负责人召开整治公用企业限制竞争和垄断行为突出问题约谈会议。并现场签订《仁布县公用企业诚实守信规范经营承诺书》。

27日　中国共产党仁布县第九次代表大会各代表团第一次会议召开。

28日　中国共产党仁布县第九次代表大会胜利开幕。

29日　中共仁布县第九届委员会第一次会议在党政办公大楼三楼会议室举行。

30日　仁布县第十三届人民代表大会第一次会议在县影剧院隆重开幕。

同日　中国人民政治协商会议第二届仁布县委员会第一次会议在县影剧院隆重召开。

月内　北京武警总医院专家为仁布县青少年及儿童开展先心病筛查工作。北京武警总医院医疗专家团队深入全县8乡1镇，开展先心病的筛查工作。在连续4天的工作中，医疗队共筛查了1100名青少年及儿童，累计完成超声心电图180余例，确诊先心病患者8例，其中复杂先心1例，房间隔缺损2例，动脉导管未闭6例。对于这些确诊的孩子将进一步分批次进行免费救治。

月内 自治区宣传部副部长、文明办主任仁青罗布带领区文明办综合组副组长王宝龙等检查组到仁布县检查指导精神文明建设工作，市委宣传部副部长米玛，县委常委、宣传部部长张晶陪同，检查组一行到仁布县切洼乡普纳村、乡中心小学少年宫调研精神文明建设工作，并听取工作汇报。

9 月

7日 以“古韵江嘎 吉祥神湖 魅力仁布”为主题的“日喀则市第十四届珠峰文化旅游节·仁布县第五届江嘎尔藏戏文化旅游节”开幕式在仁布县中学体育场举行。

9日 仁布县财政局与拉萨市尼木县民政局开展“仁、尼”两县行政区域界线的联合检查和勘界工作，签订了尼仁线平安边界建设协议书。

14日 自治区政协副主席、自治区总工会主席洛桑久美一行在日喀则市总工会副主席尼琼的陪同下到仁布县对工会工作进行督导调研。

17日 仁布县邀请黑龙江省精神病防治所和牡丹江市精神病防治院6名专家对仁布县精神病患者进行精神病筛查和复合诊断工作。

19日 仁布县党政机关、事业单位、国有企业公务用车统一喷绘“公务用车”标识，加强了公务用车管理。

20日 为深入开展“两学一做”学习教育活动，进一步推进党员志愿服务工作，积极发挥共产党员先锋模范作用。由仁布县委组织部组织全县党员干部共计340余人在仁布县境内开展“助农收割”党员志愿服务活动。

21日 仁布县举行中央宣传部支持基层宣传思想文化工作设备发放仪式。

同日 在仁布县卫生院大楼前，举行“雪域高原光明行·情系藏家人”哈尔滨宝德生物公司赠药活动及黑龙江流调医疗队义诊活动赠送锦旗仪式。

22日 仁布县隆重召开2016年民族团结进步表彰大会。

10月

2日 自治区党委常委、纪委书记王拥军到仁布县康雄乡检查指导工作。

3日 仁布县党委和政府为仁布县7户断粮户共24人发放了三个月的救济粮，每人54公斤，共计1296公斤。

8日 仁布县全县范围内展开流通环节食品安全专项检查活动。本次食品流通环节安全专项检查，深入8乡1镇73个行政村进行检查督导。针对经营户分散不集中的特点，共出动执法人员45人次，检查食品经营单位540余户，发放食品安全宣传资料1000余份。

10日 仁布县财政局组织各乡镇强基办负责人、财政专干进行财政业务培训。

同日 仁布县组织帕当乡、康雄乡、姆乡、德吉林镇、查巴乡等五个乡镇的其中5个村签订“仁布县2016年黄牛改良品种娟姗牛人工冻配奶牛改良工作协议书”，保证黄牛改良顺利进行。

12日 仁布县财政局与南木林县民政局牵头，开展“仁南”两县行政区域界线的联合检查和勘界工作。

24日 为加快全县扶贫产业项目建设进度，仁布县向经营主体借支600万元作为产业项目推动资金。并举行了仁布县政府与产业扶贫企业签订借款协议仪式，为4家基础较好的企业拨付资金500万元。产业分管副县长、财政局负责人、产业组负责人参加签订仪式。

26日 仁布县2016年第三批农牧民到日喀则参加挖掘机、装载机技能培训班。将仁布县建档立卡农牧民31人到日喀则新兴职业技术学校开展为期三个月的挖掘机、装载机技能培训。

31日　日喀则市委常委、组织部部长杨昆到仁布县德吉林镇强钦村斯龙自然村和尼自然村，看望慰问结对帮扶户并为他们送去慰问品及慰问金。杨昆与结对帮扶户促膝交谈，详细询问家庭基本情况、致贫原因、存在的困难等问题。

月内　仁布县“喜拉22”“藏青2000”青稞良种首次突破1500万公斤粮油产量，创历史新高。

月内　仁布县对全县73个驻村工作队和党支部第一书记进行考核。考核采取交叉考评的方式进行，两个考核小组，分头行动，深入各乡镇、部分驻村工作队进行考评打分。

11月

1日　仁布县开展“七五普法”普法宣传活动。

2日　仁布县开展牛羊肉“瘦肉精”检查联合执法行动，仁布县对市场内所有销售的牛羊肉进行“瘦肉精”检测以及对牛羊肉经营者是否持有县农牧局动检站所开具的有效动物检疫合格证明进行检查核实。

同日　仁布县召开选派第二批村党支部第一书记任职大会。

7日　仁布县召开2016年度“先进双联户”创建评选活动表彰大会。

10日　仁布县开展了以科技、文化、卫生、法律、爱国爱教为主题的“五下乡”活动。此次活动共发放法治宣传资料1500余份，法治宣传光碟400余张，法治宣传袋400余个，出动法治宣传车辆5台次，人员6人次，接受法律咨询13人次。

12日　市委书记张延清到仁布县调研指导工作。张延清深入基层、深入群众，慰问一线干警、僧众、驻村驻寺干部和贫困户。并听取了仁布县委、政府工作汇报。

14日　仁布县兑现2016年第一批生态补偿转移就业人员岗位补助资金。此次兑现90%的生态转移就业补助资金，共计1238.49万元，剩余未兑现的10%补助资金将开展年底考评后逐一进行兑现。

16日　仁布县开展对辖区内食品生产企业进行监督检查，出动的执法人员共计4名。

同日　仁布县卫生服务中心成功完成一例阑尾切除手术、腹腔冲洗引流术，术闭病人安返病房，情况良好。

18日　仁布县开展“因病致贫、因病返贫”医疗救助对象免费体检工作。

24日　在仁布县卫生中心举办哈尔滨市第二医院向仁布县卫生中心捐赠医疗设备仪式。

月内　仁布县各项税收收入共计3875055万元，同比增长42.67%，增收1653.76万元，是仁布县历年以来除去招商引资因素外，取得的最好收入比。

12月

2日　仁布县大力查处环境违规违法行为，累计出动执法车辆60余台次，执法人员100人次，关停砂厂18家，砖厂20家，向企业、项目建设单位下达整改通知书26份。

8日　仁布县举行县气象局揭牌仪式。

月内　仁布县全县“三公经费”累计支出498万元，比2015年同期减少10.58万元，同比下降2.08%。

月内　仁布县共接待客商60余人次，洽谈项目15个，签订合同7个，协议引资217159万元，到位资金1000万元：其中光伏项目3个合同引资额21.6亿元；种植业项目2个合同引资额1009万元；饮用水项目1个合同引资额300万元，到位资金100万元；矿产业项目1个（合同引资额850万元）。

政 治

中共仁布县委员会

【概况】 2016年，仁布县委团结带领各族干部群众深入贯彻落实中央第五次、六次西藏工作座谈会精神和习近平总书记系列重要讲话精神，确定维护稳定、灾后重建、精准脱贫、产业发展四项重点任务，结合实际实施教育强县、农牧稳县、产业立县、旅游兴县四大发展战略，深入开展反分裂斗争、维护社会和谐稳定，大力实施“十三五”规划，全县经济快速发展、社会和谐稳定、民生持续改善、民族团结巩固、群众安居乐业，实现了“十三五”良好开局。2016年，仁布县实现地区生产总值5.03亿元，同比2015年增长9.24%；财政收入3004万元，同比2015年增长944万元、增长45.83%；公共财政预算支出完成8.7136亿元，增长39%；全社会固定资产投资7.2亿元，完成全年预算的102%；税收收入完成4476.75万元，同比增长99.12%，增收2228.42万元；农村居民人均可支配收入6589.4元，同比2015年增长9.5%。

【第九次党代会】 2016年8月27日至29日召开中国共产党仁布县第九次代表大会。8月27日召开中共共产党仁布县第九次代表大会主席团第一次会议。8月28日召开中国共产党仁布县第九次代表大会第一次全体会议、中国共产党仁布县第九次代表大会主席团第二次会议、中国共产党仁布县第九次代表大会主席团第三次会议。8月29日召开中国共产党仁布县第九次代表大会第二次全体会议、中国共产党仁布县第九次代表大会第四次主席团会议、中国共产党仁布县第九次代表大会县委第一次全委会议、中国共产党仁布县第九次代表大会纪委第一次全委会议。

【第九届委员会第一次全委会】 8月29日，中国共产党仁布县第九届委员会召开第一次全体会议。会议应到会党委委员27名，候补委员5名；实到会委员26名，候补委员5名；因事、因病请假的委员1名，符合规定人数。

这次全委会议议程主要有三项：选举中国共产党仁布县第九届委员会常务委员会委员和书记、常务副书记、副书记；通过中国共产党仁布县纪律检查委员会第一次全体会议选举结果的报告；新当选的县委书记讲话。

【八届68次常委会议】 6月14日，召开八届68次常委会议。会议审议通过《中国人民政治协商会议第二届仁布县委员会党内委员拟推荐人员花名册》《中国人民政治协商会议第二届仁布县委员会党外委员拟推荐人员花名册》《政协第二届仁布县委员会党内常务委员拟推荐人员花名册》和《政协第二届仁布县委员会党外常务委员拟推荐人员花名册》。

会议通过《中共仁布县第八届委员会工作报告（草案）》《关于全县党费收缴、使用和管理情况报告（草案）》《中共仁布县第八届纪律检查委员会工作报告（草案）》和中共仁布县第九次代表大会议程（草案），修改并通过《中国共产党仁布县第九次代表大会日程安排（草案）》；会议通过《中国共产党仁布县第九届委员会委员候选人初步人选》《中国共产党仁布县第九届委员会候补委员候选人初步人选》《中国共产党仁布县第九届委员会纪律检查委员会委员候选人初步人选》和《中国共产党仁布县第九次代表大会列席人员名单》；会议通过《仁布县人民代表大会常务委员会工作报告（草案）》和《关于县第十三届人大常委会委员组成人员的请示》，修改并同意了《仁布县第十三届人大一次会议工作日程安排（草案）》。

【八届69次常委会议】 6月23日，召开八届69次常委扩大会议。会议听取《关于500千伏变电站建设项目选址进展情况的说明》和《雅上500kV变电站选址情况》的汇报。会议综合考虑各种原因后，同意在查巴乡吴米多塘址修建涉变电站。

【八届70次常委会议】 6月24日，召开八届70次常委会议；会议同意成立仁布县委督查室，修改并通过《中共仁布县委督查制度（试行）》。

会议研究通过了切洼乡拉泽雄雄、普松乡别佳蒋、帕当乡扎西谐欢、帕当乡萨达藏戏、帕当乡萨嘎藏戏和德吉林镇强钦藏戏6个第三批县级非物质文化遗产的申请；研究通过了康雄古葬墓群、姆乡加抗拉曲葬墓群、姆乡让君村葬墓群、帕当乡萨达村葬墓群、仁布乡仁布宗、仁布乡帕多庄园、仁布乡曲宗、然巴乡然巴庄园、德吉林镇强钦雪摩崖造像、姆乡酷龙摩崖造像、姆乡恩章山摩崖造像、查巴乡绿度母摩崖造像、然巴乡玛日村昌区域摩崖造像、德吉林镇塔杰庄园、查巴乡古碉堡15个第二批县级文物保护单位的申请。

会议原则通过《仁布县涉稳问题排查化解工作规程》《仁布县重大事项社会稳定风险评估机制》和《仁布县维稳带班值班工作实施细则》。

【2016年县委发文目录】 1月19日，颁发《中共仁布县委员会关于调整党史、县志编撰委员会成员的通知》。3月5日，发布颁发《中共仁布县委员会关于调整创先争优、强基础惠民生活动领导小组成员的通知》。3月5日，颁发《中共仁布县委员会仁布县人民政府关于设立脱贫攻坚建档立卡“回头看”专项工作小组的通知》。3月14日，颁发《中共仁布县委员会仁布县人民政府关于成立仁布县脱贫攻坚指挥部的通知》。3月14日，颁发《中共仁布县委员会仁布县人民政府关于调整充实县扶贫开发工作领导小组组成人员的通知》。4月1日，颁发《中共仁布县委员会关于成立中共仁布县国家税务局党组的批复》。5月12日，颁发《中共仁布县委员会关于成立中国共产党仁布县第九次代表大会筹备工作领导小组的通知》。5月12日，颁发《中共仁布县委员会关于成立县乡（镇）领导班子换届工作领导小组的通知》。5月12日，颁发《中共仁布县委员会关于成立“两学一做”机构领导小组的通知》。5月23日，颁发《中共仁布县委员会关于召开第二届政协仁布县委员会第一次会议的批复》。6月8日，颁发《中共仁布县委员会关于召开第十三届人民代表大会第一次会议的批复》。6月13日，颁发《中共仁布县委员会关于召开中国共产党仁布县第九次代表大会的通知》。6月13日，颁发《中共仁布县委员会关于成立县委巡查工作“五人小组”的通知》。7月28日，颁发《中共仁布县委员会仁布县人民政府关于印发城市公共环境卫生综合整治的通知》。8月11日，颁发《中共仁布县委员会关于印发仁布县党委（党组）理论中心组学习制度的通知》。9月9日，颁发《中共仁布县委员会关于表彰2016年民族团结工作先进个、集体的决定》。9月26日，颁发《中共仁布县委员会关于成立禁毒委员会领导小组的通知》。

【“两学一做”学习教育】 年内，县委先后召开

3次常委会、4次督导组会议和2次相关部门会议对“两学一做”学习教育工作进行安排部署。

【援藏工作】 7月6日，哈尔滨市第六批10名援藏干部到达仁布。年内，援藏代表团走遍仁布县8乡1镇的53个行政村，走访200余户，开展联系点结对认亲，慰问贫困教师等活动。为提升仁布公安、司法部门业务能力，推动与内地公安民警异地挂职交流的提议，取得了黑龙江省公安厅主要领导的大力支持，制订了3年内完成40名干警到内地学习计划，首批4名干警于11月2日组团到哈尔滨市进行为期十天的培训。

【党风廉政建设】 2016年，仁布县委常委会议先后5次研究部署全县党风廉政建设和反腐败工作，8次研究讨论案件查办工作。

【党建工作】 2016年，仁布县深入开展“强党、固基、扶村”工作，紧抓党员发展，坚持优中选优，严把党员入口关。年内，共发展党员153人。成立仁布县私营协会党委，下辖6个党支部，成立合作社党支部共11个。开展“藏汉”双语培训班，对机关党员、农牧民党员等2000余人次进行培训。开展“万名村（居）干部文化素质提升工程”，投入专项资金120万元，开展村干部文化素质提升教育培训5期、培训381人次，提高了村干部文化水平。开展无职党员设岗定责活动，为1500名无职党员设立思想政治、公共事务、经济发展、社会监督四大类，党务、村务监督岗、农牧服务岗、财务监督岗、社会治安维护岗等11个涵盖农村经济社会发展的岗位，发挥无职党员作用。推行党员公开承诺，全县共有1922名党员面向群众做出公开承诺，承诺事项4317件，已兑现承诺3000余件。落实2015年村“两委”班子考核激励资金154.78万元；对村级党组织运行摸底与“后进”村、发挥作用不明显村干部整顿相结合，采取干部包村、强化教育等措施开展对4个软弱涣散村级党组织和1名发挥作用不明显的村干部整顿工作。多方争取资金，打造了查巴乡吾米村和查巴村2个村级活动场所示范点，引领带动全县村级党务活动开展，计划每年投入资金800万元实施2个村级活动场所标准化建设。

（邓高辉）

【领导名录】

书　记　陈宝柱（7月免）
　　　　张晓培（8月任）

副书记　次仁顿珠（藏族）
　　　　达娃卓玛（女，藏族）
　　　　张晓培（5月任，8月免）
　　　　张彦雄
　　　　迟伟东（黑龙江援藏，7月任）
　　　　国宏利（7月免）
　　　　周宏坪（黑龙江援藏，7月任）

县委常委
　　　　张立亚
　　　　琼次仁（藏族）
　　　　周　庆
　　　　卢继峰
　　　　次旺普拉（藏族）
　　　　旦　增
　　　　张　晶
　　　　魏家宜（黑龙江援藏，7月任）
　　　　黎星庆

仁布县人民政府

【概况】 全面规范“三公经费”使用。全面规范资金管理使用、规范公车管理使用、规范商租房租金管理，全面整顿干部职工差旅报销。全年共办理人大代表议案128件、政协委员提案121件，有效解决了一批群众关心的热点难点问题。严格落实党风廉政建设责任制工作要求，严肃整饬庸政、懒政、怠政现象，大力整治不作为、乱作为、慢作为现象，坚决惩治腐败现象，以实实在在地作风转变促进机关效能全面提升，有力推动了中央八项规定精神和区党委“约法十章”“九项要求”落地生根，推动了“两学一做”学习教育深入开展，推动了“讲学习、讲忠诚、正风纪、转作风、提效能”主题活动取得实效。

年内，实现地区生产总值5.03亿元，同比增长9.24%。地方一般公共财政预算收入完成3004万元，同比增长45.83%。全社会固定资产投资完成7.2亿元，同比增长20.17%。社会消费品零售总额达6600万元，同比增长27%。农牧民人均可支配收入达到6589.4元，同比增长9.5%。各项税收达2716万元，同比增长75.56%。金融机构各类存贷款额达7.07亿元。各项指标创历史新高。

【项目建设】 全年共实施项目162个，其中续建项目16个，新建项目72个，计划外项目74个，投资总额达14.88亿元。接待客商60余人次，洽谈项目15个，签订光伏、种植业、饮用水、矿产业等项目意向合同7个，协议引资到位资金1000万元。完成4.25灾后重建防洪项目和小农重点项目等一批水利重点项目，总投资达1.2亿元。续建新建一批交通重点项目，总投资达4.34亿元。新增公路里程65.29公里，新增硬化路面10.42公里。全长95.5公里的仁帕沥青路基本建成通车，彻底解决了乡乡通油路难题。全长13.7公里的康雄乡则拉村公路基本建成，解决了全县最后一个行政村通达难题。雍泽绿观相湖景区道路全线贯通。嘎布久嘎生态民俗旅游村顺利评为国家AAA级旅游景区，游客服务中心主体建设及景区基础设施建设投入使用，仁布县旅游商品展销厅开张营业。

【民生事业】 2016年，全县社会兜底保障达362户1279人；1851名干部职工结对帮扶建档立卡户2317户，送出慰问金共计125.45万元；8家企业与24个重点贫困村建立帮扶机制，实施项目8个，带动20人就业；建立扶贫援藏机制1项、就业扶贫援藏1项、培训建档立卡贫困人口23人。中小学教育质量持续提升，顺利通过国家义务教育均衡发展评估验收。县中学考取内地西藏班、区内外重点高中、中等职业学校人数持续增加。全年大病统筹基金支出达839.08万元，门诊统筹基金支出达6.51万元。全年完成城乡居民物理体检34494人，基础疫苗接种率和国家扩大免疫疫苗接种率分别达99%以上和98%以上。藏医特色科室建设取得显著成效，切洼乡卫生院成功研制了藏药药浴“五味甘露”治疗法。计划生育各项优惠政策有效落实，“三项扶助”资金力度不断加大。对口援藏省市医疗单位捐赠药品和医疗器械价值达61万元。全年城镇居民、职工参加“五大保险”人数达24390人次，征缴基金达2302.34万元。完成危房改造82户，拨付补助资金123.39万元；争取农村危房改造项目294户，补助资金达441万元。发放城镇、农村低保资金总额达479.4万元，发放困难家庭医疗救助资金247.32万元，发放特殊困难群众临时救助资金108.08万元，兑现低保家庭高龄老人等特殊人群补贴资金总额达208.33万元。“五保供养”标准由每人每年4400元提至4740元。文化“五下乡”活动有效开展；“村村通”“户户通”覆盖率达98.8%。完成全县文物普查巡查和资料收集整理工作；喇嘛玛尼新入选自治区级非物质文化遗产。孤儿集中收养和流浪乞讨人员教育帮扶工作得到加强；儿童妇女工作上台阶；有效服务军队和支持国防建设。

【社会治理】 年内，有效推进安全生产工作，开展建筑施工领域等各类检查42次，查处各类安全隐患74处，下达整改指令53份，整改率达100%。全力做好食品药品安全工作，开展食品药品专项检查65次，督促整改150余条。全面加强源头管控，认真做好疫情防控工作。开展结核病等防治工作，加强学校等公共场所传染病防控。开展寺庙管理和僧尼服务工作，全力做好“128”接待服务工作，积极推进利寺惠僧政策落实。评选表彰县级和谐模范寺庙12座、爱国守法先进僧尼237名，市级和谐模范寺庙4座、爱国守法先进僧尼130名。有效贯彻自治区十项维稳措施，全面推进城镇网格化管理，全面加强各类矛盾调解化解工作，围绕“10+2”任务，有效开展“先进双联户”评选创建活动，促进社会治理。全面落实铁路护路联防工作各项机制，认真开展铁路护路联防工作。积极开展民族团结进步创建活动，切洼乡开发区成功申报民族团结进步示范点。全面加强流动人口服务管理工作，切洼公安一级检查站“过滤网”和“护城河”作用明显。

【生态建设】 年内，有效推进环境保护网格化管理，严格环评项目审批，大力开展砂石厂整治，增强企业环保意识。完成仁布村、江新村、祥巴村、萨达村、孔培村等5个行政村自治区级生态村创建工作。有效实施门曲河源头治理工程、农村饮用水水源地保护项目、县域自来水厂水源地保护项目。大力实施薪材替代、太阳灶工程，提高农牧民家庭生活能源薪材替代率。大力开展植树造林工程，完成拉日铁路仁布段、拉萨周边、防沙治沙封育等重点区域造林共计1519.84公顷。开展县城新区、单位院区、嘎布久嘎游客接待中心绿化工作，推进同江林卡基建改造升级。加强湿地保护，建成帕当乡孔培湿地公园。认真做好野生动物肇事补贴和生态公益林补偿工作，共计兑现资金326.7万元。落实草原保护政策，兑现草原生态保护补助奖励机制资金356.06万元，兑现草原监督员资金21.6万元。强化国土执法监察，全力推进矿产资源工作。

【第十二次县长办公会】 2016年8月2日，县委副书记、县长次仁顿珠在党政办公楼201会议室主持召开了2016年度第十二次县长办公会；会议决定，同意成立仁布县聚宝盆扶贫开发责任有限公司。公司注册资金为550万元，注入1000万元政府风险保障金作为撬动资金。会议要求，公司成立事宜由县脱贫攻坚指挥部牵头实施，按正规程序办理相关手续，明确公司组织机构人员，并负责公司日常经营管理；会议认为，参加日喀则市第十四届珠峰文化节是全力打造宣传仁布县文化旅游品牌的机遇，也是上级部门对各县（区）的硬性要求，全力支持配合好日喀则市第十四届珠峰文化节各项工作也是当前的一项重要的政治任务。同意文广局关于仁布县参加珠峰文化节相关事宜的请示，所需资金从预算内和2015年结余资金中解决。会议要求，由文广局负责实施，进一步核对活动经费，资金运用上要厉行节约，严格遵守财经纪律及廉政方面的相关要求；会议决定，同意解决将县消防大队后院和河坝之间宽10米长42米的空地划拨予县消防大队作为军事用地，进行消防建设；会议决定，同意聘任仁布县姆乡农牧综合服务中心次旺多杰为藏汉语文翻译系列初级专业技术资格、聘任仁布县仁布乡文化站米玛潘多为文化系列初级专业技术资格、聘任仁布县卫生服务中心央金拉珍等7名同志为初级专业技术职务。

【第十三次县长办公会】 2016年8月9日，县委副书记、县长次仁顿珠在党政办公楼201会议室主持召开2016年度第十三次县长办公会。

会议明确，由县委副书记、常务副县长周宏坪牵头，县委常委、政府副县长旦增，县委常委、政府副县长魏家宜，政府副县长景洁协助配合，从发改、财政、环保等部门抽调人员，成立专项小组，专门负责第五批援藏项目审计存在问题整改事宜。专项小组务必于2016年9月7日前完成整改任务，并将整改情况反馈给市审计局；专项小组结合自身职能，制订系列相关制度或规则；会议认为，支持非公经济党支部活动场所建设是党建项目重要组成部分，同意为县工商局解决10万元资金用于非公经济党支部活动场所建设，所需资金从预算稳定调节资金中解决。会议要求，由县民政局牵头，政府办配合，于近期内对县辖区内乡（镇）、行政村、自然村、寺庙等地名进行一次全面普查，严格标准，统一规范，由县编译局负责地名翻译，如需要改刻公章的，联系组织、纪检部门参与监督，并按照相关程序办理。会议明确，自2016年9月1日起，将县城各街道、佳木斯广场、政府院内绿化（除天然林、人工造林及各区域性造林外）交由住建局全权负责管理和维护，将绿化纳入商户门前包管范畴，林业局与住建局按规定履行相关交接手续，如需动用专用车辆，由林业局负责调度；将县城绿化管理办法列入城管执法体系，并提交人大常委会研究决定。

【第十六次县长办公会】 2016年10月10日，县委副书记、常务副县长周宏坪同志在党政办公楼201会议室主持召开2016年度第十六次县长办公会。

会议同意，统一采购中小学“三包”粮油和营养奶。会议要求，所需资金从“三包”经费列支，并以县人民政府的名义提交县委常委会研究决定；会议认为，当前仁布县干部职工周转房较为紧缺，无法满足71名教师的周转房，会议决定，待2017年周转房建成后优先安排教师的周转房。

会议同意《仁布县公务用车集中管理使用办法（试行）》。会议要求，后勤服务中心要结合仁布县实际情况，进一步修改完善《仁布县公务车辆集中管理使用办法（试行）》，切实实现统筹管理、统筹使用公务车辆，并提交县委常委会研究决定。

【第十九次县长办公会】 11月3日，县委副书记、政府常务副县长周宏坪同志在党政办公楼308会议室主持召开2016年度第十九次县长办公会。

会议同意《仁布县就业专项培训资金管理办法》，并以县人民政府的名义提交县人大常委会研究决定。会议认为，易地扶贫搬迁工作关系到群众的切身利益，易地扶贫搬迁资金拨付事关重大，应及时拨付至各乡镇，并由县政府和易地扶贫搬迁组监管。会议要求，民政局要对地名标志的文字进行详细的核实，杜绝出现语法和格式上的错误。会议明确，今后所有涉及20万元及以上的资金的，一律提交县委常委会议研究决定；正常支出5万元及以下资金的，按《仁布县政府采购管理办法》（试行）和《仁布县政府采购资金管理办法》（试行）执行；会议明确，2017年1月1日起，实施的修缮、装饰及改扩建项目，凡是涉及货物、工程和服务类的，一律按《仁布县政府采购管理办法》（试行）、《仁布县政府采购资金管理办法》（试行）执行。

【第二十次县长办公会】 2016年12月1日，县委副书记、政府常务副县长周宏坪同志在党政办公楼308会议室主持召开2016年度第二十次县长办公会。

会议认为，切洼乡宗嘎村有着便利的交通条件和得天独厚的自然条件，开发旅游规划有助于提高当地经济的发展，促进群众增收，有必要编制宗嘎雅江秘境生态度假村旅游文化产业规划。会议决定，编制宗嘎雅江秘境生态度假村旅游文化产业规划纳入到全县的产业规划中，由产业组牵头，旅游局负责具体实施；会议决定，2016年义务教育均衡发展专项资金超出的1089.97万元资金列入2017年教育资金预算。会议要求，教育局要积极向上级部门争取资金，尽量弥补项目资金缺口，开展的项目要按照正规的基建程序实施，加快项目建设进度，做好项目建成后的后期管理工作，并以县人民政府的名义提交县委常委会研究决定；会议原则同意仁布县政府工作部门权责清单工作汇报，并以县人民政府的名义提交县委常委会研究决定。

（曹泽义 刘忠顺）

【领导名录】

政府县长 次仁顿珠（藏族）

副县长 国宏利（黑龙江援藏，8月免）
周宏坪（黑龙江援藏，8月任）
边　索（藏族，1月免）
旦　增（藏族，1月任）
郭　军（黑龙江援藏，8月免）
魏家宜（黑龙江援藏，8月任）
黎星庆（8月任）
旦增曲珍（女，藏族）
次仁欧珠（藏族）
杨春林（1月任）
拉桑桑旦（藏族，1月任）
张　晶（5月免）
顿　珠（藏族，6月免）
景　洁（女，6月任）

仁布县人民代表大会常务委员会

【概况】 仁布县人民代表大会成立于1981年3

月，建立初期人大与政府联合办公。1983年6月，仁布县第四届人民代表大会通过建立县人民代表大会常务委员会办公室的决定。第十三届人民代表大会常务委员会于2016年8月换届产生，换届选举共产生区、市、县人大代表459名，其中自治区人大代表1名，市人大代表13名，县人大代表95名，乡镇人大代表364名。常委会核定编制数为5人，领导指数5名，主任1名，副主任4名，其中1名为党外人士；平均年龄为47岁，学历大专4名、小学1名。2016年，共召开常委会议8次，主任会议10次，听取和审议专项工作报告20个，组织专题视察3次，开展主题调研3次，开展执法检查2次，任免国家机关工作人员65名，办理代表意见建议288件，为全县经济社会发展稳定工作做出了积极贡献。

【代表工作】 年内，充分发挥人大代表的主体地位，不断提升代表履职能力、完善服务保障机制、创新服务载体，切实加强和改进代表工作。发挥代表的主体地位。常委会围绕县委中心工作，坚持完善执法检查程序和形式，采取常委会牵头、县乡两级人大代表上下联动、人大代表参与的方式，按照听取相关部门汇报，深入实际、深入基层、深入群众，了解和掌握群众最直接、最现实的热点、难点问题，发现问题及时提出意见建议。年内，分别对8乡1镇的精准扶贫、中小学均衡教育发展、乡村道路交通三大问题开展了3次视察监督工作，共30余名代表参加了视察，发现59项问题和意见、建议，整理归纳后及时转交县人民政府办理。常委会坚持把办理代表建议、批评和意见作为支持和保障代表依法履职的重要环节，安排专人专班梳理代表议案，及时做好建议、批评和意见的整理和工作，并召开意见建议交办会和代表见面会议，确保相关建议、批评和意见得到答复和落实。年内，全县人大代表共提出建议意见288件，办理答复率达100%。组织代表学习培训。为切实增强人大代表履职能力，维护人大代表的先进形象，经县委批准，常委会组织新配备的县乡人大干部和新当选的30名县乡人大代表，学习《中华人民共和国宪法》《中华人民共和国代表法》《中华人民共和国监督法》及《中华人民共和国选举法》等相关法律知识以及如何提高人大代表建议、议案质量及办理质量和代表履职能力等，全面提高人大代表的业务水平和履职能力。

【监督工作】 年内，常委会在行使监督职权过程中，始终坚持党的领导、坚持依法履职、坚持问题导向、坚持服务和监督有机结合；紧扣全县中心工作和群众关心的热点、难点问题，以集体监督的方式作为实际问题切入点，不断强化监督职责。通过听取审议报告、调研视察、执法检查等监督形式，较好促进了“一府两院”工作的顺利开展，推动了民生工程的实施进程，确保法律法规的贯彻执行。

【重大事项决定】 严格法律程序，正确处理县委决策、人大决定和县政府执行的关系，依法对县人民政府工作报告等重大事项做出23项决定，确保人大工作与县委的决策部署同心、同向、同步。

年内，形成以下决议：仁布县人大常委会关于对统筹使用结余结转资金的决议；仁布县人大常委会关于对县人民代表大会换届选举的决定；仁布县人大常委会关于成立相关制度的决议；仁布县人大常委会关于使用2015年度困难家庭租赁住房补贴结转资金的决议；仁布县人大常委会关于对仁布县新区商业街修建性详细规划和县城景观规划进行审议的决议；仁布县人大常委会关于对《仁布县2016年机关、事业单位公用经费包干实施方案》的决议；仁布县人大常委会关于对《仁布县人民政府关于动用财政预算稳定调节基金》的决议；仁布县人大常委会关于使用预算预备费的决议；仁布县人大常委会关于使用预算稳定调节资金的决议；仁布县人大常委会关于使用预备费的决议；仁布县人大常委会关于嘎布久嘎乡村旅游扶贫试点规划及盘活存量资金的决议。

【人事任免】 年内，常委会坚持党管干部和人大依法任免的有机统一，讲政治、顾大局，充分发扬民主、严格依法办事。完善任免程序，对常委会任职人员颁发任命书、组织任职发言、举行宪法宣誓仪式，进一步增强被任命人员的大局意识、公仆意识、担当意识和主动接受人大监督的自觉性。严格按照法律程序任免国家机关工作人员，常委会共依法任免国家机关工作人员65名。其中免去26名，任命39名。此外，根据市人大代表终止情况和市人大常委会工作安排，依法补选市四届人大代表4名。

年内，任免人员名单：免去张晶仁布县人民政府副县长职务；免去顿珠仁布县人民政府副县长职务；免去拉琼仁布县水利局局长职务；免去索次仁布县教育（体育）局局长职务；免去尼玛仁布县商务局局长职务；免去达瓦仁布县人民检察院副检察长职务；任命周宏坪为仁布县人民政府常务副县长职务；任命旦增为仁布县人民政府副县长职务；任命魏家宜为仁布县人民政府副县长职务；任命景洁为仁布县人民政府副县长职务；任命黎星庆为仁布县人民政府副县长职务；任命杨春林为仁布县人民政府副县长职务；任命拉桑桑旦为仁布县人民政府副县长职务；任命拉琼为仁布县住房和城乡建设局局长职务；任命扎西次仁为仁布县水利局局长职务；任命次平为仁布县教育（体育）局局长职务；任命拉巴加布为仁布县商务局局长职务；任命李志民为仁布县文广局局长职务；任命宁院成为仁布县发改和改革委员会副主任（正科级）；任命袁忠义为仁布县住房和城乡建设局副局长（正科级）；任命张岩峰为仁布县人民法院副院长。

【“人大代表之家”】 年内，已创建10个代表之家，其中包含一个机关人大代表之家，全县以大选区为基数建成代表小组53个。常委会在用好自治区财政45万元配套代表之家建设资金的同时，从本级财政争取代表之家建设资金19万元，列入本级财政年度预算，为推进代表之家工作提供坚强的资金保障。全县8乡1镇圆满完成了场所独立，制度上墙、档案图片等资料齐全的预期目标，实现了工作有计划、计划有落实、开展有记录、记录有档案的工作标准，使得仁布县人大代表闭会期间的活动真正走向了规范化和制度化，全面实现代表之家“六有”和“一册、八簿”，建立人大代表个人档案“一人一档”和代表履职表按照年度考核形式，录入档案，进一步规范了代表档案和履职档案。

【换届选举】 2016年，按照区、市人大换届选举工作会议的安排部署，以“规范程序、依法办事、严格把关、不出问题”为工作总原则，从2016年4月初开始，历时3个月，先后经过准备、宣传发动、选民登记、提名协商确定代表候选人、投票选举人大代表、召开新一届人大会议和检查验收与总结阶段的工作，依法顺利地完成了县乡人大换届选举工作任务。依法选举出县级人大代表95人，女代表23人，占代表总数的24.21%；党员代表78名，占代表总数的82.10%，各类专业技术人员7名，国家机关党群组织、企事业单位负责人30名，办事人员和有关人员2名，汉族代表4名，农牧民代表56名，分别占代表总数的7.37%、30.61%、2.04%、4.08%、57.14%，大专以上文化程度的40名，中专和高中的13名，初中及以下的42名，分别占代表总数的42.12%、13.68%和44.21%。县人大常委会组成人员23人，其中主任1人、副主任4人、委员18人。各乡镇也依法完成364名乡级人大代表的选举工作，其中党政代表36名、农牧民代表291名、宗教界代表10名、致富能手9名、专业技术人员18名、妇女代表80人。

【自身建设】 2016年，扎实开展“两学一做”学习教育和“讲学习、讲忠诚、正风纪、转作风、提效能”主题活动，全面系统学习《中国共产党章程》《党内政治生活的若干准则》等党纪党规，进一步统一思想，不断强化责任意识、担当意识，积极履行党风廉政建设责任制，不断严肃党内政治生活，锤炼广大党员党性修养，筑牢拒腐防变的思想防线，促进了人大机关纪律作风的转变。制订《仁布县人大常委会党组议事规则》和《人大代表之家制度汇编》等规章制度，确保各项制度符合新的工作要求和目标，提高了常委会工作的科学化、规范化、民主化水平，自身素质建设得以加强。

【第十二届人大常委会十次会议】 仁布县人大第十二届人大代表共有90名。4月1日，仁布县人大召开第十二届人大十次会议。会议通过了《2016年政府工作报告的决议》《2016年人大常委会工作报告的决议》《2016年人民法院工作报告的决议》《2016年人民检察院工作报告的决议》《2015年国民经济和社会发展计划执行情况与2016年国民经济和社会发展计划的草案的报告决议》和《2015年财政预算执行情况与2016年财政预算（草案）的报告决议》。

（旦　增）

【领导名录】

人大常委会主任

达娃卓玛（女，藏族）

人大常委会副主任

洛　桑（藏族）

罗　丹（藏族）

杨　彬

夏果·次多（藏族，8月任，党外人士）

中国人民政治协商会议仁布县委员会

【概况】 仁布县政协于2012年7月成立，编制7人。2016年1月，主席1名，副主席3名，办公室主任1名，副主任1名，科员2名。2016年4月至12月31日，主席1名，副主席4名（党外副主席2名），办公室主任1名，副主任1名，科员2名，都为党员。政协第二届仁布县委员会委员共87名，共分8个界别。

【全体委员会议】 政协第一届仁布县委员会第六次会议于2016年3月30日至4月1日在仁布县召开，应到52人，实到47人。会议听取并审议通过《政协第一届仁布县委员会常务委员会工作报告》《政协第一届仁布县委员会第五次会议以来提案工作情况的报告》；选举产生1名政协副主席；审议《政府工作报告》和“两院报告”及其他报告。本次会议共收到提案52件，立案48件。

政协第二届仁布县委员会第一次会议于2016年8月30日至31日在仁布县召开，应到87名，实到82名。会议听取并审议《政协第二届仁布县委员会常务委员会工作报告》和《政协第一届仁布县委员会第一次会议以来提案工作情况的报告》；审议通过《政协第二届仁布县委员会第一次会议的政治决议》《政协第一届一次会议以来常委会工作报告决议》《政协第一届一次会议以来提案工作报告的决议》和《政协第二届仁布县委员会第一次会议提案审查情况的报告》。本次会议共收到提案73件，立案70件。

【常务委员会会议】 政协第一届仁布县委员会常务委员会第八次会议于2016年6月14日在仁布县主席办公室召开，县政协主席旦增主持会议。会议审议通过仁布县新一届政协委员名单（草案）的相关事宜会议、审议通过政协第二届仁布县委员会第一次会议各次大会执行主席和主持人名单（草案）。

【政协换届工作】 2016年，仁布县政协成立以来迎来的第一次换届按照政协委员人数是同级人大人数的90%，在一届委员基础上，按比例计算，新增加35名委员，现有委员87名，并在各乡镇副职当中安排1名委员做为政协联络员，确保今后政协工作开展有序。

【第一次常务主席会议】 政协第二届仁布县委员会常务主席第一次会议于2016年6月13日在主席办公室召开，县政协主席旦增主持会议。审议提交政协第二届仁布县委员会主席、副主席、常务委员候选人建议名单（草案）；审议提交政协第二届仁布县委员会主席、副主席、常务委员候选人建议名单（草案）；审议提交大会选举办法（草案）；协商提出监票人、总监票人建议名单（草案）；通过仁布县委员会常务委员会工作报告决议（草案）、通过仁布县委员会提案工作情况报告的决议（草案）；通过政治决议（草案）。

【第二次常务主席会议】 政协仁布县委员会常务主席第二次会议于2016年6月15日在主席办公室召开，县政协主席旦增主持会议。会议听取各小组讨论政协第二届仁布县委员会主席、副主席、常务委员候选人名单（草案），选举办法（草案）、监票人、总监票人建议名单（草案）的情况的汇报；审议通过监票人、总监票人建议名单（草案）。

【政协提案】 2016年政协一届六次和二届一次会议期间提案委员会共收到委员提案125件，审查立案118件，立案率达到94.4%。提案内容丰富，重点突出，注重体察民情，反映民生民意。2016年提出的提案数量增多、案由清楚、质量提升、涉及面广，建议的措施可操作性强，产生了良好的经济和社会效益。

2016年3月仁布县政协委员提出的“关于加强农村留守儿童关爱问题”的提案，得到相关部门的支持。2016年，仁布县留守儿童338人，由于上级部门还未提出直接的帮扶措施，也未下发过针对性的文件，只处于摸底调查阶段，部分学校已经建立心里辅导室，并安排心里辅导教师，时刻关注留守儿童的思想动态和情感发展。

“关于提高临时工工资待遇”的提案，10月27日，根据县委、县政府同意教育系统后勤临时工在原有的基础上每人增加400元。教育临时工工资是全县临时工之中最多的。提高临时工工资是要经过上级批准，出台相关政策文件后执行。“关于解决民办代课教师待遇问题”的提案，10月27日，据统计仁布县共有民办教师300余名，这批民办代课教师被辞退以后相关待遇一直没有得到解决，上级部门也未出台解决民办代课教师待遇问题的政策文件，若出台相关文件，及时落实。

“关于将《蒴贾姜》列入非物质文化遗产”的提案，5月18日，文广局将《蒴贾姜》舞蹈列入第三批县级非物质文化遗产名单中，并提交至县政府。8月15日，经县长办公会议研究决定，通过了第三批县级非物质文化遗产的申报，同时常委会也顺利通过申报。

“关于解决仁布乡仁布村塘谢自然村92户、乡政府、医院、派出所、学校等饮水困难”的提案，12月3日，县水利局已将此提案列入“十三五规划”系农村饮水巩固工作中，截至年底，已完成编制实施方案中，争取在2017—2018年实施。

【专题考察调研】 年内，协助区、市政协组织就民族团结、生态环保、社会稳定、项目建设等方面重点工作进行调研，完成《全县民族团结进步创建工作情况的调研报告》《仁布县关于环境监测和监管执法能力建设专题调研报告》《2016年维护社会稳定调研报告》和《道路工程项目建设情况的调研报告》4篇调研报告。

【队伍建设】 年内，为整体提高政协委员履职能力，按照政协二届一次常委会研究决定，仁布县政协在11月9日举行政协委员培训会议，为期两天。培训中，从政协组织的创立发展、性质地位、职能作用、提案书写以及《政协仁布县委员管理暂行办法》《政协仁布县委员会提案工作条例》等内容进行干部培训，极大增强了政协委员履行职责、发挥作用的荣誉感、责任感和使命感，为开创此届政协工作新局面奠定了良好的思想理论基础。

（达　瓦）

【领导名录】

政协主席　旦　增（藏族）
政协副主席　夏国·次多（藏族，8月免）
　尼　春（藏族，4月任）
　旺　拉（藏族）
　根顿德勒（藏族）
　罗　布（藏族）

中共仁布县纪律检查委员会（监察局）

【概况】 1993年，根据党中央、国务院的指示，区、地党委政府的部署，仁布县纪检、监察机关合署办公，内设办公室、纪检监察室、党风政风室3个科室。2016年，纪委、监察局实有编制6个，根据上级有关要求，现有干部职工11人，公益性岗位1人，副县级1人，正科级4人，副科级1人。

2016年，县纪委（监察局）共收到问题线索9件，其中市纪委转办3件，单位受理6件。截至年底，了结处理7件，立案审查2件；收缴违纪款上交国库113131元，进行批评教育4人、开展谈话函询1人、诫勉谈话1人、给予党纪政纪处分1人，对4名干部的不廉洁行为予以全县通报。

【作风监督】 坚持一个节点一个节点持续发力，在重大节假日期间，通过下发通知，利用微信工作群、手机短信等平台发送廉洁过节短信，重申作风建设各项规定14次；强化日常监督力度，紧盯重要节点。深入酒店、餐厅、农家乐、旅游景点开展明查暗访，对遵守“八项规定”精神，严守区纪委“十项严禁”的情况检查17次；畅通监督渠道，开通“四风”问题监督举报电话，主动接受群众监督；改进方法，喷涂公车标识，按照市委、市纪委要求，对全县110辆公务用车进行了公车标识喷涂工作，促进了公务用车在阳光下使用，刹住了“车轮上的腐败”。加大通报曝光力度，2016年对违反中央八项规定、违反工作纪律的党员干部通报2起6人。

【党风廉政建设】 年内，组织召开全县党风廉政建设和反腐败工作会议，与各乡镇、各县（区、中）直单位共57个单位签订《党风廉政建设和反腐败工作责任状》。成立以县委书记张晓培为组长的落实党风廉政建设责任制检查考核小组。

【宣传教育】 年内，在县直、区（中）直52个单位580余名党员干部中开设廉政讲堂，由县纪委、监察局、县委办、宣传部、党校等理论研究人员对《中国共产党廉洁自律准则》《中国共产党纪律处分条例》和《中国共产党问责条例》内容进行讲解宣传11次，组织全县党员干部集中观看《永远在路上》和《作风建设在西藏》等廉政教育片12次，召集县直各党支部开展“讲党性、学党纪、守党规”主题讨论2次。组织全县9个乡镇、47个县直机关事业单位、73个行政村驻村工作队员共700余名党员干部职工开展《中国共产党廉洁自律准则》《中国共产党纪律处分条例》考试。

【换届纪律】 年内，利用网信、微信以及移动通信短信、彩信宣传换届政策法规和换届纪律信息21条，悬挂换届纪律漫画26幅，发放宣传资料5000余份；组织县级领导、各单位负责人、换届工作人员、“两代表一委员”观看《镜鉴——湖南衡阳、四川南充违反换届纪律案件警示录》5次，观看人数达800余人次；在县城主要街道和各乡镇政府驻地设立县纪委换届举报箱28个，在全县各乡镇纪委在所辖各行政村设立举报信箱73个，检查举报箱128次；成立9个县乡领导班子换届风气督查小组，开展换届风气监督检查50余次；严格按照“十严防”要求，认真做好228名党代表、95名人大代表、87名政协委员资格审查，及时取消了2名不符合党代表条件的代表资格。

【巡察工作】 年内，成立县委巡察办，将县卫生局、人社局、教育局、林业局作为巡察试点单位，把被巡察单位党内政治生态情况作为重点内容，重点发现“三大问题”“六项纪律”方面存在的问题。2016年，试点巡察共发现问题线索36条，移交整改36条。边巡边改68条，巡察“利剑”初现锋芒。

【自身建设】 年内，结合县乡党委换届，配齐了乡镇纪委书记、纪委委员和纪检专干，促进乡镇纪委回归主业主责，彻底消除乡镇纪委“零办案”现象；建立健全《中共仁布县纪委监察局查办案件涉案款物管理规定（试行）》《中共仁布县委反腐败协调小组工作规则（试行）》和《仁布县纪检监察机关工作交流协调制度》等业务工作制度，修订完善了约谈报告制度等9项工作实施办法、充实完善了县纪委常委会议事规则等11项内部管理制度，有效加强了纪检监察机关建设和纪检监察干部管理；通过采取组织培训、跟班学习、以岗代训、检查考核等方式，对各乡镇纪委书记、纪检专干进行培训。2016年，共举办纪检监察业务培训班2期，培训纪检业务人员120人次，采取跟班学习方式，培训乡镇纪检机关干部11人，采取选派方式，推荐外出学习16人。

【九届纪律检查委员会第一次全委会】 8月29日，中国共产党仁布县第九届纪律检查委员会召开第一次全体会议。会议应到的县纪委委员13名，实到会委员12名，请假的委员1名，符合规定人数，可以开会。会议共有三项议程：通过《中国共产党仁布县第九届纪律检查委员会第一次全体会议选举办法》；通过总监票人、监票人名单；选举中国共产党仁布县第九届纪律检查委员会常务委员会委员、书记、副书记。

会议以无记名投票的方式从13名纪委委员中选举产生以卢继峰为新一届纪委书记，罗布次仁为新一届纪委副书记，其米玉珍、赵伟平、曹泽义，共5名纪委常委。

会上，新当选的纪委书记卢继峰对新班子建设提了如下要求：认真学习好、贯彻好、落实好仁布县第九次党代会精神，深刻领会仁布县第九次党代会精神实质，增强政治责任感、提高工作主动性，把思想认识统一到党代会精神上来；尊崇党章、贯彻党章、维护党章，忠实履行党章赋予的职责，全面推进纪律检查体制改革；严格按照“忠诚、干净、担当”的标准和要求，严于律己、以身作则，做学习的表率、务实的表率、勤政的表率、廉洁的表率，树立纪检干部的良好形象。

（张晓杰）

【领导名录】

书　记　卢继峰

副书记　李志民（5月免）

副书记、监察局局长

罗布次仁（藏族）

监察局副局长

其米玉珍（女，藏族）

中共仁布县委办公室

【概况】 2016年，仁布县委办公室下设收发室、秘书室、档案局、机要局、保密局、督查室（8月18日成立），共有17人，从乡镇借调3人，1人被仁布县创先争优强基础惠民生活动领导小组办公室借调。其中藏族11人、汉族6人。大专及以上学历16人。

【秘书工作】 年内，坚持高标准、严要求做好文件撰写、印制、收发工作。认真撰写文件，仔细校核公文每一句话、每一处格式、每一个细节，确保文件中没有语法不通、格式错误、标点误用、错别字等；仔细印制文件，保证印制的每一份文件字迹清晰、规范、美观；从严收发文件，严格执行文件收发规定，收发过程中签字确认，对下发的秘密、机密类文件打码标明文件序号，登记文件序号和收件人，及时整理、归档各类文件，严防泄密事件发生。熟练掌握行文规则，确保对上、对下行文规范，保证行文的准确性。年内，编印文件390份，其中以仁委名义行文222份，以仁党、仁党办名义行文45份，仁委纪要94份，仁督发发文29份，起草领导各类讲话100余篇。所有文件均做到了格式规范、内容准确。发挥办公室沟通协调职能作用，上传各乡镇、县直各单位工作开展情况、对县委工作的意见建议等，下达县委决策部署、主要领导指示精神，保证全县各项工作高效进行。主动与上级业务部门沟通交流，争取对仁布县工作的了解与指导。加强与各乡镇、县直各部门沟通交流，协调各方推进县委重大决策和重要工作部署落实，并为其他单位工作提供力所能及的帮助和意见建议，促进共同提高。扎实做好会务工作，在接到各类会议通知后，第一时间按照会议要求确定参会人员，及时通知参会人员会议时间、地点、内容，提前准备会议材料。会前，精心布置会场，严密确定参会人员座次排列、会场电子LED屏幕内容、会场环境卫生。会中，全力做好各项服务工作。会后，及时整理归档会议资料，总结本次会务工作中存在的问题与不足，根据会议内容整理形成会议纪要。全年共组织大小会议300余场，圆满完成了县委、人大换届中的会务工作。

【信息工作】 年内，坚持做好信息编写上报工作，仔细核对单位上报的各类信息，对动态性、综合性信息中，有价值、能准确反映仁布县工作开展情况的信息，及时整理上报，使市委市政府能准确了解仁布县近期工作重点、工作动态，争取相应指导扶助工作。截至年底，已上报《仁布信息》1130期，共计被采纳186条，其中西藏自治区党委办公厅采用3条，日喀则市委办公室采用45条，日喀则市委信息科采用138条。

【全面深化改革工作】 年内，围绕制约仁布县经济社会发展的问题，主动开展调研，寻求破解方法，制订相应方案，凝聚力量，统筹谋划、协同推进，有重点、有步骤地抓好各个方面的改革。年内，仁布县主动开展深化改革专项工作调研，共下发深化改革调查问卷899份，回收有效问卷788份，经过数据分析形成调研报告2份。下发《仁布县全面深化改革实施方案》和《中共仁布县委员会关于调整充实县委全面深化改革领导小组的通知》等一系列文件。在县内进行全面深化改革工作试点，对试点全面深化改革工作制订专项方案，年底对试点的工作开展情况进行总结，形成报告1篇、工作经验1篇。年内，推进各领域深化改革，共计形成各类文件173份。

【督查工作】 年内，仁布县委督查室紧紧围绕区市县党委、政府中心工作，认真履行督查督办工作职责，带头遵守各项规章制度，发挥“勤奋、扎实、团结、高效”的工作作风，积极主动地开展督查督办工作，较好地完成了县委、县政府交办的各项督查工作任务。年内，共下发督办单19份，对县内各乡镇、各单位在维稳工作、日常工作中存在的不足进行督办，已完成19件，办结率达到100%。

【机要密码工作】 年内，县委、县政府主要领导高度重视密码工作，制订机要密码工作多项制度，保障机要密码工作经费，推进机要密码工作环境及设备的建设与更新工作，为开展工作提供了坚实的保障。全体机要干部坚守工作岗位，高效履行文电收发及办理的职责，思想上以“不该看的不看、不该听的不听，不该问的不问、不该说的不说”为理念将机要密码安全工作负责到底，在业务上通过自身的经验积累和跟班培训以及参加其他培训等方式，做到扎实、熟练、高效，为更好地服务领导和服务县内各单位提供了技术性保障。严格按照上级要求及机要局实际情况进行密码设备的实战演练，保证密码通信服务畅通，打下坚实的通信基础。对常用设备定期进行维护和巡检工作，定期参照密码工作的各项年度考核项目进行自查，为机要密码工作起到保驾护航的作用。全年共计收到文件3438份，发文1525份。

【保密工作】 严格涉密资料管理，坚决杜绝泄密发生。涉密文件资料发放实行文件编号、签收人登记，文件编号与签收人员一一对应制度。涉密文件资料整理完毕后及时归档、入柜，所有涉密电脑资料拷贝必须使用光盘。对涉密电脑进行不定期检查，加强保密法律法规宣传教育，提高办公室干部职工保密意识。按照区市上级要求，积极配合开展全县涉密计算机设备配置检查工作，加强涉密计算机管理。全年对各乡镇、县直各部门进行2次涉密大检查，并提出具体整改要求。

【管理使用党政信息网】 主动作为，推进县乡党政信息网建设使用，推进政务电子化，提高办公效率。认真落实保密工作，要求使用单位严禁在党政信息网上传输涉密内容。全年，党政信息网正常使用的单位达90%以上，做到高效、节约成本办公，大大降低了行政成本。

【档案收集整理归档工作】 年内，做好档案收集整理归档工作，编写档案目录检索工具，做好档案管理、利用服务和保密工作。严格按照程序做好文件材料的鉴定、销毁、归档，加强档案馆硬件、消防设施配备，确保档案安全。仁布县综合档案馆馆藏起于1958年，共有3个全宗，保存县委、人大、政府各类文书档案及资料。按永久、长期、短期三大期限分类，根据进馆时间对档案进行编号并编制卡片、归档目录、档案借阅登记表等以便查阅。截至年底，仁布县档案馆保存文书档案2372卷、13605件，其中永久930卷、4930件，长期933卷、7039件，短期509卷、1636件，照片档案297张。

【党建工作】 仁布县委办公室隶属于党委支部，全体县委办公室党员积极参加党委支部学习讨论，推动学习型党组织建设，深入开展“两学一做”学习活动，安排专人负责组织集体学习，在学习中交流感悟，促进党员干部共同提高政策水平和理论素质。县委办主动对党员的组织关系、党代表和党员违纪情况、党费收缴、党组织换届、党员干部学习教育、抓党建促脱贫攻坚等七项重点任务开展自查。12月，集中开展结对帮扶走访慰问，慰问资金、物品总计6000余元；同时结合“两学一做”专题教育，制订学习方案，组织全体党员定期开展理论学习。

【党风廉政建设】 年内，仁布县委办公室全体党员干部主动配合党委支部开展各项党风廉政建设活动开展、政策落实。制订党风廉政建设工作计划、理清权责清单。参与党委支部党风廉政专题学习交流活动，办公室成员全员参加学习并作发言。协助县委常委会会议先后5次研究部署全县党风廉政建设和反腐败工作，全体办公室成员主动参加仁布县组织的党风廉政建设考试，并取得优异成绩。

【干部队伍建设】 年内，仁布县委办公室切实履行管理职责，高度重视干部队伍建设，深入开展爱国主义教育，社会主义核心价值观教育、宗旨意识教育、党纪、廉政相关法规教育等，办公室全体单位职工始终保持爱国守法、爱岗敬业、团结协作的氛围，立足岗位、相互协调配合，保证县委各项工作高效进行。利用党支部组织生活会、办公室工作例会等形式，组织办公室成员分享经验、交流心得，面对面提建议，共同提高。

（邓高辉）

【领导名录】

主　任　孙晓东（黑龙江援藏，7月免）
副主任　赵　英（女）
　　　　阿旺群觉（藏族）
　　　　曾　超（6月免）
督查室主任
　　　　程玉敬（8月任）
督查室副主任
　　　　曾　超（8月任）

中共仁布县委组织部

【概况】 县委组织部（县机构编制委员会办公室）行政编制4名，科级领导职数4名。下属单位有县委老干部局、电子政务中心。县委老干部局行政编制1名，其中科级领导职数1名。电子政务中心为事业单位，副科级建制，事业编制2名，其中副科级领导职数1名。

【干部人事工作】 着眼优化县乡科级领导班子结构，统筹全县干部资源配强二级班子，把精兵强将选配到重要岗位。2016年，共开展2批干部选拔任用工作，涉及人员151名。有序推进干部交流，换届人事调整中共36名干部进行县乡交流，将符合条件的28名汉族干部选配到乡镇任职。2016年换届中，从乡镇事业编制人员、优秀村干部、“大学生村官”中选拔乡镇领导班子成员，配备此“三类人员”共3人。9个乡镇领导班子的年龄层次、民族结构，性别比例更加合理，乡镇汉族干部比例达到34.34%。

【干部监督管理】 年内，号召全体党员干部佩戴党徽，亮明身份，要求各乡镇，各部门干部持证上岗。为增强规矩意识，牵头制订《仁布县干部职工管理办法（暂行）》《禁酒令》《县委常委议事制度》等6项干部管理规定，成立县委督查室，进一步强化对县委决策的落实力度和干部职工的监督管理，开创聚力发展新局面。

【干部教育培训】 年内，开展“藏汉”双语培训班培训机关党员、农牧民党员2000余人次。采取自主培训、上级调训、远程教育等形式累计培训党员干部2000余人次，通过援藏渠道组织1批次4名公安干警赴哈尔滨学习培训，增进两地友谊，提升了业务素质。

【村干部星级化管理考核】 年内，为激发村干部的干事创业热情，创新实施“村干部星级化管理”，着力从村干部“德、能、勤、绩、廉”五个方面入手，结合村干部日常村务工作，制订出台《村干部20个做到量化评分标准》和《村干部评分评星细则》，采取群众、乡镇、组织三级评议的方式，形成县、乡、村三级联管的工作推进模式，每年对村干部进行一次评星定级，将评星结果与绩效工资和评优选优相挂钩并制订奖惩措施。同时配套实施村干部一周一天集中上班制度，统一配发工作笔记本，规定记录要点，各村逐渐形成周周有工作计划，每周有工作总结的良好氛围，进一步提升了村干部的责任意识和办事效率。

【村干部文化素质提升工程】 年内，成立组织领导机构，制订工作方案，从县委党校、县教育局、县中学、各乡镇特邀人员组建58人的师资队伍，投入专项资金120万，提供培训资金保障，实现村干部培训全覆盖，切实提高村干部文化水平。

【党建促脱贫】 年内，推行“一对一”“一帮几”结对帮扶制度，切实解决贫困群众、生产生活中存在的问题。实行定期走访慰问制度，做到“四个必谈”（生活现状必谈、发展思路必谈、要求扶持项目必谈、有偿扶持政策必谈），及时掌握和了解结对户的思想和生产生活等动态。全县1596名干部与2003户困难群众结成帮扶对子，走访慰问达4000余次，投入资金400余万元，帮助贫困群众寻找致富门口，打开致富思路，树立脱贫信心。依托亚德细褐纺织、酥油花、青稞酒制作、藏鸡养殖、生态旅游开发展等优势项目，着力发展村集体经济建设，发展壮大特色产业，增强可持续造血功能，引领贫困群众致富增收。

【老干部工作】 清单编制工作以落实老干部“两个待遇”作为工作切入点，强化对老干部的服务。离退休干部党支部采取各种形式宣传先进典型和经验等，组织学习活动7次，参加活动60余人次。在“三大节日”期间，实现老干部走访慰问全覆盖，发放慰问资金28.58万元，组织32名退休干部赴云南进行疗养，加强对老干部的生活关怀力度。

【“两学一做”学习教育】 全县各支部共开展“两学一做”集中学习300余场次，撰写学习心得3000余篇，专题研讨400余场次，撰写专题发言材料1800余篇。年内，县级领导面向干部职工讲党课40场次，听课人员达2000余人次；全县8乡1镇党委书记讲党课54场次，参与听课群众、党员达3000余人次。以“两学一做”活动为契机，全县干部职工开展党员志愿服务活动、结对帮扶等活动，努力践行“两学一做”精神，做真正的合格党员。各村递交点单表285份，申请服务210项；各乡镇、县直机关工委向109支服务队派单185份，兑现服务71项。

【权责清单编制】 2016年5月，仁布县启动权责清单编制。按照“三上三下”原则，审定全县28家单位行政权力事项3456项，其中行政许可170项、行政处罚2537项、行政强制159项、行政征收13项、行政给付26项、行政检查224项、行政确认44项、行政奖励80项、行政裁决1项、其他类202项，子项共87项。每项权力都明确了实施机构、实施依据、公开范围、事项来源、权属划分等。

【机构编制】 2016年，仁布县总编制1162名，其中行政编制310名，机关事业编制49名，政法专项编制92名，事业编制711名。2016年全县批准机构223家，其中行政机构59家，事业单位65家，派出机构23家（垂管派出机构1家、政法类派出机构22家），内设机构71家，政法管理机构5家，下设机构1家，乡镇9家。2016年全县实有人员1310人，其中行政392名，政法系统210名，事业单位708名（专业技术637名、工勤29名），不占编制其他人员17名。

（袁 超）

【领导名录】

部　长　琼次仁（藏族）

副部长　米玛次仁（藏族，6月免）

　　　　曾　涛（1月免）

　　　　陈　皓（1月任，6月免）

老干部局局长

　　　　多　吉（藏族）

党校校长

　　　　次　潘（女，藏族）

中共仁布县委宣传部

【概况】 仁布县委宣传部位于日喀则市仁布县强钦街6号，现在编13人，其中1名副县级干部，1名正科级干部，2名副科级干部，4名科员，4名事业专技人员，1名工人。2016年，仁布县委宣传部高举中国特色社会主义伟大旗帜，以马克思列宁主义、毛泽东思想、邓小平理论、“三个代表”重要思想、科学发展观为指导，全面贯彻落实中共十八大、十八届历次全会和中央第六次西藏工作座谈会精神，紧扣“一个主题”（先进宣传文化工作），维护“两个大局”（仁布县经济长足发展和长治久安），守好“三个阵地”（科学舆论引导阵地、先进文化建设阵地和网络舆论安全阵地），抓好“四项工作”（思想理论建设、正面舆论宣传、精神文明建设、文化市场综合执法），立足仁布县实际，把握正确导向，努力开展意识形态领域工作，在全县上下营造积极向上、开拓进取的良好舆论氛围，为建设发展稳定先行县，推动仁布县经济长足发展和长治久安提供有力思想保证、舆论支持和文化条件。

【宣传报道】 年内，仁布县互联网信息办公室以“仁布县政府新闻网”为窗口，围绕仁布县委、县政府的中心工作，精心策划各类专题，进行网上正面宣传，引导和影响网民。先后在“仁布县政府新闻网”设立“3·28”西藏百万农奴解放纪念日、仁布“两会”、日喀则产业发展专题、第三次全国政府网站普查、第三届国家网络宣传周等专题，做好重大活动的宣传报道工作，使网上宣传思想工作更加贴近实际、贴近生活、贴近群众，更加富有吸引力和感染力，努力开创仁布县网络宣传和管理工作的新局面。利用仁布县官方微博和微信“仁布县发布”“仁钦蚌巴”的影响力，形成网站、微博、微信为一体的全媒体宣传格局，成为仁布县加强宣传和群众文化的重要载体。微博微信平台的运行始终立足仁布，兼顾自治区和日喀则市，在突出权威性和准确性的基础上，注重可读性、趣味性。官方微博每天发布5—10条，微信公众号每次推送5—8条。并围绕自身定位，及时公开反腐倡廉、每日双语、乡镇动态、“两学一做”等新闻素材，努力打造成仁布县对外发布信息的平台和沟通社会群众的重要窗口。仁布县官方微博——“仁布县发布”共发布新闻素材700余条，仁布县官方微信——“仁布县发布”共发布1600余条新闻素材。

【精神文明建设】 2016年，强化宣传教育，利用大型户外广告牌、LED显示屏、宣传栏、公示栏等宣传媒介，植入社会主义核心价值观的宣传内容，共计1000余条，做到社会主义核心价值观抬头可见、随处可学。持续开展群众性精神文明创建活动。全面启动创建文明城市工作，以美丽乡村建设为载体，以民风建设和环境整治为重点，抓好农牧区环境之美、风尚之美、人文之美、秩序之美、创业之美建设。开展第三批市级文明村镇、文明单位和文明家庭评选活动，自治区级文明乡镇、文明单位、文明村和文明户已完成申报工作；完成第二批自治区级文明单位的挂牌工作。2016年，制订下发《仁布县2016年度文明乡（镇）、文明村、文明单位、文明户和文明商户的推荐评选工作方案》。2016年12月，仁布县共评选出1个县级文明乡（镇）、5个县级文明村、4个县级文明单位、45个县级文明户、5个县级文明商户。协调民政、教育、工会、团委等单位，广泛招募志愿者，组织志愿服务协会，利用各重大节庆活动，深入到敬老院、乡村小学和困难家庭开展志愿服务活动。开设道德讲堂仁布县分堂，并举办两次道德讲堂，讲堂由县委书记亲自主持，全县干部职工参加听讲。

【理论学习】 制订《仁布县委理论中心学习组2016年度理论学习计划》，建立健全中心组和各党支部集中学习制度、学习考勤制度、交流研讨制度、调查研究制度等一系列规章制度，并狠抓各项制度的落实，使全县理论学习进一步规范化、制度化、正常化。2016年，仁布县委理论中心组共组织集中学习18次，其中集中观看视频2次，开展集中讨论4次。

【“五下乡”活动】 2016年，仁布县委宣传部在全县范围内大力开展各种学雷锋活动。联合团县委组织全县干部职工，中直、企事业单位人员，驻军警部队官兵，县中学全体师生清扫县城街道环境卫生和积雪。协调团县委、司法、卫生、妇联、工商、消防等部门在县城格桑街和文化广场开展一次联合便民咨询服务活动，发放相关宣传资料1500多份。开展“五下乡”活动，做到理论进机关、进乡村、进学校、进寺庙。在“五下乡”活动开展中，共发放光碟9类，900余盘；各类宣传书籍350本；宣传手册500份。“3·28百万农奴解放纪念日”，举办文艺演出，观看群众达3000人次。成功举办仁布县第五届江嘎尔藏戏文化旅游节，在区内外影响深远，倍受干部群众喜爱，把文化旅游节办成一个推荐仁布、凝聚共识、展示成果、促进发展的文化盛会、旅游盛会。组织县中小学学生在县文化活动中心参观新旧西藏对比图片展，进行爱国主义教育。组织县文化广播影视服务中心在辖区各类学校、寺庙放映爱国主义题材的影片8场次，县电视台在电视上播放优秀爱国主义影片、宣传标语以及新旧西藏对比专题视频。同时组织相关单位在县文化广场以悬挂横幅、设立宣传点、发放宣传单、播放新旧西藏对比专题视频、悬挂新旧西藏对比图片展等形式，进行联合宣传，共发放各类宣传资料1500余份。加大仁布县“两会”“三会”的宣传报道工作力度，仁布县电视台在会议期间，及时播报党代会、人代会和政协会召开实况。制作宣传栏，精心制作仁布县经济社会发展五年回顾展和“两会”召开实况展，宣传仁布县经济社会发展成就、民生改善、强基惠民活动、援藏工作成就。微信平台及时刊发会议召开实况，当天内容当天刊发，每日1期，并下发到党代表、人大代表和政协委员。仁布县网信办及时将会议实况和相关报告登载在仁布县政府网站上，使广大群众及时掌握了解仁布县“两会”“三会”内容。围绕脱贫攻坚、灾后恢复重建和小城镇建设工作加强宣传报道。围绕全县脱贫攻坚、灾后恢复重建和小城镇建设工作，统筹安排宣传系统工作人员及时撰写、上报工作简报，总结宣传典型经验，组织策划宣传报道活动，营造全社会支持参与扶贫开发攻坚、灾后恢复重建和小城镇建设工作氛围，及时有效对外宣传仁布县扶贫攻坚工作。针对网络热点，利用博客、微博、微信等新兴媒体手段，每天发帖、跟帖和转帖6篇以上，上报各类信息578条，已达到互联网信息每日更新状态，弘扬主旋律、传播正能量，有效营造和谐的网络舆论氛围。大力宣传县乡领导班子换届。充分利用仁布县电视台自办节目、《仁布动态》藏汉双语、微信微博公众号、政府网站、LED显示屏以及宣传展板、横幅等平台，大力宣传县、乡党委领导班子换届工作的相关知识，营造风清气正的换届风气。制作宣传展板12张，悬挂横竖幅38条，微信微博“仁布县发布”公众号发布新闻和标语100余条，《仁布动态》刊播70余条，电视台自办节目播报120条。参加第十四届珠峰文化节。提升仁布县知名度，活跃第十四届珠峰文化旅游节欢庆氛围，宣传和歌颂仁布县经济社会发展成果。在充分利用318国道电子显示屏、进城标语牌、大型户外宣传栏的同时，协调市财政局争取资金300万元、县财政拨付资金150万元，在318国道与拉日铁路沿线新建多个大型户外宣传栏，形成立体文化宣传态势。

【文化市场环境监管】 2016年，仁布县文化市场综合执法大队不断加强辖区内文化娱乐场所的检查力度。与各文化经营单位业主签订《仁布县文化娱乐场所安全管理目标责任书》，提高文化市场从业人员守法经营意识。重点查处网吧违规接纳未成年人行为，在加强对网吧日常巡查的基础上，开展突击检查，加大学校放学时间、“双休日”“节假日”等非正常工作时间的检查力度，确保网吧实名登记制度落到实处。在全县范围内开展非法卫星电视接收设施整治行动。进一步规范仁布县卫星电视接收设施管理，有效打击非法销售、安装、使用卫星电视接收设施的行为，确保文化市场安全和社会稳定。2016年，检查网吧24家次；查处上网人实名登记不规范不详细1家次，处以警告。检查娱乐场所（包括藏餐店）168家次；检查手机铃声下载点16家次；查处流动摊贩1个。检查娱乐场所（朗玛厅、KTV）32家次；查处未悬挂未成年人禁止入内标志1家次，处以责令改正。检查打字复印店16家次。

【党风廉政建设】 年内，共开展党纪条规学习教育12次，组织观看反腐倡廉电教片4次、座谈讨论2次。

（赵　宁）

【领导名录】

部　长　陈明祥（5月免）
　　　　张　晶（5月任）
副部长　李　成（11月免）
　　　　尹文平（11月任）
　　　　彭栋帆（6月免）
　　　　格桑扎西（藏族）
网信办网评中心主任
　　　　贡觉多吉（藏族）

中共仁布县委统战部

【概况】 县委统战部下属单位有宗教工作领导小组办公室、工商联合会、寺庙管理机构。编制10人，实有干部8人。2016年，仁布县共有依法批准的宗教活动场所18处，僧寺8座、尼寺10座；分属宁玛、格鲁、萨迦、噶举4个教派。2011年11月，按照自治区党委、政府关于加强和创新寺庙管理工作的决策部署，结合实际，成立9个寺庙管理机构。截至年底，仁布县寺庙僧尼中担任自治区政协委员1名，自治区佛协理事3名，市佛协副会长、常理、理事6人，市政协委员2名，县政协委员18名。北京高级佛学院毕业1名，正在读书1名；西藏佛协院毕业4名，正在读书8名。

【统战工作会议】 年内，统战部贯彻中央、区党委、市委和县委决策部署，采取各类措施，推动各项工作落实。2016年3月29日，召开仁布县2016年统战民族宗教工作会议和仁布县2016年统战民族宗教业务部署会议，传达学习中央统战工作会议精神和全区统战工作会议精神，全市统战民族宗教工作会议精神。县委副书记、人大常委会党组书记、主任达娃卓玛出席会议，并作重要讲话。就如何贯彻落实各级党委做出的系列决策部署作了全面安排，为仁布县开展统战民族宗教工作指明了方向、明确了目标。与各乡（镇）党委、各寺庙管理机构分别签订《仁布县2016年统战民族宗教工作目标管理责任书》和《仁布县2016年宗教领域工作目标管理责任书》，细化2016年仁布县统战、民族、宗教工作的任务分解。进一步强化思想认识、明确目标任务、指明了工作方向。2016年，召开3次宗教领域维稳工作领导小组专题会议，召开部办公会议22次，分别就仁布县2016年统战民族宗教工作会议，2016年上半年和谐模范寺庙暨爱国守法先进僧尼以及先进寺庙管理委员会和优秀驻寺干部评选工作会议和近期宗教领域维稳工作的讨论并安排部署。为推进仁布县经济发展，宗教领域和谐稳定、佛事和顺凝聚人心、汇聚力量做贡献。

【机制建设】 年内，针对自治区“两会”、2016年杭州“世博会”、2016年西藏“藏博会”、日喀则市2016年珠峰文化旅游节、日喀则市“时轮金刚”法会等重大庆典。制订下发《仁布县2016年“三大节日”和自治区“两会”及“三月”敏感期间《宗教领域维护稳定工作方案》《仁布县3月份维稳工作方案》等8个工作方案、1个应急预案，细化组织领导责任。全年深入全县18处宗教活动场所和9个寺管机构，开展全面督导检查工作28次，局部抽查20余次，对寺庙僧尼和驻寺干部在寺在岗情况、寺庙维稳措施、寺庙“四防”“六个一”“九有”等工作落实情况进行重点检查，对发现的问题责令整改，切实维护仁布县宗教领域的和谐稳定。

【“一创建”和“六建”】 年内，不断落实寺庙“六建”“九有”“六个一”“一覆盖”等各项利寺惠僧政策，认真落实县级领导干部联系寺庙制度；深入开展“一创建”评选工作，创新评选方案，增加考评内容，切实做到创建评选活动的“公平”“公正”“公开”。2016年评选表彰县级和谐模范寺庙6座，爱国守法先进僧尼138名，市级和谐模范寺庙2座，爱国守法先进僧尼75名，向获奖单位和个人发放奖金32.5万元。

【寺庙法治宣传】 年内，按照上级党委、政府统一部署，组织开展“爱国爱教、遵规守法、弃恶杨善、崇尚和谐、祈求和平”主题教育活动和“两守两尽”为主题的寺庙法治宣传活动。县委统战部制订下发《仁布县委统战部开展以“两守两尽”为主题的寺庙法治宣传教育活动实施方案》，深入开始寺庙法宣工作。截至年底，寺庙法治宣传主题教育活动中宣传各类政策法规32场次，发放宣传册子1450余份；帮助广大僧尼掌握藏汉基础知识，提高广大僧尼藏汉双语日常用语口语表达能力，在全县驻寺干部和寺庙僧尼中开展藏汉“双语”学习教育活动，做到相互学习、相互提升，将“双语”活动纳入僧尼日常学习内容。

【基础设施建设】 年内，对寺庙基础设施薄弱、寺庙年久失修等问题，仁布县财政局专门拿出60万元的寺庙维修资金，解决寺庙僧尼之所愁、所忧，并将该资金列入政府财政预算。2016年，全县为寺庙僧尼在基础设施改善上共计投入资金174.67万元。全县“4・25”地震受灾寺庙7座，下拨资金310万元。截至年底，仁布县5座受灾寺庙已完工，2座寺庙仍在修缮施工中。

【党外人士队伍建设】 年内，以凝聚人心，汇聚力量为落脚点，团结一切可以团结的力量，不断发展壮大爱国统一战线力量。紧紧围绕团结和民主两大主题；组织召开爱国上层人士、宗教界人士、政协委员、党外知识分子、非公有制经济人士座谈会，县委主要领导亲临会场向各位统战人士拜年，通报全县社会、政治、经济各方面取得的成绩，感谢统战人士对全县各方面工作的大力关心支持；完成建立党外代表人士信息数据库，完成党外干部任免相关文件信息搜集工作。全县党外知识分子124名，非公经济党外人士15名。县级党外人大代表6人，新配备党外人大常委会副主任1人。完成仁布县第二届党外政协委员推荐工作，新推荐产生政协委员87人，其中党外政协委员54人，占全县政协委员的62.1%，比上届增加

63.6%。政协常委16人，其中党外政协常委10人，占全县政协常委的62.5%；本着“政治表现优、宗教水平高、参政能力强、群众基础好”的推荐标准，坚持政治条件第一，综合考虑各方因素，推荐泽玉吉彩寺僧人桑罗为日喀则市第一届新佛学理事；从全县各寺庙中政治立场坚定，文化素养较高，宗教造诣深厚的宗教人士，通过公开考试、择优录取的方式，选送8名僧尼到自治区佛学院学习深造。

【境外藏胞工作】 年内，始终坚持“爱国一家、爱国不分先后”的政策和“区别对待、从严掌握、个案审批”的原则。选送1名藏胞胞眷到内地参加自治区藏胞胞眷国情教育活动，通过国情教育活动争取藏胞和藏胞亲属心向祖国，增强他们的祖国观、民族观。认真细致地做好探亲藏胞国内亲属调查工作。2016年，接待3名回国探亲藏胞，深入探亲藏胞家中登门拜访回国探亲藏胞，代表县委、县政府向藏胞进献哈达，赠送慰问品，与她们亲切交谈，向她们阐述西藏社会的发展变化，以及国家对西藏实行的特殊政策，表明藏胞的基本政策，欢迎她们随时回国探亲、访友、朝佛、观光等。

【推动非公经济发展】 年内，仁布县非公有制经济的不断壮大，增加财政收入、扩大劳动就业、繁荣城乡经济、方便群众生活、保持社会稳定等方面发挥了重要作用。及时组织工商联干部和非公经济人士，学习习近平总书记有关非公经济建设方面的重要讲话精神，畅通学习体会，为推动全县经济社会又好又快发展建言献策；召开“百企帮百村”精准扶贫行动动员部署会，制订《仁布县工商联关于开展“百企帮百村”精准扶贫行动实施方案》，征求仁布县非公经济人士对扶贫行动的意见建议，为打赢扶贫攻坚战出谋划策，出力贡献。8家帮扶企业负责同志与24个帮扶对象重点贫困村所属乡镇主要领导签订《仁布县2016年“百企帮百村”精准扶贫行动工作目标管理责任书》。截至年底，帮助企业成立9家党组织，吸收党员共计56名，工商联会员企业共计48家。建立非公企业党建工作制度，为扩大党组织的覆盖率做出不懈努力。

【寺庙干部配备】 仁布县配齐配强驻寺干部48人，配备率达102%。2016年，共计下派驻寺干部总数48人，按照“先进后出”的原则，提拔重用5名，交流使用9名。

【信息报送】 年内，仁布县紧紧围绕全县的中心工作，精心选题，深入寺庙僧尼，了解掌握第一手资料，以研究问题、完善政策的新成果，来推动工作新水平。2016年，完成《加强党外代表人士队伍建设的研究》和《关于创新寺庙管理工作推动新形势下宗教工作纲领性文献精神落实的调研报告》在内的共4篇调研报告并上报至市委统战部理论调研组，各寺管会积极上报7篇调研报告。全年共报送统战宗教工作信息37期。

（边巴普赤）

【领导名录】

部　长　次旺普拉（藏族）

副部长　李 素 萍（女）

　　　　旦　　增（藏族）

宗教办副主任

　　　　拉巴次仁（藏族）

中共仁布县委政法委员会

【概况】 中共仁布县委政法委员会是县委领导管理政法工作的职能部门，负责指导、协调、部署、督促全县各个阶段的维稳、综治、护路、政法工作，协助县委及组织部门管理政法系统领导干部。2016年，仁布县委政法委下设综治办、护路办、维稳办3个机构，编制10人，现有干部10人，其中，藏族4人、汉族5人、土族1人；本科7人、专科3人。2016年，仁布县委政法委工作围绕平安仁布建设的重点工作任务，不断创新社会治理机制，完善社会治理体系，夯实社会治理基础，提高社会治理能力，与全县各级各部门齐心协力，确保了全县社会局势和谐持续稳定。

【政法工作】 年初，加强政法工作信息建设，协同公安局开展农村黑恶势力摸排，与信访局联合召开涉法涉诉案件排查，开展“崇尚科学、反对邪教”宣传；加强国家安全，加强社会防控体系建设等。报送国家安全人民防线工作动态资料12份，掌握社会形势，把握工作主动权，为维护社会稳定打下坚实的基础。8月对四省藏区学经回流人员进行授课，组织学习党的方针政策、宗教政策法律法规和自治区、市的相关政策，增强了回流人员的爱国爱党意识和民族团结意识；在仁布县党委、人大、政协换届选举“三大会议”期间，县委政法委牵头，组织县公安局、综治办、护路办、武警消防等单位人员，对重要场所、重点要害部位、加油站、加气站、公共场所进行了巡逻、检查，排查清理不稳定因素，为“三大会议”的召开提供良好的社会环境。结合“聚焦执法公正”，创先争优强基惠民等活动，加大对案件督察督办、执法办案有关协调工作力度，不断提高执法公信力。

【法治建设】 年内，按照市委政法委的部署开展“双百”法治宣讲活动，根据政法各部门业务工作需要开展业务培训，进一步提高了基层政法干警业务素质，提升了办案水平。同时，本着与时俱进的原则，按照终身教育的理念，深入学习新知识，不断拓宽知识面，提高先进文化素养。通过认真组织学习和培训，使政法队伍树立了正确的权力观、地位观、利益观，进一步认识到政治理论素养和业务技能水平，进一步加强对政法队伍的管理，在政法机关营造了振奋精神、锐意进取、恪尽职守、爱岗敬业、无私奉献的良好风尚。

【维稳工作】 2016年，仁布县政法委按照区、市、县三级党委、政府和市委政法委的一系列安排部署，围绕“三大节日”“全国两会”“萨嘎达瓦节”“G20峰会”“128时轮金刚法会”以及县乡换届工作、江噶尔藏戏文化旅游节、仁布县寺庙佛事活动、自治区第九次党代会等维稳安保任务，精心制订了各项工作方案，充实完善18类处置预案，新制订12类预案，做好了应急处突准备，圆满完成各项安保工作任务，实现“三无”“三不出”目标，确保了全县社会大局持续和谐稳定。

【综治工作】 年内，落实“注重基层、注重基础，重心下移、重点前移”的要求，把综治基层基础建设作为平安建设的前沿阵地和维护社会稳定的重要举措，结合仁布县实际，狠抓工作落实。截至年底，仁布县综治委有主任1人，副主任15人，委员49人；同时，在各乡（镇）也成立综治工作办公室，配备综治专干，实现了乡乡有综治办，有综治专干，有专门的办公场所，工作制度齐全，村村有综治中心，有综治责任人，全县基层综治力量实现了全覆盖。在全县九个乡镇建立了集综治、党建、农牧、民政等多部门的“一站式”综合服务平台，进一步规范工作制度，方便群众，提高工作效率。在全县所有村建立综治工作联系点，综治（平安建设）工作与驻村工作同安排、同检查，切实增强了基层平安建设能力。

【网格化管理】 年内，仁布县积极推行县、乡、村、联户四级网格化管理体系建设。根据仁布县实际，县级网格以各便民警务站为单位将县城分为3块网格，网格责任主体为各便民警务站；乡级网格以各乡（镇）所在地机关和企事业单位、个体工商户为单位分为9块网格，网格责任主体为各乡（镇）派出所；村级网格以行政村为单位分为73块网格，网格责任主体为“一村一警”；联户级网格以全县“双联户”为单位分为856块网格，网格主体责任为“双联户”户长。每个网格有一名网格长和网格责任人，网格长和网格责任人要做到区域设施、困难问题、隐患矛盾等心中有数、登记造册。

【矛盾纠纷排查调处】 年内，充分发挥“双联户”作用，开展矛盾纠纷联排联调工作，力争做到矛盾纠纷不出户；开展人大代表、政协委员、社会组织等第三方参与矛盾纠纷排查调处工作和重大矛盾纠纷专班协调等多元化机制，建立县、乡、村、联户四级温馨调解室（站），严格执行联户每天排查、村每周排查、乡半月排查、县每月排查、每月召开一次矛盾纠纷调处会议等工作机制，加大矛盾纠纷排查调处工作。加强协调合作，形成大调解工作格局。为掌握矛盾纠纷主动权，打好社会稳定主动仗，县综治办与县司法局、法院、检察院、公安局、信访局等相关部门协调合作，建立资源共享、纠纷共调的“大调解”机制，做到早发现、早调解，消除各类矛盾纠纷苗头和隐患。全县矛盾纠纷排查化解2600次，发现隐患94处，共调处矛盾纠纷94件，调处率达100%。全县发动干部群众21570余人（次），排查化解各类隐患和矛盾纠纷、安全隐患670次。

【社会风险评估】 年内，健全完善社会风险评估机制，坚持“属地管理、分级负责”和谁主管、谁负责”的原则，充分发挥各乡（镇）、综治成员单位领导核心作用，制订社会风险评估实施方案和应急处突工作预案。

【流动人口管理】 年内，按时更新流动人口数据，做到人来登记，动态管理，人走注销。落实房屋租赁登记备案制度，强化业主及中介的安全管理责任。严格落实“以证管人、以房管人、以业管人”措施，努力实现对流动人口的有效管理，做到底数清、情况明、信息准、服务好。2016年，全县共有流动人口1445人，发放居住证105个，累计发放居住证674个。

【救治安置】 9月9日，县综治办、卫生局、公安局联合组织全县易肇事精神障碍患者36人，邀请黑龙江省专家统一在县里进行诊查拟定医疗救治方案，并完善档案和管控措施。年内，共接回安置流浪乞讨人员20人次，发放救助资金0.23万元。

【突出问题专项整治】 年内，政法综治各部门抽调得力人手，协同县专项办深入各乡（镇）对项目建设领域突出问题进行专项摸排和整治。各乡（镇）、各村共开展宣传活动70场（次），发放宣传手册1160本、宣传海报80余张、张贴横幅12条，进一步加大整顿力度，实现了项目建设领域稳定和谐。

【公共安全】 2016年，开展执法检查19次，共出动执法人员30余人，通过对酒吧、KTV、网吧等15家娱乐场所，9个学校食堂，17家副食品店和13家医疗器械经营使用单位进行检查，发现过期食品60余种，折合人民币1686.5元，过期药物及医疗器械32种，折合人民币1887.3元。对过期医疗器械和食品药品进行销毁，责令限期整改，及时消除存在的不安全因素和隐患，营造了良好、放心、健康的饮食用药氛围。

【平安建设】 县综治办利用平安建设资金3万余元，编写藏汉《平安乡镇创建标准》《平安县创建知识》《平安村创建标准》《平安学校创建标准》等宣传资料17700余张，发放到乡、村、户。为全县11所学校配备了法治副校长，每年进行一次法治宣讲，增强青少年法治观念；通过“两守、三比、四创”活动，加强寺庙法治宣传教育，增强僧尼知法、守法、懂法、用法的观念。利用“三八”妇女节、“五四”青年节、“七一”建党节、江嘎尔藏戏旅游文化节等重大节日，通过举行群众性文艺活动，宣传建设平安仁布的重要意义和目标任务等，提高群众认识。仁布县出资4万余元在县城和318国道修建10个永久性平安建设宣传栏，平安建设知晓率大大提高。2016年全县共有县级平安乡镇、村、学校、单位等共计120个，AAA级国家旅游景点2个，平安创建覆盖率达98%，其中乡（镇）平安创建率达100%。

【“双联户”工作】 年内，将“双联户”工作与平安建设工作有机结合，进一步落实“四防举措”“七项基础工作”和“10+2任务”，在“先进双联户”评选创建活动中，严格按照“三评”“三考”“三推”的“333”评选机制，把真正能带领群众、为群众办实事的户长推选为“先进双联户”，确保评选的公平、公正、透明。发挥户长组织带头作用，仁布县普松乡夺索村充分发挥村村是堡垒、户户是前哨、人人是哨兵的群防群治队伍力量，村委会组织“双联户”户长等20余人，协同当地派出所，抓获2名非法狩猎国家保护动物獐子的嫌疑犯，保护了野生动物，再次彰显了农村基层综治工作力量。发挥户长先锋带队作用，7月下旬，为做好防洪救灾工作，各乡（镇）对856名“双联户”户长进行防灾减灾工作培训；在抗洪救灾工作中，全县856名“双联户”户长带领联户单位成员8070余人（次），修复道路3公里，帮助6户受灾群众清淤房屋，共找到56只死亡小畜。各乡（镇）、各单位组织护村队、护院队和“双联户”户长等群防群治力量和驻村驻寺工作队力量3640余人（次），特别是仁布乡从全乡93名“双联户”户长里面挑出40余名青壮年联户成员成立抗洪抢险突击队，打赢抢险救灾主动仗。为进一步提高“双联户”信息服务管理水平，由县电信局为全县“双联户”户长免费赠送手机，县政府每年为每名户长补贴108元话费，从而极大地调动户长的工作积极性，提高了工作效率。2016年，表彰县级“先进双联户”10个、乡级35个、村级172个，县级先进乡镇3个、先进村9个，乡级先进村23个，表彰资金共计51.5万元。

【护路工作】 年内，加强对拉日铁路仁布段的巡查、守护，确保铁路沿线安全稳定。不断提高队员待遇，截至年底，仁布县一名普通队员能够拿到3220元/月的工资。积极化解涉铁矛盾，2016年，共化解各类重大涉铁矛盾纠纷8起。积极参与仁布县维稳工作，2016年参与“128”、江噶尔藏戏文化节、寺庙佛事活动等安保任务，为维护和谐稳定做出了突出贡献，受到县委领导的高度肯定，护路办1名工作人员和1名护路队员因此受到了县委的表彰。全面落实铁路护路联防工作各项机制，将任务层层落实，确保责任到人；健全制度，制订《铁路护路联防工作领导小组》《矛盾纠纷排查机制》《铁路护路奖惩机制》《维稳应急处突机制》等14项机制和20项规章制度，并严格按照各项规章制度进行落实，确保了工作开展有序，落实有力，扎实推进；狠抓日常管理，推行了“三抓、三严、三禁”月评比活动，得到全体护路队员的支持和大力配合，已初显成效。2016年，累计发放宣传资料10000份，受到宣传群众达6000余人次，市级电视台宣传1次，县级电视台宣传4次、仁布微信公众平台宣传12次、手机客户端发送短信10000余条等，宣传率达到100%，营造浓厚的爱路护路氛围；不断加强党团建设，发展入党积极分子5名，开展各类帮扶活动30余次。

【党建工作】 为贯彻落实全面从严治党主体责任，从严从实抓好委机关党建工作，政法委支部在2016年初成立以支部书记普琼次仁同志为组长的领导小组，下设办公室，由县委政法委副书记周元录兼任办公室主任，确保了党建工作有人抓、有人管，层层落实党建主体责任。并结合委机关工作实际，制定党建工作方案和全年学习计划，在“两学一做”教育学习中，县委政法委主要领导组织政法委支部全体10名干警参加集体学习，真正做到带头学习《中国共产党廉洁自律准则》《中国共产党纪律处分条例》《中央第六次西藏工作座谈会精神》等文件，带头作辅导发言，带头对照检查思想，给党员干部做出了表率。通过开展一系列教育学习活动，使党员干部进一步坚定了理想信念，增强宗旨观念、责任意识、法纪意识和党性意识，提高党性修养和服务群众能力，促进队伍建设，促进严格公正文明执法，促进政法各项工作科学发展。

县委政法委领导结合政法工作实际认真落实领导班子党建主体责任制，县委常委、政法委书记、公安局政委周庆同志坚持每半年研究一次党建工作，坚持做到把党建工作与业务工作一起研究、一起布置、一起检查、一起落实，要求政法各部门严格落实“三会一课”制度。县委政法委副书记普琼次仁做到在布置工作同时对党建工作提出要求，检查工作时均检查党建工作，经常深入到基层所、站了解干警思想和党建工作情况，参加政法各部门领导班子民主生活会，抓好政法部门领导班子思想和党的建设。2016年，县政法委进行3次党课教育，组织支部学习25次，提高领导干部理论水平和素质；截至年底，共有党员9名，预备党员1名。

（乔德林）

【领导名录】

书　记　周　　庆

副书记　普琼次仁（藏族）

　　　　周 元 录（土族）

　　　　程 玉 敬（1月任，6月免）

综治办主任

　　　　普　　琼（藏族）

护路办主任

　　　　喜　　确（藏族）

仁布县总工会

【概况】 2016年，仁布县总工会行政编制3人，现实有工作人员有4人，1名主席、1名副主席、1名科员、1名工勤人员。截至年底，仁布县工会委员会9个，工会联合会18个、非公有制企业12个，国有企业2个，9个乡镇已全部建立工会，实现全覆盖。全县工会会员总数2393人，其中行政和事业单位会员891人，县直国有企业会员20人，非公有制企业会员287人，农民工会员1195人。

县总工会注重加强对基层工会工作的指导，促进基层工会真正发挥应有作用，实现工会组织不断壮大。2016年通过近半年多时间的摸底排查和督促检查，9个乡镇工会组织实现了规范化建设目标，基本实现“双亮”和“八有”要求，特别是仁布、然巴等乡镇职工文化书屋建设等工作亮点突出，效益明显，受到广大职工的一致好评。

年内，没有出现一件工伤事件，实现了和谐稳定的劳动关系。

【困难职工帮扶】 年内，以加强工会自身建设为基础，注重发挥工会组织的优势，突出抓好工会各项工作的落实，实现工会工作“贴近大局、贴近职工”，为全县经济社会快速健康协调发展起到了积极的作用。

年内，县总工会协助党政解决群众生活问题。实施送温暖工程，维护困难职工群体，帮扶困难职工，保持职工队伍稳定。对全县的困难企业、困难职工，建立档案，完善工作制度，实行动态管理，及时给予帮扶。特别是2016年为23名困难职工，每人以1000元的标准发放慰问金，发放共计23000元。5名劳动模范每人900元，共计发放了4500元的慰问金。把党和政府的温暖、工会组织的关心送到职工心中，做到困难职工的“第一知情人、第一报告人、第一关心人、第一帮助人”，及时准确地掌握县总工会企业困难职工状况，对现有困难职工信息进行核对，对于不符合的进行清理，并及时上报更新信息。

【“金秋助学”工作】 “金秋助学”活动是县总工会工作的延伸，3月23日，工会副主席德庆到帕当乡，为萨达村宅奴户（65号）带去5000元助学资金。该户女儿普珍考入南京大学，属于日喀则市规定的“十所院校”，也是仁布县唯一考入“十所院校”的学生。此次资助金的发放，为这个普通家庭带去了春日的温暖。

【职工权益】 高度重视工资集体协商工作，在县粮食公司和供电公司两家国有企业中积极推行了工资集体协商制度，企业对工资集体协商已经有了初步的认识，但由于历史长期形成的体制机制原因，制度推行步伐缓慢，工会积极会同相关部门，全力做好此项制度推行制度。

仁布县非公企业众多，大部分以建筑施工业为主，其从业人员也大部分为农民工，企业规模小，企业主和从业人员法治意识淡薄，观念陈旧，在这些非公企业中开展工资集体协商确有很大的难度。针对这一问题，工会加大政策宣传力度，积极提高职工思想认识，为推行工资集体协商制度奠定群众基础，在此基础上协同人社、工商联等部门在非公企业中稳步推广工资集体协商制度，落实企业职工“五险一金”，确保职工合法人身权益。

【企业健康发展】 加强企业的民主管理，让职工享有知情权、监督权、议事权，县总工会要求各企业成立企业法人为组长、工会主席为副组长、有关部门负责人为成员的厂务公开领导小组，制订可行的厂务公开细则，并制作厂务公开栏，让广大职工随时了解企业的经营情况，能够主动为企业发展出谋划策，为企业持续发展提供群众基础和有力的支持。

【农民工入会】 扩大工会组织覆盖面，发挥工会基层组织作用，确保农民工维权有依靠、活动有场所，县总工会制订了吸收农民工入会计划，自2015—2018年，每年计划三个乡镇农民工入会，确保2018年将9个乡镇全部完成入会工作，形成强大的农牧区基层工会组织，使工会组织成为农牧区维护社会稳定的主力军和发展农村经济的先锋队。

【职工队伍建设】 年内，进一步发挥工会思想政治工作生命线作用。加强和改进职工思想政治工作，关键的就是“铸魂”，让职工坚信县总工会有创造辉煌业绩能力；其次大力倡导“爱国守法、明礼诚信、团结友善、勤俭自强、敬业奉献”基本道德规范，使职工信念不断升华；把职工的所思、所虑、所盼作为工会思想政治工作的出发点和切入点，解疑释惑，化解矛盾，激发上进心，摆脱陈旧观念的束缚，树立改革意识、发展意识、创新意识。县总工会把深入开展创先争优活动与履行工会职能结合起来，维护职工当家做主的权利，提高职工的政治素质和文化修养，以改革创新精神推动工会工作，全面履行并持之以恒的发挥工会“组织、参与、教育、维护”的职能。

（次　多）

【领导名录】

主　席　次　多（藏族）

副主席　王菊琴（女，6月免）

共青团仁布县委员会

【概况】 2016年，团县委行政编制2名，其中科级领导2名。仁布县基层团组织数量共计95个，其中农村团组织73个，机关团组织13个，学校团组织1个。团员干部94名，乡村一级团委书记和支部书记全覆盖。2016年共计发展团员人数为252名，现团员总量为1668名，其中农村团员1429名，在校生团员人数176名、县直机关其他组织63名。少先队辅导员9名。大学生西部计划志愿者总共11名，其中扶贫志愿者3名。已留藏大学生志愿者3名，团员推优入党人数为12名。

【团员教育】 年内，开展“学理论、讲党性、知团情”团员意识教育活动，采取重温入团誓词，回顾团的发展历程，学习团史，学习党的方针政策，通过讲党课、讲团课等形式，对广大团员和青少年进行团员意识教育，引导广大团员青年争先锋、做模范。

【青少年维权】 年内，仁布县农村留守儿童204人（6岁~18岁）、社区闲散青年7人、流浪乞讨青少年1人、服刑人员未成年子女2人。为此进一步深化仁布县重点青少年群体服务管理工作。参加留守儿童工作联席会议，开展重点青少年服务管理和预防青少年违法犯罪工作，围绕青少年成长成才、权益维护、素质提升等方面的需求，进行法治宣传，发放宣传资料120余份，让青少年知法、懂法、守法，有效提高青少年的法律法规意识和自我保护意识，推进青少年维权工作。“六一”期间慰问驻村点留守儿童，购买并发放学习用具共计1500元。

【基层组织建设】 2016年，从县级基层团组织经费中支出7020元，统一制作乡（镇）团委标牌，乡（镇）青年之家标牌、乡（镇）青年创业就业基地标牌，促进他们工作的积极性和主动性；学习培训是团干部增长才干开阔视野的最为有效的一种途径，团委积极同县党委、组织部门沟通，2016年选派5名县（乡）、学校团干部参加区内外各类团干部培训。

【团建经费】 制订《仁布县基层团建经费使用管理办法》（试行），明确经费的使用情况，严格经费审批程序，加大监督力度。深入基层检查及指导乡镇基层团建工作开展。

【技能培训】 2016年12月20开展普松乡贫困青年技能培训，参加培训人员20名。

【“双创”工作】 探索实施一乡一品的创业就业点创建模式，现有6家基地；充分利用创业就业基地作用开展一些贫困青年就业创业培训，积极参加青年就业创业大赛及青年创业就业成果展，2016年组织广大青年致富带头人、参加区、市青年创业大赛，通过大赛进一步激发青年创业热情，培养一批青年创业人才，积极引导和帮助广大群众积极创业。组织5名青年农村合作社负责人参加了首届西藏青年创业大赛及4月份的首届日喀则青年创业大赛。在日喀则创业大赛中，康雄乡亚德细褐羊毛织品合作社负责人获得第五名。组织农村合作社参加自治区和日喀则市级各类展会2次。

【主题活动】 年内，开展“活力共青团、激情展仁布”为主题的系列活动，“仁布青年杯”篮球、足球比赛；“坚定理想信念，勇于创新创造，矢志艰苦奋斗，练就过硬本领，锤炼高尚品格”主题签名活动；“措拉嘎布”青年歌咏比赛；“青年大力士”拔河比赛；各团支部举行“五四”主题团日活动。

【志愿者服务】 年内，开展县（乡）青年志愿行动，成立县、乡、村青年党团志愿服务队。深入基层一线，到贫困人家中开展走访慰问。组织大学生西部计划志愿者在县城福利院打扫卫生，帮扶老人活动。组织西部计划志愿者参加就学资助活动，13名志愿者帮助一名家庭困难的优秀大学生。开展仁布县青年联谊会，服务青年干部，引领正确的恋爱观，为干部排忧解难，增进干部职工之间的友谊。开展学雷锋活动日，深入到学校举办初三学生中考减压素质拓展活动。

【预防未成年人犯罪】 在县中学开展安全自护教育2次，发放宣传册200份，观看警示教育片1次；帮助学生掌握更多的安全常识，学习自护本领，提高安全防范意识和自护自救能力。

【结对帮扶】 组织青年志愿者和“五老”（老干部、老战士、老专家、老教师、老模范）志愿者做好重点青少年的群体摸排、调查和登记工作，做好贫困生、失依生、残疾生、失足生、特长生、流动生、留守生、学困生等八生的结对帮扶工作，帮扶帮教工作转化边缘青少年。

【关爱农牧民工子女】 年内，为普松乡中心小学开展关爱农村留守儿童慰问活动发放1000元物资；向强钦村农村贫困患病儿童资助1000元医疗救助金及全村儿童发放价值约2万元的崭新衣物；让他们感受到共青团的关爱，在思想上向团组织靠拢。

【知识竞赛】 12月14日—至15日，共青团仁布县委员会组织全县党员干部举办党的十八届六中全会，自治区第九次党代会等系列精神知识竞赛，通过竞赛丰富了学习宣传形式，加深了党员对党的理论知识的了解。

（白玛德吉）

【领导名录】

书　记　那加平措（男，藏族）

副书记　白玛德吉（女，藏族）

仁布县妇女联合会

【概况】 2016年，仁布县共有8乡1镇，73个妇代会，30个机关妇女小组，县妇联机关核定行政编制2名，实有人数3名，其中主席1名、副主席1名（驻村）、科员1名。2016年，全县共有35397人，其中女性17312人、约占总人口数的48.9%。截至年底，全县副科以上干部中共有女性干部119名，其中正县级1名、副县级4名、正科34名、副科80名。全县共有73个行政村，村民妇代会主任进“两委”比例达100%。

【党建带妇建工作】 年内，抓好中心组学习，重点学习区、市、县委关于党的群众路线教育实践活动文件精神及习近平总书记系列重要讲话精神，学习《中国共产党党员领导干部廉洁从政若干准则》等，有力地提高干部的政治素质和理论水平。通过观看《警示教育片》，撰写心得体会等形式，加强党员干部党性党纪党风教育，保持党的先进性，增强廉洁自律意识。明确要求各级妇联要加大“党建带妇建”力度，切实将妇联基层组织建设纳入党的基层组织建设整体规划。按照“党建带妇建”的总体要求，以提高基层妇联组织服务能力为核心，不断巩固和扩大党执政的妇女群众基础。积极引导和培养优秀妇女群众加入中国共产党。截至年底，提高妇女党员的数量及质量，同时有效增强广大妇女参政议政的意识。

【反腐倡廉】 年内，按照区、市妇联的安排部署，在县纪委的具体指导下，充分发挥妇联的桥梁和纽带作用，为进一步发挥家庭在廉政文化建设中的独特作用，提高家庭成员的拒腐防变意识和能力。运用自身组织和工作优势，把牢家庭这个重要关口，切实把家庭建设成为反腐倡廉的一道牢固防线，结合实际开展“五好文明家庭”“平安家庭”等创建活动，把家庭助廉教育融入妇联工作中，促进了仁布县人人参与防腐倡廉工作。妇联严格落实“三公经费”管理，全年未出现违规违纪现象。

【宣传活动】 年内，在“三八”妇女维权周、法治宣传日、民族团结月等综合治理活动期间，根据上级要求并结合妇联实际，在县城内开展宣传活动。活动中通过设置咨询台、悬挂横幅、发放宣传资料等方式，向广大群众大力宣传《中华人民共和国妇女权益保障法》《中华人民共和国婚姻法》《中华人民共和国妇女儿童权益法》等相关法律法规以、预防艾滋病、禁毒、“两癌”，发放西藏自治区妇女权益保障相关政策手册、春蕾计划·护蕾行动宣传手册、反家暴挂历、妇女两“癌防”治手册等宣传材料，同时向广大妇女群众宣传了毒品的种类、危害以及抵制毒品的重要性。活动现场还提供流动咨询等服务，教育引导广大妇女提高认识。2016年，仁布县妇联积极参与社会治安综合治理工作，做到“三无”“三不出”；继续开展“最美家庭”、平安家庭创建活动。组织妇女收看寻找“最美家庭”活动启动仪式并开展寻找“最美家庭”评选活动，积极推荐参加自治区“最美家庭”的评选活动。

【“三八”妇女节】 年内， 围绕中心、创新载体，促进和谐家庭，以“三八”国际劳动妇女节为契机，组织全县各界妇女代表召开年度表彰大会，表彰“三八”红旗手、“五好文明家庭”、基层优秀妇女工作者、巾帼建功岗。同时全县开展寻找“最美家庭”活动中共涌现出6户孝老爱亲、家庭和睦、爱心互助的“平安家庭”，并向市妇联推荐上报3户。3月，县妇联还看望慰问县敬老院工勤人员，并到8乡1镇看望慰问贫困母亲、贫困党员和解聘妇女干部，发放7200元慰问金及母亲邮包等。积极联系协调县妇幼保健科，加大对全县农村妇女“两癌”的筛查工作，对筛查出来的患癌妇女基本情况、贫困程度及时上报市妇联，对2015年筛查出的3名患“两癌”的特困妇女积极争取“贫困母亲两癌救助中央专项彩票公益金”，已兑现3万元的救助基金，2016年9月份通过黑龙江省第六批援藏工作队，争取了黑龙江省哈尔滨二医院包病虫现场流调队专家组对仁布县妇女姐妹们争取了免费体检的机会，开展妇科疾病和“两癌”筛查。

【创建和谐寺庙】 2015年11月，对仁布县切洼乡维色曲林寺庙进行“妇女之家”挂牌仪式，建立首个寺庙妇女之家。2016年8月，县妇联协调县卫生局到切洼乡维色曲林寺开展“健康教育进寺庙”为主题的健康教育宣传活动，为维色曲林寺的僧尼进行了疾病预防知识宣传讲解，并且为尼姑姐妹们发放了水盆、毛巾、香皂等日常生活物资，使她们能够保持良好的生活习惯及时做好自查和疾病检查工作，保持身体健康。

【精准扶贫】 强化农村妇女创业小额担保工作，针对在贷款流程中贷款农户办理担保手续需要的资料多、程序复杂等问题，深入到基层现场办公，确保群众尽早享受政策实惠。与此同时借助贴息贷款政策的东风，吸引更多的贫困户积极投入到产业发展当中，增强了贫困户发展产业的动力，充分发掘了发展潜力，为贫困户实现全面小康奠定了基础。截至6月底已申报贷款16万元，受益农户20户（两个合作社）。

【巾帼志愿者队伍】 年内，为积极培育和实践社会主义核心价值观，大力弘扬“奉献、友爱、互助、进步”的巾帼志愿者精神，妇联在广大妇女干部中招募巾帼志愿者，自愿加入巾帼志愿者共有30名妇女干部及家属，同时各乡镇也成立了巾帼志愿者队伍。

（白玛卓嘎）

【领导名录】

主　席　琼　吉（女，藏族）

副主席　萨理玛（女，回族，5月任）

仁布县工商联合会

【概况】 2016年，仁布县现有非公企业56家，非公企业党员44人。6个党支部，单独建立支部的非公企业6家，组建支部的非公企业6家，仁布县共有52各县级工商联会员，其中非公经济企业会员46名，现职部门会员6名。主席2名、副主席5名、常委10名、执委5名。

【非公企业】 年内，以中央、自治区、日喀则市扶贫规划为实施依据、以同步小康为主要目标，以企业为帮扶主题，以贫困村为帮扶对象，以签约结对，村企共建、互利合作为主要形式，2016年，动员仁布县4家企业及市级4家公司一共8家企业，利用六天时间，县工商联带领仁布县3家企业负责人到普松乡协阿村然巴乡卓达村、普松乡果错村进行慰问46户贫困户，为每户送去大米、面粉、砖茶和慰问每户现金2000元，同时建筑队负责人分别同意村委会提出的要求，该村剩下劳动力参加到各建筑队提高村民收入，2017年开春后根据村委会实际需求拟修建水磨房一座，榨油房一座，以及维修扩建600米水渠及砂石路面维修等解决该村实际困难。

（尼玛普尺）

【领导名录】

主　席　扎西平措（藏族，6月免）

　　　　赤列旺堆（藏族，6月任）

副主席　尼玛普尺（女，藏族）

中共仁布县委党校

【概况】 截至年底，县委党校共有干部职工3人，其中行政管理人员1人，事业编制2人（其中讲师1人、助理讲师1人）。2016年，中共仁布县委党校（以下简称县委党校）围绕“两学一做”学习教育活动，深入学习贯彻习近平总书记系列重要讲话和党的十八届四中、五中、六中全会精神和第六次西藏工作座谈会精神。根据中央、自治区、日喀则市党委《关于新形势下加强和改进党校工作实施意见》的要求，坚持党校姓党、从严治党。同时紧紧依靠县委、县政府中心工作和决策部署；依靠党校干部职工，凝心聚力、积极作为，县委党校干部教育培训、抓党建促脱贫专题培训、基层党校建设发展等各项工作有效开展，发挥党校熔炉阵地和智库作用，为仁布县长远发展提供理论保障和智力支持。

【教学工作】 2016年3月，成功举办县直机关汉族干部双语培训。按照上级培训方案，以开办夜校形式，对县直机关58名汉族干部开办藏汉双语学习班，有党校专职教师负责教学，累计课时68节。培训中对全体学员统一配备双语学习手册，使全县汉族干部的双语水平得到一定提高，藏语沟通能力得到明显提升；结合村班子文化提升工程相关要求，2016年4月，县委党校对全县73个行政村共计365名村干部进行文化素质提升统一测试，并统一阅卷。按照学员成绩分班优劣，制订村干培训计划。2016年5月至10月期间，仁布县党校分批组织全县村干部文化素质提升培训共5期，每期培训为5天，参训人员累计330人次。培训内容以藏语、汉语、数学为主，另设基层党建相关内容。每期培训进行了结业考试；2016年10月，党校在县纪委、扶贫办、综治委等相关部门的通力协作下，以党风廉洁、精准扶贫、综合治理等作为培训内容，成功举办仁布县第二批村党支部第一书记岗前任职集中培训。培训历时3天，参训学员共计64人。为即将上任的村第一书记学习履职必备的相关知识提供了良好的平台；2016年11月，根据县委安排，党校联合县委宣传部，组成宣讲团深入全县8乡1镇及部分行政村，开展党的十八届六中全会和自治区第九次党代会精神宣讲活动。历时5天的宣讲，把党和自治区的声音第一时间传送到群众当中。

【学员管理】 年内，县委党校严格参照市委党校和组织部对党校学员管理的要求，并结合县委党校和学员自身的条件全面从学员入学报到、考勤、请假、课堂纪律、结业等方面严格制订党校教学中对学员的管理制度。

【队伍建设】 年内，为加强党员队伍的建设，推进党员教育培训工作科学化，规范化，培养造就一支信念坚定，素质优良，纪律严明，作用突出的党员队伍，根据本校师资现状，争取增加教师编制数量。党校结合“两学一做”教育活动的深入开展，全市着力推行“讲学习、讲忠诚、正风纪、转作风、提效能”主题活动，把党校自身建设和干部业务素质提升，作为年度一项主抓工作。加强内部制度建设，在原有基础上，结合学校工作实际，进一步完善《中共仁布县委党校内部管理制度》《中共仁布县委党校岗位职责》等相关制度；对教学整体工作、课题调研等方面作了全面梳理和完善，加强了师资队伍建设。

【开展维稳、综治宣传活动】 年内，在“三八”妇女维权周、“3·28”西藏百万农奴解放纪念日“9·16”平安西藏日、“12·4”法治宣传日、民族团结月等综合治理活动期间，根据上级要求并结合党校实际，在县城内开展宣传活动。活动设置咨询台、悬挂横幅、发放宣传资料等方式，向广大群众发放宣传新旧西藏对比手册、惠农政策手册。为老百姓讲解新西藏的幸福生活，和旧西藏农奴黑暗压迫和受欺辱的生活，并教育和引导百姓懂得珍惜现在来之不易的幸福生活，同时大力宣传党章党规、党的各级会议精神。活动共发放宣传手册300余份。

（次　央）

【领导名录】

校　长　次　潘（女，藏族）

仁布县人民政府办公室

【概况】 县政府办公室（人民防空办公室、政府法制办公室、信访局）核定行政编制3名，原核定在机关使用的2名事业编制暂时保留，逐步消化、置换。其中：科级领导职数4名。2016年，仁布县人民政府办公室紧紧围绕县委、县政府的中心工作，主动适应新形势新任务，秉持“谋长远之策，行固本之举”的原则，充分发挥参谋助手、督促检查、组织协调、后勤保障等职能，进一步解放思想，开拓创新，齐心协力，扎实推进各项工作，较好地完成“为领导服务、为基层服务、为群众服务”的各项任务，促进仁布县政府工作的高效运转，为推动全县经济社会的全面发展做出了应有的贡献。

【办文办会】 年内，牢固树立公文精品意识，坚持以“压缩数量，提升质量”的原则，准确理解和掌握领导意图和领导决策的广度，做到想领导之所想、谋领导之所谋、办领导之所需。严把政策关、程序关、文字关，严格审签程序，认真执行审批制度，使公文办理更趋于规范化。年内，以政府名义发文474件，以办公室名义发文187件，会议纪要54期，处理机要文件633件，处理各级电子公文525件。严格实行会议审签制度，大力精简各类会议，认真做好会务的统筹协调，提升会议的质量和效率，全年共承办各类会议182次。

【参谋助手】 年内，坚持以为政府决策“参”在点子上、“谋”在关键处为追求目标，认真研究改革和发展中出现的新情况、新问题，增强工作的主动性、超前性和实效性，早谋划、早部署，积极主动开展调查研究，探索加快全县经济社会发展的有效途径和方法，辅助领导决策的能力和水平明显提升。抓重点，加大信息工作力度，采取“集零为整、变缺为全、化浅为深”的方法，认真分析不同时间段的热点、难点、重点问题，为领导科学决策提供参考，全年整理上报政务信息393期。

【督导检查】 年内，建立健全督查工作机制，加大督办检查落实力度，创新方式方法，促进各项决策和目标任务推进落实。对县委、县政府的重大决策和确定的重点工作进行重点督查，抓好跟踪调度，使领导在第一时间准确、直观、形象地掌握进展情况。对县长办公会、专题会议确定的事项，及时分解落实到相关领导和职能部门，及时督办汇总，限期落到实处。对领导批示文件，积极做好分办、转办、催办工作，下达督办通知，做好结果反馈，确保事事有回音、项项有交代、件件有着落。年内，共发放督办通知18份；坚持把人大代表建议、政协委员提案办理工作作为政府发扬民主、体察民情、联系群众、服务群众的大事、实事来抓，狠抓交办、督办两个环节，严格落实限时办结制，三级责任制、督查督办制等制度，积极协调、督促、审核承办单位的办理工作，全年承办人大代表建议、政协委员提案共249件。

【信访工作】 年内，按照“属地管理，分级负责，谁主管、谁负责”的原则，对各类信访事件，按照“一个问题、一名领导、一套班子、一个方案、一抓到底”的“五个一”工作机制，对每个问题进行分类，落实包案领导和责任单位，明确办结期限和相关工作要求，确保每个矛盾隐患做到案结事了、息诉罢诉或稳控到位。对三项重点工作每月开展矛盾纠纷隐患排查，截至年底，共排查出矛盾纠纷隐患7件，已全部化解。对全县30个联席会议成员单位逐一开展了西藏自治区网上信访系统培训，详细讲解了网上信访工作流程、办理时限、来信来访登记、办结答复等事项。实现了仁布县网上信访乡（镇）全覆盖。开展信访法治宣传6次，发放了信访条例相关的知识手册（藏汉双语版）800余册。

【后勤保障】 年内，政府办公室把搞好后勤管理和服务工作作为本部门的中心工作，全力保障机关事务和各部门工作正常运转。严格按照《仁布县公务用车管理使用办法》合理调度，进一步加强驾驶员的责任心和服务意识，做到了无论是在休息日或节假日，只要工作需要，均能随叫随到、无条件出车，保证了各项工作的顺利开展和临时性任务的圆满完成。全年共出车3200余次。精心组织，政务接待工作水平显著提高，按照“从简、从细、从严”的六字方针，圆满完成各项接待任务，全年共接待1600余人次，干部职工就餐1.6万人次。高标准做好保洁服务工作，领导保洁人员努力、细致、圆满地完成了党政办公楼的环境卫生打扫及送水工作，创造了舒适、优美、整洁、文明的办公环境。

（刘忠顺）

【领导名录】

主 任 索 次（藏族，1月任）

副主任 晋美旺堆（藏族）
嘎　多（女，藏族，信访局局长）

仁布县人民代表大会常务委员会办公室

【概况】 仁布县人大常委会办公室成立于1983年。办公室核定编制数为3人，实际人数4名，其中办公室主任1名，副主任科员1名，科员2名。平均年龄为37岁，学历本科以上2名、大专2名。2016年，仁布县人大常委会办公室牢固树立政治意识和大局意识、核心意识、看齐意识，自觉把办公室工作放到全县经济社会发展全局和县委重大决策部署去思考、去谋划，紧扣常委会年初确定的工作目标，充分发挥参谋助手作用。

【文秘工作】 年内，常委会办公室高度重视文字服务工作，认真把好文字服务的起草、审核关，努力提高文字的思想性、理论性、政策性和可操纵性，通过文字服务，发挥人大办公室的参谋助手作用。认真起草好常委会年度工作计划；力求使常委会的工作紧扣全县发展大局和全县中心工作，并按月份制订工作计划推进表，推动了常委会办公室有条不紊地实施，为常委会充分行使监督、决定、任免等各项职权提供服务。认真起草好常委会工作报告；全面客观正确反映常委会过去一年所做的工作及提出今后一年工作思路，为常委会总结工作经验和谋划2017年工作提供有益参考。认真做好常委会举行的各项重要会议、重大活动的文稿起草。在起草进程中，重视早谋划、早安排、早落实，加强学习，深入研究，努力提升文稿起草质量，使文稿更加紧密结合市委和县委重大决策部署，更加符合常委会工作实际，充分发挥了“以文辅政”的重要作用。

【会议服务】 为人民代表大会、人大常委会会议和常委会主任会议服务（简称“三会”）是常委会办公室工作的重要职责。年内，常委会办公室共为第十二届人民代表大会十次全体会议和第十三届人民代表大会一次全体会议，8次常委会会议、8次常委会主任会议提供服务保障，依法作出决议23项，依法任免国家机关工作人员65人次。在工作中，明确分工、多方协调、主动与各有关单位沟通联系，及时完成各类文件和材料准备，提早做好会场布置，积极改进会务工作，重视抓早、抓实、抓快，对会议的每个环节进行仔细分析、认真安排，依照规定时间逐项抓好落实，认真做好会前预备、会中服务、会后总结等各项工作，进一步完善办会质量，确保各次会议顺利进行。同时扎实做好出席日喀则市人民代表大会仁布县代表团的服务工作。

【督办工作】 年内，常委会办公室加强与代表的联系，在常委会分管领导的带领下，深入代表建议重点承办单位，通过走访、座谈、实地查看、重点督办、邀请代表深入承办单位督办、电话催办等多种形式，加大对代表建议督办力度，着力增强代表建议的落实率。年内，组织召开代表意见建议交办会议、议案办理情况说明与代表见面会议等各类专题会议10余次，代表所提的288件建议、批评和意见已全部在规定的时限内办理答复代表，代表们对办理结果比较满意。

【内部管理】 年内，常委会办公室认真组织工作人员进行业务学习，狠抓公文处理，不断加强办文质量。坚持公文处理的规范化，明确公文制发各个环节的责任，保证公文印制的质量和运转效力，并积极采用电子邮件进行收发文件，有效提高办文效率。对所有来文来电都能及时正确地签收办理，未发生耽搁送阅、影响工作的现象。同时，坚持建立“优质服务、综合保障”理念，强化公务车辆、财务、公务接待等管理，着力提升管理水平，增强服务能力，办公室的后勤保障功能不断增强，为常委会提供优质高效的后勤保障。

【理论学习】 年内，不断提升理论水平和工作能力。加强理论学习。认真学习中共十八大和十八届三中、四中、五中、六中全会、第六次西藏工作座谈会和习近平总书记一系列重要讲话精神，学习自治区党委、市委和县委出台的相关文件精神实施办法，把思想和行动统一到中央、区党委、市委、县委的决策部署上来，切实转变工作作风，不断提高政治理论水平和工作本领。加强人大业务知识的学习。认真组织办公室干部职工学习《中华人民共和国宪法》《中华人民共和国地方各级人民代表大会和地方各级人民政府组织法》《中华人民共和国监视法》等法律法规，学习自治区党委精神，着力进步办公室干部职工把握展开人大工作的方式方法，提升履职能力和工作水平。

【“人大代表之家”】 年内，为不断巩固和拓展“人大代表之家”功能作用，积极为人大代表履职、学习培训、联系群众等搭建平台，办公室制订“人大代表之家”“人大代表小组”学习计划方案，充实“一册八薄”内容，开展专题学习培训5次，有效地促使了“人大代表之家”的作用发挥。

【后勤保障】 年内，积极组织人员参加区市人大常委会各类会议，做好会议后勤保障工作。全面协助区市人大对全县的调研、执法监督工作，年内，自治区开展专题调研1次、执法检查1次，市人大常委会开展专题调研1次，执法检查2次，县人大常委会办公室形成相关汇报材料6份。在全力配合区市两级人大工作过程中，县人大常委会办公室不断吸取上级部门的先进经验，增强自身工作能力。

（旦 增）

【领导名录】

主 任 邹绍牛

副主任 琼达卓玛（女，藏族）

次仁德吉（女，藏族）

卓玛央宗（女，藏族）

中国人民政治协商会议仁布县委员会办公室

【概况】 政协办公室共有4人，其中科级干部职数为3名，科级以下干部1人。年内，认真贯彻落实中共十八届三中、四中、五中、六中全会和习近平总书记系列重要讲话精神，按照县委的部署要求，围绕“维护稳定、灾后重建、精准脱贫、产业发展”的四大任务和“教育强县、农牧稳县、产业立县、旅游兴县”四大战略，切实履行政治协商、民主监督、参政议政职能，服务大局，助力发展，为全县经济建设和各项社会事业发展做出了积极贡献。

【政协换届】 2016年是全区上下换届比较重要的一年，同时也是仁布县政协成立以来迎来的第一个换届之年，意义重大，各级党委高度重视，合理安排、精心指导、统筹部署。为此市换届指导小组多次对仁布县政协换届各项工作进行详细指导，并提出意见建议，致使此次政协换届工作圆满完成。按照上级换届要求，2016年政协委员人数是同级人大人数的90%，在一届委员基础上，按比例计算，新增加了35名委员，现有委员87名，并在各乡镇副职当中安排一名委员，作为以后政协联络员，确保今后政协工作开展有序。

【中心工作】 2016年，政协办公室坚持推动县委、县政府重大决策部署的贯彻落实作为履行职能的第一要务，自觉遵循协商于决策之前和决策实施之中这一基本原则，县政协始终坚持为民办实事、解难事，作为政协工作的出发点和落脚点。2016年，委员关注民生了解广大人民群众的所思、所盼、所需，倾听群众呼声，换届以来，共提出体现民生问题的提案73件，通过严格执行“三审”制，立案70件，因不符合提案要求的提案3件，并及时召开提案交办会议，将70件提案分别交给有关部门办理，重点提案由主席班子督办，掌握第一手资料，及时沟通党委、政府贯彻落实，提高工作效率。截至年底，除部分单位，其他均已办复。其中，已解决的提案2件，占2%；列入计划逐步解决的51件，占72.8%。因条件限制暂时难以解决的17件，占24%。

【考察调研】 年内，仁布县政协协助区、市政协组织就民族团结、生态环保、社会稳定、项目建设等方面重点工作进行调研，完成《全县民族团结进步创建工作情况的调研报告》《仁布县关于环境监测和监管执法能力建设专题调研报告》《2016年维护社会稳定调研报告》《道路工程项目建设情况的调研报告》4篇调研报告。

【政协委员队伍建设】 年内，为提高整体政协委员履职能力，按照政协二届一次常委会研究决定，仁布县政协在11月9日召开政协委员培训会议，为期两天。培训中，从政协组织的创立发展、性质地位、职能作用和提案书写到《政协仁布县委员管理暂行办法》《政协仁布县委员会提案工作条例》等业务知识，极大增强了政协委员积极履行职责、发挥作用的荣誉感、责任感和使命感，为开创本届政协工作新局面奠定了良好的思想理论基础。

【组织开展“两项”活动】 年内，按照市政协“提高委员履职能力”“加强基层政协组织建设”两项活动要求，为深入贯彻落实好，制订实施方案，成立领导小组，切实将此活动顺利开展。同时以此活动为契机，深入群众当中，通过了解、调研、倾听等方式，促进干群之间的关系，反映群众的心声，为加强政协建设提高有效的意见建议。

【文史资料整理】 2016年，根据市政协重点工作安排，政协第一时间做出安排，制订实施方案，成立领导小组，按照实施方案的部署要求，组织人员到8乡1镇进行采风工作。通过了解、走访、座谈等方式，历时7个多月，政协征集各类史料2万余字，编辑《后藏传统娱乐游戏》《后藏服饰》两本书，发挥了政协文史资料“存史资政、团结育人、鉴往知来”的积极作用。积极做好矛盾调处工作，引导广大委员深入界别群众，主动做好化解矛盾、理顺情绪的工作，为促进社会和谐增加了正能量。

【机制建设】 年内，为加强政协委员队伍建设和管理，完善政协机制建设，制订《政协仁布县委员管理暂行办法》《政协提案工作条例》两项制度，并严格按照此规定管理政协委员增强委员的积极性和主动性，提高委员履职能力，积极主动为政协事业更上一个台阶。

【民主生活会】 年内，按照《日喀则市纪委、中共日喀则市委组织部关于开好2016年度县以上党和国家机关党员领导干部民主生活会的通知》要求，为开好2016年度民主生活会开展学习研讨，县政协广泛征求意见、谈心谈话和查摆问题等情况，认真查找班子成员在工作、生活中存在的不足和问题，针对查找到的问题和不足，认真分析原因，找准差距。结合政协工作实际，发放征求意见表共48份，对班子征求到各类意见建议3条，归纳梳理3条，对照上级要求和干部群众意见建议，认真分析检查。

【自身建设】 2016年，按照县委总体部署，开展“两学一做”学习教育和“讲学习、讲忠诚、正风纪、转作风、提效能”主题活动，深入贯彻落实全面从严治党要求。县政协机关采取集中学、专题学、讨论学等多种形式，累计组织各种学习10多场次，讲专题党课4次，党员干部撰写心得体会和研讨材料8篇，围绕“两学一做”开展研讨交流4次。

（达 瓦）

【领导名录】

主 任 拉 确（藏族）

副主任 次旺仁增（藏族）

仁布县创先争优强基础惠民生活动领导小组办公室

【概况】 2016年，自创先争优强基础惠民生活动第五批驻村工作启动以来，仁布县73个驻村工作队、292名驻村队员严格按照《关于继续巩固创先争优强基础惠民生活动成果健全干部驻村工作长效机制的指导意见》要求，紧紧围绕“5+3”重点任务，履职尽责、坚守一线，谋划科学发展新思路，破解改革发展稳定新矛盾，坚决打赢脱贫攻坚战，圆满地完成了各项目标任务，为推进仁布县经济社会发展和长治久安提供强大的力量。

【维护社会稳定】 年内，县强基办及各级驻村工作队认真贯彻落实区、市、县关于维护稳定的一系列重大决策部署，严格落实各项维稳措施。充分发挥驻地“双联户”、护村队、护桥队、护路队、民兵等基层队伍的作用，构建村民联防、群防群治的工作机制。协助各部门排查各类安全隐患，在敏感时段实行24小时值班制度和巡逻制度；完善外来人员管控制度，认真做好群众工作和跟踪管理工作，全面掌握群众的思想动态，做好辖区内的维稳安保工作，坚持把维护驻地村和谐稳定作为第一责任和硬任务，最大限度地将矛盾化解在基层、消除在萌芽状态。不断夯实基层维稳根基，确保社会持续和谐稳定。2016年，共召开维稳宣讲大会868场次，参会群众62965人次，群众受教育面达到100%；帮助建立健全农牧区维稳工作机制396条；走访群众12389户。

【促进增收致富】 年内，各级驻村工作队帮助驻点村理清发展思路，找准发展路子，制订、完善和实施经济社会发展规划。广泛征求各方面意见建议，从明确目标、理清思路、谋划项目入手，抓住制约驻点村发展瓶颈因素和关键问题，为广大农牧民群众找准致富门路，拓宽致富渠道，实现由“输血”向“造血”功能的转变，在全面建成小康社会进程中发挥重要作用。2016年，帮助村组织群众劳务输出1006人，增加现金收入16.1万元；制订、完善、实施经济社会发展规划65项；找准发展路子135条；帮助驻点村理清发展思路301条；为民办实事经费中落实并完成项目144个，投入资金664万余元；各派驻单位落实项目12个，投入资金175.7万元。

【开展结对认亲】 年内，全县各驻村干部严格根据《仁布县市开展精准扶贫结对帮扶“4321”工作方案》，按照精准扶贫“一个都不能少、一个都不能掉队”的要求，开展结对帮扶工作，完成仁布县2332户10277人结对帮扶任务，其中15户15人是集中供养。县强基办按照市强基办《关于对干部结对帮扶情况进行排查的通知》要求，对全县干部开展结对帮扶情况进行排查，并下发《仁布县关于进一步做好精准扶贫干部结对帮扶工作的补充通知》，确保扎实推进仁布县精准扶贫结对帮扶各项工作。

【“万名村（居）干部文化素质提升工程”】 年内，各驻村工作队以“万名村（居）干部文化素质提升工程”和“两学一做”学习教育为依托，深入开展“算富帐、感党恩、思稳定、求发展”主题教育，设立新旧西藏对比展览室、宣传栏，利用“三大节日”“3・28”西藏百万农奴解放纪念日、中秋、国庆节，组织农牧民群众开展座谈会、茶话会，请经历过旧西藏的老一辈讲述西藏的发展和变化，让群众感知新西藏、新发展、新变化、新生活的来之不易，增加对党的拥护和感激之情。使各族群众进一步明白“惠在何处、惠从何来”“谁在造福西藏、谁在祸害西藏”，引导各族群众紧密团结在以习近平总书记的党中央周围，坚定不移地爱党、爱国、爱社会主义，更加自觉地感党恩、听党话、跟党走。2016年，组织群众集中宣讲、入户宣讲党的路线、方针、政策和党的十八届四中、五中全会、中央第六次西藏工作座谈会、习总书记系列重要讲话精神及宣传区、市、县一系列重大会议精神612场次，参会人数达43067人次；举办感党恩教育专题讲座236场次；开辟专题宣传栏267期；政策宣传502场次，悬挂横幅583条，张贴标语1032张，发放宣传资料16367份；组织群众开展“中国梦”社会主义价值观、新旧西藏对比活动1065场次。

【惠民政策】 年内，各驻村工作队充分发挥自身优势，用好党员宣传队、百姓宣讲团等平台，以通俗易懂、喜闻乐见的方式，通过拉家常、座谈会、交流谈心等形式面对面向群众讲解党的惠民政策，让群众听得懂、记得住。对党的惠民政策内容清清楚楚、明明白白。截至年底，为农牧民群众发放《明白卡》6932本；制订资金使用计划73份；组织群众宣传中央和自治区强农惠农政策844场次，参与群众39750人次；发放藏汉“双语”优惠政策资料3432份，开辟宣传栏36期；开展“两降一升”工作，宣传孕妇住院分娩补助奖励政策和孕妇产期保健等知识202场次，参与群众20624人次；帮助613名孕产妇到医院分娩；农村低保户、“五保户”供养补助调标资金5.2万元；发放各项惠民补偿（补贴）资金90余万元。

【精准扶贫】 年内，各级驻村工作队认真开展走访摸底工作，进村入户逐一核实贫困村、贫困户和贫困人口底子，做到底数清、问题清、对策清、任务清；加强与相关单位部门的沟通协调，深入了解掌握贫困户基本情况，因地制宜、有针对性地提出精准扶贫、精准脱贫的具体措施和办法，帮助贫困户早日脱贫致富，高标准、高质量完成扶贫攻坚任务。2016年，向村群众宣传扶贫开发政策553场次，参与群众25367人次，发放宣传资料7166份，开辟宣传栏45期；建档立卡登记贫困户2332户、10277人；党员干部与贫困户“结对子”682户、2728人。

【灾后重建】 年内，各级驻村工作队坚持把恢复重建工作与社会保障、劳动就业、扶贫脱贫等任务有机相结合，以解决受灾群众的衣、食、住、行、医、娱、学等问题为重点，帮助驻点村制订好灾后恢复重建计划，利用自身优势，争取有关部门和派出单位帮扶支持，使灾后恢复重建工作取得显著成效。2016年，为灾区捐款684074元，捐赠物资价值92400元。

【自身建设】 年内，严格按照规定条件，坚持藏汉干部合理搭配，选派优秀干部、年轻干部参加驻村工作，形成一支强有力的驻村干部队伍。研究制订《驻村干部考勤与请销假制度》《办实事经费使用审批制》等，对驻村干部树规矩、严管理。结合仁布县类区实际，第一书记以外的驻村干部实行海拔4500米以上半年轮换一次，海拔4500米以下一年轮换一次，在此期间严格实行脱产驻点，保证重要敏感时段4人在岗、其他时段1人轮休3人在岗。2016年，共开展巡回检查14次，抽查10次。

【宣传报道】 年内，全县各驻村工作队紧紧围绕“5+3”驻村工作任务，以“万名村（居）干部素质能力提升工作”和“两学一做”为重要载体，开展驻村工作的同时，高度重视信息简报的编写和报送工作，如实反映各驻村工作队当前的各项工作进展情况，营造人人参与、人人热心支持活动的浓厚氛围，有力推动全县“创先争优强基础惠民生”活动不断引向深入。2016年，县强基办共收到各类信息简报2628条，县强基办采用180条，县各类媒体采用80余条。

【党建工作】 年内，各级驻村工作队坚持把建强基层组织作为治本之策、固本之举，始终把建设一个“好谋善断，团结一致的领导班子”作为出发点，采取更加务实管用的措施，帮助整顿软弱涣散基层党组织；充分展现自身优势，利用开办夜校班、补习班、远程教育、结对帮教等多种形式大力提升村干部的政策理论水平、民主法治意识、宗旨意识，大力提升村“两委”文化层次和整体素质。截至年底，帮助培养入党积极分子93名，发展新党员87名；投入经费33万元，举办党员培训班148期，培训党员6059人次；开设“村干部文化素质提升”补习班、夜校280场次，授课5017学时；帮助村级组织充实完善村规民约591条，充实完善党务、村务公开制度509条；充实完善村级党风廉政建设规章制度481条；帮助基层落实好党内激励帮扶资金13.9万元；帮助解决村级组织工作经费20.2万元；开展“双语”培训164场次，参加人数3254人次，共发放《藏汉日常用语读本》《藏汉“双语”基础单词》《藏汉双语基本知识读本》等学习资料1200余份。

（索朗曲珍）

【领导名录】

主　任　琼次仁（藏族）

副主任　阿旺群觉（藏族）

武　装

仁布县人民武装部

【概况】 2016年，仁布县人民武装部在上级党委的正确领导下，在机关各部门的具体帮带下，紧紧围绕习近平总书记“听党指挥、能打胜仗、作风优良”的强军目标，扎实开展改革强军主题教育和“两学一做”专题教育整治活动，大力加强思想政治建设，狠抓安全稳定工作，努力提升民兵分队处置突发事件的能力水平，人武部全面建设科学发展，正规化建设工作持续稳步推进。

【军事工作】 年内，坚决贯彻习近平“能打仗、打胜仗”总要求，严格落实依法治军、从严治军，严密组织按纲施训，按纲抓建，不断完善联合指挥体系机制，紧紧扭住民兵队伍建设这个重点，全面加强军事能力建设，深化推进军事训练转变，狠抓民兵训练“四落实”。1—3月，组织民兵分队开展了队列、警棍盾牌术、抗震救灾应急科目演训练。3—6月，组织开展民兵组织调整及数据整理上报工作，并开展了政治教育及军事训练。2016年度的征兵工作，群众和部队反映良好。

【后装工作】 2016年，人武部加大经费管理力度，坚持常委集体理财，经费收支须经党委会研究通过，确保了经费收支的透明度；严格伙食管理，及时调节食谱，确保官兵吃饱吃好；加强基础设施整治和营院绿化、美化工作，先后筹集10万余元，对营院进行绿化达300余平方米，种植雪松6棵，云杉4棵，桃树3棵，红叶李5棵，成活率80%；新建营门值班室，配备相关设施设备；对营院宣传橱窗、标语进行适时更换；对基本设施的老化、损坏情况进行及时更换；认真搞好专武干部集训、民兵教育训练、民兵参加维稳执勤的保障工作，先后发放民兵误工补贴10余万元；加强装备管理，严格落实“六个三”制度和干部住库制度，定期对武器进行了擦拭保养，制作更新监控、报警、消防设施，确保了装备安全。

【安全工作】 年内，仁布县人武部始终把安全工作作为保底工程常抓不懈，以法律法规、条令条例为依据，以推动“三责”全面落实为抓手，深入开展“安全警示教育”“百日安全”等活动，重点突出抓好“两会”及重要节日、敏感日辖区社会稳定工作，建立健全安全预案，定期开展安全形势分析和经常性的安全大检查，严密防范事故、刑事案件、失泄密问题，确保了部队高度稳定和集中统一，为高标准完成年度任务，奠定坚实安全基础。

【政治工作】 2016年，仁布县人武部始终把党委班子建设当成首要任务来抓，以能力建设为主线，以中央“八项规定”为标准，不断加强党组织的思想、纪律、作风、制度和反腐倡廉建设，按照“十六字”方针原则，充分发挥党委抓大事、议大事的作用，深入学习贯彻习近平关于国防和军事建设的重要讲话精神，大力开展军队改革强军主题教育、“两学一做”和安全、保密专项教育等活动，突出干部队伍这个重点，建立干部学习制度长效机制，促进干部理论素养和业务技能的进一步提升，不断提高干部综合能力。坚持开展双拥帮建和精准扶贫工作，主动走访和慰问对口帮带村及困难户，并帮助共建单位解决实际困难。

（张运舟）

【领导名录】

部　长　边　巴（藏族）
政　委　张立亚
副部长　李　然
参　谋　张运舟

仁布县公安消防大队

【概况】 2016年，仁布县公安消防大队坚持以中共十八大和十八届五中、六中全会精神为统领，以党的群众路线教育为指引，努力推动消防工作和部队建设，以服务经济社会发展大局为出发点，有效确保了火灾形势、社会局势、部队内部稳定，为仁布县的经济发展、社会稳定和民族团结做出了贡献。

【部队管理】 年内，不断强化官兵思想建设，努力提升官兵政治素养。2016年，大队始终坚持政治工作“生命线”地位不动摇，针对全区尖锐的反分裂斗争和严峻的维稳形势，开展“十八大、十八届三中、四中全会精神学习”教育、“两会精神学习”及“两学一做”主题教育，引导全体官兵充分认清达赖集团反动本质，全身心投入维护社会稳定、促进经济发展的各项工作，增强官兵的使命感和责任感，树立坚定的信念，打造“听党指挥、能打胜仗、作风优良”的建队理念。通过学习实践，使全体官兵政治素养得到了提高。

【执勤备战】 年内，大队按照各项勤务和执勤备战工作需要，严格执行等级战备命令，强化领导带班、干部值班制度，加强信息报送、车辆管理、干部带岗、双人双岗等措施的落实，确保警令、政令和通信联络畅通。

【安全管理】 年内，大队按照等级战备要求，严格落实部队内部管控措施，一方面全面排查官兵思想、车辆隐患，做到风险点、责任人、措施落实“三个了如指掌”；其次严格执行官兵“十二个不”行为规范，重点加强官兵不假外出、公车私用等管控力度，保持人员、车辆随时在岗在位；另一方面严格落实营门应急处突装备配备、防护装具使用制度，加强查铺查哨力度，规范营门出入检查登记，确保部队营区绝对安全和高度稳定。

【消防保卫】 2016年，出色地完成春节、藏历新年、元宵节、劳动节、国庆节等重大节日，以及三月敏感期、等重要时期的消防安全保卫工作。年内，大队共接警17起（其中，公务执勤32次，社会救助16次），出动车辆23台次，出动警力120人次，抢救财产价值20余万元，为保持仁布县消防安全形势稳定起到了积极的作用。

【火灾防控】 年内，大队按照上级要求，大力开展“清剿火患”“重点火灾隐患专项整治”“三类场所消防安全专项整治”等活动。多次向县委、县政府汇报，提请县领导带队，加大对人员密集场所、易燃易爆场所、建筑施工工地、夜间营业场所的监督检查频次和力度，全力消除火灾隐患。截至年底，县领导带队开展消防安全检查8次，开展联合检查14次，大队开展日常监督检查各类单位320家次、发现火灾隐患或违法行为182处、下发《责令限期改正通知书》128份，下发《行政处罚决定书》16份。

【宣传教育】 2016年，大队广泛开展消防宣传培训，举办“119”消防宣传活动，消防宣传进学校知识讲座、灭火演练、悬挂宣传横幅、发送手机短信、在电视上播放消防公益广告及火灾案例、LED屏幕播放消防安全提示等活动进行消防宣传，动员消防志愿者投入到消防工作中，切实推进消防宣传“六进”工作社会化，在社会上营造“人人参与消防共筑平安和谐”的良好氛围，增强全社会抗御火灾的能力。

【后勤建设】 年内，为给官兵提供更好的生活环境，营造栓心留人的良好环境，5月，大队新建队站正式开工，预计2017年8月1日前投入使用，官兵的工作、生活、学习环境将得到进一步的改善，部队正规化建设将迈上一个新的台阶。

【党风廉政建设】 仁布消防大队牢牢把握部队建设的主旋律，加强对官兵的教育引导，使之树立正确的世界观、人生观和价值观，自觉践行当代革命军人和人民警察核心价值观，始终保持政治上的坚定和道德上的纯洁。要对官兵严管厚爱，严格执行正规化管理规定，确保政令警令畅通，确保党的路线、方针、政策和上级的部署要求坚决贯彻落实到位，切实带出一支作风过硬、纪律严明的部队，为经济社会发展提供强有力的服务保障。要用先进文化筑牢官兵精神支柱，唱响主旋律，占领主阵地，凝聚广大官兵的共同理想、目标追求和使命担当，形成统一的意志。要按照以人为本的要求，采取科学的管理方式，注重引导、疏导官兵，培养健康向上的情趣，发挥官兵的主体地位和创造精神。

（颜礼成）

【领导名录】

大队长 李云贵（9月免）
　　　 李百锁（9月任）
参　谋 洛松觉美（藏族）
副中队长
　　　 颜礼成（8月任）
参　谋 马宝贵

武警仁布县中队

【概况】 2016年，武警仁布县中队的各项工作以支部建设为核心，紧紧扭住提高“三个能力”上下功夫，始终坚持抓班子，打基础，保稳定，谋发展，以《武警新纲要》和《基层正规化管理规定》为核心推进中队建设水平。以从严治警、经常性基础工作落实、正规化执勤和总队、支队军事训练考核为载体，固强补弱，确保了部队安全稳定、秩序正规和战斗力的提高。以主题主线教育学习贯彻为大纲，抓好经常性教育的落实。通过中队全体官兵的共同努力，中队全面建设取得了长足的进步，中队班子团结，官兵思想稳定，“双争”氛围浓厚，部队士气高昂、风清气正、秩序正规，以较高标准实现了“四个确保”。

【军事工作】 中队支部“一班人”统一思想，深刻认识到作为执勤中队，军事训练对目标安全的重要性。年内，主要进行基础知识、通信、防爆（防护）装备器材操作与使用、擒敌术、刺杀、自动步枪（冲锋枪）操作、轻机枪操作、狙击步枪操作、战斗动作、抢险救灾、体能、专勤专训等科目的训练。主要做到严把“三关”。即严把计划关。做到每一个科目的训练目的明确，时间分配合理，保障训练有力；严把教学关。每个科目开始战训之前，认真落实备课、示教制度，确保教学的质量。严把实施关。严格按照课目、时间和内容展开训练，不随意调整更改，确保训练按计划有步骤地进行。中队每周组织一次军事会操，通过“小观摩”“小评比”达到互相促进共同提高的目的。以此激发官兵的训练热情，营造出争先创优的氛围。在三月重要时期，中队官兵勇于承担起切洼乡一级检查站联合执勤任务、县城武装巡逻等临时勤务，加强与驻地公安部门协调演练。

【后勤工作】 年内，中队管理者狠抓伙食管理五项制度的落实，立足现有条件，大力开展“双增双节”活动。通过开展“节约一度电、一滴水、一粒米”的活动，较好地控制了跑、滴、漏等问题的发生，堵塞了漏洞，确保了官兵能够吃饱、吃好、吃得满意。同时健全经济民主，做到活动经常，每月查账一次，及时向战士公布，增强管理的透明度。不定期的征求官兵对伙食的意见和建议，提高了后勤保障的质量。从调查了解的情况来看，中队官兵对伙食比较满意。为改善伙食，提高官兵的生活水平，丰富中队的“菜篮子”，中队官兵因地制宜开展了农副业生产。中队新的温室由于采光不良，加装薄膜以增加温度后及时栽种了各类蔬菜，把生产任务细化到班，增强大家的责任心。阳光花房在县委、县政府的支持下及官兵的共同维护下效果初见成效，成为高原官兵享受大自然的天然“氧吧”。

【“六共”活动】 年内，中队成立活动开展领导小组，中队长邓家武、政治指导员王嵬任组长，副队长张召胜、副政治指导员邱成亮任副组长，成员由各班班长、司务长组成。负责维护社会稳定群众工作“六共”活动的组织、开展、协调工作。采取组织或个人自愿原则，积极开展结对帮扶活动，与驻地孤寡老人、“五保户”、贫困户、困难党员、贫困学生等结成帮扶对子，以送物资、送技术、送医药、学生军训、帮助学生辅导授课解难题等形式进行关怀、帮扶、激励，做到重大节日走访慰问，重大困难及时帮助解决，想方设法帮助改善生产生活条件，逐步引导脱贫致富。中队定期组织开展“学雷锋、做好事”活动，积极组织部队官兵为人民群众做好事、解难事、办实事，在群众中树立“忠诚卫士”的良好形象。中队配合公安部门严厉打击各类违法犯罪活动，有效净化社会，把各种影响社会稳定的因素消灭在萌芽状态。中队多次深入寺庙协助开展民族宗教政策和相关法律法规教育宣讲活动。每半年召开一次联席会议，在县民宗、统战等部门带领协调下汇报工作开展情况，共同协商研究对策措施，开展讲评与互评，共同总结经验，查找薄弱环节，研究改进工作措施。

【党风廉政建设】 年内，中队官兵严格按照支队下发的政治教育实施方案，结合中队人员思想实际，主要开展主题主线教育，“两学一做”教育。中队大力加强支部堡垒作用，开展民主生活会，认清自身问题，提升干部能力；合理运用两个群众组织，突出中队的军事民主、政治民主、经济民主，使每名官兵都能融到中队这个大家庭中来。在教育上，始终注重围绕部队建设的需要，结合中队战士社会经历、文化程度、家庭状况、个人需求、思想观念、服役态度、生活情趣等特点开展教育，采取有什么问题就解决什么问题的办法。如：新兵下连后重点围绕帮助新战士顺利度过“第二适应期”开展教育；积极开展随机教育和交心谈心活动，充分发挥思想工作骨干队伍的作用，利用“三互”“双四一”等有效载体，及时把握官兵的思想脉搏，针对训练中少数战士怕苦怕累思想的实际，及时针对地抓好教育，较好地解决部分官兵思想上的模糊认识。

（王　嵬）

【领导名录】

中 队 长　邓家武
指 导 员　王　嵬
副 队 长　张召胜
副指导员　邱成亮

法 治

仁布县公安局

【概况】 仁布县公安局成立于1959年11月，当时隶属江孜专属公安处，1967年3月实行军事管制，后被革委会人保组取代，1974年8月人保组更名为仁布县公安局。仁布县公安局编制为50人，2016年有正式民警181名，工人5名，辅警42名，协警9名，公益性岗位5名，共242人。其中本科学历及以上人员中藏族25人，汉族6人。

仁布县公安局机构有办公室、国内安全保卫大队、刑事侦查大队、治安管理大队、政工纪检室、网络安全保卫大队、法治大队、情报中心、交通管理大队、铁路巡警大队、看守所等11个内设机构，派出机构有：1个一级公安检查站、8乡1镇派出所共9个、3个便民警务站。局领导职数为政委1名（副县级）、局长1名（副县级）、副局长2名（正科级）、正科民警10名，副科民警11名。

【公安专项工作】 2016年，共核查过往人员约114万余人次，检查车辆409194车辆、检查物品1154816件，其中登记过往四省藏区人员共27258人次，因证件不齐全劝返1518人次；登记过往新疆籍人员共2003人次，因证件不齐全劝返3人次；登记过往僧尼共1577人次，因证件不齐全劝返31人次；登记各类人员174人次；查获吸毒人员46人并建档；查获三无人员3人，劝返3人；共核查未携带身份证3404人次；查获冒充他人身份证18起；收缴过期身份证46张；抓获网上通缉在逃人员1人，并查获二级布控人员1名；犯罪嫌疑人1名、交通肇事1名；受理群众求助34起，服务群众59起，其中收缴各类管制刀具24把，共处理交通违章1604起，收缴煤气罐5个、撰写简报43期、抓获套牌车牌号5付、缴获鹿角1对、防冲撞演练1次、防刀斧砍杀演练4次、防自焚演练4次、警容警风整顿2次。

【网络安全】 2016年，仁布县公安局督促网络运营商和网络运营场所的管理，仁布县三大网络运营商基本完成手机、网络使用实名制登记工作。对仁布县网吧安全检查10余次，保证网吧安全管理软件安装率100%、在线率100%以及上网日志留存制度。对不符合规定经营的网吧进行停业整改处罚2次。并先后建立《舆情引导工作机制》《情报信息研判会商工作机制》。

【社会防控】 2016年，仁布县公安局对仁布县文化市场开展清查行动8次，检查书店、影像售卖、出租店23家，制止街边无证进行有偿歌曲下载、影像下载摊点2处。年内，共开展常态清查43次，开展专项清查9次，清查场所4700余家次、盘查人员7万余人次，排除隐患79处，形成工作汇总书册2本。共受理治安行政案件12起，均已结案。2016年，仁布县公安局开展扫除黄、赌、毒，净化社会风气大排查、大检查、大整治等专项行动共受理治安行政案件2起，查处2起，同比2015年上升2起，查处违法人员8人。

【监管场所管理】 年内，坚持把非正常死亡问题长抓不懈，查找监管民警在执法思想，执法行为，执法记录，工作作风等方面存在的问题，从教育引导在押人员着手，全面开展在押人员思想道德，法律法规教育。2016年看守所共关押人员8名，临时羁押3人。

【打击违法犯罪】 2016年，仁布县公安局刑警大队开展了“打击农村黑恶势力违法犯罪”“高原扫毒”“青少年毒品预防教育”“全国公安机关联合禁毒”“辑枪治爆”“盗抢骗”“电信诈骗”等专项行动。共计受理刑事案件19起，其中立案8起，1起故意伤害案，4起盗窃案，3起电信诈骗案，破案8起。截至年底，破案率100%，抓获各类犯罪嫌疑人5人，抓获网上通缉在逃犯1人，临时布控1人，起诉3起4人，移送2起，其中刑事拘留2人，逮捕2人，取保候审1人，监视居住1人。

仁布县公安局交警大队制订仁布县“分片包干”和“两限一警”工作方案及分片包干明细表，并与各派出所、警务站签订道路交通安全管理目标责任书12份，共开展酒驾、三超一疲劳、百日严打等交通专项整治行动9个，出动警力1268人次，出动警车198台次，共查处各类交通违法行为1573起。结合交通事故预防工作，定期组织民警进行交通法规宣传，深入全县基层加大《中华人民共和国道路交通安全法》的宣传力度，开展形式多样的宣传活动。共出动警力人96人次，发放宣传资料1000余份。共处理一般以上交通事故19起，一般以下事故9起，单车事故4起，经济损失达4.7万元，共查处其他交通违法行为1968起，其中罚款964起，教育745起，网上录入交通违法行为259起，对318国道辖区及乡村道路交通开展专项整治行动16次。

【党建工作】 年内，开展公开承诺工作，仁布县公安局111名党员和5个党支部结合岗位、职责职能公开承诺具体内容，形成人人有目标，个个有动力的创先争优活动机制。仁布县公安局党员人人撰写承诺书，仁布县公安局党委制作专栏展板，增强党组织和党员履行承诺的自觉性、紧迫感和社会监督力度。共评出党员示范窗口2个，示范岗3个。仁布县公安局抓入党积极分子和新党员的“双向培养”工作，坚持定期召开机关党委会，研究审议新党员发展工作。仁布县公安局选送培训入党积极分子61名；召开党委会专题研究吸收预备党员26名；审批预备党员按期转为正式党员28名。开展《公安机关人民警察纪律条令》专项学习，在纪律作风整顿活动中，组织召开专题会议5次，自查问题3类12条，提出整改措施2项，民警写出体会文章230余篇。

【党风廉政建设】 2016年，仁布县公安局开展党风廉政建设和发腐败工作专项行动。纪律作风整治年活动，加强对党委重大决策部署贯彻落实情况的监督检查。2016年，仁布县公安局督察按照仁布县公安局党委“工作前置、关口前移”“督察跟着警情走”的要求，紧紧围绕中心工作及队伍管理、业务工作等方面的督察重点，通过现场督察、暗访、视频巡查等方式开展了不间断的督察。共出动督察警力156人（次），警车89辆（次），检查岗位438个、值班备勤335个科室（次）、民警维权1起，发现并现场督促整改问题294个。

（熊 兴）

【领导名录】

公安局政委

周 庆

切洼一级检查站站长、公安局局长

次 仁（藏族）

副局长 旦 增（藏族）

赵 印

仁布县人民检察院

【概况】 2016年，仁布县人民检察院编制13人，实有11人，男3人，女8人，中共党员8人，本科学历9人，院党组成员3人，检察委员会委员7人，内设机构6个：反贪局、反渎职侵权局、公诉科、侦监科、民事行政检察科、办公室。仁布县人民检察院新技术侦查楼于2016年7月完工。2016年，仁布县人民检察院认真落实习近平总书记系列重要讲话精神，深入贯彻执行党的十八届三中、四中、五中、六中全会精神，全市检察长工作会议精神，以“两学一做”学习教育为契机，以贯彻执行《中国共产党廉洁自律准则》《中国共产党纪律处分条例》为载体，主动融入社会经济发展大局，切实肩负起维护社会稳定、促进社会公平正义、保障人民安居乐业的职业使命，为仁布县社会经济全面发展提供良好的法治环境。

【刑事犯罪】 年内，仁布县人民检察院认真落实宽严相济的刑事政策，深入推进依法治县。始终坚持依法从重从快方针，确保“稳、准、狠”打击各类刑事犯罪，为仁布县经济发展和各项社会事业进步创造良好的社会环境，发挥好在构建和谐社会中的主力军作用。2016年，共受理公安机关（含森林公安机关）提请审查批捕案件3件6人，审查后批准逮捕3件5人。共受理移送审查起诉、不起诉8件9人，其中公安机关移送7件8人，自侦部门移送1件1人，其中提起公诉3件4人，不起诉4件4人，退回补充侦查1件1人；适用简易程序1件1人，出庭支持公诉3件4人，法院开庭审理后做出判决3件4人，其中有期徒刑3件4人。所办案件无一错捕、漏捕、错诉、超期办案，批捕、起诉案件准确率100%。通过严格履行检察职能，有力地震慑了犯罪，增强了人民群众安全感，维护了社会和谐稳定。

【职务犯罪】 2016年，立案查办挪用公款案件1件1人。通过案件的查办，充分发挥了检察机关查办职务犯罪的职能，有力地推动全县查办发生在群众身边的“四风”专项活动的开展，促进了农村社会稳定，打击了基层村组干部职务犯罪，维护了法律的尊严。在查办职务犯罪的同时，仁布县人民检察院积极开展预防职务犯罪工作，做到查办与预防相统一。结合仁布实际，针对城镇居民养老保险、就业再就业资金、农村低保补助资金、基层村组干部以权谋私、贪污受贿涉农资金引起群众不满的问题，采取有力的预防措施，加强思想政治教育。

【职务犯罪预防】 年内，加强与扶贫部门协作配合，严肃查办、积极预防扶贫领域职务犯罪，努力做到在“精准扶贫”中加强“精准监督”，保障扶贫政策和资金落实到位，为打赢脱贫攻坚战提供强有力的司法保障。结合当前实际开展法治宣传5次，参加县委各类重大会议宣传预防职务犯罪4次，与相关部门签订责任书，在仁布县8乡1镇和检察新址办公楼前共设立10个举报箱，及时对群众所提意见及举报线索进行梳理。

【法律监督】 2016年，仁布县人民检察院紧紧围绕“强化法律监督，维护公平正义”工作主题，把人民群众反映的司法人员和行政执法人员违法犯罪行为作为监督的重点，树立“大监督”意识，对办案程序进行规范，对监督途径进行探索，对监督手段进行强化，坚持“三个注重”，即注重查摆、注重整改、注重实效，积极发挥检察监督职能作用，做到快捕快诉，在保证案件质量的前提下，缩短办案时限，捕、诉准确率均达100%。2016年，县法院共审查民事诉讼案件27件92人，其中裁定3件33人，调解24件59人。

【法治宣传】 年内，认真落实检察环节社会管理综合治理措施，努力减少社会不稳定因素，根据日喀则市院的要求。2016年，仁布县检察院干警深入学校、乡村上法治课，开展法律咨询，直接面对群众释法说理，答疑解难，宣传法律，共发放宣传资料2053册，宣传单3389份，“12·4”全国法治宣传日举办以“弘扬宪法精神，构建和谐社会”为主题的全国法治宣传日活动，共散发宣传资料6423份，接受群众咨询185次，派出3名检察官到幼儿园、中小学兼任法治副校长，在学校大力营造学法、懂法、守法的浓厚气氛，取得较好的法治效果和社会效果。

【强基惠民】 2016年，仁布县人民检察院驻村干警千方百计为民办实事、办好事、解难事。开展爱国教育、法治宣传13次，帮助完善村务公开、民主管理、乡规民约等制度7件，帮助培养入党积极分子5名，发展预备党员1名，排查矛盾纠纷2件。在重要节日和敏感节点深入联系点、结对帮扶家庭开展调研慰问，夯实基层发展稳定根基。积极开展精准扶贫结对帮扶活动，全体干警先后两次深入包村点康雄乡麦措村，自筹资金为16户结对帮扶户送去大米等价值12000元的生活用品，使广大村民深切感受到了党和政府的温暖。

【党建工作】 2016年，仁布县人民检察院坚持以邓小平理论和“三个代表”重要思想为指导，全面落实科学发展观，认真贯彻落实中共十八届三中全会精神、以加强党的执政能力建设和党的先进性建设为主线，着力加强党员队伍的思想建设、组织建设和作风建设，不断夯实党建工作基础，为全面完成各项检察工作提供强有力的思想和组织保证。开展“三会一课”12次，培养入党积极分子3人，截至年底，仁布县人民检察院党员占全院的100%。2016年，仁布县人民检察院党建工作获得市委、县委的高度评价。

【党风廉政建设】 2016年，认真贯彻落实党风廉政建设，坚持从严治党、从严治检，狠抓领导干部纪律作风和党风廉政建设，层层签订党风廉政建设责任书，健全《领导干部廉政档案》，形成严格规范，推进决策落实。2016年仁布县人民检察院党风廉政建设获得县级二等奖。

（阿旺金巴）

【领导名录】

检察长 旺　　久（藏族，6月免）

旦　　增（藏族，6月任）

副检察长

米玛普赤（女，藏族）

次　　珍（女，藏族）

控告申诉科科长

达娃曲珍（女，藏族）

民事行政检察科科长

尼玛卓玛（女，藏族）

办公室主任

边　　珍（女，藏族）

侦查监督科科长

阿旺金巴（藏族）

仁布县人民法院

【概况】 仁布县人民法院成立于1974年4月。历任4届院长，2016年，党组成员4人，内设机构6个及2个派出法庭：办公室、刑事审判庭、民事审判庭、立案庭、执行局、审监庭、然巴乡派出法庭（合建在县法院）、康雄乡中心法庭。“十二五”规划期间，仁布县人民法院占地16000平方米，坐落于新城区的审判综合楼项目和后勤保障用房以及周转房建成，基础设施建设得到了有效改善。仁布县人民法院管辖区共有8乡1镇，73个村民委员会，约有3.9万人口。现有干警18名，其中男同志10名，女同志8名，男女比例5：4。藏族干警16名，汉族干警2名，藏汉比例为8：1。

2016年，仁布县法院共受理各类案件60件，审结60件。其中刑事案件3件4人，审结3件，民商事案件36件，调解结案33件（其中诉前调解5件），不予立案1件，提请高院指定管辖1件，督促程序1件，标的281.8万元，执行案件21件，执结21件，执结标的15.6万元。

【刑事审判】 2016年，仁布县法院共受理刑事案件3件4人，审结3件，结案率100%，无超期羁押和上诉、抗诉案件。具体为2起盗窃案、1起猎杀危野生动物案。

【民商事审判】 年内，共受理民商事案件36件，调解结案33件（其中诉前调解5件），不予立案1件，提请高院指定管辖1件，督促程序1件，诉讼标的281.8万元，妥善审理涉及离婚、抚养、继承等婚姻家庭纠纷案件21件，促进家庭和睦。高效审理交通事故损害赔偿、劳动争议等涉及民生案件3件，依法保护当事人的人身权益和财产权益。公正审理借贷、买卖、承包等经济纠纷案件12件，倡导诚实守信，制裁违约欺诈，促进法治化营商环境建设。

【窗口建设】 年内，全力推进立案登记制改革工作。2016年，法院共登记立案60件，其中民事36件，刑事3件，无现行不予受理或驳回起诉案件，当场立案率达到100%。

【司法救助】 年内，充分关注弱势群体的司法需求，加大司法救助力度，为确有经济困难的当事人依法减、免、缓交诉讼费3357.74元，有效降低当事人诉讼成本，让确有困难的群众打得起“官司”，切实让群众感受到法律的公平和社会的温暖。

【巡回审判】 年内，充分发挥“车载流动法庭”方便快捷的优势，开展巡回办案50场次。主动参与社会管理，强化司法服务民生。

【强基惠农】 年内，认真做好驻村各项工作，积极争取多方援助，真情实意为群众办实事解难事。积极开展慰问工作，先后2次慰问结对帮扶对象26户，送去慰问品及慰问金共计15600余元。

【综治维稳工作】 2016年，进一步完善《维稳处突应急预案》和《各敏感期维稳工作方案》等维稳工作机制，成立护院队，安排全院干警24小时轮流值班带班，法院周围及办公大楼内安装48个高清监控，确保院内的绝对安全。

【党建工作】 年内，认真落实党支部“三会一课”、民主评议党员、领导班子民主生活会、党员干部星级化管理考核评价制度，增强党组织的生机和活力。制订党员干部年度学习计划，以每周星期五开展党员干部学习教育活动，采取院党组班子成员授课、支部书记授课，年内，党组班子授课3人12次，支部书记授课2人8次。

【党风廉政建设】 统筹谋划布局，系统合力推进。加强领导，落实责任是做好党风廉政建设工作的前提条件，始终把党风廉政建设和反腐败工作作为“一把手”工程，放在突出位置切实抓好抓实，把责任制的全面落实贯穿到党风廉政建设和反腐败各项工作之中。法院始终坚持将党风廉政建设和反腐败工作与审判执行工作同部署、同安排、同检查。完善了以院党组书记为组长的党风廉政建设和反腐败工作领导小组，及时调整充实了党风廉政建设领导机构，定期组织召开专题会议，分析研究党风廉政建设和反腐败各项工作；制订《2016年仁布县法院党风廉政建设和反腐败工作计划》《仁布县法院2016年党风廉政建设和反腐败工作实施方案》，明确了党风廉政建设和反腐败工作的指导思想、工作要点及具体措施，为做好全年工作打下了基础、指明了方向、明确了责任；为保障党风廉政建设和反腐败各项工作落实到位，特地下拨了7万元的工作经费。

（次旦米久）

【领导名录】

院　长　索朗央宗（女，藏族）
副院长　普　　次（藏族）
　　　　张 岩 峰（黑龙江援藏，7月任）
　　　　边　　巴（藏族，12月免）
　　　　格桑卓玛（女，藏族，12月任）
执行局负责人
　　　　德吉拉宗（女，藏族，主任科员）
审管办负责人
　　　　次仁桑珠（藏族，主任科员）

仁布县司法局

【概况】 2016年，仁布县司法局核定政法编制为10个（含乡镇司法助理员编制5个）。截至年底，局机关实有在职人员6人，其中副科级2人，一般干警4人（含2名司法助理员），驾驶员1人（公益性）保洁员1人（公益性）；平均年龄28岁。普法领导小组1个，46人；安置帮教领导小组1个，13人；社区矫正领导小组1个，21人。

【法治宣传】 2016年，司法局普法经费从原来的30000元提高到10万元。仁布县普法办与县电视台、移动公司合作，普法办在电视台开办普法栏目剧，集中时间开展法治宣传教育；在政府、警务站利用LED显示屏营造“平安创建、法治仁布”的宣传活动；与移动公司合作，利用短信平台大力宣传法律法规。截至年底，共在电视台播放法律普法剧22余次，发送手机法治宣传短信1000条。加强青少年的法治宣传教育，调整充实法治副校长10名，聘请县级领导干部8名，开设青少年法律知识讲座专班，在全县中小学开展法治图片巡回展览1次，法治图片涉及《中华人民共和国道路交通安全法》《中华人民共和国治安管理处罚法》《中华人民共和国义务教育法》《中华人民共和国未成年人保护法》和《中华人民共和国未成年人自我保护》等法律法规知识，受益师生1500余人。新增法治宣传橱窗5个、普法读书角3个，2016年共设置法治宣传阵地20处，对全县的法治宣传栏进行6次更换，对乡镇普法展板更换3次，为95个法律图书角提供法律书籍1700本（册）。2016年开展“五下乡”巡回普法宣传活动1次，法治集中宣传9次，送法下乡（村）2次，送法进学校1次，开展学校法治讲座1次；组织领导干部法律考试1次；定制“七五”普法资料7类8000本，宣传袋5000个；开展法律进寺庙2次；调整充实了乡镇“法律明白人、法律联络人”50人。截至年底，仁布县司法局共开展法治宣传13次、发放各类法治书籍及宣传册子11500册，发放法治宣传歌碟600张，受益群众达20000人。

【人民调解】 2016年，仁布县司法局总结2015年矛盾纠纷“大排查、大调解”活动经验，按照人民调解组织规范化建设工作要求，2016年，进一步调整充实8乡1镇人民调解组织及调解员队伍，细化工作措施。仁布县司法局积极参与涉法涉诉信访案件调处，引导群众依法开展信访活动。2016年，司法局组织开展1次调解员业务培训，进一步规范调解案件卷宗填写和整理，截至年底，各乡镇、村居人民调委会调处家庭纠纷、邻里纠纷、土地资源纠纷、损害赔偿纠纷等各类纠纷89起，成功调解87起，未成功2起，调解成功率达到97%。

【特殊人群管理】 2016年，仁布县司法局与8乡1镇签订安置帮教目标责任书，把党委书记作为第一责任人，并与矫正人员所在乡镇签订社区矫正责任书，每到重大敏感节点组织专职工作人员上门矫正，帮教，寓教于帮、以帮促教，帮助他们解决生活中的实际困难，社区矫正对象每月走访1次，共12次，每季度对刑释解矫安置帮教对象回访1次，截至年底，共开展回访工作4次，开展面对面的思想交流4次，并做详细回访记录。对刑释解矫安置帮教对象始终做到人员外日常出请、准、销假制度以便动态管理；敏感阶段原则上要求全部返回在仁布县内活动不准外出。2016年，矫正期满依法解除1人、依法新增矫正人员1人，截至年底，社区矫正在册人员4人，年内，新衔接刑释解矫人员4人，截至年底，刑释解矫安置帮教在册人员26人，并对其档案做了进一步充实和完善，建立健全了刑释解矫人员花名册、公益劳动登记表、学习记录表、帮教志愿者等各台账4本，社区矫正各项工作台账20余本，2016年未出现重新犯罪情况。

【法律援助】 2016年，仁布县司法局深入开展法律服务进乡镇、学校、社区、寺庙、企业、村（居）活动，实现法律援助“应援尽援”“应援优援”，开辟农民工援助绿色通道，进一步降低援助门槛，扩大援助面。

【开展“两学一做”教育活动】 2016年，仁布县司法局建立健全保持共产党员先进性的长效机制。开展“两学一做”主题教育，大力开展机关效能建设，进一步完善规章制度，用制度规范干警执法行为，促进执法公正。深入开展反腐倡廉教育，全面落实党务公开制度，严格执行“五条禁令”“六不准”，坚持依法行政，严格公正执法，执法水平明显好转，党员队伍素质明显提高。

【维护稳定】 2016年，仁布县司法局全面执行24小时值班，领导带班制度，并制作值班交接登记簿、报告登记簿、来访人员登记簿等台账，截至年底，未出现带班领导和值班人员脱岗漏岗等情况。2016年，仁布县司法局每季度都专门组织矛盾纠纷排查组，对全县8乡1镇及项目领域建设展开隐患排查，拉网式的梳理出近段时期群众利益诉求群体反映出的热点难点问题，截至年底，在各大敏感节点共出动警力12人次，警车（一辆）8次，并协同政法委在各大敏感节点，对全县范围进行矛盾调解大排查工作，确保将矛盾都解决在基层。

【党风廉政建设】 2016年，仁布县司法局及时调整了局支部党风廉政建设领导组1次，加强组织领导工作，制订《2016年仁布县司法局党风廉政建设和反腐败工作计划》和《2016年仁布县司法局党风廉政建设和反腐败工作实施方案》2份，明确年度工作任务。2016年与县纪委签订《2016年党风廉政建设和反腐败工作目标责任书》1份，对党风廉政建设和反腐败工作任务进行明确和细化，年初落实了党员承诺书2份，廉洁承诺书2份、不大操大办承诺书2份并公示在司法局院内，更换廉洁宣传展板4次；为干警统一购买学习书籍、学习光盘等资料5本，集中开展“立党为公，执政为民”、学习“科学发展观”等专题学习教育活动2次。

（胡春梅）

【领导名录】

副局长 平措多布杰（藏族，主持工作）
格桑曲珍（女，藏族）

经济管理

仁布县发展和改革委员会

【概况】 仁布县发展和改革委员会（简称发改委）是政府宏观调控、经济管理的综合职能部门，下设统计局、粮食局、工信局、物价局四个二级局及一个粮食公司。2016年，仁布县发展和改革委员会紧紧围绕“以改革为动力，以统筹城乡发展为重点，大力发展循环经济”战略思想，以科学发展和长治久安为主题，以调节产业结构和加快转变经济发展方式为主线，突出提升“三个核心”指标（GDP、地方财政一般预算收入、农牧民人均纯收入），在民生问题上求实效，在产业升级转型上求突破，在品牌建设上求创新，在基础设施上求完善，在维护稳定上求力度，强化促进经济平稳较快增长的各项政策措施，努力克服经济运行中的各种困难，团结协作，狠抓落实，确保经济平稳较快发展，有力地推动了全县经济社会更好更快更大的发展。

【编制年度报告及经济运行分析】 2016年，根据中央经济工作会议精神，按照区、市党委、政府的安排部署，结合县情，深入细致地开展调查研究，认真分析总结2016年度计划执行情况，提出2017年工作目标和任务，编制完成仁布县《关于2016年国民经济和社会发展计划执行情况与2017年国民经济和社会发展计划（草案）的报告》。

2016年，全县经济总体运行平稳，各项经济指标完成情况良好，主要经济指标均达到预期目标，各项社会事业保持良好的发展趋势，全县经济社会呈现了提质增效的发展势头。

全县国民经济和社会发展情况：全县实现地区生产总值5.03亿元，同比增长9.24%。全社会固定资产投资完成7.2亿元，同比增长20.17%。地方一般公共财政预算收入完成3004万元，同比增长45.83%，社会消费品零售总额达6600万元，同比增长27%。农牧民人均可支配收入达到6589.4元，同比增长9.5%。

【项目建设】 年内，根据上级单位下放的项目审批权限，规范项目建设程序，充分利用仁布县项目评审中心，积极开展仁布县项目的审批工作，促进仁布县项目更好、更快的实施。2016年开（复）工项目共计162个（其中，计划内项目88个，计划外项目74个）；2016年灾后重建项目8个，总投资5107.2万元，2016年度目标任务为3047万元，目标完成率为总投资的60%，全县完成投资3100万元，完成率为101.7%；2016年易地扶贫搬迁226户1181人，使用资金6063.87万元，其中52户229人已完成入住；德吉林镇特色小城镇建设项目已完成工程量的50%，帕当乡萨达村整村推进项目已完成工程量的60%；查巴乡吾米村整村推进项目已完工；帕当乡孔培村防洪堤项目已完工；七座寺庙维修项目已完成工程量的89%。全县生产总值目标5.1亿元，同比增长16%；社会消费品零售总额目标5658万元，同比增长18%；农村居民人均可支配收入目标7041元，同比增长17%。

年内，仁布县第五批黑龙江省援藏工作队完成援藏期内建设类投资项目11个，总计投资3814万元。

【统计工作】 年内，以提高数据质量为核心、强化统计信息化建设为重点，充分发挥统计职能。严把数据质量关，从规模总量、增长速度、比例结构、人均水平、历史资料、逻辑关系、相关部门资料等方面入手，运用纵、横向对比、科学评估等方法，圆满完成仁布县全年农牧业、工业、固定资产投资、交通运输业、批零和住餐业、价格、劳动工资等监测数据的收集、整理、审核和上报工作；及时召开农业普查动员大会、业务培训及清查摸底工作，做好数据统计分析，为顺利完成第三次全国农业普查工作奠定坚实基础；较好完成人口抽样调查和安全感调查工作，为党委、政府的科学决策提供了数据支持。使仁布县人口的生活水平、健康状况、受教育、生育等情况得到准确的反映。2016年全县总人口35397人，同比增长1.09%；其中农牧民人口33430。总户数6881，其中农牧民户数6170。2016年全县实现地区生产总值5.03亿元，同比增长9.24%，三产比重为19∶45∶36，人均GDP为14283元。农村社会总产值14332万元，同比增长14.38%。农村居民人均可支配收入6589.4元，同比增长9.5%。工业总产值6678.11万元，同比增长19%。固定资产投资完成额7.2亿元，同比增长20.17%。社会消费品总额6600万元，同比增长27%。地方财政收入3004万元，同比增长45.83%。

【价格监督】 2016年认真落实各项价格调控措施，确保全县价格总体稳定，提出具体的应对措施并组织实施，保障市场经营秩序良好发展。宣传贯彻落实有关稳定市场物价、保障群众生活的政策法规、文件规定；增加市场供应，稳定市场价格，确保群众安全消费、放心消费；对市场供应和价格异动情况的监测、预测情况进行分析，及时准确地向县人民政府提出预警和应急建议，维护了正常有序的消费环境。

（王　凯）

【领导名录】

主　任　邓邦仁

副主任　汪　林（黑龙江援藏，7月免）

宁院成（黑龙江援藏，7月任）

普布卓玛（女，藏族）

张海洋（6月免）

仁布县财政局

【概况】 仁布县财政局是政府的经济综合部门。人员编制4人（其中科级含科级以上3人，副科级1人），现有干部职工11人，其中行政编制11人，本科10人，大专2人。年内，仁布县财政局始终坚持以科学发展观为统领，全面贯彻落实中共十八届三中、四中、五中、六中全会精神，贯彻落实习近平总书记系列重要讲话精神，紧紧围绕县委、县政府总体工作思路和要求，坚持稳中求进的工作总基调，紧紧围绕“稳增长、促改革、调结构、惠民生”的工作主线，本着“厚德聚财、科学理财、善政用财、秉公管财”的工作理念，推进各项财政工作任务，有力促进了经济社会健康发展和全县社会局势长治久安，提供可靠的物质保障和有力的财力支持。

【经济运行情况】 2016年，公共财政预算收入完成3004万元，同比增收944万元，增长45.82%。完成年初预算1098万元的273.58%，完成考核目标2472万元的121.52%，超额完成市委、市政府既定的任务。加上上级补助收入83007万元、调入预算稳定调节基金1125万元，全县可安排使用的公共财政预算收入总计87136万元，同比增长36.55%。公共财政预算支出87136万元，同比增长39%。收支相抵，无结余，全年公共财政预算实现平衡。

主要收入项目执行情况。增值税完成937万元，同比增长423.56%；营业税完成700万元，同比下降34.39%，主要原因是2016年5月1日起全面实施“营改增”，对企业和居民实施结构性减税；企业所得税完成163万元，同比增长20.7%；个人所得税完成18万元，同比增长50%；城市维护建设税完成180万元，同比增长57.89%；印花税完成46万元，同比增长27.77%；耕地占用税完成672万元，同比增收668万元；非税收入完成288万元，同比下降78.12%，主要原因是2015年年初一次性入库预留的罚没、房租等收入。

【财政管理制度】 年内，为进一步加强和改善县行政事业单位财务管理，为贯彻落实厉行节约、反对铺张浪费要求，管好用好有限的财政资金，有效的保证机关工作的正常运转，加强财政自身建设，根据《中华人民共和国会计法》《中华人民共和国新预算法》，以及西藏自治区财政厅西藏自治区差旅费管理办法市财政局相关文件等规定，结合仁布县实际，特制订《仁布县行政事业单位财务管理制度（试行）》。

【预算编报质量工作】 年内，为规范和细化预算编制，对县直各行政事业单位按单位性质和业务工作量进行分类分档，不同单位界定不同的经费标准和系数，实行各单位公用经费包干，改变以往各单位包干经费捆绑使用吃“大锅饭”的不良现象，也有效避免了推诿扯皮；在财政现有编报质量的基础上，按照“一个单位、一本预算”的具体要求，根据“部门→单位→具体项目”流程一一细化资金分配方案，切实提高编报质量和水平，夯实预算执行基础，提高预算资金到位率。

【国有资产管理】 2016年，仁布县财政局开展固定资产清查工作，在县政府各职能部门的大力配合下，依据《行政事业单位国有资产管理暂行办法》，力求做到全面规范行政单位国有资产管理，维护国有资产的安全和完善，合理配置国有资产，提高国有资产使用效益，保障行政单位履行职能。

【保障和改善民生】 年内，为保障各单位正常运转和人员经费落实，从严控制一般性支出，降低政府运行成本，仁布县执行兑现行政事业单位调资政策，2016年民生投入达56953万元，占公共财政预算支出的65.36%，保障了教育、文化事业发展、社会保障和就业、医疗卫生、农林水等民生支出，实现了城乡最低生活保障、五保供养、困难群众临时生活补助和社会就业扩面目标。

【科学统筹】 年内，积极主动与上级财政部门沟通对接，努力争取上级财政部门的大力支持，争取更多的财政扶贫政策和资金，加大财力投入。为做好仁布县扶贫攻坚推进工作，积极整合财政资金，截至年底，已整合2016年预算内结余资金1011.09万元，年初预算安排“扶贫开发资金”按2016年财政实际收入的10%安排（2016年200万元）、“扶贫攻坚办”工作经费20万元。

【专项资金使用】 2016年，安排易地扶贫搬迁711.09万元、产业扶贫资金300万元，大力支持易地搬迁工作，依照上级规定及时、足额拨付易地搬迁资金，加强对资金拨付和使用的监督。在资金使用上坚决做到专款专用，无挤占、截留，或者挪作他用。

【惠民政策宣传】 年内，以综治宣传月为契机，采取多种方式，积极在全县范围内大力开展惠民政策宣传活动，并将自行搜集整理的惠民政策汇编成册发放到农牧民手中，提高农牧民群众对财政惠民政策的知晓度，真正做到财政惠民政策家喻户晓、人人掌握。

（洛桑曲珍）

【领导名录】

局　长　索朗曲珍（女，藏族）

副局长　顿　　珠（藏族）

仁布县国土资源局

【概况】 2016年，仁布县国土资源局现有工作人员10人，其中正科级2人；副科级1人；主任科员1人；科员4人，驾驶员1人；西部志愿者1人。国土局主要负责仁布县土地管理，矿产资源与地质灾害管理工作。

2016年，加强管理，切实保护耕地，确保日喀则市下发的不低于87614.4亩的耕地保有量。基本农田面积不少于84646.81亩。基本农田保护率为96.61%，均完成市政府下达的目标任务，达到“耕地总量不减少，质量有提高”的目标要求。主要做法是：加大宣传耕地保护力度，努力提高全民耕地保护意识，利用“4·22”世界地球日“5·12”防灾减灾日“6·25”全国土地日，通过多种形式宣传耕地保护的重要性和必要性。落实责任，严格检查执法。与各乡镇人民政府、各乡镇人民政府与各村民委员会层层签订《耕地保护责任书》，做到面积、制度、责任、标志“四落实”。对全县耕地保护工作进行执法检查，通过举报电话和动态巡查机制，实现全年无违法占用耕地案件。

【土地开发治理】 年内，仁布县土地开发总体有10535.64亩，其中康雄乡、查巴乡10535.64亩高标准基本农田整治项目，建设规模10535.64亩，该项目申请拟投资1449万元，所需资金从中央专款中列支；项目区隶查巴乡查巴村、曲参村、玉拉村、岗堆村、贡热村、康雄乡康雄村、年拉村共计7个行政村3个地块。

【编制土地规划】 年内，《仁布县土地利用总体规划（2006—2020）》已由四川南江水文地质调查研究院编制完成。规划主要阐明规划期内全县土地利用目标，优化土地利用结构和布局，划定土地用途区和建设用地空间管制分区，调控（乡）镇土地利用，落实重点建设项目用地，协调土地利用与生态环境保护，提出规划实施的保障措施，为落实土地宏观调控和土地用途管制制度、统筹各项土地利用活动提供法律依据。

【用地报批】 年内，完成105个项目的用地预审和初审工作，确保项目开工落地；根据自治区政府专题会议纪要《研究处理全区土地管理领域专项整治工作中违规用地有关事宜》，针对全县2016年卫片执法中违规用地，认真统计相关数据，组件报件，待下批复。

【矿产资源规划】 依据《国土资源部关于开展第三轮矿产资源规划编制工作的通知》《西藏自治区国土资源厅关于开展矿产资源规划编制工作的通知》及《西藏自治区国土资源厅关于做好矿产资源规划编制工作的通知》相关文件精神，要求组织做好各地（市）和县级矿产资源规划编制的各项工作，有矿业活动的地（市）和县都要编制矿产资源规划，位于国家级整装勘查区内的地（市）、县要加快规划编制工作。县级矿产资源总体规划于2017年6月底之前报国土厅审核。仁布县域内有金属矿探点7个，登记备案的有3个，开展地表工作的2个，上报拟设非金属采矿权22个，仁布县矿产资源总体规划编制工作应加快实施。

【地质灾害防治】 年内，为切实做好仁布县2016年地质灾害防治工作，保障人民群众生命财产安全，维护社会稳定，促进县域经济社会发展，结合仁布县地质灾害实际情况和2016年降水趋势预报，制订《仁布县2016年地质灾害防治方案》。在汛期来临之际，为认真落实各项防灾减灾预案和措施，做到早发现、早避险、早处理。12月9日，对各乡（镇）政府主要负责人和分管国土工作的人员19人集中进行地质灾害防治相关知识培训，与各乡镇和相关部门签订《2016年地质灾害防治目标责任书》。对仁布县197个地质灾害隐患点安排专人监测，实行日报告制度。2016年仁布县共有各类地质隐患点367处，以泥石流为主，主要分布在县城所在地、切洼乡、仁布乡、姆乡、德吉林镇、查巴乡、帕当乡、康雄乡、然巴乡、普松乡区域内。

（顾克克）

【领导名录】

局　长　扎西拉姆（女，藏族）

副局长　扎西多吉（藏族）

仁布县商务局

【概况】 2016年，仁布县商务局共有干部职工6人，其中借调1人。仁布县商务局紧紧围绕全县经济社会发展思路，按照科学发展观的要求，结合区商务工作会议精神，认真实施“光伏大县、开放活县”发展战略，以光伏产业为主线，以达热瓦公司为开发平台，以发展仁布玉矿产品精加工为突破，引导符合产业导向的企业发展壮大，狠抓企业扶持和改革、招商引资、重大项目建设、家电下乡、万村千乡市场建设等工作措施的落实，引导企业正确应对金融危机和特大旱灾，使全县经济得到了持续、健康、快速地发展。2016年，实现社会消费品零售总额6600万元，与2015年同比增长27%。

【成品油市场监管】 年内，深入贯彻落实《西藏自治区零散成品油销售管理办法》，向加油站派驻安全监管员，认真做好成品油审批工作，严格加油站实名登记制度。

【农村消费市场】 年内，为拉动农牧民消费，改善农牧民生活条件，根据《西藏自治区商务厅西藏自治区财政厅关于实行购买家电、家具补贴政策的通知》要求，商务局从2014年12月底开始落实家电家具下乡工作。2015年以来，商务局按照市商务局要求，召集仁布县乡（镇）家电下乡分管领导及1名负责人，对家电下乡工作展开培训。制订家电下乡资金分配使用方案，将家电下乡资金90余万元合理地分配到8乡1镇，确保仁布县有需求的农牧民群众都能享受到这一优惠政策。截至年底，前期90余万元补贴资金已消耗完毕，2016年9月下发的第二批100万元资金已经全部下放到位。

【招商引资】 年内，加大招商引资工作力度，拓宽招商引资领域。为解决在仁布县开发利用光能项目的占地问题，组织查巴、然巴、普松乡主要领导、仁布县各项目单位以及村民代表到拉孜实地考察拉孜百科光伏项目。2016年，仁布县共接待客商60余人次，洽谈项目15个，签订合同7个，协议引资217159万元，到位资金1000万元：其中光伏项目3个合同引资额21.6亿元；种植业项目2个合同引资额1009万元；饮用水项目1个合同引资额300万元，到位资金100万元；矿产业项目1个（合同引资额850万元）。截至年底，两家光伏项目公司以及饮用水项目已在仁布县完成公司注册。

【安全隐患排查】 年内，制订《仁布县开展商贸领域劳动密集型企业、建设工程施工工地、公众聚集场所消防安全专项治理行动实施方案》《仁布县商务局2016年维护社会稳定工作要点实施方案》《仁布县商务局紧急事件处置预案》和《仁布县商务局安全生产工作实施方案》，将各种可能出现的问题考虑周全，形成良好的工作局面。联合公安、安监、消防等部门对超市、农贸市场、加油站、加气站等进行安全隐患排查，不定期地对这些企业进行单独检查，对于发现存在的问题要求及时整改，确保仁布县商务领域社会局势稳定。

【碘盐推行】 年内，将碘盐推广作为重大民生工程奋力推进，提高覆盖率、降低碘缺乏病发病率；落实责任制，与各乡（镇）签订目标责任书，实行乡（镇）领导负责制；加强普及碘盐、消除碘缺乏危害的健康宣传教育，把“3·15”消费者权益日、“5·15”碘缺乏病宣传日与常态宣传相结合，充分利用各种传媒，采取形式多样、农牧民群众易于接受的方式，广泛深入开展以普及碘盐、消除碘缺乏危害为主要内容的健康宣传教育活动，不断增强群众防病意识和自觉食用碘盐的积极性，2016年，仁布县共计推广碘盐185121公斤，食用人数达33658人，覆盖率达100%。

【特色产品销售】 年内，采取措施推进农产品流通的发展，利用援藏机制搭建与内地流通渠道的产销对接平台，组织企业参与中国—俄罗斯博览会（哈洽会）。同时，借助日喀则市夏冬两季物资交流会、珠峰文化旅游节以及江嘎尔藏戏文化节，大力宣传并销售仁布县特色产品。

【农贸市场管理】 年内，以农贸市场主管部门为主体，规范业主经营行为，2016年来多次对市场进行整治，重点整治市场车辆乱停乱放、乱堆乱放、卫生环境等。制订市场管理制度，联合工商部门规范商品质量准入，食品安全监管到位，让老百姓能吃上放心食品。

（刘　谦）

【领导名录】

局　长　尼　　玛（藏族，6月免）
　　　　拉巴加布（藏族，6月任）
副局长　张 青 云（女，12月免）
　　　　拉巴卓玛（女，藏族，12月任）

仁布县安全生产监督管理局

【概况】 2016年，仁布县安全生产监督管理局编制3人，实有4人（局长1人，副局长1人，科员2人（其中借调1人）。2016年，结合仁布县实际，目标责任落实、安全生产大检查、事故隐患排查整改，安全生产宣传教育，职业培训以及安全专项整治等方面开展大量的工作，其中开展各类检查52次，查处各类安全隐患194处、整改194处，下达整改指令53份，下达行政处罚单5份，上缴财政行政处罚金6.5万元，整改率达100%。开展各类应急演练工作、3月开展危险化学品泄漏救援演练、6月开展防暴恐突发事件应急演练、9月开展防自焚应急救援演练，12月开展加油站失火救援演练。

【宣传教育】 年内，加大学习宣传力度，推动安全生产工作，加强新《中华人民共和国安全生产法》学习，在“全国第15个安全生产月”活动中，以“强化安全发展观念，提升全民安全素质”为主题，认真组织相关单位，开展宣传教育活动；发放宣传资料1200余份，悬挂横幅20条，设立展板15套。深入8乡1镇、73个村委会以解答疑点、发放宣传单的形式开展安全知识宣传，扩大宣传面，提高群众的知晓率。积极参与综治、普法等其他宣传活动，不断加大宣传力度，提高宣传效果。发放宣传资料2000余份，设立展板24套次、共悬挂横幅20条。为进一步加强安全生产宣传工作，时刻提醒人民群众的生命财产安全，从安全生产年度专项经费支出5万元订购安全生产宣传资料。为能够更好地预防道路交通事故隐患发生，县安委办出资12万元对318国道仁布辖区危险路段增设双面安全警示标牌8块，由县安监局、交警队和曲水养路段三家单位共同选点架设。

【危险化学品】 年内，认真吸取全国各地爆炸事故的经验教训，严格落实《零散成品油销售审批制度》《汽车实名登记加油制度》和零散成品油销售审批制度、汽车实名登记加油制度，切实加强公共安全管理和安全生产工作，县安监、公安、商务、消防等部门开展全县危险化学品专项检查14次，查处安全隐患18处，下发整改指令10份、行政处罚2份、整改18处，整改率为100%。提高易燃易爆、危化学品运输、销售单位的安全责任和安全意识，有效预防安全事故的发生。

【烟花爆竹专项检查】 2016年，由县安监局牵头，联合县公安局、工商局、公安消防及各乡（镇）、各职能部门配合，针对烟花爆竹经营、销售、贮存、运输进入旺季非法经营活动可能抬头的情况，严格按照区、市相关要求，认真抓好烟花爆竹销售领域的专项活动。打击非法经营。仁布县有烟花爆竹零售店4家，做到单独门面，专人专销，杜绝三合一现象，实行季节性销售，平时安全生产许可证上缴到安监局办公室，确保烟花爆竹有效管控安全。

【安全检查】 年内，由安监局牵头，组织消防大队、公安治安大队协助对全县范围内的人员密集场所进行安全检查，重点检查对疏散通道、安全出口、安全指示标志和应急照明等人员疏散设施完备情况，监控设备、灭火器材等安全设施的运行等情况，全年共开展安全生产检查10次，查处隐患120处，下发整改指令10份、整改率为100%。主要存在线路陈旧破损、消防器材配备不齐全、学生安全意识淡薄等问题，要求各单位限期内全部整改，整改率100%。同时宣传普及人员密集场所有关安全防范事故的知识，使广大人民群众掌握安全知识，增强自保、互保意识，提高防灾避险能力，营造良好安定的社会氛围。

年内，对全县建筑施工领域开展大检查8次，发现安全隐患20处，停工整改4家施工企业，下发行政处罚单3份，行政处罚3家施工企业，共处罚金6.5万元。针对检查中发现的安全隐患和安全生产违法行为，提出切实可行的整改意见，安全隐患整改率达100%。

年内，开展道路交通排查整治工作，开展危险路段的排查治理，严厉查处各类道路交通违法行为，及时消除隐患，联合县公安、交警等部门对仁布县318国道沿线和乡村道路开展道路交通安全隐患排查大检查共16次，共排查隐患16处，下达整改指令10份，现已整改完毕，整改率达100%。

年内，与水利、国土、环保、安监等相关部门到8乡1镇针对采石采砂非煤矿山进行安全隐患大检查4次，共排查隐患20处，下达整改指令20份。

【职业病防治】 年内，开展全县各行业领域职业宣教和排查工作，加强对企业粉尘危害专项治理行动，共排查统计职业病危害治理企业项目申报数157家、作业人员355人，完成统计重点行业职业卫生基础建设达标率数据。

【安全培训】 年内，加大对企事业单位负责人和管理人员职业健康专业培训力度，进一步夯实仁布县企业安全生产基础，为进一步加大职业健康培训工作力度，督促县城内非煤矿山、危化品企业、建筑施工等主要负责人和管理人员参加自治区安排的职业健康培训，提高仁布县企事业单位职业健康管理水平。

【安全生产】 年内，按照“党政同责、一岗双责、失职追责”要求落实责任。将安全生产继续同社会发展、维稳工作一并纳入县、乡两级党委、政府中心工作目标进行考核，规范管理。对考核对象工作职责和目标任务进一步加以说明和细化。年初，组织召开全年安全生产部署会议，逐级签订《仁布县2016年度安全生产目标责任书》到户到人，明确考核措施和办法，有效传达工作压力和责任。根据人事变动，及时调整充实县、乡（镇）、村安委会（领导小组）组成人员，确保工作的连续性。严格落实安委会联席会议和专题会议制度。2016年召开联席会议1次，专题会议4次，工作会议4次，制订印发《仁布县安全生产事故应急预案》，并指导各乡（镇）制订重大节日、消防安全等相关应急预案。为确保安全生产有人管、有人抓，各乡（镇）和村委会都配齐配强安全监管员，其中乡（镇）安全监管员9人，村委会安全监管员73人；推动安全生产工作有效开展，提供人员保障，生产安全事故按期联网直报率达到100%。

【指标控制】 2016年，县安全生产总的目标是“两个确保”。即确保全县无重特大事故发生，确保全县安全生产事故死亡人数不突破地区安委会下达的（3人）控制指标。

全年共发生各类安全生产事故7起、其中道路交通事故4起、建筑领域事故3起，发生事故中无人员死亡。死亡人数和事故起数同比2015年分别下降100%和22%，严格控制地区下达的指标任务。

（阿　珍）

【领导名录】

局　长　孙　　明

副局长　旦增扎西（藏族，5月免）

副局长、主任科员

阿　　珍（女，藏族，5月任）

副主任科员

次仁拉姆（女，藏族，8月免）

仁布县国家税务局

【概况】 2016年，仁布县国家税务局人员编制5

人。全年共组织收入4466.52万元，比2015年同比增长94.39%，增收2168.78万元。

2015—2016年全年收入情况对比

表1 单位：元

征收项目	2016年	2015年	增减额	增长率
收入	44665180.88	22977441.16	21687739.72	94.39%
税收收入	43383956.48	22164759.78	21219196.70	95.73%
增值税	18988453.47	5494847.48	13493605.99	245.57%
营业税	7002677.37	10671249.56	-3668572.19	-34.38%
企业所得税	5094989.70	4136799.57	958190.13	23.16%
个人所得税	439170.87	311791.99	127378.88	40.85%
资源税	2206.45	448.82	1757.63	391.61%
城市维护建设税	1790932.32	1131582.14	659350.18	58.27%
印花税	458477.34	357239.88	101237.46	28.34%
耕地占用税	9607048.96	60800.34	9546248.62	15700.98%
非税收入	1281224.40	812681.38	468543.02	57.65%
教育费附加	759917.99	484797.03	275120.96	56.75%
地方教育附加	514781.41	323195.35	191586.06	59.28%
税务部门罚没收入	6525.00	4689.00	1836.00	39.16%

【优化服务】 年内，开展便民办税春风行动。深入大街小巷，送去《房地产交易环节》《营改增相关文件内容》《小微企业税收优惠政策》及“三证合一”办税指南等最新税收优惠政策。截至年底，仁布县国税局发放宣传资料2000余份，纳税人咨询人数达500余人次。深入推进网上申报和批量扣税义务，网上申报推行户数达16户。开展简并征期业务，为个体工商户减负。

【“营改增”工作】 5月1日，全面推行“营改增”工作开始，仁布县国税局将各项工作全面围绕“营改增”全面启动。借助仁布县广播媒体、微信平台等宣传此次大改革；借助“税收宣传月”、综治宣传日等宣传时点宣传“营改增”相关政策；制作简单速懂的“营改增”政策手册、“码”上知道营改增政策二维码宣传手册以及致全国“营改增”纳税人的一封信宣传手册，下户一对一地发放与讲解；在办税服务大厅设置“营改增”政策咨询岗；并积极组织了牵涉营改增纳税人进行宣传及培训，累计培训纳税人328余人次，培训率达100%。

【耕地占用税清理】 根据日喀则市国家税务局下发的《日喀则市国家税务局关于开展2015年度耕地占用税清理工作的通知》要求，在县委县政府的大力支持下，采取多项措施对2015年辖区内的耕地占用税涉税事项进行了清理。截至年底，仁布县国税局共入库耕地占用税960.70万元。

【企业所得税汇算】 2016年5月，仁布县国税局开展企业所得税汇算清缴工作，共有137家企业进行汇算清缴，查账征收7户，核定征收130户，企业所得税预缴收入385万元，补交税款18.73万元，退税5.16万元。仁布县国税局此次对辖区内所有企业进行了汇算清缴，做到“全员参与，该退退，该补补”，全面规范企业所得税汇算清缴工作。

（贡觉朗杰）

【领导名录】

局　长　顿珠平措（藏族）

副局长　秦青娜（女，7月任）

纪检组长

贡觉朗杰（藏族，7月任）

仁布县工商行政管理局

【概况】 2016年，仁布县工商行政管理局现有5名干部，全部为党员，其中大专学历1人，本科4人，平均年龄34岁。截至2016年11月，仁布县市场主体共计1347户，注册资金68996.4万元，从业人员20369人。同比分别增长21.7%、58.7%、59.3%。

2016年，深入推进“12315”“四个平台”建设，以市局“12315”指挥中心为主线，以县、乡（镇）消费维权联络站为支点，拓展消费维权网络覆盖面，延伸维权触角。2016年，工商局在8乡1镇将“12315”维权站点发展到21个，联络员20人，工商义务监督员8名；全年受理消费者投诉3次、受理消费者咨询12件，为消费者挽回经济损失0.02万元，投诉受理率和调解率为100%。

【规范市场】 年内，仁布县工商行政管理局推进市场监管方式改革，打造法治工商。把好市场准入、市场交易、市场退出三大环节，督促形成“市场自律、工商监管、群众监督”三位一体的市场监管模式。2016年，仁布县工商局进一步加大执法检查力度，联合有关部门开展文化市场专项整治、节日市场专项整治、烟花爆竹市场专项整治、流通领域商品安全专项整治、农资市场专项整治等一系列专项整治活动，共出动执法人员130人（次），出动车辆20台（次）、检查市场主体户780户（次），审批商业广告38条；注重办案程序，2016年共结办各类案件9件，罚没款0.875万元，召集县公共服务、银行、通信行业等8家公用企业召开整治公用企业限制竞争和垄断行为突出问题约谈会议。对企业经营中存在的问题提出了具体整改要求，签订《仁布县公用企业诚实守信规范经营承诺书》8份，营造了公平有序的市场环境及公证权威的执法环境。

【打击传销】 年内，工商局高度重视打击传销工作，在打击传销工作立足本地实际，制订切实可行的工作方案的同时，明确打击传销和禁止参与传销的工作职责，主动联系县综治委、公安局开展联防联打打击传销工作，建立齐抓共管的工作机制，并成立打传工作领导小组，先后与辖区8乡1镇的第一责任人签订工作责任书。2016年，工商局开展打击传销专项整治行动3次，出动执法人员14人（次），宣传发放打击传销材料150余份。

【商标注册和招商引资】 年内，为更好地服务当地经济发展，加大对招商引资企业的扶持力度，截至11月初为仁布县招商引资企业的注册登记提供全程服务。高度重视商标培育发展工作，积极宣传打造品牌产品，截至11月初，仁布县商标申请总量达30件（新增12件），其中有效注册商标29件，自治区著名商标1件。

【工商登记制度改革】 年内，仁布县工商局深入落实“一条例、五规章”，高效率地完成了企业年报信息公示工作。通过主动提早介入年报工作，通知企业在网上申报，为年报公示工作提前打下基础；针对个别企业、个体户及农专不懂汉语或电脑的情况，工作人员分时、分段上门通知到工商局申报年报；针对无法取得联系的商户，工作人员联系当地乡政府或村委会通知商户完成年报。在克服人员少、任务重的情况下，同步完成数据清理、换发新版营业执照以及年报公示工作。2016年，仁布县企业、农专年报率均为100%，个体年报率达到99.9%，该项成绩得到市局领导的高度赞扬及肯定。2016年12月1日，注册发放第一张个体工商户“两证合一”营业执照。为今后更好地完成年报信息公示工作，工商局开通“仁布县工商行政管理局”微信公众平台，加大对“年报公示”及企业“五证合一”个体工商户“两证合一”等制度政策的宣传力度，为今后更好地开展各种工作打下良好的基础。

【个体非公有制经济组织党建工作】 年内，工商局充分利用登记注册平台，健全和完善个体私营经济党组织和党员情况，基本数据已建立档案录入经济户口，全面准确掌握个私非公有制经济党组织和党员的数量规模、分布等情况。截至11月5日，仁布县非公经济党组织（党支部）发展到9个，非公党员发展到4名。

（晋美旺久）

【领导名录】

局　长　达　　瓦（藏族）

副局长　次吉拉姆（女，藏族）

仁布县旅游局

【概况】 仁布县旅游局为全县行政管理部门，2016年，行政编制3人。其中正科级2人，科员2人，具体职能为负责仁布县辖区的旅游规划、管理和监督工作。

2016年，仁布县游客接待量83278人次，增长3.6%，实现旅游收入393.1万元，增长4%，旅游业作为仁布第三产业带动经济发展的作用越来越明显。随着仁布旅游交通的改善，以及旅游宣传的进一步加强，越来越多的区内外游客愿意来到仁布，探索后藏“宝藏”，体验仁布独特的民俗风情，仁布游接待人数与旅游综合收入进入高速增长期。

【景区开发】 年内，《仁布县旅游发展总体规划及雍泽绿观相湖、强钦寺、普纳民俗村三大节点规划设计》，通过了上级业务部门终审。编制嘎布久嘎生态民俗村乡村旅游试点规划、筹备编制仁布县“十三五”产业精准扶贫规划（文化旅游）。成立“仁布县雍泽绿观相湖景区开发建设领导小组”，完成各项前期工作。

主要建设游客服务中心、旅游商品销售厅、吸氧室、新建神湖观景台和公共厕所、车辆检修室、垃圾回收池，以及进行环境整治和实施亮化、引水等附属工程。截至年底，投资644万元的游客服务中心项目已完成初验；投资6706.2万元的景区道路已全线贯通（全线近长20 公里，分为三期）；景区部分道路绿化正在实施当中；景区地勘和地质灾害评估报告和环评报告都已完成。

【生态民俗旅游村开发】 嘎布久嘎生态民俗旅游村紧邻318国道沿线，地处仁布火车站附近。该景区的建设不仅能拉动乡村旅游的发展，更是仁布县以雍泽绿观相湖景区开发建设为重点的旅游产业发展不可或缺的组成部分之一，项目建设对完善旅游景点布局，弥补拉萨—日喀则“318”国道沿线景点空白都有极其重要的现实意义。截至年底，已完成项目前期各项工作和招标的相关手续，已投入400万元打造景区建设，游客服务中心主体建设及景区基础设施建设已完成终验，并将全县8乡1镇的旅游商品陈列在嘎布久嘎民俗村仁布县特色旅游商品展销厅内，并已评为国家AAA旅游景区。

【旅游工作推进情况】 年内，为推进旅游产业大发展，形成大规模，县旅游局积极响应仁布县“旅游富县”这一战略，加大景区推介力度。2016年8月，旅游局邀请新媒体采风行的二十多家媒体和记者，分别对嘎布久嘎、青稞酒场、聚宝石材和雍泽绿观相湖景区进行采风和报道，并且作为人民网的头条进行宣传报道，取得了一定的成效；西藏仁布神湖旅游开发有限责任公司，筹备景区后期运营和市场对接的各项工作。积极申报雍泽绿观相湖国家AAAA级旅游景区。截至年底，已完成强钦寺和嘎布久嘎生态民俗旅游村AAA级国家景区的评定工作；加大景区宣传力度，拍摄仁布县旅游宣传片，成功举办首届仁布“玉女杯”旅游形象大使赛；加大旅游纪念品的研发工作，在嘎布久嘎生态民俗村新设仁布县旅游商品展销厅；编制嘎布久嘎生态民俗旅游村乡村旅游扶贫试点规划；配合上级部门和规划公司进行“十三五”旅游规划项目的调研工作；康雄乡亚德民俗手工业项目开工建设，截至年底，已完成主体工程的60%；顺利完成“128”活动旅游接待工作；参加市旅发委举办的旅游执法培训和考试，为下一步景区旅游执法奠定基础。

【树立环保理念】 在景区景点进行生态环境的调研，在规划中编制了环保篇章，在开发建设过程中严格环评报批程序，邀请自治区环保厅的相关领导到现场指导，同时严格要求施工企业严格按照环境保护要求进行施工，指定弃物堆放点、降尘措施、草坪移植、生活和施工垃圾的及时处理，在施工过程中根据实际需求加大了环境整治资金量，动用项目预备费和向本级财政申请资金，共投入40余万元来恢复景区植被和环境整治，在景区完成自验后请自治区环保厅进行终验。

（德　西）

【领导名录】

局　长　扎西泽措（女，藏族）

副局长　扎西平措（藏族）

中国石油天然气股份有限公司西藏日喀则销售分公司仁布加油站

【概况】 加油站占地面积为3810.6平方米，分三个区域：库区、生活区、加油区。库区配有6个能容量30立方的油料储存罐，1号罐和6号罐用来储存20号柴油，3号罐和4号罐用来储存92号汽油；生活区配有6套职工宿舍；加油区配有办公室、配电室、便利店、储藏室等用房，加油机4台8把加油枪。2016年，实有员工4名，中共党员1名、一般员工3名。

【加油站经营情况】 2016年，加油站共销售成品油4150吨，润滑油销售汽机油80公斤、柴机油50公斤、防冻油30公斤。

【安全管理】 年内，严格贯彻落实“安全第一、预防为主”。每天24小时安排值班巡逻检查各重点部位，把安全工作放在议事日程。加强实名制登记，按照“谁主管、谁负责”的原则，认真执行“三条红线”HSE管理体系。在职工中树立“有安全就有一切”的思想，杜绝各类事故发生，确保加油站平安。年内，职工无人身事故，无非法生产性事故，实现了安全生产责任书确定的管理目标。

【理论学习】 年内，认真学习“标准站创建要求”“加油站管理规范”等规章制度，不断提高员工素质，熟练掌握操作技能使每一位员工都成为合格的职员。

【强化演练】 年内，组织工作人员、驻加油站监管员、便民警务站共同演练4次，通过演练对处置突发事件应急救援得到有效方式方法，提高员工突发事件应对能力，尤其是使用消防器材方面。

【隐患排查、消除安全】 为了长期稳定，全面稳定的工作思路，加油站组织工作人员对本加油站内加油机、库区、加油现场、危线路进行全面排查整治1次，通过整治加油站无安全隐患工作得到有效保障。

（拉巴扎西）

【领导名录】

站　长　拉巴扎西（藏族）

社会事业

仁布县民政局

【概况】 仁布县民政局属正科级单位，核定行政编制4人，领导职数3人。2016年，有干部职工13人，其中正科级干部2人，副科级3人，科员2人，事业人员3人，工人1人，公益性岗位1人、临时工1人。县民政局负责全县城乡低保、城乡医疗救助、五保供养、老龄和孤儿管理工作，双拥优抚安置、残疾人事业、救灾救济、婚姻登记管理、基层政权建设、勘界、区域地名管理等工作。

仁布县“五保”集中供养中心和居民家庭经济状况核对中心为县民政局内设的事业机构，副科级建制，事业编制4名。五保集中供养服务中心配有院长1名，工作人员7名（其中公益性3人、临时工4人）。主要负责集中供养“五保老人”的生活起居等工作。居民家庭经济状况核对中心主要负责县人民政府授权范围内机关、事业、企业（国有）单位申请救助居民家庭状况的收集、比对、核查等工作，同时对全县申请救助的低收入家庭经济状况进行核查认定，加强与有关部门的沟通与协调，建立信息比对联合机制，落实低收入家庭的各项决策部署。

【城乡低保】 2016年，仁布县共有农村低保家庭1363户5046人，城市低保224人，低保家庭人口占全县总人口15.10%。全年共发放农村低保金422.33万元，城市低保金57.07万元。为进一步规范低保工作，民政局严格按照《自治区民政厅关于转发〈西藏自治区城乡最低生活保障审核审批办法〉（试行）的通知》精神，以及自治区、市关于全面推进阳光低保的工作要求，践行“两学一做”进一步细化城乡低保操作程序，完善收入核定办法，全面核查城乡低保家庭经济状况，重点把好“两个关口”，严把“入口”，全面落实低保审核审批办法，做到管理对象和管理地域百分之百全覆盖；畅通“出口”，开展专项核查。7月，以政府办名义印发《仁布县践行“两学一做”规范最低生活保障政策落实工作实施方案》的通知，启动低保全面核查工作。为确保核查效果，采取以乡镇核查、县民政审核的方式，开展有针对性的核查工作。截至年底，累计核销不符合条件的农村低保对象1021户4098人和城市低保对象142户213人，做到应保尽保、应退尽退，动态管理、阳光操作。

【城乡医疗救助】 年内，进一步贯彻落实医疗救助工作机制，简化程序，加强医疗救助制度与新型农村合作医疗和城镇居民医保制度的衔接，切实发挥医疗救助的及时性和有效性。资助城乡低保家庭参加城镇居民基本医疗保险和农村合作医疗。加强城乡低保、农村“五保”、重点优抚对象和边缘特困对象医疗救助，使全县城乡特困群众就医难问题得到有效缓解。截至年底，城乡医疗救助共551人次，共支付医疗救助资金247.32万元。

【临时救助】 年内，在落实社会救助工作时，民政局实行人性化的社会救助。创新社会救助模式，改被动救助为主动救助。坚持“先救助，后手续”的原则，及时有效地救助流浪乞讨人员及城乡居民困难家庭。2016年，共救助流浪乞讨人员27人，2650元，因突发性灾害导致家庭生活困难的城乡居民，予以临时救助，切实解决群众的燃眉之急。2016年，共救助困难家庭364人次，共发放救助资金107.8万元。

【残疾人福利事业】 年内，加强对残疾人社会福利保障，解决残疾人生活自理和家庭经济困难问题。2016年，共发放残疾人困难残疾人生活、重度残疾人护理两项补贴资金154.5万元，有效改善残疾人家庭的生活质量。为确保“两项补贴”工作顺利进行，对全县残疾人家庭逐户上门宣传残疾人“两项补贴”申领程序、办法和补贴标准。针对符合条件的残疾人，由乡镇民政助理员和村委会开展办理申请工作，方便残疾人对象就近办理；同时，对于行动不便的残疾人对象，提供上门办理服务。加强与县财政局，沟通协调，规范工作流程，确保“两项补贴”政策落实到位。

【高龄老人服务工作】 年内，提高老龄人员补助慰问的标准和频次，加强老年服务工作人员和服务机构的管理和教育，加大资金投入，提高服务水平，从软硬件多方面着手，确保仁布县老年服务工作健康稳步科学发展。及时发放高龄保健补贴。在“三大”节日期间对仁布县179个低保家庭高龄老人，兑现老年人两项补贴金10.74万元。为2015年的326个寿星老人兑现健康补贴资金11.81万元；并且进行亲切问候，让这些高龄老人切实感受到党和政府对他们的深切关怀。“五保”供养工作进一步规范。严格按照区、市、县关于做好“五保”集中供养的系列部署和要求，结合仁布县养老工作特点和实际，做好集中、分散供养“五保老人”相关工作。根据五保对象的个人具体情况，由五保对象自行选择供养方式，对自愿入住敬老院且符合集中供养条件的及时办理入院供养，对选择分散供养的，不做硬性强求，灵活解决“五保户”的生活保障问题。截至年底，全县共有“五保”对象66人，县福利院集中供养43人、分散供养23名；2016年1月开始，“五保”供养标准从每人每年4400元提高到4740元，每人每年增加340元。联合县消防大队、安监局开展五保中心安全隐患排查专项行动，开展火灾应急逃生自救演习、教灭火器使用方法、开展安全教育进五保中心活动日，确保“五保老人”的生命财产安全。

【村务监督组织建设】 2016年，全县共有村务监督委员219人，发放村级监督委员务工补151.986万元，保障了村务监督委员的权益，发挥村务监督的职责，充分调动村委监督委员的工作积极性。结合村干部素质能力提升教育活动，加强对村委监督委员进行素质能力提升培训；对全县各行政村村务、财务进行公开透明化，树立村委会清正廉明的形象。

【双拥优抚安置工作】 年内，加强拥军工作力度，军、警、地共建进一步巩固，“八一”建军节期间，由县委、县政府统一为驻军部队和农村优抚对象进行节日慰问。2016年，为9名重点优抚对象发放因公致残抚恤补助8.2万元；发放农村籍60岁以上退伍军人老年生活补助金8.7万元。接收仁布籍退役士兵2名，发放家属优待金及自主择业一次性生活补助14.8万元。为全县退役士兵就业提供帮助，2016年与县消防大队联系帮助一名退役士兵加入到消防辅警。联系达热瓦驾驶技能培训学校，利用资金27580元为2013年以来退伍的7名无驾照的退役士兵报名驾驶培训，帮助他们解决就业问题提供有力保障，全县自谋职业人数占符合安置人数的90%以上。

【防灾救灾体系】 年内，加强防灾抗灾工作沟通协调机制，协调各乡镇防抗灾工作领导小组，及时对各类自然灾害受灾情况进行核查上报，组织群众开展自救，采购防抗灾物资并及时发放，健全完善县、乡、村三级自然灾害应急预案。做好防抗灾物资筹备工作，扩大救灾物资筹备力度。2016年，仁布县救灾仓库已筹备600条棉被、500套棉衣、246件防寒衣、646双棉鞋、606件毛毯、200条藏被、140顶帐篷、青稞4万公斤。2016年根据8乡1镇受灾情况和地理位置，将救灾结余资金51万元分配给各乡镇。五月底，利用救灾资金84万元，为各乡镇发放冬春生活口粮救助。2016年汛期，仁布县各乡镇遭受了不同程度的自然灾害，及时把所有灾情报送至国家自然灾害信息系统，并按照县委、县政府要求对重大灾情发生地进行实地查看安抚灾民生活，共计资金52.4万元。“7·9”然巴乡山洪泥石流灾害，紧急调用县救灾物资储备库发放救灾物资：帐篷4顶、折叠床16张、雨靴50双；利用民政救灾资金及时购买棉被30床、煤气灶6台、煤气罐6瓶、大米10袋、面粉10袋、糌粑12袋、解决柴火资金5600元。

【婚姻登记】 为提高婚姻登记，民政局加强对婚姻登记员业务培训，安排婚姻登记员参加上级业务部门组织的业务培训，并通过案例分析、互相探讨等形式开展学习，让婚姻登记员熟悉婚姻法律、法规以及其他相关政策，做到融会贯通，从而提高办事效率和服务质量。2016年，共办理结婚登记288对，离婚登记31对，补办结婚登记40对，查询婚姻记录26次。为做好婚姻登记工作，通过开展形式多样的婚姻法律法规宣传，切实强化《中华人民共和国婚姻法》和《婚姻登记条例》等相关政策法规在牧民群众中的普及率，提高群众对结婚必须进行登记制度的法律认识。

（胡 婷）

【领导名录】

局 长 群 培（藏族，2月任）

副局长 旦增巴姆（女，藏族，5月任）

尹文平（1月任）

五保集中供养中心院长

林立新（11月任）

仁布县人力资源和社会保障局

【概况】 仁布县人力资源和社会保障局于2010年在仁布县人事局和仁布县劳动保障局的整合下形成。为仁布县人民政府的职能部门。2016年，仁布县人力资源和社会保障局在编干部职工共17人，其中行政编制3人，参照公务员管理编制6人，事业编制8人。正科级2人，副科级1人，科员6人，专技人员8人，公益性岗位1人，共产党员12人。

【基本数据库动态管理】 年内，动态管理仁布县就业困难人员、零就业家庭、高校毕业生、农牧民富余劳动力、农牧民就业意愿及高校毕业生基本信息。2016年，仁布县建档立卡贫困人口就业人数为330人。截至年底，仁布县高校毕业生共计40人，其中未就业高校毕业生21，已就业高校毕业生19人。

【劳务输出】 通过各部门、各乡镇、各驻村工作队走村入户以及短信平台、网络平台等形式，全方位地宣传就业及再就业相关政策措施，做到家喻户晓，人尽皆知。2016年，全县劳务输出完成26787余人次，劳务创收8294.16余万元。

【实用技能培训】 2016年，共完成11批培训任务，共培训510人，培训合格率达到98%以上，投入培训资金达到103.7元。其中向市级输送汽车驾驶、藏式装修、汽车维修、厨师、电工培训等实用技能培训学员87人，培训合格率达92%；县级开展三期建档立卡贫困农牧民装载机、挖掘机技能培训150人，投入培训资金43.2万元，培训合格率达100%；借助市财政局驻派查巴乡驻村工作队的力量，从市人社局争取到35名挖掘机就业培训名额，就地组织开展培训，培训合格率达到100%；举办康雄乡酥油花制作技能培训班，培训农牧民群众50人，其中建档立卡贫困人员25人，投入培训资金10万元，创收15万元，增加培训人员每人每年收入达2.7万元；举办普松乡箱子制作技能培训班，培训农牧民群众25人，均属建档立卡贫困人员，投入培训资金8.5万元，创收18万元，增加培训人员每人每年收入达2.3万元；举办康雄乡细褐羊毛加工技能培训班，培训农牧民群众25人，其中建档立卡贫困人员15人，投入培训资金7万元，创收20万元，增加培训人员每人每年收入达3万元；举办康雄乡翠玉加工技能培训班，培训农牧民群众15人，其中建档立卡贫困人员11人，投入培训资金6万元，创收15万元，增加培训人员每人每年收入达2.5万元；举办德吉林镇藏靴制作技能培训班，培训农牧民群众52人，其中建档立卡贫困人员20人，投入培训资金7万元，创收15万元，增加培训人员每人每年收入达2.3万元；举办然巴乡藏药、藏香加工技能培训班，培训农牧民群众36人，其中建档立卡贫困人员21人，投入培训资金8万元，创收25万元，增加培训人员每人每年收入达2.3万元；举办德吉林镇卡垫制作技能培训班，培训农牧民群众20人，其中建档立卡贫困人员11人，投入培训资金8万元，增加培训人员每人每年收入达2.3万元；举办查巴乡玉石雕刻技能培训班，培训农牧民群众15人，其中建档立卡贫困人员7人，投入培训资金6万元，增加培训人员每人每年收入达2.1万元。

【就业培训】 年内，开展就业培训宣讲会11次，参与人数1500余人，就业培训报名人数达22636人，职业介绍420人次，发放各类就业宣传手册2100余册。

【社会保险】 年内，严格贯彻落实国家社保惠民政策，全方位组织宣传，年初对全县9个乡镇基层社保经办人员及人社专干进行业务培训，确保2016年社保工作的顺利开展。截至年底，城乡居民养老保险实现参保人数为16748人，征缴养老保险基金172.35万元，基金征缴率100%，完成任务率101%；职工养老保险实现参保人数为235人，征缴养老保险基金306.9万元，基金征缴率100%，完成任务率135%。2016年，城镇职工医疗保险参保人数达到1548人，征缴基金1533.09万元，征缴基金率达到100%，任务完成率121%；城乡居民医疗保险参保人数达到632人，征缴基金30.3万元，征缴基金率达到100%，任务完成率101%。2016年，仁布县生育保险参保人数为1237人，征缴基金89.6万元，基金征缴率100%，任务完成率119%。2016年，仁布县工伤保险参保人数为1427人，征缴基金43.8万元，基金征缴率100%，任务完成率110%。2016年，仁布县失业保险参保人数为817人，征缴基金126.3万元，基金征缴率100%。

【职称评聘】 年内，仁布县人事人才工作紧扣县域经济社会发展大局，创新载体，强化职能，为仁布县经济社会快速发展构筑坚实的人才保障和智力支撑。围绕实现机关事业单位有序运转，深化人事制度改革，努力构建科学配套、严格规范、公平公正、充满活力的人事人才管理体系。开展办事员晋升科员工作。2016年全县共有办事员38人，符合晋升科员的有28人，组织相关单位对符合晋升条件人员进行民主测评和考察、考核、审核、审批等工作。开展事业专技人员职称评聘工作。2016年，仁布县晋升初级专业职称共5人、中级专业职称共7人。推进公务员职务与职级并行制度，在县委组织部、县人社局等单位抽调精干力量，设立仁布县机关公务员职务与职级并行制度工作办公室。开展公益性岗位人员清理核查工作。2016年全县在编在岗公益性岗位人员共152人，其中新招录人武部民兵仓库保管员3人，提交市人社局办理替换手续12人，因病辞职2人。

【劳资纠纷案件处理】 2016年，人社局成立“温馨调解室”，共受理各类劳资纠纷12件，结案12件，涉及人数140人，涉及金额240.466万元。

【农民工工资】 年内，仁布县人社局联合县住房和城乡建设局、水利局、交通局、国土局、公安局和信访局等部门对全县53个在建房屋建筑工程和各类基础设施工程项目的所有建设单位和施工企业从劳务用工管理情况、工程款拨付情况、农民工工资发放情况、施工现场维权信息公示牌是否完善方面进行“双拖欠”隐患排查，及时排除隐患。

年内，加强与工资保证金监督管理委员会成员单位间的沟通与协调，同时做好仁布县区域内开工建设项目的统计工作，确保各建设项目都准时、足额缴存民工工资保证金；工资保证金收取、退还情况。人社局根据市统一要求设立农牧民工工资保证金专户，落实工资保证金制度，在人员和制度上严格按照规定履职尽责。建立缴存、退还明细账目，保证每一笔保证金都收缴、退还都有账可查，心中有数。截至年底，共征缴22家工程承建企业民工工资保证金额153万元。

【党建工作】 2016年，人社局集中学习《中国共产党廉洁自律准则》《中国共产党纪律处分条例》习近平总书记系列讲话等重要文件16次，开展践行“三严三实”，做“四讲四有”合格党员等专题讨论10次，观看历史教育片5次，撰写心得体会9次。

【党风廉政建设】 2016年，仁布县人社局开展党风廉政和反腐败学习教育活动12次，开展专题讨论8次，撰写心得体会10次；严格资金管理，防范资金运行风险：就业专项资金的使用，建立就业资金申报台账，严格遵照“三重一大”规定，对就业专项资金的使用情况定期开展自查，制订《仁布县就业专项培训资金管理办法》；社保资金的管理，财务出纳、会计明确分工，按照规定开设银行账户，定期开展城乡居民基本养老保险待遇领取人员信息认证工作。

（王　蕾）

【领导名录】

局　长　曾　涛（2月免）

副局长　阿旺扎西（藏族，2月主持工作）

　　　　加　布（藏族）

仁布县民族宗教事务局

【概况】 仁布县民族宗教事务局有编制5人。截至年底，仁布县有汉族1060人、回族12人、彝族1人、苗族1人、白族1人、东乡族1人、土族2人、羌族1人、萨拉族1人、蒙古族1人。辖区内有18座寺庙，191名僧尼。

2016年，民宗局深入学习贯彻落实中共十八大历次全会和中央第六次西藏工作座谈会精神，中央民族工作会议和习近平总书记系列讲话精神，牢固树立“治国先治边，治边先稳藏”的重要战略思想，以宗教领域和谐稳定作为工作的重点，紧紧围绕县委中心工作，认真贯彻执行党的民族宗教政策，创新寺庙管理体制机制建设，全力推进寺庙“六建”“九有”“六个一”活动，取得了可喜的成绩。

【产业扶贫规划】 2016年开始少数民族发展资金项目与精准扶贫整合以后，民宗局及时编制“十三五”少数民族发展资金产业扶贫规划，申报“十三五”期间产业扶贫项目50个，申请资金达5000万元。

【民族团结宣传】 年内，根据中央第六次西藏工作座谈会精神，中央民族工作会议和习近平总书记系列讲话精神，特别是习近平总书记在西藏自治区成立五十周年大庆活动提出的“加强民族团结、建设美丽西藏”题词精神，充分利用3月综治宣传月和9月民族团结宣传月契机，在全县范围内大力开展民族团结“七进”等一系列民族团结宣传活动，使“三个离不开”的思想深入人心，截至年底，共印发民族团结“七进”藏汉双语宣传单6000余份，民族团结知识问答宣传手册1000余份，在318国道和县城主要路口和街道长期宣传民族团结口号，营造良好的宣传气氛。

【民族团结创建】 年内，民宗局紧紧围绕“共同团结奋斗共同繁荣发展”的民族工作奋斗目标，创新工作方式方法、丰富内容，创新载体，严格按照评选办法，采取自上而下、逐级推荐、好中选优、综合平衡的办法评选模范集体和个人。2016年，县委、县政府表彰的模范集体10个和模范个人15名，共发放表彰奖金11万元，并推荐市级模范集体1名、模范个人1名。

【灾后重建】 受“4·25”地震影响，仁布县7座寺庙受到不同程度的损害，其修缮补助资金为310万元。截至年底，7座寺庙除了强钦寺以外均已完工。召开“4·25”地震宗教活动场所灾后恢复重建项目推进会议，明确项目实施单位责任和义务，强调重建项目相关工程资料收集、归档工作，对资金和帐要求做到专款专用、专人负责，账财分开等详细要求。灾后重建工作已于2016年年底全部竣工，并通过县级验收。

【法治进寺】 年内，为进一步提升广大僧人的民族意识、公民意识、法治意识，祖国意识，推进社会主义法治社会步伐，结合仁布县法律“七进”和“六五普法”活动，在全县18座寺庙中开展多次法律进寺庙活动，重点学习宣传党的民族政策和宗教政策、民族自治政策，党的利寺惠僧政策，关于加强和创新寺庙管理及利寺惠僧政策措施等。2016年，民宗局协同公检法开展11次寺庙法治宣传教育活动（各寺管机构法治宣传）。

【“九有”和“六建”】 年内，民宗局协同县委统战部和相关部门，深入开展寺庙“九有”“六建”“六个一”等工作，及时调整充实驻寺干部，建立健全工作制度，“九有”“六建”“六个一”等工作持续深入推进。全县18座寺庙，“九有”“六建”覆盖率100%。9月，对所有在编僧尼进行免费健康体检，建立健康档案。12月，组织县卫生院义务人员在仁布县18座寺庙，开展送医送药活动，价值18万元。截至年底，广大僧尼参加养老保险率达100%，95%已列入城镇低保。

（金巴群培）

【领导名录】

局　长　尼　　春（女，藏族）

副局长　金巴群培（藏族）

　　　　索朗德吉（女，藏族）

仁布县卫生局

【概况】 卫生系统现有1所县医院，1所疾控中心，9所乡镇卫生院，68个村卫生室。现有医务人员93名，卫生服务中心在编制人数43名（包括藏医院和疾控中心），中级5名，初级21名，员级17名；各乡镇在编制人数50人（技术人员41人，其中公益性岗位22人）；县卫生局现有工作人员6名，1名局长，1名副局长，1名副主任科员，2名科员（一名借调），1名驾驶员，负责协调全县的卫生综合工作。

2016年，1—5月全县村医总人数为144人，村医补助兑现总金额为709700元；6—12月全县村医人数为140人，村医补助兑现总金额为931000元。全年为农牧民发放2万余元常用药品；配合县委、县政府及市局开展“128”活动，投入资金达55652.7元；深入开展健康扶贫工作，让全县建档立卡贫困人口42户、58人享有更好的医疗服务，截至年底，已有5户、7人脱贫。截至年底，各乡镇卫生院药品总额达2259243.64元，过期药品金额达13472.23元，过期药品平均控制率0.59%。

【农牧区合作医疗】 2016年，农牧区医疗管理覆盖率达100%，群众自愿集资5793户、32553人，集资率达100%，家庭账户计算机建账率达100%。截至年底，全县医疗基金总额达28233310.87元，其中2015年结余13253293.47元，2016年划入资金14980017.40元，其中利息38190.40元，2016年农牧民个人筹集651060.00元。2016年，仁布县农牧区医疗管理基金分配为大病统筹基金占总基金的63%，2016年划入大病统筹基金9680389.00元；家庭账户基金占总基金的30%，2016年划入门诊家庭账户基金4296996.00元；门诊统筹基金占总基金的5%，2016年划入门诊统筹金716166.00元；医疗风险基金占总基金的2%，2016年划入医疗风险基金286466.40元。

截至年底，仁布县家庭账户基金支出人数达70605人，金额达3465407.02元；大病统筹基金支出人数达1559人，金额达8390835.10元，门诊统筹基金支出人数达32606人，金额达358105.35元。

【队伍建设】 年内，制订县级培训计划。2016年，通过国家级上级业务部门安排培训、自行选派培养等方式，仁布县共有管理人员参加区内外培训9人次；县卫生服务中心内科、放射科、药剂科、妇产科、五官科、护理部、藏医科等科室的医护人员培训21人次；乡镇卫生院技术人员培训65人次，村级技术人员培训150人次，为仁布县医疗卫生事业科学发展奠定坚实的基础。

【妇幼工作】 截至年底，已完成免费孕前检查数为357例和出生缺陷干预项目目标数134例，同时出生缺陷求助项目250例，2016年5月完成幼儿血样采集、报送及录入等工作任务。严格把关“四权分离”的资格确认和资金发放工作，2016年符合条件的“一孩、双女”户困难家庭扶助对象共449人，其中半边户扶助对象9人；特别扶助对象94人，扶助资金共计62.316万余元；加强计划生育药具管理工作，严格把关药具需求量计划申请和出入库登记、发放使用登记和不良反应监测等工作，全面提升药具管理和服务水平。仁布县药具应用率达98.7%，使用药具人数占综合节育措施人群的68.4%，药具有效使用率达99%，药具计划发放率达到99.9%，随访率达到90.6%，药具报损控制在1.15‰左右。切实提高仁布县妇女儿童的健康水平，降低仁布县孕产妇死亡率和婴儿死亡率，加强乡镇卫生院妇幼卫生管理与技术服务培训，为乡镇卫生院和县妇产科配发婴儿防辐射保温台，加大幸福工程—救助贫困母亲项目的实施，努力提高贫困母亲收入。2016年孕产妇艾滋病初筛人数为177人，结果均为阴性，梅毒检测人数为177人，结果均为阴性，乙肝检测人数为177人，其中乙肝表面抗原阳性3例，占1.7%。

2016年全县产妇总数为626人，活产总数为616人，住院分娩人数为613人，其中乡级住院分娩人数为276人，县级住院分娩177人，上级住院分娩人数为160人，家庭分娩1人，途中分娩2人，总住院分娩率为99.5%，产检检查覆盖率为98.4%，其中5次以上产检检查率为89.2%左右，孕产妇系统管理率为87.8%，高危孕产妇管理率为99%，婴儿死亡率9.7‰，5岁以下儿童死亡率为2.0‰，孕产妇死亡数1例，死亡率为162.3/10万。全年共发放叶酸580瓶，服用叶酸人数为320人，服用率为51.9%，服用依从总数为160人，服用依从率为65%，知晓人数为230人，知晓率为85%，随访叶酸服用率为85.3%。育龄妇女总数为10520人，其中已婚妇女9732人，建卡率达96%。3岁以下儿童保健手册建册率达100%以上，2016年儿童营养包发放数为3900盒，有效服用率为98.9%以上。从2016年1月1日起农牧民孕产妇住院分娩奖励（护送等整合）补助为1050元。截至年底，已发放奖励补助人数为383人，总资金兑现为407530元。

2016年，计划生育服务总数为1368人，其中上皮埋术626例，取环术171例，上环数233人，取皮埋术338人，常规妇科检查数170人。

【鼠疫防控和监测】 年内，为切实做好拉日铁路沿线及仁布县鼠疫疫源点防控工作，加强动物间鼠疫监测工作，2016年4—10月动物间鼠疫流行季节，切洼乡、然巴乡、查巴乡、仁布乡、姆乡、康雄乡共检出24匹病死旱獭，县疾控中心鼠防业务人员严格按照鼠疫强毒实验室生物安全操作要求，取材标本送往市疾控中心，并现场进行快检初筛工作。其中然巴乡卓村、德米村、查巴乡曲参村病死旱獭内均检出鼠疫菌。2016年度被列为新的鼠疫疫源点，有效控制鼠间鼠疫疫情，未发生动物间及人间鼠疫，监测总面积达560公顷，监测次数达53个。“128”活动前，在然巴乡、帕当乡、切洼乡、查巴乡等鼠疫疫源点和拉日铁路沿线为重点扎实开展保护性灭獭工作，总灭獭面积达456公顷，投药灭獭堵洞数达1200个，堵废弃洞803个。

【包虫病筛查】 年内，为确保仁布县包虫病现场流调工作的顺利进行，8月30日起，由黑龙江省疾病预防控制中心高飞科长，哈尔滨市第二人民医院超声室许祥丽主任和齐齐哈尔医学院附属第二医院超声室白连杰医生等，在县卫生局领导和医务人员的协同下，深入到德吉林镇强钦村、然巴乡然巴村、空江村、嘎珠村入村入户开展包虫病现场流调工作。截至年底，累计完成基本情况调查问卷83份，包虫病防治知识和行为问卷193份；犬粪采集83份；超声检查833人次，其中，筛查出阳性病例2人；收集病例个案调查信息1份。

【卫生监督检查】 年内，强化督导，卫生监督协管工作初显成效。按照卫生监督协管工作要求，疾控中心对各乡镇卫生监督协管员进行卫生监督培训工作，培训覆盖率达100%；2016年公共场所卫生、生活饮用水卫生、学校卫生、医疗卫生等实施监督户次数96次，合格户次数96次，监督合格率100%。其中，公共场所被监管单位有理发店3家，宾馆1家、招待所5家、自来水公司1家、淋浴店2家等共有13家。应监督户数13户、实监督户数13户，监督覆盖率100%。

【精神病障碍患者筛查】 2016年8月，黑龙江省精神病综合防治医院专家组到仁布县开展重症精神病患者筛查诊断及复核工作，共筛查患者24名，为推进仁布县重症精神病患者医疗救治和管理服务工作，提供技术支持，为后期精神卫生工作的开展建立了良好的基础。

【医疗救助脱贫】 年内，国家扶贫办和自治区卫计委办公室“因病致贫、因病返贫”调查对象为153户，666人。6月15—29日对标有疾病的153户，666人进行检查。在666人中患有93种疾病的人数为181人。2016年未包括在国家调查范围内，但有疾病的人数为34户，34人。市扶贫办和市卫计委、县脱贫攻坚指挥部下发的“仁布县2016年脱贫计划医疗救助措施情况明细表”中确定的医疗救助对象人数为58人，42户涉及7个乡镇、23个行政村。县卫生局按照上级部门的要求，2016年11月8日再次组织这58人统一接送、安排住宿，在县人民医院进行体检，一户一档、一人一卡，精确到户、精准到人。该58人，42户新农合覆盖率达100%，参合率达100%。

【卫生惠民】 年内，根据上级卫生部门的要求，组织县卫生服务中心骨干力量，采取走村入户的方式进行农牧民免费健康体检并建立健康档案，为农牧民群众身体健康保驾护航。2016年，共完成城乡居民物理体检34494人、全项体检34494人，同时11月底为仁布县42户、58人建档立卡医疗救助对象进行免费体检，共花费3万余元。贯彻落实自治区党委、政府为民办“十件实事”的惠民政策中关于在编僧尼健康体检的指示，于5月4—11日对全县18个寺庙的193名在编僧尼进行免费健康体检，体检率达100%，并于12月中旬协同县民宗局开展了在编僧尼免费送医送药活动，共计18万余元。2016年8月，县卫生局邀请北京武警总医院5名专家对全县8乡1镇1100人余人进行全面的免费筛查，筛查于8月5日全部完成，完成率达100%。通过专家的精心筛查确诊患有先心病的8人（年龄段2.5岁~52岁），其中6名患者于9月22日统一赴北京武警总医院接受正规免费治疗。5月6日，对全县6个月以内出生的42名婴幼儿开展先天性髋关节发育不良筛查活动，筛查出5名疑似病例。

（仁　增）

【领导名录】

局　长　米　　玛（藏族，12月免）
　　　　尼　　仓（女，藏族，12月任）
副局长　德　　庆（女，藏族）
　　　　群　　培（藏族）
疾控中心主任（副科）
　　　　拉巴普赤（女，藏族）

仁布县食品药品监督管理局

【概况】 仁布县食品药品监督管理局于2015年7月正式从县卫生局独立出来，成为正科级单位，为县政府职能部门，现有工作人员6名，1名正科级局长，1名副科级副局长，1名科员，2名事业编借调，1名大学生西部志愿者。

截至年底，覆盖食品经营单位807家，零售药店3家，乡镇卫生院9家，县卫生服务中心1家，个体藏医诊所2家，化妆品零售店3家，食品加工小作坊12家，种养殖基地8家，餐饮服务单位329家（包括小型饭馆、藏餐、烧烤店、茶馆），学校食堂14家，食品流通环节478家（包括超市、批发市场、菜店），食品生产单位1家（达热瓦青稞酒厂）。仁布县食药局监管对象共计807家。

【监管工作】 7月27日，食药局正式启动“两证合一”模式，对全县从事餐饮服务、销售食品的经营行为都将发放全统一的食品经营许可证。截至年底，已有251家餐饮单位，181家流通单位申请办理新食品经营许可证，换发证达422家；在餐饮服务许可审查中，严格把好餐饮行业准入门槛，每一次审批都必须到现场进行检查，指导仁布县小型餐饮店进行规范化整改，并在办理新证后向经营者发放食品流通、餐饮制度；加大零售药店合理规范工作，对仁布县三家药店（紫丹玛、旭康、雪康）严格监管，完善档案资料。截至年底，已对所有的餐饮服务单位、药品生产经营企业和使用单位实现建立档案全覆盖，并对现有食品经营许可证的422家食品经营单位进行了档案整理。

【药品不良反应】 年内，食药局严格按照市局下达的通知精神与县卫生局沟通，把药品不良反应纳入全局工作的核心，实行奖惩制度，截至年底，在各乡镇卫生院和药品经营企业、个体诊所传达上级文件精神，并要求有专兼职人员收集、上报药品不良反应监测工作。2016年，仁布县上报不良反应网上录入报告30份，其中县卫生服务中心10份，各乡镇卫生院21份，努力完成市局交办的年度工作任务。

【网格化管理】 2016年，食药局注重发挥政府领导、部门协同、县乡村联动、社会共治的作用，构建全方位、多层次的食品药品监管机制，推动食品药品监管“网格化”格局的形成。报请县政府与各乡（镇）、各医疗器械经营单位、中小学食堂及相关单位签订《仁布县食品药品安全目标责任书》，将食品药品安全纳入全县深化改革内容以及对各乡（镇）和相关部门的年度考核体系中，并将食品药品安全列为各乡（镇）及相关部门的工作重点。解决执法人员不足及基层无脚的问题，实行县、乡（镇）、村三级食品药品“网格化”监管模式，明确工作职责，从乡镇卫生院公共卫生人员中确立2至3人承担食品药品安全监管职责，举办食品药品安全协管员培训班，充分发挥100名协管员的协管作用，并向上级部门为协管员争取部分酬劳。

【专项整治】 年内，开展春季、秋冬餐饮安全“护校行动”，重点对全县中小学校、幼儿园及周边的食品经营单位进行综合治理。全年检查学校食堂共76次，立案查处学校食堂0家，发放各类宣传资料5000余份；开展食品安全突击专项整治活动以及小餐饮和学校（幼儿园）食堂等餐饮服务专项整治24次。截至年底，累计出动执法人员270人次，车辆28台次，监督检查食品生产加工企业、餐饮服务单位、食品流通企业、药品及医疗器械经营使用单位755家次，化妆品经营使用单位12家次，没收并销毁过期食品药品价值14083.62元，发出责令改正通知书33份。开展药品安全专项整治，对辖区内1家卫生服务中心和9个乡镇卫生院、2家个体藏医诊所、3家药品经营单位进行全面排查药品、药械安全隐患，对出售、使用医疗器械的单位检查“医疗器械经营许可证”、使用及回收情况，对检查中发现的问题，督促进行了整改。与餐饮服务提供者负责人签订《重大活动餐饮服务食品安全责任书》2份，完成重大活动食品安全保障4次仁布县江嘎尔藏戏文化旅游节期间食品安全保障，中小考期间食品安全保障，中共仁布县第九次党代会期间食品安全保障。“128”活动期间食品安全保障。

【普法宣传】 年内，利用“五下乡”“食品安全宣传周”“全国安全用药月”等契机，在全县范围内广泛宣传，在县政府及县佳木斯广场悬挂宣传横幅，发放食品药品安全宣传资料并接受农牧民群众现场咨询，开展覆盖全县范围的食品药品安全普法、宣传活动，共发放藏汉双语宣传资料、手册、海报、普法读本2000余份，印有食品药品安全知识的纸杯、扑克1200余个，惠及群众3000余人。

（董小雪）

【领导名录】

局　长　普　琼（藏族）

副局长　扎　措（女，土族）

仁布县文化广播电影电视局

【概况】 2016年，仁布县文化广播电影电视局共有干部职工44人，党员13人，其中行政编制3人；专业技术人员11人；工勤人员5人；公益性岗位20人；临时工6人。2016年，县文广局认真贯彻落实市委、市政府的工作部署，以打造“现代公共文化服务体系”为总体目标，制订“十三五”文化事业和产业发展规划的同时，扎实开展“基层文化提升年”“文化品牌推进年”和“文化市场创优年”三大主题年活动，文化工作呈现了新突破、新成效、新亮点。

【文化工作】 年内，构建现代公共文化服务体系，制订出台《仁布县文广局关于加快构建现代公共服务体系建设的实施方案》及《仁布县基本公共文化服务实施标准》，确保每一项工作落到实处。截至年底，仁布县现代公共文化服务体系建设工作已全面展开。对各乡（镇）文化设施作用发挥情况进行专项整治，对现有设施设备、人员、经费管理使用情况进行监督检查，清理个别乡（镇）文化站设施设备挤占挪用问题，对部分乡（镇）文化站设施闲置和作用发挥不明显的要求立行立改。推进县综合文化活动中心，各乡镇文化站免费开放工作。

【文化场馆管理】 2016年，全面推进仁布县综合文化活动中心，各乡（镇）文化站免费开放工作。截至年底，仁布县已经建成县级文化活动场所两座，分别为县综合文化活动中心和县影剧院，两个活动场所丰富了全县群众文化生活。同时，建成乡（镇）综合文化站9个，行政村农家书屋73个，寺庙书屋18个，完成行政村、寺庙全覆盖。为规范管理，文广局分别与各乡镇签订《乡镇综合文化站建设管理目标责任书》，要求各乡（镇）、寺庙做好免费开放工作，接纳群众、僧尼，发挥基层文化场馆的作用。同时结合农牧民生活生产实际需求，为各农家书屋添加新书，增加农牧民群众喜闻乐见的新书，有力的丰富群众文化生活。

【文化“三下乡”】 年内，深入贯彻区、市、县《关于开展文化科技卫生"三下乡"活动的通知》，开展文化“三下乡”活动。累计发放人文、科技等类别图书1000余册，音像制品100余套，报刊600余期；送电影下乡村放映电影800余场次；组织开展全县文艺演出活动4场，民间艺术团走进乡村开展文艺演出活动60余场次，组织各乡（镇）开展文化活动60余场次。通过“三下乡”活动，不断提高农牧民增收致富的技能，拓宽眼界，丰富业余生活。同时支持各村开展自发性的群众文化娱乐活动，给予一定的资金补助，如“3・28”西藏百万农奴解放纪念日活动，“三八”妇女节活动，“望果节”活动等。

【“村村通”“户户通”】 年内，结合“村村通”设备长期闲置的实际，文广局派出专业技术人员对全县现有72座“村村通”设施设备及附属设施进行全面检修，再现“村村通”工程的活力和魅力。同时排查“户户通”工作，通过为群众更换卫星电视接收设备，达到“户户通”工程不留死角。

【非遗保护】 2016年，文广局更加重视非物质文化遗产的保护管理和申报工作。首先是聘请专家对仁布县非遗进行挖掘，然后通过申报自治区级、市级和县级非遗，达到非遗的保护和传承。截至年底，文广局申报成功有国家级非遗1个，即江嘎尔藏戏，自治区级非遗3个，分别为喇嘛玛尼说唱、酥油花技艺、玉石雕刻技艺，县级非遗10个，分别为佳蒋筘子制作、六弦琴制作、糌粑加工、细褐羊毛、夏娜雄雄、扎西谐钦、萨达藏戏、萨嘎藏戏和强钦藏戏。

年内，对所有非遗项目进行收集整理。在统战、民宗等各部门各乡（镇）的配合下，抽调专人对各级非遗进行统计整理，并通过拍摄照片视频、制作教学资料、发放宣传册等手段，促进非遗技艺的传承和发展；及时兑现非遗保护传承人补助资金。通过奖励措施，非遗传承人得到物质保障，大大提高传承人保护和传承非遗的积极性；大力宣传非物质文化遗产保护工作，深入各非遗所在乡镇进行非遗的保护宣传；鼓励非遗项目的申报及保护传承。

【嘎布久嘎寺维修】 年内，受“4·25”地震影响，仁布县嘎布久嘎寺受损严重，在县委、县政府的大力支持下，文广局向上级申报，截至年底，嘎布久嘎寺84.4万元的维修资金已下达批复，由发改委负责组织实施。

【新闻出版广播影视工作】 年内，深入宣传习近平总书记系列重要讲话精神、党中央治国理政新理念新思想新战略和治边稳藏重要战略思想在西藏的成功实践，增强群众对伟大祖国、中华民族、中华文化、中国共产党、中国特色社会主义的认同。围绕党的十八届六中全会、自治区第九次党代会、自治区“两会”、市委一届五次全委会、县委第八次党代会等重要会议、重大活动和重要时间节点，全面开展舆论宣传。仁布县自办台共播放仁布新闻412期、1648条；向上级新闻媒体上传新闻210条，采用65条；制作播放专题片10部，并多方收集资料，循环播放各类宣传资料10多部（条），《仁布新闻》微信客户端关注用户达1452人，累计发布各类新闻讯息120期、460条。同时，为提高自办频道记者业务能力，文广局经常性选派记者到区、市两级新闻媒体单位参加培训，取得了良好实效。年初，国家新闻出版广电总局已通过关于申请成立仁布县广播电视台的请示，并已下发批复，文广局正筹备，并将于2017年7月19日前正式挂牌成立仁布县广播电视台。

【党建工作】 年内，文广局与县委组织部签订党建目标责任书，将党建工作目标具体化，按照县委要求切实做好党建工作。同时高度重视党建工作，全年4次召开专题会议，对党建工作作出安排部署；为增强全体党员干部理论基础和提升思想素质，2016年，县文广局累计组织各类党员学习活动48次，主要学习中共十八大系列会议精神，习近平总书记重要讲话等。同时，上半年和下半年文广局分别进行一次党课学习，由第一责任人主持进行，全体党员干部深受鼓舞，争做一名合格的共产党员，立志做一名优秀的共产党员；党的活动的经常性开展。2016年文广局按照“三会一课”内容，经常性开展党内活动。定期召开支部党员大会、支部委员会、党小组会，按时上好党课，健全党的组织生活，严格党员管理，加强党员的思想教育工作。

（袁小龙）

【领导名录】

局　长　李志民（5月任）
副局长　德　央（女，藏族）

仁布县农牧局

【概况】 2016年，仁布县农牧局共有在职干部20名，其中行政干部3名（局长1名、副局长2名）专业技术人员17名（高级职称1名、初级2名、技术员14名）。2016年是实施“十三五”规划的开局之年，也是开展“精准脱贫”工作的攻坚之年。仁布县农牧局认真贯彻中共十八届三中、四中、五中、六中全会和全区农村经济工作会议精神，以“两学一做”学习教育活动为指导，按照保增长、上台阶、重民生、增合力的总体思路，以“涉农强农惠农”为契机，以提高粮食综合生产能力、发展现代农牧产业、促进农牧民增收为首要任务，以加速推进农牧业产业化、加强农牧业基础设施建设、深化农村改革、保障农牧产品质量安全、切实解决民生问题为核心目标，始终把稳定发展粮食生产、稳步提升畜牧产业和振兴农村经济作为工作方向，各项农牧业工作取得良好成效，继续保持稳定发展的良好态势。

2016年，仁布县农牧局高度重视“三农”工作，按照市政府、市农牧局的总体部署和仁布县农牧业发展各项目标责任书的具体要求，对仁布县农牧业生产总体目标任务进行细化分解，使各乡镇、涉农部门工作年初有目标、年终要达标，为完成农牧业各项工作任务提供组织保障。贯彻落实各项支农、惠农举措，促进农牧业的稳定发展、农牧区的全面进步、农牧民的持续增收。

【粮食丰收】 2016年，仁布县耕地面积5.97万亩，仁布县的粮、经、饲种植比例调整为76.2：19.7：4.1的结构，即粮食作物4.75万亩（青稞4.25万亩，小麦0.24万亩，豌豆播种面积0.26万亩），占总播面积的76.2%；经济作物1.01万亩（油菜0.7万亩，蔬菜0.31万亩），占总播面积的19.7%；饲草料0.21万亩，占总播面积的4.1%。经济作物产量核产，2016年粮油总产量1237.02万公斤，粮油单产226.5公斤（其中粮食作物产量1104.2万公斤，比2015年增加38.5万公斤；油菜产量133万公斤，比2015年增加17.52万公斤；蔬菜产量468.4万公斤，比2015年增加112.32万公斤；饲草料产量303.3万公斤，比2015年减少91.5万公斤。

【良种推广】 2016年，在市、县两级政府的大力支持下，仁布县实施良种推广工程，良种推广总面积为4.25万亩，良种覆盖率达71.2%，其中“藏青2000”1.96万亩和“喜拉22号”1.5万亩，引进青稞良种37.5万公斤，其中引进藏青“2000”10万公斤，“喜拉22号”26.5万公斤，藏青“320”1万公斤，群众自筹“藏青2000”和“喜拉22”36.875万公斤，建设“藏青2000”二级种子田1600亩，继续引进脱毒马铃薯良种，成功示范推广高产脱毒马铃薯2400亩。

【规范养殖】 2016年，仁布县新生仔畜头27267（只、匹）、成活数25738头（只、匹）、成活率94.3%，截至年底，牲畜出栏8179头（只），其中短期育肥2100头（只）。适龄母畜72383头（只），成畜死亡1510头（只），死亡率0.9%，畜牧业形势良好。猪肉产量3.1吨、牛肉产量0.78吨、羊肉2.2吨，奶产量366.03（吨），仁布县积极完成岗巴羊藏系绵羊养殖任务，2016年内完成任务为6000只。草原生态保护补助奖励机制资金兑现3560615.67元，草原监督员资金兑现216000元。

【项目建设】 年内，仁布县实施续建项目2个，总投资为400万元，即姆乡和帕当乡青稞生产基地建设项目，新建项目5个，总投资为1360万元，其中2015年人工种草项目，投资为300万元，截至年底，已全部建设完成；2016年青稞生产基地建设2000亩，投资为400万元，截至年底，完成40%；2016年6个乡镇农牧综合服务中心建设项目，投资480万元，正在招标；2016年标准化肉牛肉羊养殖项目，投资150万元，待招标；2016年农技推广体系补助项目，投资30万元，截至年底，已完成30%。

【防灾工作】 2016年，仁布县政府制订农牧业各类自然灾害应急预案，为及时处理自然灾害指明了方向。截至年底，农牧局库存防抗灾饲料12吨，饲草共140吨，各乡镇库存饲草共82.1吨，（其中然巴乡40.1吨、帕当5吨、康雄乡10吨、查巴乡6吨、切洼乡3吨、姆乡5吨、仁布乡3吨、德吉林5吨，普松乡5吨、县库存57.9吨）；农牧民储备饲草料32500吨、青饲料4992吨。

【惠农政策】 根据市农牧局关于印发《日喀则市农牧系统开展强农惠农资金使用突出问题专项

整治工作方案的通知》文件要求，通过国家和自治区不断加大农机购置补贴政策实施力度，仁布县各种农机具覆盖率约达80%，2015年农机购置补贴项目国家共投资650万元，其中第一批500万元，第二批150万元，计划购买农机具600台、部，牵涉国家补贴300.15万元，截至年底，已发放落实农机具672台、部，其中，动力机械52台，作业机械367台。主要机具有拖拉机共4076台，小型拖拉机配套农具694台，农用排灌柴油机7台，割晒机56台，背负式割晒机1792台，机动脱粒机2744台，农用运输车129辆，种子精选机7台，种子包衣机7台。

【动物疫病防疫】 年内，为切实做好仁布县动物疫病免疫工作，建立有效的免疫屏障，仁布县组织兽防技术人员在全面防疫的基础上，把重点放在交通沿线和城镇郊区，按照“县不漏乡、乡不漏村、村不漏户、户不漏畜、畜不漏针、针不漏量”的防疫原则，建立免疫卡，彻底消除免疫死角。接羔育幼工作开展良好，截至年底，未发生任何重大疫情，2016年，共防疫161598头（只）牛羊和538头猪，其中牦牛14963头、黄牛13340头、犏牛6890头、绵羊79526只、山羊46879，免疫率达到100%。为畜牧业的健康快速发展和农牧区社会局势稳定做出了贡献。

【科技培训】 年内，农牧局根据上级农牧部门要求，通过资金、技术、人才和物资等多种形式，逐步加大对仁布县的科技培训力度。仁布县结合自身实际情况，开展“农业科普病虫害防治”、农牧业科技下乡培训、基本草原划定、乡（镇）兽防人员及村级防疫员培训和农业实用技术、种养殖培训等活动，举办县级培训班3期，实地培训及各类业务培训20余期，发放资料2000余份；通过各种方式培训农牧民约5000人左。

【精准扶贫】 2016年是“精准脱贫”工作的开局之年，为做好精准脱贫工作，为实现农牧业产业“三位一体”的发展思路，致力于提高群众思想素质，并着力转化干部群众滞后的思想观念。以开展“两学一做”学习教育活动为契机，积极征求群众对农牧业发展和致富增收好的意见建议，同时也让群众从中感悟到思想的转变。截至年底，精准扶贫工作已落实生态草原监督员1725人。申报产业建设项目7个，总投资5900万元。

【党风廉政建设】 年内，认真落实党委主体责任，将党风廉政建设和反腐败工作与全局重要工作，做到一同谋划、一同部署、一同落实。制订《2016年党风廉政建设责任制》和《2016年仁布县农牧局党风廉政建设和反腐败工作任务分工的通知》，认真贯彻落实县纪委会议、文件精神，要求全局干部职工必须具备“政治意识、大局意识、核心意识、大局意识”四种意识，明确2016年党风廉政建设工作的重点和要求，规范党风廉政和反腐败工作硬性约束。先后3次开展惠民资金落实情况专项检查。有效防止党员领导干部私设“小金库”等不良现象发生。结合“两学一做”认真组织党员干部学习中央“八项规定”、《中国共产党章程》《中国共产党廉洁自律准则》《中国共产党纪律处分条例》和《党政机关厉行节约反对浪费条例》等相关规定；在日常工作中经常与干部开展谈心交心提醒活动；组织党员干部观看《镜鉴》《作风建设在西藏》《管好身边人》等警示教育片。

【党建工作】 年内，为提高党员素质，加强理想信念教育，按照县委、县委组织部统一安排，农工党支部高度重视，进行认真研究，周密部署，在农工党支部开展“两学一做”学习教育活动。在整个活动中，支部每个党员认真开展专题研讨共计6次，撰写心得体会30余篇、研讨材料16余篇、发言材料20余篇，党员领导干部讲党课4次，安排支部党员干部开展“结对认亲”活动，结成帮扶对子42户人，每周集中一次集体学习，每个党员摘写学习笔记不少于1.3万余字。在活动中党员干部不仅能做到自己积极发挥先锋模范作用，而且带动了身边的干部职工。为使农工支部建成一个高效、团结的党支部，重点抓四个方面工作：抓教育，解决端正局党员干部思想认识，振奋精神状态问题；抓实事，增强工作的责任感和敬业感；抓领导，使作风建设取得明显成效；抓落实，强调政令畅通，及时召开民主生活会，党员干部积极发言，开展批评和自我批评。

（姚锦刚）

【领导名录】

局　长　拉巴顿珠（藏族）

副局长　刘克国

　　　　林　雁（女）

　　　　达娃旦珍（女，藏族）

农牧综合服务中心主任

　　　　张宝平（黑龙江援藏，7月免）

　　　　韩　阳（黑龙江援藏，7月任）

农牧综合服务中心副主任

　　　　伍金次旺（藏族）

仁布县科学技术局

【概况】 仁布县科学技术局属政府部门正科级行政单位，于2010年10月成立，并与仁布县科学技术协会合署办公（2011年成立）。2016年，现有干部职工人数3人，党员2人，（正科级1人、专业技术人员2人）其中行政在编人员1人，事业在编人员2人（农牧综合服务中心在编人员）。

【重点项目】 推广优质马铃薯新品种引进及高标准种植示范项目，项目总投资80万元。引进优质马铃薯种子，在仁布县进行大面积推广和再繁殖繁育并广泛开展农牧民科技培训，提高农牧民科技文化素质和生产技能，有效推进农牧业增产增收。

【科技特派员】 2016年，仁布县有146名农牧民科技特派员，科技特派员生活补助，按照6000元/人标准发放全年，邀请自治区农科所采取集中分批培养，在养殖、种植等方面为加强对科技特派员和乡镇科技干部工作者的培训累计兑现资金87.6万元，截至年底，已全部发放到位。

【“三区”人才管理】 年内，充分使用“三区”科技人才，通过“三区”人才下乡调研及技术指导活动，并与群众手把手，传授科学种养殖技术互动的方式，把先进的农业科技送到农牧户，把实用的农牧业科技科普技能普及到每村，把农牧业产业化发展的新理念传授给农牧民群众，并培养一批懂科技、善经营的农牧民群众。2016年培养农牧民群众3000人次，培训科技特派员7次。

【仁布县中学科技馆】 2016年，在上级部门的大力支持和县教育部门的积极配合下，2016年9月，中学科技馆正式开馆。县中学科技馆设立在县中学内，场馆面积100余平方米，科技馆内现有20多件展品，集数、理、化、天、地、生等基础科学原理内容，内容涉及生命科学、环境科学、材料科学、航天技术、能源技术、信息技术等十几个科学领域知识。从中学科技馆成立以来，协会制订了仁布县中学科技馆管理制度、挂立门牌、送去500份科普书籍。每月至少组织青少年学生在科技馆参观两次，每季度开展参观活动6次，参观人数达到1900余人次。自从科技馆使用以来，让学生不仅近距离感受到科技的魅力，拉近学生与科学的距离，而且认识到科学的重要性，也为学生学科学、用科学、爱科学打下坚实的基础。

【科普宣传】 年内，利用科技活动周、全国科普活动日、“五下乡”等重大活动，深入全县8乡1镇发放科普宣传资料共计60多种，5000余份，发放种植技术书册189余份、养殖技术书册300册，科普进校园，宣传科普知识，向学生发放科普知识材料，宣传低碳生活、节约能源、青少年预防毒品教育等常识性知识。

【科普活动站】 仁布县8乡1（镇）均建有乡级科普活动站，配有多媒体设备、科技书籍刊物、宣传栏等。采取展览、发放资料、讲座、观看影片、现场操作等形式，向广大农牧民群众宣传文明、健康、科学的生产生活方式。为广大农牧民群众提供各种种养殖技术，提高农牧民群众的科技素质和科技实用知识。

（小德吉）

【领导名录】

局 长 珍 拉（女，藏族）

仁布县扶贫开发办公室

【概况】 2016年，仁布县扶贫开发办公室核定编制4人（在编6人），脱贫攻坚指挥部实有干部12人（在编6人、抽调3人、志愿者3人）。2016年，县委、县政府认真贯彻落实区党委、政府，市委、市政府关于打赢脱贫攻坚战的决策部署，注入1700万风险保证金把脱贫攻坚作为“十三五”头等大事和第一民生工程来抓，紧紧围绕“12569”扶贫工作思路，聚全县之智攻坚克难、举全县之力脱贫攻坚，全县297户1582人实现脱贫，脱贫攻坚首战告捷。

【脱贫指标完成情况】 2016年，仁布县共计完成297户、1582人的脱贫任务，在计划脱贫任务的基础上超额完成3户、3人，脱贫户全部达到脱贫标准，2016年的脱贫指标完成率达到100.2%。

【易地搬迁】 2016年，仁布县易地搬迁任务为266户、1181人，按照搬迁户“搬得出、稳得住、能致富”的工作要求和县委、县政府提出的围绕“县区新区新建、乡镇小城镇建设来安居、来安置、来安业”工作思路，实际开工380户易地搬迁项目，开工率达到142.85%，按照工程进度拨付资金6063.87万元。截至年底，52户229人已入住新居。

【产业扶贫】 年内，县委、县政府坚持“产业第一”的扶贫理念，变被动“输血”为主动“造血”，制订产业扶贫发展规划。根据贫困村、贫困对象的实际和特点，科学谋划、合理编制仁布县“十三五”扶贫产业项目。2016年，投入1410万元开工建设产业项目7个，覆盖贫困人口678人，带动建档立卡贫困户162户352人脱贫。

【就业扶贫】 2016年，仁布县共完成11批培训任务，培训510人，投入培训资金103.7万元。通过开展“订单式”培训，成功输送87名学员到市参加汽车驾驶、藏式装修、汽车维修、电工培训等实用技能培训；组织330名建档立卡贫困人员参加装载机、挖掘机、羊毛加工、藏靴制作等就业技能培训；同时，全县2016年劳务输出26787人次，劳务创收8294.16余万元。

【教育扶贫】 2016年，仁布县教育计划脱贫181户315人，实际脱贫237人。县委、县政府多方筹集资金共计24.7万元，用作100名贫困大学生专项助学金。同时，帮助“两后生”复读2人、就读中职学校3人、吸收为村干部1人、安排务工1人。

【生态扶贫】 2016年，县委、县政府围绕打造“重要生态涵养区、建设国家公园”工作要求，坚持一人一岗，努力让有劳动力的贫困人口就地成为生态岗位人员，实现就近就便就业。2016年，全县共对接完成生态岗位7057个，通过生态岗位补偿措施，896人实现脱贫，完成生态计划脱贫的191%。

【医疗扶贫】 2016年，仁布县确定医疗救助建档立卡贫困户对象42户58人，全年建档立卡贫困户就医就诊39人次、住院1人，共计产生医疗费用2366.1元，已全部从家庭账户中核销；医疗费用14360元，按合作医疗规定报销10052元，剩余部分由民政医疗救济予以报销。

【社保兜底脱贫】 年内，全面实施社会保障政策，实现集中供养“五保”对象43人，及时发放23名分散“五保户”生活补助金10.902万元。把全县贫困人口中完全或部分丧失劳动能力的362户1279人，全部纳入社会保障兜底范围。

【信贷扶持脱贫】 2016年，县政府成立仁布县聚宝盆扶贫投资开发有限公司，设立仁布县政府风险补偿基金专户，市、县注入风险保证金1700万元，可撬动银行贷款资金1.36亿元。完成康雄乡亚德翠玉、查巴乡花岗岩石材加工、姆乡酷龙达农副产品加工等3个首批产业扶贫项目1300万元贷款受理工作；2016年，协调银行，为16户建档立卡贫困户提供小额信贷51.9万元。

【结对帮扶情况】 2016年，仁布县深入开展"4321"干部结对帮扶活动，协调1851名区、市、县单位干部职工与2317户10262名建档立卡贫困户结对帮扶，全年捐资捐物折合人民币125.45万元；同时，持续开展"百企帮百村"活动，成立"百企帮百村"精准扶贫行动领导小组，并组织召开了仁布县2016年"百企帮百村"精准扶贫行动工作推进会，组织引导8家企业与7个乡（镇）24个行政村扶贫结对，慰问总计26.13万元，帮扶项目1个，已投入280万元。

（李风兰）

【领导名录】

主　任　塔　旦（藏族）

副主任　普　琼（藏族）

仁布县林业局

【概况】 仁布县林业局2011年1月成立，2016年，单位共有干部职工3人。2016年，林业局以"围绕一个中心、突出两个重点、强化五个措施、努力开创仁布县林业发展新局面"和"建设美丽仁布"的总体思路，林业局克服人员短缺、条件简陋等多方面困难，开展植树造林绿化、资源林政管理、森林防火、有害生物防治、湿地与自然保护区管理等工作，加大林业执法力度，争取项目资金，带动农牧民群众致富，促进林业各项工作稳步有序开展。

【生态建设】 年内，完成重点区域造林169.5公顷（2542.5亩），总投资931万元。完成亮点区域造林（拉日铁路仁布段造林）147.15公顷（2207.3亩），总投资1517.5807万元。完成拉萨周边造林1999.5亩（133.3公顷），共投资60万元。筹划建设2016年防沙治沙及封育1035.01公顷（15525.15亩），总投资1264.68万元。完成92.4亩的退耕还林造林工作，并签订合同，兑现还林户政策补助资金。

【城乡绿化】 年内，投资300万元对县城新区及部分单位院区进行绿化。投资113.92万元对同江林卡进一步完善建设，水利灌溉建设等进行修复完善建设等内容。

【湿地保护】 湿地保护与发展在全区生态文明建设中占有重要地位，是仁布县构建国家生态安全体系、确保生态环境良好、建设美丽仁布的重要组成部分。为加快构建国家重要的生态安全屏障，确保仁布县湿地生态环境良好，县林业局申报争取2015年度湿地保护奖励项目，总投资500万元，建设帕当孔培湿地公园，并对仁布县湿地保护情况不佳的几处湿地构建了保护性建设。

【病虫害防治】 年内，在野生动植物疫情高发时期，针对野生动物疫情防控工作，制订详细排查计划，认真排查境内存在的盲区和隐患，并制订应对措施，及时排除隐患、消除盲区，确保范围内无死角。同时，开设举报和疫情报告电话，并安排专人24小时接受群众的疫情报告。春季造林期间，结合上级业务部门，强化对运入苗木的检疫工作，逐一对入境苗木进行苗木检疫，确保无一例有病虫苗木进入境内。

【森林防火防控体系】 年内，为加强资源林政管理工作，协调相关部门构建、完善仁布县森林防火体系，同时，加大森林防火的宣传教育，将森林防火纳入到公益林管护内容中。

【安全生产】 年内，加强林业养护安全，对林业养护过程中会涉及到的杀虫剂和肥料，统一存放有专人看管，申领时也必须严格执行申领手续，用完的药品和肥料存储罐也要及时回收，避免二次污染。在林业生产及养护过程中，有些会用到水泵、燃料等物品，此类物品会存放于专门的器械仓库，专人负责，避免不必要的安全问题发生；交通安全，林业有专门的水车司机，都是接受专业考核并录用的，能严格遵循交通安全法规，做到安全行驶。

（洛桑南木加）

【领导名录】

局　长　次旦旺久（藏族，12月免）
　　　　邹 绍 牛（12月任）
副局长　措　　拉（女，藏族）

仁布县水利局

【概况】 2016年，仁布县水利局在职人员共有9人，其中正科2人，科员1人，副科3人，其中1人长期病休，助理工程师2人，技术员2人。2016年，仁布县水利局全县水利工程开复工共计27个，其中小型项目18个、总投资1045.32万元，重点项目8个，总投资为15206.13万元（其中："4·25"灾后重建堤项目1个），总投资16251.45万元，完成投资为12493.31万元，占总投资的76.69%。农田水利维修投入县级财政400万元，汛期期间投入防汛资金50万元。

【专项建设】 切洼乡维色曲林寺、扎西林村、切洼乡奴达村、康雄乡阿村等防洪工程，康雄乡年拉村、切洼乡奴达村水塘改扩建、奴达村曲龙水塘维修、姆乡司玛村康姆水塘，切洼乡奴达村人畜饮水，查巴乡杰村水渠等10个项目全面完工，完成投资为656.12万元，占总投资62%。以上完工项目中除查巴杰村水渠、切洼奴达村防洪工程、康雄乡年拉村水塘等三个项目外，其余7个项目已完成合同完工验收（自验）。帕当乡萨达、切村、普村，切洼乡嘎布久嘎、查巴乡帮庆、德吉林泽鲁等防洪工程，普松乡咸阿、查巴乡吴米水渠新增盖板工程等8个项目因批复已下，预计2017年年底之前完工。

【重点项目】 2015年小型农田重点县项目涉及康雄乡、普松乡共11处项目点，投资为1675.15万元。于2016年3月陆续开工，完成投资100%。2016年小型农田水利设施重点县项目，工程投资为2741.87万元，于2016年8月陆续开工，截至年底，完成投资为2220.9147万元，占总投资的81%的工程量。仁布乡江嘎灌区续建配套与节水改造工程，投资为2703.33万元。该工程于6月14日开工，截至年底，完成投资2433.0661万元，占总投资的90%的工程量。仁布县农业综合开发强钦灌区节水配套改造工程，投资为1364.76万元。该项目于2015年8月10日开工，2016年3月复工，截至年底，完成投资1364.76万元，完成投资100%。帕当乡切干渠工程，工程总投资为644.99万元，该项目于4月8日开工，截至年底，完成投资为644.99万元，完成投资100%。仁布县新城区防洪堤工程，投资为2723.66万元。该工程于2016年6月26日开工，截至年底，完成投资为2260.6378万元，占总投资的83%的工程量。查巴乡贡热玛友续建配套与节水改造工程，投资为1158.72万元，该工程于8月22日开工，截至年底，完成投资为761.8696万元，占总投资的65%的工程量。查巴乡吴米多塘水土保持工程，投资为2193.65万元。该项目于10月23日开工，截至年底，完成投资为658.059万元，占总投资30%的工程量。

【灾后重建】 年内，根据仁布县灾后重建领导小组安排，落实工程的责任感，顺利实施仁布县灾后重建工程，2016年仁布县涉水灾后重建工程1个点，仁布县"4·25"地震灾后恢复重建帕当乡孔培村防洪堤坝工程，该工程投资200万元，建设内容为：新建防洪堤长2.504公里，左岸新建堤防长度1.423公里，右岸新建堤防长度为1.081公里。该工程于2016年9月开工，截至年底，已全面完成。

【冬春水利建设】 全面完成今冬明春农田水利基本建设任务，县级财政投入400万元，群众投劳折资102万元。实施水塘修复6座，加高加固堤坝4880米，修复水毁工程和维修渠道及人饮25处（座）。受益群众达1937户，11622人。

【精准扶贫】 以水利项目建设为抓手助力扶贫工作。将全县2339个贫困户生产生活用水纳入“十三五”农村饮水巩固提升工程中，全面覆盖安全饮水工程，解决4165个贫困人口安全饮水问题。全县贫困村水资源管护员、水土保持监督岗位和村级水管员、山洪灾害防治设施看护员等就业813个岗位，解决水利精准脱贫生态就业岗位需求。将小型农田水利、山洪沟治理、水土保持、小型水库、城市防洪、抗旱应急水源工程等7个大型工程列入规划，为全县2339个贫困户，10227个贫困人口脱贫打下基础。

【防汛抗旱】 年内，加强组织领导，落实防汛责任制。汛前成立仁布县防汛抗旱指挥部，由县委副书记、县长任指挥长，分管水利副县长任常务副指挥长、县直各部门、企事业、各乡镇负责人为成员的防汛抗旱领导小组。下发《仁布县人民政府关于调整充实全县防汛抗旱领导小组的通知》，各乡镇相应成立防汛抗旱指挥机构，严格落实以行政首长负责制为核心的各项防汛责任制。7月，召开两次防汛工作专题会议，安排部署防汛工作任务，层层签订防汛抗旱目标责任书。加强隐患排查，细化防汛预案。6月初，县防汛抗旱指挥部充分抓住汛前有利时机，组织技术干部，由防汛指挥部常务副指挥长带队，对全县四座水库、重点江河、堤坝、山洪易发区、在建工程，特别是在建新城区防洪工程等进行了隐患排查工作，将排查工作细化到每一个环节，将排查责任落实到每一个岗位和责任人。与此同时，为有效应对突发事件，不断细化《仁布县防汛抗旱应急预案》。各乡（镇）也接合防汛抗旱工作实际，有针对性修订防汛抗旱应急预案，县乡两级从6月1日起实行24小时值班，确保讯息畅通。加大投入力度，备足防汛物资。2016年县级防汛工作经费已落实50万元，其中安排40万元用于购买铅丝笼42400平方米，防汛袋99000条，PE管2200米，10万元用于应急抢救资金。同时，上级业务部门大力援助的铅丝笼10000平方米，编织袋20000条、彩条布3000平方米，按照各乡镇灾情情况、险情险段等实际情况，发放给乡镇用作储备，近期又争取到铅丝笼4000平方米，编织袋1万条，水泵2套，柴油发电机2套等物资。针对汛期以来泥石流等灾害，仁布县及时调用救灾物资储备库向受灾区发放急需物资，确保灾后抢修工作顺利开展。

【行政执法】 8月中旬，仁布县水利、环保、公安、安监、国土、供电等部门联合执法，有效打击了非法采砂的势头。开展一次拉网式专项整治与执法行动，进一步严厉打击仁布县雅江干支流、县域内大沟、小沟内违法采砂行为，全面清理整治全县非法采沙场，按照《日喀则地区河道采砂管理办法（试行）》，对全县22个违法采砂场下达暂停采砂通知，有效打击了非法采砂行为，确保仁布县采砂的可控状态。

（罗　珍）

【领导名录】

局　长　扎西次仁（藏族）

副局长　次仁旺堆（藏族）

　　　　唐　　波（6月任）

仁布县教育（体育）局

【概况】 仁布县现有义务教育阶段学校10所，其中初中1所，在校学生1214人，初中适龄少年毛入学率达104%，巩固率达99.6%；小学9所，在校学生3091人，小学入学率100%，巩固率100。有县级幼儿园1所，乡镇附设幼儿园6所，村级学前点57个，全县学前在园人数1007人，学前教育覆盖全县71.6%的行政村，学前两年入园率88.54%，学前三年入园率69.09%。全县专任教师362人，其中初中专任教师117人、小学专任教师207人，教师学历合格率100%。制订《仁布县推进县域义务教育均衡发展工作方案》，出台《留守儿童、三类残疾和失亲儿童关爱工作意见》《进城务工人员随迁子女平等接受义务教育办法》《仁布县中小学布局规划》《中小学校长、教师轮岗交流工作方案》《学校精细化管理工作要求》。

【党风廉政建设】 年内，落实中央“八项规定”，认真贯彻县委、县纪委的要求，签订《党风廉政建设责任书》。坚持“谁主管、谁负责”的原则，认真制订党风廉政建设和反腐败目标任务，抓好党风廉政建设和反腐败责任制的落实。成立以局长任组长，领导班子成员、各科室主要负责人为成员的教育局党风廉政建设和反腐败责任制领导小组，全面负责部署、协调、指导学校各项反腐倡廉工作。确立局长、校长是党风廉政建设和反腐败第一责任人。实行校务公开制度，将职称评审、评先评优工作、学生评优、大宗物资采购均置于群众监督之下。加强理论学习，提高政治觉悟。教育系统各党支部经常组织全体党员认真学习《中国共产党党内监督条例》《中国共产党纪律处分条例》，观看警示教育影视片，让每一名干部、党员熟知党纪条规，思想上警钟长鸣。

【教育投入】 争取国家投资，大力实施薄弱学校改造工程，陆续开工建设了33个教育基建项目，整合资金9460万元，改扩建校舍面积2.94万平方米，配套了学校附属设施，加大了学校图书配备数量，购置了体育器材、食堂卫生设备、实验仪器、安防器材等。2016年，仁布县政府在保证对教育20%的投入逐年递增不变的情况下，增加投入1500万元用于均衡发展，改变学校办学条件，缩小城乡教育差距。投入80万元激励教学成绩突出的教师，投入22.6万元资助大学生，2016年全年对教育投入3000万元。

【高度重视】 年内，县委、县政府高度重视教育工作，成立以政府县长为组长、分管副县长为副组长、相关单位为成员的义务教育均衡发展工作领导小组。建立县级领导全员参与包联系学校和县直部门包学校制度，县级领导和各部门按照联系学校工作有关要求，结合各自实际，采取蹲点、交流座谈、走访慰问、入户调查等方式，经常性深入联系点学校，帮助学校化解实际困难，提高办学水平。制订出台《仁布县级领导定点联系学校方案》。建立推进全县义务教育均衡发展工作成员单位联动机制。教育部门担负起牵头部门职责，具体谋划和组织实施义务教育均衡发展工作；发展改革部门确保教育事业与经济社会协调发展；组织部门加强教育行政干部和校级领导的管理，做好教育干部编制补充和调整工作；人力资源社会保障部门加强资源配置管理；财政部门充分发挥公共财政保障职能，为义务教育经费保障机制的落实和义务教育均衡发展提供资金支持；住建和国土部门在项目安排上给予教育重点支持，优先落实教育用地，保证中小学校的校舍和占地面积；公安等部门加强校园周边环境整治等工作；宣传部门和有关媒体大力宣传义务教育均衡发展的重要意义、先进典型和成功经验，形成全社会参与、支持义务教育均衡发展的强大合力和良好氛围；其他相关部门也根据各自职能，分工负责，全力支持，共同推进义务教育均衡发展。

【教学成绩】 年内，认真落实《仁布县教育行动三年计划》《消除“0”分计划》《消除个位数计划》和《教学管理工作制度》。2016年，仁布县内地西藏班考试，12名学生被录取到内地西藏班，内地西藏班上线率在全市排名第六。中考卷面成绩600分以上有1名学生，500分以上有24名学生。有62名学生录取到了区内外重点高中，有164名学生录取到了普通高中，有122名学生录取到了区内外中等职业学校。

【均衡发展】 均衡发展督导验收工作，是仁布县2016年教育工作的重点。仁布县4月14日召开全县均衡发展教育督导评估推进会，4月18日组成以县长为组长，相关部门参与的均衡发展督导小组，在全县10所义务学校开展义务教育均衡发展自查自纠工作。6月22日，西藏自治区过程督导组对仁布县义务教育均衡发展工作进行过程督导。经过全县各级党委政府、各相关部门和各校师生的共同努力，2016年9月28日，仁布县顺利通过义务教育基本均衡国家督导评估。

【队伍建设】 年内，全面加强教师队伍建设，提高教师队伍整体素质。印发《仁布县教育体育局师德师风建设年活动实施方案》，将2016年作为仁布县师德师风建设年。创新教师培养模式，完善教师培训体系，全面提高教师专业化水平。2016年，有91名教师完成“国培”“区培”，80名教师完成“县级培训”。重视教师职称结构。2016年有18名教师高级职称考试成绩合格，其中县中学11人；小学5人；教研员2人。其中10名教师被聘为高级职称。

【教育惠民】 加强惠民政策落地，严格管理“三包”等教育经费。严格落实“三包”“营养改善”政策及管理制度，充实和完善学校“三包”管理领导小组，加强对学校“三包”经费的管理和使用，严格落实“三包”及大型物资采购实行政府统一采购制度，加强内部审计，严把资金使用关，确保所有教育惠民政策真正落地。整合各种教育服务资源，成立综合协调办事机构—仁布县教育惠民服务中心。完善学生资助体系，加大助学力度，充实和完善助学工作领导小组。加大对贫困、失亲、残疾少年儿童和留守儿童以及学困生的帮扶力度，建立完善“一对一”帮扶机制，成立教育扶贫工作领导小组，制订《仁布县教育脱贫攻坚实施方案》《仁布县教育“十三五”脱贫攻坚规划》，加强建档立卡贫困户学生进行人员信息核实，摸清底数，做好了县域内“两后生”招生统计工作，发挥教育扶贫资源的作用，确保不让一个学生因贫失学。

【特色教育】 鼓励学校发展内涵，投入200万元，开展传统文化进校园、进课堂、进教材，实现“一校一品”目标，在校内形成以传统文化和中华民族文化相结合的校园文化特色。仁布县中学、仁布县完小、仁布县洼乡小学等学校在特色创建、学生社团等方面成绩突出，学校内涵发展水平进一步提高。2016年4月，日喀则市教育局举办的校园文化活动月中，仁布县的学生社团获得一等奖，校本教材、走廊和橱窗文化获得优秀奖。

【学前教育】 年内，积极发展学前教育，将学前教育工作同义务教育均衡发展工作放在同等位置，实行“同安排、同部署、同考核”，努力实现学前教育均衡发展。2016年6月，成立学前办，安排学前教研员，专门负责仁布县学前教育工作。深入全县所有附属幼儿园及村级学前点，掌握学前教育工作情况，解决学前点面临的各种困难。2016年，新增5所乡镇附设幼儿园，4所村级学前点。

【党建工作】 创新党建工作机制，加强党支部建设，提升基层党建工作水平。在“有利于加强党的领导，有利于开展党的组织活动，有利于加强对党员的教育、管理和监督”前提下，召开党员大会、无记名投票、举手表决、征求意见、现场监督等方式调整充实12个党支部力量。举办仁布县教育系统庆祝建党95周年文艺会演暨“两学一做”学习教育主题演讲比赛。2016年教育系统接收正式党员11人，预备党员19人，积极分子15人。截至年底，教育系统党员教职工人数达到265人，占全县教职工人数的76.8%。

（仁青罗布　索朗德吉）

【领导名录】

局　长　索　　次（藏族，1月免）
　　　　次　　平（藏族，1月任）
副局长　索朗潘多（女，藏族）
　　　　曾　　严（6月免）

仁布县藏语委办（编译局）

【概况】 2013年，县委编译室更名为县藏语文工作委员会办公室，挂县编译局牌子，从县委办公室管理的副科级事业单位调整为县政府直属事业单位，正科级建制。核定事业编制3—4名，正科级领导人数1名。2016年，现有1名办公室主任和1名工作人员，全体干部职工为党员。年内，仁布县藏语委办（编译局）认真贯彻执行新时期党和国家民族语言文字方针政策，围绕中心，服务大局，履职尽责，配合仁布县人民政府办公室主要工作，藏语文社会用字检查整改工作在县委、县政府的领导下，在区、市两级藏语委办的指导下，起步扎实，开局良好，进展顺利，圆满完成既定工作任务，2016年取得较好的成绩。

【翻译工作】 2016年，在区、市两级藏语委办的指导下，仁布县始终高度重视藏语文工作委员会办公室干部职工的政治思想认识，认真学习贯彻中共十八大、十八届三中、四中全会精神、中央第六次西藏工作座谈会精神，学习区、市、县三级一系列重要会议精神，更好地提高工作人员理论水平和政治素养。仁布县藏语委办（编译局）干部职工紧紧围绕县委、县政府的中心工作，积极发挥藏语文文字工作和编译部门的桥梁作用，克服业务人员少、工作量较大等困难，加班加点保质保量地完成县委、县政府交办的各项翻译任务及各部门的文件材料的翻译工作。主要负责县“四大班子”各种文字材料、领导讲话及转发涉农惠农、强农富农、涉僧惠寺、宣传册子、信访材料以及有关单位藏文翻译工作。截至年底，完成翻译字数已达20多万字等文件的翻译工作。指导县辖区内学习、使用和发展藏语文工作，规范使用藏语文社会用字管理。编译局主要负责人在注重所有翻译材料都保证其实效、数量的同时，始终坚持高标准、高质量、严要求的工作作风，对每一个翻译件进行审查、严格把关，确保翻译工作精益求精。

【藏语文社会用字整改】 为贯彻落实国家民族语言文字相关法律法规，规范社会用字，增强藏语文社会用字规范意识，营造规范的藏语文管理和社会语言环境，仁布县藏语委办（编译局）积极开展藏语文社会用字整改工作，努力实现藏语文社会用字整改工作稳步推进。不断提高藏语文社会用字规范化和标准化水平，为仁布县藏语文社会用字工作上更高的层次。为仁布县新词术语审定工作出谋划策，并大力推广使用，继续做好藏文软件推广工作，不断提高藏语文信息化水平。随着新词术语和藏语文信息化水平的不断更新、交替，专业编译队伍需要不断提高对业务知识的水平，以满足编译工作的实际需要。一如既往地认真完成好上级交办的翻译任务。

（索郎曲珍）

【领导名录】

局　长　米　玛（藏族）

仁布县中学

【概况】 仁布县中学始建于1974年2月，位于县城内，学校占地3.8万余平方米。2016年有27个教学班，1211名学生，教师116名，男63名，女53名，师范类104人，非师资12人，其中高级教师10人，中学一级教师45人，中学二级教师54人，员级7人。大学本科学历96人，专科学历20人。

【队伍建设】 年内，提出“一个引领、两个继续、三个抓手”的工作思路，明确地把打造特色教研品牌作为学校的特色和亮点，并以此推动学校教学质量的提升。组织新老教师汇报课、老教师示范课等活动，利用新老教师结对等，对骨干教师进行培养和引领，加快学校中青年教师的成长步伐。加快“3915”名教师工程（3名自治区级骨干教师、9名地区级骨干教师、15名县级教学能手）力度，进一步建立健全骨干教师培养体系，致力打造一支高素质的师资队伍，发挥骨干教师的示范和引领作用。

【教学成绩】 2016年中考，县中学共被上级录取学生348名，其中内地高中32人上线，2名学生自愿报内地高中并被录取；区内重点高中录取60名，区内普通高中录取164名，中职学校共录取122名。学校在全区排名中上升4位，卷面总分也实现大幅度上升，学校教学质量保持逐年提升的态势。

【德育工作】 年内，把社会主义核心价值观和习近平总书记系列讲话精神学习进入课堂、进入教室、进入头脑，使之不断引向深入；把社会主义核心价值观体系纳入到德育教育课程。在特殊的日子以主题朗诵、知识竞赛、办主题板报等形式开展爱国主义教育、民族团结教育、反分裂教育。组织广大教职工深入学习教师职业道德要求和基本规范，切实贯彻落实相关的文件精神，进一步提高教师的法律意识和师德素养。通过召开师生座谈会、学生座谈会、党员民主生活会、与师生个别谈心方式，广泛征求师生对学校领导及教育教学改革措施、方案的意见。通过开展民主评议行风活动，提高服务意识、改进工作作风、规范校务管理。

年内，仁布县中学团委开展“雷锋伴我行，关爱暖人心”活动，校园中广泛传播志愿服务理念，组织团员学生到全县范围内进行参与清扫垃圾活动、进入老人院帮助老人洗衣打扫、到邻近的缺乏劳动力的家庭帮助收割庄家等活动，积极组织开展各具特色的志愿服务活动，推进志愿服务活动的常态化。

【校园安全】 年内，仁布县中学以“和谐校园，共创蓝天，安全之责，尽在你我”为安全宣传口号，维稳工作领导小组及时制订《仁布县中学突发事件维稳应急预案》《仁布县中学校园维护稳定工作实施方案》，校内形成有43名男教师组成的白班、夜班护校队及周边环境巡逻，确保在第一时间排除任何安全隐患和不稳定因素。学校门口设立党员先锋岗，让全校党员教师起到先锋模范作用，不定期开展安全排查工作。层层落实签订安全工作责任书，明确职责任务。进一步加强学生思想教育，开展流行性疫情的联防联控，做到零出现零遗漏，规范食堂采购、贮藏、清洗、烹饪等全过程，保证学生的三餐安全。

【控辍保学工作】 年内，为确保完成学校的“三年行动计划”2016—2017学年，初中在校生巩固率达到100%的目标，初中毕业班中考参考率达到99%以上的目标，学校统计人员在开学初对各班级、各乡镇学生数进行进一步核对；进一步建立健全“控辍保学”工作机制。积极开展“控辍保学”，建立健全学生人数日报制，建立易辍生档案。

【校园活动】 年内，仁布县中学创造性地提出在学校内开展非物质文化传承工作的思路，并确定以仁布的名片——江嘎尔藏戏作为载体，在县文广局的积极协助下，加大对江嘎尔藏戏传承班的建设力度，设立江嘎尔藏戏研究室，安排专用教室进行舞蹈排练，学校在藏戏传承班的课程设置、师资安排、学员招生等方面开展了大量的工作。聘请江嘎尔藏戏专业指导教师负责传授藏戏表演技巧，负责排练藏戏曲目。同时，学校还十分注重开展藏戏传承班的实践活动，在学校“五四”文化艺术节、仁布县江嘎尔藏戏艺术节等活动中组织传承班学生进行藏戏表演，表达对来宾的美好祝愿，展现新时代中学生的风采；藏戏班还在学校政教处的组织下，每学期定期深入乡村、教学点进行慰问演出。此外，学校还十分注重仁布本土锅庄舞的编排和推广工作，创造性地采用仁布本土歌曲串烧的方式，编排了独具县中学特色和仁布风土人情的校园锅庄舞，进一步丰富了校园文化内涵。音体组的校园健美操和武术棍操也在校园内得到了积极的推广，深受师生欢迎。学校还开设民族文化课和养成教育课，安排兼职教师上课，印制了民族文化教材《魅力仁布》（藏文版）和《仁布县民间歌谣》（双语版），仁布县中学的传统文化“三进”工作得到了有效开展。

【完善教代会制度】 年内，将教师代表大会工作作为学年最重要的任务来抓，教代会不仅作为学校日常工作的监督团，而且作为学校各类重大工作制订和实施的鉴定者和参与者。每学年学校定期开展教代会征集建议活动，将教代会提出各类提案，纳入到本学年的重点工作中，召开专题会议研究讨论提案，并督促各科室及时落实相关工作。提倡教代会参与学校教育教学奖惩和教师职称评定的工作，巩固教代会工作的力度。

【学生干部队伍】 年内，仁布县中学大力推进学生会队伍的建设和管理，努力提高学生会的工作效力。发挥学生会在学校日常管理工作中的力量，要求每位学生会成员发现问题及时报告并处理，做到公正、公平、公开。学校学生会成员现有主席、副主席2名，成员24名。

【后勤保障】 2016年，学校不断完善后勤工作制度，细化管理，配备了一支业务过硬、工作负责的工作队伍，上至校级领导，下到普通员工，不断强化服务意识，提高办事效率，及时、热情、周到地为教育教学服务。根据不同时期的需要，学校后勤工作人员及时组织教学、生活物资的采购和发放，确保师生的教学生活需要。后勤人员的无私奉献、团结协作，为服务教育教学，服务师生的工作和生活，发挥有力的保障作用。

（阿旺占珠）

【领导名录】

校　长　米　玛（藏族）

副校长　高　友

李世明（7月免）

李英龙（黑龙江援藏，7月任）

白　玛（藏族）

仁布县完全小学

【概况】 仁布县完全小学是全县唯一的一所县城小学，位于县城东南面，距县政府300米处。前身是仁布县城小学，后来改名为仁布县完全小学。学校初建于1974年，从建校到1998年，同仁布县中学在一个院内完成教育教学任务。1998年县完小被列入国家贫困地区义务教育工程项目，搬迁到现在的校址。在原有的基础上，2002年黑龙江省哈尔滨市援建。学生宿舍3栋，综合教学楼一栋，教工宿舍5栋，学生食堂改扩等形成现有规模的学校。仁布县完全小学占地2600平方米，总建筑面积5104.04平方米（其中教学区建筑面积为2500平方米，生活区建筑面积为2604.04平方米），运动场面积为9860平方米。现有在校生675人，共16个教学班。

【机构与师资】 2016年，仁布县完全小学设校领导办公室（校长办公室、副校长办公室、财务办公室、党建办公室），各教研组办公室。是一所全日制的小学，校内共有47名教职员工，专任教师47名，学历均为大专以上，合格率100%，后勤工作人员6名，设有校委会、党支部、德教处、教务处、团支部、少先大队，各教研组。有正副校长4人，受过岗位培训，持证上岗。

【制度建设】 仁布县完全小学自建校以来，在上级有关部门的大力支持下，学校坚持德育为首，全面提高办学指导思想，注重提高教师队伍的整体素质，不断提高教育教学质量，先后为高一级学校输送2000名学生，其中向内地西藏班输送200多名品学兼优的学生，建校以来历届毕业班的成绩在全县内名列前茅。学校按二类学校的标准建有德育室、电教室、音乐室、自然实验室、少队室，配备数学、自然、音乐、体育、美术等科目的教学用具，学校藏书共10600册，生均16册，教学仪器设备配齐配全。学校建立健全各项常规管理制度，并严格执行各项制度，得到上级教育行政部门的认可。特别是“三包”管理制度执行方面，成立“三包”领导小组，认真学习各级部门下达的“三包”助学金工作的相关文件精神，建立具有针对性、时效性的各项“三包”制度，严格把关“三包”助学金管理制度，“三包”物资进出库制度，学生伙食管理制度等相关管理制度，有效解决“三包”经费落实到位。全校师生员工齐心协力，认真贯彻党的教育方针，认真实施素质教育，全面提高教学质量，努力培养适应社会发展合格的社会主义事业建设者和接班人。

【办学特色】 年内，仁布县完全小学紧密围绕“创建平安、文明、和谐校园，促进学生、教师、学校可持续发展”这一总体目标，坚持以“尊重学生的个体差异，力使每一个孩子都有进步，都有发展”为育人宗旨，以“课程改革”为契机，以“特色活动”为主线，重视学生学习能力及特长的培养，开设养成教育、体育艺术教育、文明礼仪养成教育、书法课等校本课程，丰富多彩的课余活动，开展阳光体育活动，全面推进素质教育，着力打造品牌特色。优秀传统文化，“三进”教育活动，弘扬和培育学生优秀传统文化，营造浓郁的校园文化氛围，提高小学生的文化素养，弘扬中华民族优秀传统文化。开设养成教育及文明礼仪教育，夯实学生养成教育，以养成教育为抓手，不断提高学生的思想道德水平。

【课程设置】 课程设置基本科目：藏语文、汉语文、数学、英语、科学、品社、体育、音乐、美术、信息技术、书法、校本课程等。

（胡江琳）

【领导名录】

校　长　朗杰次仁（藏族）

副校长　达　　央（女，藏族）

仁布县幼儿园

【概况】 仁布县幼儿园坐落在县城西面山脚下，园内环境优美，设施齐备，是黑龙江省七台河市援建项目之一，是仁布县唯一一所全日制公办幼儿园。幼儿园总投资174.19万元，其中黑龙江省七台河市投资124.19万元，地区教育局投入50万元，校园建筑面积690平方米，占地3000平方米，于2009年3月正式开园，从原来的三个班，2016年发展到大一、大二、中一、中二、小一、小二六个班，入园幼儿163人，农牧民子女占96%，在职专任教师19人，安保1人，园长1人。

【机构与师资】 幼儿园设园领导办公室（园长办公室、教研办公室、财务办公室、办公室），教师办公室。是一所全日制幼儿园，园内共有19名教职员工，专任教师17名，其中本科学历10名，大专学历9名，职称一级3名，二级8名，初级5名，员级一人。

【学前工作】 挖掘幼儿的童真童趣，结合幼儿特点，开展丰富多彩的学前文化知识、美术、舞蹈、手工作品、激发智力游戏等。

【活动多样课堂教学】 严格落实《3~6岁儿童学习与发展指南》，更新幼儿教育观念，不断提高教师的自身修养和政治素质。根据幼儿园自身具备的现有条件，模仿恰当的方法组织和开展本园幼儿教育活动，使幼儿在愉快的活动中学到知识，达到寓教于乐的目的。课堂教学上以直观教学为主，使幼儿在玩中学、学中玩。

【办园特色】 认真贯彻《幼儿园教育指导纲要》将在日常教学活动中存在的问题，在同伴互助的过程中共同讨论解决办法。让教师学会自我反思，主动、自觉地改进自己的工作；对教师备课本和观察记录、教学笔记撰写进一步调整和规范；加强日常保教工作的督促与指导，坚持每周进班有针对性的听课两次以上，对于幼儿园重点培养的2位老师进行教学活动的观摩和指导，并以结师带徒的形式，对徒弟们进行细致指导和帮助，促进她们尽快地成长起来。

【保教工作】 年内，幼儿园坚持保教并重，开学初卫生保健工作就纳入新的轨道，切实地把卫生保健工作渗透到一日保教活动中去，使幼儿园的卫生保健工作得以正常开展，为幼儿创设一个安全、舒适、卫生的生活、学习、游戏环境。要严格做好晨检工作，把好安全第一关卡。做好记录，及时了解班级幼儿健康状况。积极配合卫生保健部门做好疾病防治、防疫工作，确保幼儿健康、快乐地成长。

【幼儿安全】 年内，把安全工作放在各项工作之首，实行跟班防守，时刻防止意外事故发生，切实保护幼儿人身安全，发现问题及时打电话和家长联系。加强食品卫生、规范操作。明确各岗位职责，每日抓好厨房食品来源的登记、验收等工作，严把关口，以防有变质变味的食品入园。坚决杜绝“三无产品”流入幼儿园。实行幼儿食品专人采购，做好食堂进货登记。加强安全防范措施，全年未出现幼儿安全事故。

（小德吉卓嘎）

【领导名录】

园　长　德吉卓嘎（女，藏族）

城市建设·环保

仁布县住房和城乡建设局

【概况】 仁布县住房和城乡建设局成立于2010年，主要任务是综合管理全县住房体系、完善廉租房、周转房、公租房等保障性住房制度，着力解决低收入家庭住房困难；推进建筑节能，改善人居生态环境；指导县城、乡（镇）基础设施建设。住建局行政编制3名，其中科级领导职数5名，科级非领导职数1名，科员2名，公益性22名（含5名城管、5名水厂工作人员、12名环卫工人），临时工45名（含2名城管、2名水厂工作人员、41名环卫工人）。2016年，县住房与城乡建设局以建筑市场管理和安全质量监督为重点，统筹兼顾，多措并举，积极开展城乡规划和建设工作，推进保障性住房建设和基层政权建设项目等各项工作，保障各建设项目顺利完成。

【续建项目】 年内，续建项目共有3处。仁布县2015年公共租赁住房建设项目，共100套，建筑面积4000平方米，总投资880万元，该项目待竣工验收；仁布县2015—2016年乡镇干部职工周转房建设项目，共378套，建筑面积18900平方米，总投资5670万元，共分为7个标段，覆盖仁布县9个乡镇，开工率达100%，工程总体进度达100%；2015年12月中旬对5个标段进行竣工终验，共计290套，作为全区重点建设工程，仁布县已超额完成市2015年下达的建设任务。查巴乡、然巴乡共计88套待竣工终验；2015年公共租赁住房建设项目附属工程，总投资350万元，总建设面积5819平方米以及给排水、路面硬化、围墙、绿化等附属设施，该项目待竣工初验。

【保障性住房建设】 仁布县2016年公租房租赁建设项目有120套，建筑面积为6000平方米，该项目总投资为1800万元，该项目已完工60%；仁布县2016年周转房共建设48套，总建筑面积3360平方米，总投资为1066万元。该项目待竣工初验。审核兑现租赁住房补贴资金468180元，基本完成了自治区下达的保障性住房建设任务。

【建筑施工安全】 年内，加大对工程建设领域违法违规行为的监督检查力度，进一步规范了市场秩序。全年共办理各种资质证件125份，办理施工许可证14份，年检农牧民施工队资质43家，打击整治项目建设领域突出问题18条，宣传建设领域突出问题活动40余次，乡镇组织宣传建设领域突出问题会议18场／次，张贴建设领域突出问题宣传图片14张，村级基层组织宣传建设领域突出问题会议68余场／次，发放《项目建设领域突出问题专项整治活动》宣传手册1000余册，宣传建设领域突出问题海报100余份，项目建设领域突出问题电话督办32次、项目建设领域突出问题实地督查28次、定期不定期抽查项目建设领域突出问题

43次，查处项目建设领域突出问题26条，督促整改落实项目建设领域突出问题26条，结合实际情况出台辖区内的商混价格、施工机械（挖掘机、装载机等）租赁价格和民工（技工、小工等）工资的市场参考价，制订《各乡（镇）砂石出厂价格、运费统计表》，制订《仁布县人民政府关于开展“双拖欠”排查工作的实施方案》，对仁布县城和乡镇57个建筑项目进行了拉网式排查，确保不漏一个点，并安排专人实地督查的同时填写57份《仁布县建筑项目领域“双拖欠”隐患排查情况统计表》，截至年底，仁布县未发现存在“双拖欠”问题情况。住建局工作人员还采取每个星期不少于2次不定时、不打招呼的随机检查。2016年仁布县建筑安全生产未发生任何安全事故、做到建设领域“零”事故目标。

【工程质量】 年内，实行建设项目法人终身制，严格执行招投标制，聘请有关质检专家和专业技术人员对重点项目进行全面把关，实行监理旁站制。根据施工合同，对施工队伍严格要求、严格管理、严把质量关，在确保工程质量的前提下，抢工期、抢进度。建筑材料使用方面，严格按照国家建筑行业的有关标准要求进料，严把质量关。所有材料都必须有出厂“三证”，并由监理验收签字后方可使用。在施工过程中，完成一道工序，必须有甲方代表和监理签字后才能进行下一道工序，并要求监理和施工单位认真记录每一天的进况。验收按照建筑法工程质量评定标准进行，所有隐蔽工程甲方代表和监理人员的签字后照相作为终验和财政评审的依据。建筑安全方面，强化建筑业安全生产监管工作。县政府多次组织相关单位深入工地，不定期对工程实物质量、安全生产状况进行巡查，发现问题及时下达整改通知书并督促整改，将隐患消除在萌芽状态，2016年仁布县未发生建筑安全生产事故。

【房屋权属登记】 年内，住建局严格按照相关法律法规，对办证房屋进行仔细测量、认真核算，做到测量核算准确无误、资料建档备案齐全，2016年，住建局共办理房产证事宜总计3件，其中：办理权证3件。

【人才培训】 2016年，派出1人参加区、市住建系统各类专业培训，有效推进专业队伍的建设。在仅有3名编制的情况下，县委、县政府高度重视配齐配强住建队伍，全局增配6名人员，截至年底，住建局实有干部9人，逐步理顺业务职能。

【安居工程】 年内，安居办对各乡镇开展农村危房改造验收工程，共涉及5个乡，分别为：帕当乡、普松乡、仁布乡、姆乡、切洼乡及28个行政村、145户。并对行政村委会进行维修、改扩建及人居环境维修等，共涉及3个乡，分别为然巴乡、普松乡、康雄乡及9个行政村村委会。

【城镇管理】 年内，仁布县城市基础设施建设得到初步完善，县城美化、亮化、净化工程有了新的气色，按照县委、县政府的指示精神，制订《关于印发城市公共环境卫生综合整治的通知》《仁布县开展“大干100天”集中整治环境卫生工作实施方案》《仁布县迎接江嘎尔藏戏文化节环境卫生大整治工作实施方案》《仁布县城管考勤管理制度》《仁布县城管请、销假管理制度》和《仁布县环卫工人管理办法》等，初步起草《门前四包制》和《城市管理办法》。住建局现有53名环卫工作人员，城管人员7名、公益性岗位17名（含5名城管）、临时工43名（含2名城管）。为保持县城的清洁卫生，采取“晨检”“晚检”等督查措施，实行环卫人员分片包干制度，各负其责，极大地改变了县城“脏、乱、差”现象，提高了县城的环境卫生。

【自来水厂】 仁布县自来水厂位于仁布县双拥路东段，于2004年建成，是仁布县主要制水厂，承担着县城供水任务。自来水厂总体建筑面积达4800平方米，日储/供水量达1500立方米，供水面积由原71.2公顷扩大到182.8公顷。自来水厂运行和管理按照国家有关环境保护的法律法规执行，仁布县自来水厂制水质量达到国家饮用水标准，水源保护设计规范，饮用生活水质量卫生标准，国家取水许可证书齐全，水池结构设计规范，自来水厂供、管水人员具备国家体质检测健康证书，公司运行管理章程健全，具备企业化管理和运行能力，从当前社会经济发展趋势和现代化建设的实际来探索，努力实现仁布县自来水厂公司化企业管理模式改革，提升自来水厂服务能力与水平。不仅充分调动全厂职工的积极性，还能控制和降低仁布县政府对自来水厂开支费用，努力提倡“以水养水”，谁受益、谁主管、谁负责的工作局面。

（张　磊）

【领导名录】

局　长　拉　　琼（藏族，1月任）
副局长　西热加措（藏族）
　　　　何 云 启（7月免）
　　　　袁 忠 义（满族，7月任）
　　　　尼　　仓（女，藏族，1月免）
　　　　次　　平（藏族，1月任）
　　　　马　　兰（女，12月任）

仁布县环境保护局

【概况】 仁布县环境保护局成立于2010年11月，是政府主管环境保护工作的职能部门，履行环境监管职能，负责环境管理、污染控制、生态保护、环保宣传、排污收费等工作。下设环境监察大队、环境监测站两个事业单位。2016年，在编干部职工8人，其中公务员4人，事业单位人员4人。

【环保审批】 年内，县委、县政府高度重视环保第一审批权，把项目建设环境审查、项目监管、项目验收、项目拨款落实到环保实际工作中。通过项目拨款必经环保审核签字等措施，加强建设项目环保备案率，解决项目管理中执法和项目建设排污费收缴难的问题，确保项目建设过程中的生态环境保护，有效推进仁布县生态环境保护工作的顺利进行。按照《中华人民共和国环境影响评价法》要求，严格审批建设项目环境影响评价登记表132项，共计排查未批先建企业5家，已责令5家未批先建企业停产整改。严格环境监测、监管执法，加强各部门协调合作，开展环境保护大检查和环保专项行动。协同相关部门对辖区内所有企业进行摸底排查，大力查处环境违法企业，严肃查处违法违规行为，对问题严重的报请市环保局和县人民政府挂牌督办，让环境违法者付出沉重代价。仁布县环境保护局多次对全县企业、项目建设单位进行例行监察、突击检查及事后督察。截至年底，累计出动执法车辆60余台次，执法人员100人次，关停砂厂18家，砖厂20家，向企业、项目建设单位下达整改通知书26份，现已整改完成26家，处罚4家违规施工单位共计罚金4.5万元。

【空气质量坚测】 年内，聘请并协助四川省天晟环保股份有限公司完成每年四个季度县城德吉林镇自来水厂、门曲河上游、下游水质及县城空气质量的监测工作。2016年，对县城娱乐场所开展噪声监督性监测并对噪声超标企业负责人提出整改要求；环境质量持续良好。根据2016年四个季度监测报告，县城空气质量总体优良，县城大气监测4项指标均达到《环境空气质量标准》（GB3838—2002）一级标准；仁布县德吉林镇自来水厂监测的22项指标全部达到Ⅰ类标准限值要求；门曲河上游500米和下游1000米的23项检测指标除2016年除溶解氧和总氮监测结果为Ⅱ类水质标准以外，其余21项指标均达《地表水环境质量标准》（GB3838—2002）Ⅰ类标准。

【节能减排】 年内，污染物总量得到有效控制。2016年，全县化学需氧量、氨氮、二氧化硫和氮氧化物排放总量分别控制在48.6吨、6.8吨、1.4吨和20吨范围内，圆满完成日喀则市环保局下达的总量控制目标；深入实施《大气污染防治行动计划》。根据《日喀则市仁布县大气污染防治目标责任书》要求，开展小型燃煤锅炉淘汰工作，禁止新建每小时20蒸吨以下燃煤锅炉，2015—2016年查处查封关停县城燃煤10吨以下锅炉2台，分别是仁布县大众淋浴和仁布县达热瓦青稞酒厂。

【生态村建设】 年内，仁布县开展西藏自治区生态村创建工作，组织精干力量派专人负责，成立仁布县自治区级生态村创建领导小组，乡镇自治区级生态村创建领导小组；深入全县进行实地调研，按照生态村创建的14项指标逐一筛选；建立健全环境保护规章制度，制订《生活垃圾处理制度》《环境保护管理制度》《环境保护村规民约》等一系列制度；提升农村环境质量，建设美丽乡村，治理脏、乱、差现象，统一亮化、美化村容村貌；投资25万元制作环境保护宣传栏、环境保护宣传标语牌、购置垃圾箱；编制生态村创建工作报告。2016年申报自治区级生态村5个，2016年获得“自治区级生态村”命名5个村。

【生态环境保护】 仁帕公路全长95.505公里，全线新建桥梁9座，涵洞290道。仁帕公路共分为四个标段建设单位四家。仁布县环境保护局配合、协调、支持仁帕公路建设，确保仁帕公路如期顺利实施。同时对沿线生态环境进行严格监管，环境执法监察出动车辆6余台次、出动人员20余人次。采取缴纳生态恢复押金和草皮剥离养护等生态措施，确保仁帕公路沿线生态环境良好。

【农村水源保护】 年内，切实保护好农村饮用水源地，把保障和改善饮用水源地水质作为农村环境保护的首要任务来抓。加强对水源保护区内化肥、农药、垃圾和有害物品的监控，加大畜禽养殖环境管理，防止面源污染。2015年12个农村饮用水源地保护工程项目已全部完工，2016年9个农村饮用水源地保护工程项目正在设计中。

【绿色能源】 年内，按照在发展中保护、在保护中发展以及资源的开发利用。截至年底，全县共实施沼气建设3882座，受益群众达2万余人；实施薪材替代、太阳灶工程，实现农村家庭生活能源薪材替代率达10%以上。

【规范征收】 年内，仁布县环境保护局高度重视排污费征收工作，采取现场核查、地毯式摸底调查等手段创新地开展工作，有效促进仁布县排污费依法全面足额征收。排污收费工作将作为2016年环保工作亮点加以打造，将交通建设项目排污费纳入征收范围；在开展环保检查工作中，采取追缴违法排污者排污费、加大处罚力度等方式，对违法排污者给予有力打击；在对企业排污费征收过程中，加大对重点污染企业主要污染物的排污费征收力度，让多排污的污染者多付费，有效实施主要污染物排放总量控制；充分发挥执法手段作用、增强环保部门的执法主体地位。2016年，共征收排污费20.4万元。

【关注民生】 年内，在环境保护工作中公众参与，征求公众的意见、听取公众的建议是环境保护工作的重要环节；在环境保护工作中仁布县坚持为民、利民宗旨，狠抓事关民生的环境问题；加大环境安全大排查专项行动，努力消除环境安全隐患；做好环境信访工作，使群众的夙愿有地方可诉，群众的事有人管；坚持以人为本，环保为民，从公众对环境的基本需求出发，切实解决事关民生的环境突出问题。根据乡、村要求，在全县73个行政村配保洁员73人并解决保洁员务工补贴每人每月300元，使全县农村人居环境得到明显改善。

【法治宣传教育】 年内，利用召开各种工作会议、“6·5”世界环境日，“12·4”全国法治宣传日等重大节日活动广泛开展环保法规知识宣传。分别在各乡镇和仁布县政府大楼门口开展“6·5”世界环境日环保宣传活动。累计悬挂各类宣传横幅16条，摆放环保宣传展板5板次，发放环保宣传材料500余份，手机短信平台宣传3次，提供环保咨询200余人次。通过宣传教育，仁布县居民群众的环保意识明显增强。

（洛绒祥白）

【领导名录】

局　长　鄢树文

副局长　益西顿珠（藏族）

交通·通信

仁布县交通运输局

【概况】 2016年，有职工人数11人。其中：在职干部职工5人，公益性职工6人，在职干部职工平均年龄38岁。仁布县交通运输局设有局长办公室、路政办公室、财务办公室、公路运输管理办公室、项目建设管理与规划办公室、农村公路养护管理办公室。仁布县交通运输局组建于2002年，位于日喀则市仁布县城，距日喀则市110公里，平均海拔3950米，全县通车里程共460公里（除国道外），其中县道3条，共96.927公里，乡道5条，共111.118公里，通村公路159条，共319.161公里；农村公路的快速发展，促进了城乡一体化建设，为仁布县经济快速、持续发展和社会稳定提供了有力保障。

【交通项目】 2016年，仁布县交通运输局实施开工项目10个，其中续建项目5个，新建项目4个，总投资为7578.695932万元。续建项目5个，总投资为2438.91万元，建设总里程为33.253公里；康雄乡油路岔口至麦措村（康雄油路岔口至塔热村）公路项目：批复投资为499.86万元、建设里程2.735公里，四级砂石路面；康雄乡阿村茶定桥梁工程项目：批复投资为106.8万元、建设里程0.69公里；仁帕路岔口至然巴乡嘎珠村普自然村公路项目：批复投资为452.34万元、建设里程2.555公里，四级砂石路面（批复上是水泥路，但由于资金不足，下一步改为砂石路）；仁帕线岔口至然巴乡嘎珠村（恩比玉石厂）公路项目：批复投资为669.26万元、建设里程22.4公里，四级砂石路面；姆乡库隆达村至库隆普村公路项目：批复投资为710.65万元、建设里程4.873公里，水泥混凝土路面。新建项目4个，总投资为5139.785932万元，建设总里程为25.637公里。康雄乡茶村公路项目：批复投资为1049.318584万元、建设里程5.048公里、四级硬化路面；康雄油路岔口至帕夏村公路项目：批复投资为707.467348万元、建设里程5.375公里、四级硬化路面；康雄乡卡洛自然村至陈村公路项目：批复投资为2775.15万元、建设里程10.426公里，四级砂石路面；康雄乡茶村白雄桥至普松乡白仲村公路项目：批复投资为607.85万元、建设里程4.788公里，四级砂石路面。2016年，仁布县各乡镇将农村公路养护专项经费分成两个部分，一部分根据养护里程及难易度发放给辖区内公路沿线的各个行政村，由村委会根据农牧民群众养护、维修公路的实际情况，发放误工补贴；另一部分用于抢险救灾资金。这一举措，既增加了公路沿线农牧民群众的现金收入，也调动了农牧民群众养护公路的热情。2016年，仁布县组织农牧民群众养护公路的热情。2016年，仁布县组织农牧民群众投工投劳1050人次，拖拉机58台次，派出装载机进行道路维修58次。

【机具情况】 公路巡路车1台；50装载机1台；卡特320D挖掘机1台；拖拉机2台。

【公路养护】 仁江线（雍岔口至艾玛村段）公路养护小修保养生产完成情况：出动劳务人员197人；装载机32台次；疏通涵洞15道；平地机18台次；压路机14台次；清理路面石头10368立方米；补坑槽9000平方米；铺路面料30937.5立方米；清除路肩边坡杂物2980平方米；公路用地1~3米垃圾35600平方米；管养的13.75公里，优良路率达77.79%；仁江线（进程油路段）公路小修保养完成情况：疏通涵洞3道；维修边沟12.06立方米；K0+000至K2+761段维修路面1343.5平方米；K2+8000–K6+730段维修路面1510.3平方米；K7+330–K9+740段维修路面1633.03平方米；拆除原沥青路面及清淤4486.83平方米；出动劳务人员305人；路基回填420.24立方米，管养的9.8公里，优良路率达78.76%。

【路政管理】 2016年，仁布县交通运输局开展以“爱路护路，珍爱生命”为主题，以法律、法规及规章的相关规定为基点的宣传教育活动，结合仁布县实际，利用宣传标语、《桥梁限行通告》、传单、广播等多种形式对《中华人民共和国公路法》《中华人民共和国道路交通安全法》《中华人民共和国安全生产法》等相关法律法规进行广泛的宣传，扩大社会影响，为法律、法规的实施和工作的开展，营造一个良好的社会氛围，具体做法是：出动宣传车进行巡回宣传《中华人民共和国公路法》《中华人民共和国道路安全法》等相关的法律法规18余次，在交通要道悬挂横幅标语10条，发放宣传资料800余份，超限超载警示牌50块，危险警示标志28块。扩大了社会影响，为路政管理工作的顺利开展营造了良好的社会氛围。

【安全生产】 仁布县是自治区级的贫困县，自然条件较差，基础设施落后，交通局精选符合仁布县的经济发展所需的交通基础设施建设，注重选择了文化教育基本建设和符合国家产业政策，改善和提高人民群众生活水平有较大推动作用的项目。并加强了建设项目的监督管理工作。严格按照国家规定的程序和要求，对项目的审核、立项、可研、初步设计、开工报告等各个阶段进行了严格把关规范操作，对工程建设进行公开招投标。为保证工程质量和进度，严格把好工程设计关、施工队伍关。同时，注重把好工程材料的采购进场关，坚决杜绝无产家批号、无出厂合格证、无质量检验单的“三无”产品进场。对工程质量进行全方位监控，强制性检查，对达不到质量要求的坚决让其进行返工。交通局在2016年实施的加玛桥建设中，不仅严把工程质量和进度关，还经常不定期地对该工程的安全管理人员配置情况、安全警示标志设施情况及使用、佩带劳动防护用品情况及安全生产许可证审办情况进行了检查，确保了该项目的施工安全。对存在的安全隐患及时予以维修和处置；按照上级的要求，安全月期间做好宣传安全知识的同时，制作安全宣传横幅悬挂到单位大门；加强一线养护职工的安全思想教育，严格做到机械不带病上路作业，养护人员上路作业时，必须身着橘黄色公路养护标志服、按标准设置安全作业标志，通过全局上下共同努力，2016年未发生任何安全生产责任事故。

【党建工作】 仁布县交通运输局设1个党支部，下设1个党小组，全局正式党员4名，预备党员1名。

（罗桑南加）

【领导名录】

局　长　达瓦次仁（藏族）

副局长　曾　　静（女，2月免）

中国邮政集团公司西藏自治区仁布县邮政分公司

【概况】 中国邮政集团公司西藏自治区仁布县分公司位于仁布县仁玉路。2016年，公司现有在职职工共计6人，其中经理1人，A类员工2人，B类合同工2人，C类职工2人。根据业务类型分为代理金融，代理保险，包裹收寄，收订党报党刊及其他报刊等，是经中国邮政集团公司批准运营的非金融网点。2016年，仁布县邮政分公司认真贯彻落实集团公司和区（市）分公司的各项决策部署，应对复杂多变的市场环境，积极进取，克服各种困难和市场环境的不利因素，圆满完成各项市分公司下达的目标任务，取得一定成效。

【寄递发展】 年内，仁布县邮政分公司不断提高寄递通信的覆盖率，确保寄递工作正常运行。在巩固寄递成果的同时，仁布县邮政分公司2016年共投递党报党刊40多万份。加大邮政通信安全工作管理力度，始终把搞好普遍服务工作作为己任的精神，赢得当地政府、企事业单位和广大农牧民的赞誉，同时对邮政服务工作也予以了肯定好评，不断塑造着全心全意为人民服务的邮政形象。仁布县邮政分公司在文化大发展的背景下，把“创先争优强基惠民生”作为农牧区乡邮工作的重点之一，为此召开专题会议，切实强化投递服务质量，及时迅速满足客户用邮需求，树立良好的邮政企业形象，并做到监督检查必须到位、投递服务标准必须到位、宣传力度必须到位。通过大力宣传邮政服务内容和服务标准，了解和宣传集邮文化和用邮需求，得到客户的一致信赖。同时，配合乡政府网点建设，整合人力资源，做好乡邮人员工作分配，提高工作效率，优化人员结构，并且利用乡邮网点有利条件，把邮政业务辐射到广大农村地区，为仁布地区广大的农牧民提供更优质的服务，更好地做到人民邮政为人民的服务宗旨。

【安全工作】 年内，加强监控力度，在局内外配备一定的消防设施。定期组织员工进行安全知识培训，并将安全问题纳入员工的绩效考核中。每月实行定期组织安全生产检查，使安全生产工作制度化、规范化。确保邮政通信生产安全。这使得仁布县邮政分公司在安全问题上又上一个新的台阶。

【牢记使命、服务三农】 中国邮政集团公司西藏自治区仁布县分公发展到现在是当地党委、政府和有关部门关心支持，全局将提高服务质量，本着人民邮政为人民的宗旨，紧紧围绕市邮政分公司的经营指导思想开展工作，严格落实各项经营决策，以企业发展为中心，在市邮政分公司的坚强领导下，求真务实、真抓实干、开拓创新，真诚服务，勇于开拓，克服种种困难，加大基础管理工作力度，加大金融揽收和宣传力度，让更多的人，信赖邮政，依赖邮政，为仁布县的经济繁荣做出应有的贡献。

（拉巴次仁）

【领导名录】

经　理　阿旺旦增（藏族）

中国电信集团公司日喀则分公司仁布县电信局

【概况】 仁布县电信业务始于2000年，2001年正式开办电信业务，主要经营固定电话、移动通信、电视电话会议，互联网接入及应用等综合信息服务。2016年，有员工5人，7乡1镇实现实体店。截至年底，全县共建设36个基站，其中3G基站32个，8乡1镇及73个行政村手机信号已基本覆盖，现已全县无线网络覆盖达到90%以上。

【工作开展】 年内，净增移动用户数2600部，完成全年计划的100%；来电显示渗透率100%；七彩铃音渗透率90%。全县农牧民群众使用电话2000部，8乡1镇及各个独家单位光纤都已到位。累计完成固网132，完成年计划的100%。移动业务200，完成年计划的150%。

【移动通信】 年内，为更好提高和改善仁布县农牧区通信条件，加快农牧区建设小康社会步伐，仁布县电信局在上级部门的支持下实施“乡村通光纤”等工程，仁布县电信局每年让广大农牧民享受优质的通信服务。2016年发展上针对羊年开门红活动和“天翼村”活动，仁布县电信局按照农牧区经济条件的特点，结合西藏电信公司的服务特色专门制订“天翼村”及“综治E通”优惠政策。使用电信用户者都已享受医疗和养老保险由电信缴纳，仁布县电信局全体员工的足迹踏遍了8乡1镇，走村串户为当地农牧民群众办理了存话费送手机1000部。

【网络覆盖】 全村级覆盖3G信号。全县共建设36个基站，其中3G基站32个，8乡1镇手机信号已覆盖，现已全县无线网络覆盖达到90%以上。

（曹姗姗）

【领导名录】

局　长　索　平（藏族）

中国移动通信集团西藏有限公司日喀则分公司仁布县分公司

【概况】 2016年，仁布县移动分公司现在岗人员：经理、客户经理、渠道经理、全业务技术支撑、综合事务共5人，乡镇服务站有开发区、康雄乡、然巴乡、普松乡、帕当乡、查巴乡、姆乡、仁布乡共计8所乡镇服务站，县城有仁玉路主营加盟店和双拥路手机单店大卖场。

【业务覆盖范围】 2016年，仁布县移动分公司围绕集团公司“努力成为数字化创新的全球领先运营商”的愿景做好以下工作。明确目标，抓住关键渠道资源，做实做好渠道管理；提高网络建维能力，加快渠道转型与建设，实现渠道无缝覆盖，提升4G客户规模和流量运营能力；精覆盖、提质量、上规模，打造精品宽带品牌；全流程支撑加大信息化拓展，提升集团信息化收入；关注员工、客户诉求，强化服务意识和责任意识，提升员工和客户满意度。2016年仁布县移动分公司运营收入累计完成900万元、家庭宽带（Wi—Fi）累计完成430户、新增客户数达到600户、存量客户保有率达到70%，各项指标均位居全市前列。

【规定动作】 仁布县移动分公司作为一个服务部门，按照区公司领导指示，每周县城营销次数3次以上、每周下乡次数4—5次，把实惠、服务送到用户家中。

【发展渠道】 2016年，仁布县移动分公司与当地乡镇驻店时间较长的藏餐和超市洽谈，共计发展8家乡镇服务站，打破了农牧民用户不能缴费，办理业务难的问题。

【集团信息化发展】 2016年，仁布县移动分公司累计发展集团专线25家，累计信息化收入完成69万元。

【党建工作】 年内，以十八精神为指导，立足分公司的实际。加强管理，发挥好负责人的职责，鼓励有突出表现的职工，并落实绩效考核办法，调动员工积极性。开展《日常服务礼仪规范》，提升服务能力，改进工作作风，尽力做好服务为民。增强工作执行力，提高纪律管理水平，加强员工自身素质与整体素质。建设乡镇网点代办点，加强农村建设，为民提供便利。

【党风廉政建设】 年内，组织党员干部学习习近平总书记系列重要讲话精神、党的十八届六中全会精神和《中共中央关于制订国民经济和社会发展第十三个五年计划的建议》。

（梁　宵）

【领导名录】

经　理　卓　玛（女，藏族）

中国联合网络通信有限公司日喀则市分公司仁布县营业部

【概况】 仁布县联通营业部建于2009年3月，2016年，现有自办厅1个、员工3人。在实际工作中，仁布县营业部全体员工一如既往地在日喀则市分公司的直接领导下，坚持以发展为中心，积极应对困难和挑战，采取有力措施，加快业务发展步伐；努力抓好集团营销与服务，做好行业信息化和新业务推广，尽可能地提高经营效益；抓好精细化管理，做到管理到位、责任分明；认真搞好服务管理与考核，根据实际情况完善、细化管理办法，制订合理的鼓励措施，改善服务短板，确保服务质量的稳步上升，提高了客户满意度。

【业务收展情况】 仁布县联通营业部在日喀则市分公司的领导下结合季度业务发展主打产品及重点指标的改善，提升用户规模，鼓励经营单元全面开展促销活动，充分抓住节日营销契机，以指标改善为抓手，促进规模发展与效益提升，实现产品客户规模增长和社会渠道快速拓展的双丰收，2016年营业部共完成主营收入82.85万元。

【市场管理】 年内，仁布县联通营业部严格按照《中国联通西藏分公司客户资料管理实施细则》要求，在办理用户入网时坚持对用户的有效证件通过拍照、扫描、复印等方式，并对用户个人电子信息进行留存，同时对用户资料的真实性、一致性进行核实。对于用户资料不全、不真实等情况严禁办理入网业务，努力做到无差错、人证匹配。仁布县联通营业部工作在省公司的政策指导下，在市分公司领导全局统筹、周密规划及各经营部全力推行下，充分利用渠道补贴成本建设，渠道工作取得了可喜的成绩，渠道数量显著增加。

【网络运行维护】 截至年底，仁布县联通网络共覆盖318国道沿线、3乡、1镇。2017年公司将加大投入对信号覆盖较弱的村镇增加基站。网络公司自7月无条件件预受理岗运行以来，固网装机竣工率均维持在90%以上，全年竣工率平均为90.92%；修障及时率平均达到90.22%；装拆移满意度都为100%，较好地完成了集团下达的任务指标。

【团队建设】 年内，将加强对营业员的全面管理。进一步梳理和优化工作流程，科学分工，强化服务意识，提升服务质量。对营业员现有分工进一步细化，视工作需要，合理安排工作任务。要求营业员学好业务知识，提高业务推广能力，提高工作效率和质量。将加强财务管理，开源节流，以最小的支出换取最大的收益。

（旦巴次仁）

【领导名录】

经　理　旦巴次仁（藏族）

金 融

中国农业银行股份有限公司仁布县支行

【概况】 中国农业银行仁布县支行位于日喀则市仁布县强钦路18号，成立于1995年7月1日，于2009年10月与全国农行一起成功上市，更名为中国农业银行股份有限公司仁布县支行。中国农业银行仁布县支行位于仁布县西北部，所辖仁布、德吉林、帕当、亚德、然巴5个营业所。根据业务规模、客户结构及经营特点来看是属于不均衡型；结合所处商圈特点是属于商业综合型。仁布县支行及所辖5个营业所、全辖现有人员31人，其中汉族员工2人，管理员7人、业务人员20人、后勤人员4人，根据业务性质分设有会计、出纳、信贷、联行代理国库业务等，主要经营存款、贷款结算及代理人行、农发行业务。

【业务情况】 截至年底，支行人民币存款增长点实现新的转变和历史性的突破，支行各项人民币存款余额为83411万元，比2015年增长26590万元，增长16.07%，完成年度任务的290.68%；其中，各项农牧区存款11336万元，占各项存款的13.59%，较2015年增加925万元；对公存款为61557万元，占各项存款的73.80%，较2015年增加25325万元，增长15.04%，完成年度计划的464.76%；个人存款余额达到21854万元，占各项存款的26.20%，比2015年增加1166万元，增长率17.88%，完成年度任务的31.51%，其中，对公存款增长成为支行存款增长的一个重要来源，同时储蓄存款业务呈平稳增长趋势，使支行存款增长创下了新的高峰。支行不良贷款余额为零万元，2016年无一笔新增不良贷款。2015年累计受理“随薪贷”业务59笔，累计发放金额901万元，贷款余额2699万元；截至年底，累计发放农牧户贷款证4797张（金卡901张、银卡1397张、铜卡2361张和一星级贷款证33户、二星级贷款证38户、三星级贷款证67户），贷款余额12261万元，贷款证发证面达到100%，使用率达到98%；稳步推广“惠农通”工程，按照上级业务部门的要求，及时组成“惠农通”工程领导小组，负责全县8乡1镇，73个行政自然村农牧户选置助农取款服务点的工作，经过支行不懈的努力，全年新增设备取款服务点33个，完成全年计划指标的122.22%；用好、用活、用足信贷扶贫政策，支行认真履行公共金融服务功能，农牧户贷款执行扶贫贴息政策之规定，凡是仁布县农牧户的均执行扶贫贴息贷款优惠利率，使支行扶贫贴息贷款增幅创历史新高，各项指标均得以圆满或超额完成。

【“三农”业务】 年内，按照农总行工作会议和区、市两级党建暨经营工作以及信贷会议的安排部署，农行仁布县支行始终坚定不移地深化“三农”工作.不断提高金融服务水平，努力为农牧民提供普惠制、广覆盖、多功能、可持续的金融服务，通过与精准扶贫贷款签订帮扶协议（执行扶贫利率）每年带动和帮扶仁布县贫困户，作为县域支行上下切实树立面向“三农”服务城乡的经营理念。

在具体工作中仁布县支行通过开展思想教育、提高员工道德及思想高度、引导员工将服务“三农”，引导员工带着感情、带着爱心、带着诚心为农牧民服务，积极依托“四卡”，有效增加对农牧业、农牧民的有效信贷资金投入，通过对所有乡村开展常态化的流动服务，向农牧民宣讲普及金融政策和精准脱贫及产业信贷扶持力度，大额资金兑现时为农牧民提供上门服务业务，同时，对广大农牧民开展诚信教育，有力提升仁布县农牧民整体信用环境；通过加强与县各级政府的沟通联系，积极争取党政部门的理解与支持，因此银政、银企关系非常融洽，实现共赢，仁布县支行在贷款投向上积极为符合农行信贷相关管理办法规定，符合准入条件的农牧户发放农、林、牧业以及建筑、运输、批发、特色产品、民族手工业等贷款，满足其有效金融需求。

通过强化“三农”金融服务及管理，提高风险管控水平，不断提升本行“三农”服务能力，不仅涉农信贷资产质量保持较好水平，同时有力支持地方经济发展。近年根据上级行有关“惠农通”工程方案，仁布县支行予以高度重视，切实感受到开展此项工作是农行又一项惠农具体措施和手段体现，能够对金融空白行政村农牧民带来就近便利的金融服务，截至年底，累计安装33台助农取款机布放，组织专人认真开展前期政策宣传解释工作，积极争取党政机关和农牧民的理解和支持。

【配套设施】 针对支行近年来年轻员工逐年增加的现状，支行积极争取资金，完成支行“职工之家”、健身中心及制氧气等配套设施建设，加强伙食管理，彻底解决员工一日三餐的后顾之忧，尽量给员工营造优异的工作环境。

【综合营销】 年内，仁布县支行各项存款呈现稳中有升，总体完成情况较好。2016年仁布县支行各项存款增长较快，超额完成全年任务指标，贷款业务发展情况，贷款增长较好，呈现“三农”贷款与个人贷款齐头并进的势头，其他各项指标完成情况较好。

【基础管理】 开展组织实施员工合规文化建设活动，员工整体合规理念、合规意识明显提升，继续实行差异化绩效分配体制，切实激发员工工作积极性，充分体现奖励机制的作用，认真开展对所辖内的尽职监督检查，做到及时查漏补缺，减少差错和工作中瑕疵，促进各项业务操作合乎程序规定以及制度要求。

【安全运营】 年内，支行未出现任何一起大小风险操作事件，确保安全运营，2016年针对运营、会计、信贷、安全保卫等环节加大规范化、科学化、标准化建设，开展各业务条线的“三化三良好”顺利通过达标工作。

【安全保卫】 年内，仁布县支行严格按照安全保卫工作、条例，逐条开展检查对照工作，确保无任何隐患地开展仁布县支行安全生产工作，消防演练排除安全隐患，做到万无一失，并获得2016年度安全保卫工作先进集体奖。

【安防教育】 年内，不仅圆满完成重大节日的安防工作，同时确保全年无论守库、押运、值班以及营业期间的安全无事故，仁布县支行主要采取加强对员工的安防教育，每月安全学习制度及敏感期间座机电话报平安和电话查询制度，引导员工自觉履行各项安防制度规定，严格相关纪律，层层签订安防责任书，加大对所辖网点的监督检查力度，对违反安全保卫的行为及时进行教育引导教育，及时达到惩戒目的，领导做到在注重业务经营的同时，狠抓安全保卫工作，从而确保了安全运营。

【党建工作】 仁布县支行2016年利用每周末及晚上休息时间组织全辖员工和附近营业所员工集中学习业务类管理办法、各项制度建设文件、集中探讨新型业务，召集支行全体党员干部开展党课4次，提升了全体党员干部的党性，提高了员工合规操作意识，强化职业道德素养。

（普 布）

【领导名录】

行 长 普 布（藏族）

副行长 次仁琼达（藏族）

乡（镇）概况

德吉林镇

【概况】 德吉林镇是仁布县人民政府驻地镇，位于县境中西部，平均海拔3980米，总面积348.9平方千米，耕地面积8300亩，人均耕地1.6亩，牲畜26543头（只、匹），粮油总产量为1856.55吨，农村经济总收入4358.01万元，农村经济纯收入3537.26万元，人均纯收入在6720.72元左右。镇辖9个行政村，62个自然村，共1092户5175人，劳动力2659人，村级组织机构人员49名，现有寺庙三座共有僧尼48人。五保户10人（集中供养7人，分散3人），孤儿7名（集中供养4人），残疾人193人，退伍军人33人（现役3人）。全镇建档立卡贫困户301户1424人，2016年脱贫40户218人。

镇机关干部职工41人，其中行政人员18人，事业人员21人，公益性岗位2人。共10个党支部，党员340名，农牧民党员310名，镇机关党员30名，农牧民党员中流动党员（外出打工）12名，预备党员6名，入党积极分子6名。现有三老人员61名，其中老劳模1人、老干部17人、老党员43人。地域面积3724公顷，主要以农牧产业为主，农业包括青稞、小麦、豌豆、油菜、土豆等作物，畜牧业包括牦牛、绵羊、山羊养殖，耕地面积553.3公顷，粮食播种面积450公顷，经济作物耕地面积97公顷。林地面积180.6公顷。国家级野生保护动物有猞猁、豹子、黄鸭等，主要旅游景点有雍泽湖。特色产品民族手工艺（藏式卡垫、藏靴）、藏鸡蛋、藏香猪。参加新型农村合作医疗5038人，参合率98%。参加新型农村养老保险2800人，已领取养老保险待遇447人。城镇居民中有8人得到政府最低生活保障金。

【政府工作开展情况】 德吉林镇建档立卡的301户贫困户，2016年脱贫40户218人；加大控辍保学工作力度，初中入学率达到100%；全镇9个行政村1060户5132名农牧民实现合作医疗登记、建档、账户资金结算等工作；各村已经实现广播电视信号全覆盖；镇文化站主体建筑完工并验收，文化站人员配备和设备购置齐全；打造了“雍则绿神湖旅游文化节”；成立了19家农民专业合作社，农牧民建筑施工队23家；推进基础设施建设6个，总投资2289万元：强钦灌渠投资1364万，那休村水渠、高标准农田建设投资212万，吉雄村防洪坝投资158万，德吉林村便民服务中心投资45万，吉雄村高标准农田建设投资205万，那休村高标准农田建设投资305万；全镇9个行政村种植藏青“2000”2500亩，喜拉“22”号2500亩，“藏青2000”二级种子田吉雄村200亩；在那休村连片种植优质马铃薯50余亩，每亩产量4402斤。实施3500亩的高标准农田建设任务：德吉林、吉雄、那休村农田进行平整、客土及配套农业设施建设；在艾玛村、奴日村实施了1000亩人工种草基地；协调各驻村工作队完成畜牧清点工作；开展年初造林绿化工作和2017年林业项目申报工作。

【人大工作开展情况】 年内，德吉林镇组织学习了《宪法》《组织法》《代表法》《选举办法》和区、市、县有关人大工作的相关规定；5月7日依法召开了镇人大换届选举动员部署会议，全镇9个行政村支部书记、主任、监督委员会、驻村队长以及在家的镇干部职工共计62人出席了大会，传达学习了《关于县、乡两级人大换届选举时间的决定》的通知文件精神；5月9日至12日发放宣传资料1500张，张贴悬挂横布30条，开展选民登记工作，共登记选民3435人，其中女性1746人，男性1689人，党员353人。5月17日至5月22日期间，本次换届选举产生新任县级代表4人，其中女性代表1人，连任代表7人，同任两级以上代表3人。新任镇级代表8名，其中女性代表5人，连任代表34人，同任两级以上代表19人，党员代表33人，占代表总数的79%，非党员代表9人，占代表总数的21%，爱国人士2人，占代表总数的4.8%；组织了2次人大代表培训会议，专题培训1次，认真传达学习了《德吉林镇镇规民约》《日喀则市第一届人民代表大会第二次会议精神》、代表的权利和义务；6月7日至8日德吉林镇胜利召开第十四届人民代表大会第一次会议，日喀则市人大换届工作督导组陈建章同志和市组织部曲珍同志等人参加会议，列席人员共计56人。

【“两学一做”专题学习】 年内，自“两学一做”学习教育部署启动以来，5月20日召开“两学一做”学习教育工作动员部署会，传达学习中央及自治区、市、县“两学一做”学习教育工作会议精神，认真安排部署“两学一做”学习教育活动，迅速在全镇党员中掀起学习党章党规、学系列讲话、做合格党员的活动氛围，定期不定期进行督导检查，开展“两学一做”专题会议，结合实际认真研讨存在问题，并采取切合实际的措施及时整改。

【“万名村（居）干部文化素质提升工程”】 年内，德吉林镇按照县委组织部对“万名村（居）干部文化素质提升工程”工作有关部署要求，及时召开动员部署会议，成立组织机构，安排各村师资人员，明确师资人员的重要任务，截至年底，德吉林镇师资人员共有5人，学员共有49名，其中初中以上学历有2名，剩下47名均属于小学或小学以下学历。充分利用驻村工作队和大学生村官、村第一书记的资源，积极开展，由德吉林镇具体负责人前往各村督查和指导各村村干部素质提升工作，充分了解各村落实中存在的问题，并及时采取相应措施整改，各村配备了黑板、作业本、备课本、专用于素质提升工作展板。确保村干部素质提升工程工作有效开展。

【合作社】 年内，德吉林镇结合城郊区域优势及各村特色产业优势，确立“一村一特、一村一品”的发展规划和思路。发展强钦村、日阿自然村，蔬菜阳光温室产业，采取“种植+销售+农户”的合作社经营管理模式，解决群众种植、生产、销售的问题，为提高菜农种植管理水平，德吉林镇于2016年11月初组织农牧民群众120人参加蔬菜种植技术培训，促进蔬菜种植业的发展起到了积极作用；从县科技局争取到资金5万元，为藏香猪养殖场购买10头纯种藏香猪，改良劣势品种，饲料搅拌机一台，养殖规模由50头增加到120头，推动藏香猪养殖业的发展；德吉林镇强钦村作为武警西藏总队“六共”活动联系点，投资15万元扶持发展藏鸡养殖，新建藏鸡养殖场占地面积400平方米，建筑面积206平方米，现饲养规模由150只增加到500只；结合各村民族特色手工业产品，经过实地调研，充分论证，成立奴日村农民藏靴加工合作社，新建藏靴加工厂房建筑面积250平方米，占地面积600平方米；发展具有当地特点的种、养殖、加工业，促进农田增产、农业增效、农民增收。

【监督职能】 镇纪委聚焦主业，担当主责，深化监督职能，全面加大监督执纪问责力度。加强对贯彻执行《准则》《条例》《问责条例》《农村基层干部廉洁履行职责若干规定》中央“八项规定”、区党委“九项要求”“约法十章”以及自治区制订的《关于共产党员违反政治纪律的处分规定（试行）》精神等的监督检查，确保上级路线、方针、政策在镇、村班子成员中的贯彻执行。具体到思想方面，每次的镇党委理论中心组学习会议，镇党委书记、镇长、纪委书记、组宣委员都要结合形势和身边发生的违纪违规典型案例对镇全体干部、村“两委”、镇直部门负责人、驻村工作队进行教育，对以上人员的思想上存在的问题也及时加以解决；反复完善《德吉林镇干部管理办法》、财务管理制度、重大事项报告制度等各类廉政制度来进行约束，并从源头上预防干部不廉洁行为的发生。截至年底，全镇没有一个干部出现违纪违规问题；强化农村“三资”管理力度，2016年，镇纪委对九个行政村的“三资”数据进行更新和统计，防止“三资”制度不合理、运作不规范、监管不到位，村集体开支随意性大、财务公开不真实、集体资产流失严重等现象。对于各村资金由镇统一理财、统一报账、统一审核票据，严格实行《德吉林镇财务管理报账程序》，村账镇管、加大审计力度，及时解决问题，同时发挥村监会的监督作用，确保“三资”的公开透明、管理有序，有效从源头上预防了农村“三资”案件的发生；2016年德吉林镇包干经费共计383000元，截至年底，县财政下拨包干经费350000元，德吉林镇包干经费共含六类资金，分别为公务接待费、差旅费、交通费、办公费、通信费、电费，其中明确要求接待费支出占总额的5%、交通费支出占总额的30%。经过前期对“包干经费”的自查自纠，在经费管理使用上未出现超额使用、违规使用等问题；镇纪委坚持把加强对主体责任落实情况的监督作为履行监督责任的切入点和关键点，实行党委书记召开针对党风廉政建设的专题会议、讲党课、约谈、述职述廉等活动。对村“两委”实行由镇纪委书记进行的廉政约谈活动，重点了解各村的历年安居资金分配兑现情况、村干部及亲属享受的各类工资及惠民政策、各村三年来实施的项目、村“两委”是否执行民主集中制、惠农资金是否如实发放、是否公开公示、村财务管理及运行是否正常、精准扶贫及低保选定工作是否公平公正等，对发现的问题，进行督促整改，持之以恒的反对和纠正“四风”问题；镇纪委着眼于“监督是最大爱”出手，深化全镇各项工作的监督检查力度。截至年底，镇纪委对镇政府的各项工作监督检查共计26次，其中对惠农资金的落实情况监督检查有7次；对驻村、驻寺在岗检查有4次；对卫生院、幼儿园、商铺的药品、食品安全检查有2次；对其他事项检查次数达13次，促进干部廉洁自律和党风廉政建设责任制的落实。

截至年底，镇纪委累计收到问题线索3件，镇纪委自办及会同县纪委查处问题线索共3件，已结案3件，对1人进行了诫勉谈话、对6人批评教育、谈话提醒，其中，镇纪委自办案件2起，给予批评教育6人。

【特色产业开发】 6月，德吉林镇组织农牧民群众40人参加蔬菜生产技术培训；扩大藏香猪养殖基地建设；从县农牧局、科技局争取投资10万元将藏香猪养殖场地由村里搬迁到村外，建筑面积300平方米，占地面积1500平方米；从林芝引进纯种藏香猪8头，改良劣势品种，养殖规模由50头增加到120头；武警西藏总队为强钦村投资15万元新建藏鸡养殖场占地面积402平方米，建筑面积206平方米，2016年饲养规模由150只增加到500只，全年创收3.5万元；成立奴日村农民藏靴加工合作社，新建藏靴加工厂房建筑面积250平方米，占地面积600平方米；推动当雄、卡若村牲畜短期育肥，吉雄、那休黄牛改良工程。

【党风廉洁工作】 年内，德吉林镇把党风廉洁建设与经济建设和中心工作同安排、同部署、同落实、同检查、同考核，明确了党政“一把手”为责任目标制定、检查、考核和实施责任追究的第一责任人；反腐倡廉工作任务分解到各村，明确责任内容，落实具体责任人；涉及重大事项决策、奖励、较大财政收支、工程项目建设等重大问题提交党政班子集体讨论；严格机关内部管理制度，由镇纪委监督实施；加大对党务、政务、村务公开管理工作的检查力度。

【党建工作】 德吉林镇积极发展党员19人，积极分子6人，预备党员6人，转正党员7人；对再次“失联”超过6个月的党员，严格按照有关规定进行处置；5月20日召开“两学一做”学习教育工作动员部署会，积极开展自学学习、讨论学习和研讨活动20余次；制定和完善了《村级干部培养选拔实施方案》《大学生村官管理办法》《村第一书记管理办法》和《村支书管理办法》等方案制度；积极开展，村（居）干部素质提升工程；协调组织工会、共青团、妇联等开展公益活动、“七一”走访慰问活动和重大节日慰问老党员活动；6月成立党委换届24人领导小组，参加换届选举党员273名，换届选举德吉林镇党委委员11名、书记1名、副书记3名，纪委委员5名，书记1名、副书记1名，出席中国共产党仁布县第九次代表大会代表17名；镇党建办共督查全镇各项工作50余次（包括各村工作开展情况）。

（尼　玛）

【领导名录】

党委书记　琼　达（女，藏族）

人大主席　尼玛欧珠（藏族）

镇　长　王东海

党委副书记

王东海

次旦朗杰（藏族）

纪委书记　巴　桑（女，藏族）

政法委员、人武部部长

陈　鹏

派出所所长

丹　曲（藏族）

组宣委员　马　林（女，6月任）

统战委员、副镇长

索朗康珠（女，藏族，6月任）

副镇长　旦增曲尼（女，藏族，8月任）

尼　珍（女，藏族，8月任）

康雄乡

【概况】 康雄乡位于仁布县境东部，北纬29°52′，东经89°52′，乡政府坐落在年拉村，平均海拔4150米，距县政府驻地60公里（车行距离），距离拉萨110公里、日喀则116公里。康雄乡东与帕当乡、东南与普松乡、西南与然巴乡和扎巴乡、西与切洼乡等相连，北靠雅鲁藏布江，与拉萨市尼木县卡如乡划江而治。全乡交通便利，北有“318国道”公路，东南有“仁帕公路”内通，全乡公路通达率达98%，通畅率达92%，是处于东三乡（普松、然巴、帕当）交通要道，也是进入县城的另一道门。以农业为主，牧、副并举，属典型的高原性气候，空气稀薄，日照充足，昼夜温差大。山势险峻、沟壑纵横。全乡国土面积286平方公里，其中耕地面积7125亩，粮食总产量1302.5吨（主要种植青稞），林地面积0.27万亩，可利用草场面积26.57万亩，载畜量为31513只（折羊单位），年末牲畜存栏数为17822（头、只、匹），其中大畜总数3310头（主要养殖牦牛、黄牛、犏牛、马和驴），2016年，农村经济总收入3666.87万元，人均收入6891.71元。

全乡共有644户，4044人，共有88个联户单位，88名户长，其中12个行政村81个联户单元，81名户长；全乡共有14个党支部，339名党员，其中男性党员236人、女性党员103人、预备党员10人、积极分子10人；全乡群众党员275人，预备党员6人，积极分子3人；全乡人大代表52人，其中县级代表12人、乡级代表40人，政协委员13人、党代表17人。全乡在编干部职工42人，其中乡机关干部职工39人，包括公益性2人，临时工1人；乡卫生院7人，包括公益性5人；乡派出所7人，包括辅警0人；驻寺干部8人；全乡在职教职工23人，其中正式教师23人，临时工5人，在校学生316人，4所学前班（分别坐落在帕加、麦措、塔热、帕夏村）。全乡低保户119户，309人、“五保户”3人、“三老人员”52人、残疾人71人、孤儿2人、寿星老人60人，其中90岁以上7人、80岁以上53人。

【精准扶贫】 2016年，康雄乡把精准扶贫作为当前一项重中之重的工作，年内，建档立卡内贫困户382户、1480人，脱贫户47户226人。易地搬迁户数152户，受益人数723人；产业扶持受益人数648人；生态就业岗位613人，发放资金165万元；社会兜底37户；结对帮扶对象共379户。

【“两学一做”专题活动】 2016年年初，康雄乡党委召开“两学一做”主题活动动员大会，通过“深化五项教育、增进五个意识”主题活动实施方案和工作领导小组，明确活动内容、目标、开展形式、方式步骤、工作安排，为开展专题活动指明方向。每周星期四下午组织干部职工学习系列讲话精神和上级下发文件。各党支部也结合自身召开了专题组织生活会，就如何开展“两学一做”主题活动任务节点做了进一步细化。

【团委工作】 年内，康雄乡在团建方面重视团员的发展和教育工作，将团委工作制度化、经常化、规范化。2016年团员149人，新增团员25人。

【发展壮大村集体经济】 年内，以发展壮大村集体经济为突破口，促进农牧民增收。截至年底，康雄乡正在实施的村集体经济有帕夏玉石场，成立一年，创收已达200余万元，招收工人10余名，产值逐步提升；亚德细褐合作社项目，亚德细褐为带动康雄乡贫困妇女及残疾妇女解决就地就业。增加现金收入。成立细褐合作社，以工资性收入脱贫一部分人，以辐射性资助带动群众脱贫一部分人，年产值达70余万元；酥油花制作，2015年酥油花制作技术已纳入小学文化课程，每年过年时在各地制作出售，仅15天左右，人均收入达10000余元。酥油花拥有国家级非物质文化遗产代表性传承人一名，年产值达20余万元。

【机关干部作风建设】 年内，加强机关干部作风建设，由乡纪委牵头严格执行考勤制度，要求干部职工严格遵守上下班制度，并将全年考核情况作为干部职工年终考评的重要依据。

【经济发展】 2016年，经济总收入3666.87万元，与2015年同比增加12.2%。其中农业总收入281.27万元，与2015年同比增加10%。农牧民人均收入从2015年的6322元增长到2016年的6891元，与2015年同比增加9.1%。

【农业】 2016年，康雄乡大力发展特色农牧业，稳步推进农业结构调整，2016年播种良种青稞4786.5亩（“藏青2000”320号，“喜马拉雅22号”）；豌豆播种面积为600亩；经济作物播种面积1586.85亩，其中油菜播种面积为898.5亩；蔬菜播种面积为489亩；饲草料种植面积199.35亩。全乡青稞总产量24.55万公斤，豌豆总产量11.1万公斤、油菜总产量17.146万公斤、蔬菜总产量4.34万公斤，饲草料总产量28.25万公斤（其中青饲料28.25万公斤）；化肥46.35吨，农家肥1299.6吨。

【牧业】 2016年，新生子畜4240（头、只、匹），成活率达90%；牲畜出栏4102（头、只、匹），出栏率达23%；机制资金43.8万元，牲畜存栏17822头、只、匹；兑现草原生态保护补助奖励45.45万元，野生动物肇事资金2.2338万元，2016年，康雄乡林业生态补偿资金共发放7.2525万元，科技特派员补贴144000元。

【水利】 年内，以项目建设为抓手，加快基础设施建设，筑牢经济发展基础。2016年全乡开工建设17座水塘、12条水渠等项目，总投资3000多万元。

【环境综合整治】 年内，环境整治工作作为康雄乡的重点工作，党委、政府就专门组织召开专题会议，并多次召开专题部署会议，成立以乡党委书记为组长的工作领导小组，制订《康雄乡环境整治督查工作方案》，并与各单位、各村签订目标责任书，划分片区，责任落实到位。将环境卫生整治作为长效机制来抓，由各单位、各村委和驻村工作队负责定期组织群众对村居及周边环境进行打扫。乡督导组不定期对各单位、各村开展督查，整改不到位的下发整改任务通知单，限期整改。定期组织干部职工和群众学习环境保护法律法规知识，开展环保知识宣传，增强群众爱护环境、爱护家园的意识。

【劳务输出】 劳务输出主要是劳动力转移就业和农牧民技能培训相结合，让农牧民群众增加收入，使农牧民群众过上幸福生活。2016年，康雄乡劳务输出人次680人/次。2016年，派送15名农牧民群众到市人社局下属的3家培训机构参加太阳能设备维修、创业、装载机、挖掘机、钢筋机、混泥土工、农机维修、藏餐厨师等技能培训。

【教育工作】 教育工作作为康雄乡一把手工程，由乡党委书记主抓配备了专干工作人员，经常巡查教育教学计划，教师请销假制度、学生吃、住、学等情况，进一步完善和提高整体教育效率。全乡小学在校生316人、初中在校人数144人，入学率达到了100%。

【卫生工作】 年内，严格建立卫生工作台账，实施村医包村和考评制度，确保村医的管理和用药指导工作，全乡农牧民参合3924人，参合率达到100%，各种疫苗接种率100%，卫生知识宣传20次，门诊人数7395人次，住院人数36人，住院分娩39人。加强医疗卫生队伍建设，提高诊疗水平，不定时的组织村医务人员在乡卫生院进行培训。让广大人民群众就近就医、安心就医。巩固完善基本药物制度，排查过期药物，保证农牧民放心用药。充分利用民族医药特色优势，提升藏医药服务能力。加强妇幼卫生和优生优育工作，保证孕妇在分娩周期得到有效保障。大力开展健康教育宣传工作，提高群众健康意识。

【新型农村社会养老保险】 新型农村社会养老保险是国家出台的一项惠民政策，是一项好政策，达到年龄后每月就可领取养老金至终身。2016年，康雄乡16～59岁应参保人数2227人，实际参保人数2227人。

【民政工作】 2016年9月，康雄乡完成低保户筛选工作，现有低保户119户，309人。“五保户”3户，困难残疾人37人，高龄老人29人，重度残疾人34人。2016年，发放困难残疾人、重度残疾人补助资金共91740元，发放高龄老人补助资金17400元。

【党建工作】 2016年6月，乡党建办工作人员按照发展党员程序，通过下村与村“两委”班子共同对计划中的农牧民进行发展；加强对入党积极分子的教育培养，坚持党员发展标准，认真履行入党手续，及时了解全乡党员的基本动态。全乡共有14个党支部，339名党员，其中机关支部党员47人，学校支部党员17人，农牧民党员275人。重视村级班子队伍建设。年初乡党委就专门召开村“两委”班子专题会议，制订完善了村干部考核实施细则，采取开会测评、约谈、走访群众等方法对村干部进行了德、能、勤、绩、廉五个方面的考核。将奖惩与考核结果挂钩，有效调动了村干部的工作主动性和积极性。

【党风廉政建设】 2016年，康雄乡始终把党风廉政建设工作列入党组班子重要议事日程，结合2016年度工作实际制订了工作计划，及时召开党风廉政建设专题会议，传达学习有关领导讲话和上级文件精神，对党风廉政建设工作进行全面安排部署。在党风廉政建设和反腐败工作中，强化组织领导，成立领导小组，明确领导小组成员职责。分别与12个行政村和所在机关和事业单位签订《党风廉政目标责任书》，将各村的党风廉政目标任务细化到个人。形成主要领导亲自抓，上下合力共同抓，一级抓一级，层层抓落实的工作格局，并把目标责任书的考核结果与年终评优评先挂钩，增强了各科室抓好党风廉政建设的责任性，进一步健全和完善了党风廉政建设工作责任机制。

（拉巴平措）

【领导名录】

党委书记　旺　拉（藏族）

党委副书记、人大主席

拉巴加布（藏族，5月免）

丹增平措（藏族，5月任）

党委副书记、乡长

张朝凯

党委副书记、纪委书记

达瓦卓玛（女，藏族）

派出所所长

尼　玛（藏族）

组织委员　卓玛桑吉（女，藏族，6月免）

组织委员、宣传委员

次拉姆（女，藏族，6月任组织委员）

政法委员、统战委员

索朗多吉（藏族，5月任）

人武部部长、副乡长

次　珍（女，藏族，5月任）

副乡长　常　花（女，5月任）

桑母卓玛（女，藏族，5月任）

冯　梅（女，5月任）

卫生院院长

多吉顿珠（藏族）

中心小学校长

格桑次仁（藏族）

切洼乡

【概况】 切洼乡位于仁布县城西北部，地理坐标为北纬29° 21′、东经89° 46′，南与姆乡隔江相望，东倚拉萨市尼木县，西面和北面都与南木林县接壤。乡政府位于普纳村318国道沿线，全乡平均海拔3800米，地貌属高山丘陵地，境内山高谷深，沟壑纵横，地形险拔，傍依雅鲁藏布江，水量丰富。属南温带半旱高原季风气候，日照充足，气候干燥，雨季集中在七、八月份，降水量占全年的95%。

切洼乡距仁布县城11公里，下辖8个行政村，从东到西分别为嘎布久嘎村、宗夏村、宗奴村、扎西林村、普纳村、切洼村、奴达村和杰雄村，以及43个自然村，均属农业村，乡内共724户4294人，其中劳动力2298人。国土面积328平方公里，是农业和牧业相结合的半农半牧乡，出产农作物主要有青稞、土豆、小麦和油菜籽，牧业主要有牦牛、绵羊、山羊养殖，耕地面积5262亩，粮食播种面积4484亩，经济作物耕地面积791亩，饲草料种植面积100亩。森林覆盖率51.3%，林地面积21万亩，草原可利用面积390819亩，50个联户作业组。嘎布久嘎村出产的白糌粑，采用传统水磨技艺，是切洼乡的特色产品。

2016年切洼乡经济总收入4149.61万元，农牧民群众人均收入6806.82元，其中现金收入为5411.32元，第一产业644.01万元，第二产业1834.97万元，第三产业1670.63万元。

切洼乡境内有2家机关单位，3家事业单位，农村经济合作社7家（其中有资质的1家），农牧民建筑施工队6家（其中有资质的1家）。商户46家，加油站1家，企业3家（达热瓦青稞酒厂、仁布玉器、仁布聚宝石材），农村经济合作组织4家（普纳村砖厂合作社、嘎久糌粑合作社、普纳蔬菜种植合作社、扎西林民族手工业合作社），全乡共有3座寺庙：维色曲林寺、泽玉吉彩寺和嘎布久嘎寺，在籍僧尼36人；乡政府干部职工38人，其中行政人员24名，事业人员14名，乡中心小学教职工22名；乡卫生院工作人员7名。全乡有10个党支部，325名党员，乡机关党员42名（包括乡卫生院6名党员），乡小学党员15名，农牧民党员268名，其中贫困党员13名。2016年新发展党员5名，转正7名。

【经济发展】 2016年，切洼乡全乡经济总收入4149.61万元，增长13.59%；农牧民群众人均收入6806.82元，增长9.9%，其中现金收入为5411.32元，增长11.39%；第一产业644.01万元，增长

21.9%；第二产业1834.97万元，增长11.54%；第三产业1670.63万元，增长12.86%。

【农业】 稳步推进农业产业结构调整，粮、经、饲三元结构进一步优化。2016年切洼乡耕种面积为5262亩，人均耕地面积达1.2亩，粮经饲调整为83.1∶15∶1.9，积造农家肥17.69万驮，每亩1440斤，土地改良945亩，粮油总产量524.255万公斤，增长近8.86%。9月18日宗奴村出现疫情，切洼乡党委政府第一时间上报县农牧局和包乡县级领导，并立即组织兽医和村干部、驻村队员及时处理，经过四天的杀菌补疫苗及时控制了疫情的进一步蔓延，把群众的损失降到最低。

【牧业】 截至年底，共有牲畜21330头（只、匹），存活率达92.8%，年末出栏5432头（只、匹），肉产量82.02吨、蛋产量1.59吨、奶产量151.17吨。按照责任要求开展春秋两季的防疫工作，按期发放每一季度的牲畜预防疫苗药物，落实各项防控措施，疫苗接种率达99%，确保春秋两季不发生重大动物疫情。

【林业】 2016年，切洼乡种植树木5700株，新建围栏1251亩，林业总面积165213亩，兑现重点生态林管护费用1018325元。邀请自治区农科院专家开展古树鉴定和数据采集工作，2016年，全乡200年树龄以上古树共5674棵。

【精准扶贫】 年内，切洼乡精准扶贫户共292户、1352人，社保兜底户32户、120人，“五保户”6户、7人；2016年脱贫39户、206人，享受生态岗位资金819人，共发放生态补偿资金188.73万元，及时兑现到人。

“三大节日”期间，切洼乡科级干部为结对帮扶群众送去价值3021元的慰问物品，使结对帮扶户感受到党的关怀和温暖；在精准扶贫结对认亲工作中，全乡58名机关、事业单位干部，完成69户结对帮扶走访入户任务，详细了解结对帮扶户的基本信息、致贫原因和实际困难，做到心中有数，共为帮扶群众送去慰问金、米面粮油等物资折合共计14874元，解决实际困难27件。

【“两学一做”主题活动】 年内，切洼乡党委制订“基础在学，关键在做”的工作思路，明确以“党员干部上党课，党员自践行，考核破常规，党员提素质”为工作重点。机关党员干部开展集中学习20次，坚持自学100天，认真撰写各类学习笔记和心得体会，实行科级干部包村上党课制度，全乡科级干部共为各村党员干部上党课17次；按照县委组织部工作要求，组织开展4次专题集中讨论学习，引导干部职工将讨论主题和自身工作生活实际相结合，促进由学到做的转化；及时召开动员部署大会，制订实施方案下发至各事业单位和各村，推进落实“讲学习、讲忠诚、正风纪、转作风、提效能”活动。

【“走百家、访千人”活动】 切洼乡为切实做好全乡各项重点工作，为群众办实事、解难事，加强与群众的紧密联系，乡党委书记提议，经乡党委会研究决定，将“走百家访千人”工作作为了解民情、体察民意和收集资料的重要手段，为切洼乡开展各项重点工作提供决策依据。

通过开展“走百家、访千人”活动，充分调动广大农牧民群众参加换届选举的积极性，引导群众正确行使手中的权力，严肃换届纪律，推选出组织满意、群众拥护的新一届乡“三套班子”，圆满完成换届选举工作。选举产生的新一届班子成员中，年龄结构、知识结构、专业结构有明显改善，形成以34岁左右干部为主体的格局，学历平均水平增高，班子成员专业构成更加丰富、全面，女性干部和汉族干部比例增加，班子搭配上实现内强素质、优势互补。在换届选举期间，无一例上访事件和群体性事件发生。

通过开展“走百家、访千人”活动，开展民族宗教政策、富民惠民政策、实用法律法规、宣传教育工作，入户宣讲8次，发放各类宣传材料5000份，确保群众入脑、入心，对政策内容明白清楚，对法律法规增加了解，不断增强群众知法守法的自觉性，提高群众自我保护意识。

通过开展“走百家、访千人”活动，深入开展安全隐患排查工作，共开展9次全面排查工作，内容涉及消防安全、道路交通安全、生产安全、食品卫生安全等方方面面，查找出14个安全隐患，及时进行整改，现已全部消除，保障了群众的生命财产安全。

通过开展“走百家、访千人”活动，扩大信息搜集范围，强化对人员的管控力度，牢牢掌控人员的思想动态和日常行踪，做到严密管控；排查和调处矛盾纠纷11起，将矛盾纠纷和群体性事件化解在萌芽状态，积极听取群众的意见和建议，帮助群众解决困难和问题，有效地防止越级上访等事件的发生，确保切洼乡社会局势和谐稳定，实现“三无”和“三不出”。

通过开展“走百家、访千人”活动，充分发动群众的力量，增加纪委的监督范围，有效增加违法违纪线索的收集力度，对违纪行为起到震慑作用，全面改善切洼乡干部作风，营造出一片风清气正的从政氛围。

【党员志愿活动】 切洼乡10个党支部均组建党员志愿服务活动小分队，每月开展2次志愿服务活动，帮助群众解难事、办实事。截至年底，共开展志愿服务活动30余次，5个行政村在雨季发生洪水和泥石流等地质灾害，120名党员志愿清理堆积在道路和农田里的淤泥，修复11公里受损道路和2座桥梁，帮助群众尽快的恢复生产生活，受到群众的一致好评。

【村干部素质提升】 年内，按照县委组织部工作要求，安排专人利用周末等闲暇时间，为村干部开展汉语文读写、会计基础知识等培训4次，各驻村工作队通过开办“夜校”、培训班等方式，为村干部开设汉语文、数学和藏文等基础课程，定期考试测验，32名村干部文化水平和工作水平较之以往都有了很大提高。

【发展壮大村集体经济】 年内，在切洼乡党委的指导和帮助下，切洼乡5个行政村通过积极探索，建立符合各村实际的“一村一特”村集体经济项目，发展态势良好。其中通过帮助申请商标，寻找销售门路，巩固嘎久村糌粑加工合作社党建品牌，2016年，收入3.6万元，解决3个就业岗位；扩大普纳砖厂合作社规模，年利润达到2.17万元，安置3名剩余劳动力；推动宗夏藏香生产，安置3名剩余劳动力；创建普纳养牛厂，成功帮助3名群众脱贫；成立扎西林村手工业合作社，生产传统藏靴，聘请3名群众进行藏靴制作工作。在“一村一特”村集体项目的带动下，全乡充满浓厚的创业氛围，农牧民群众们积极向上争取项目和筹措资金，因地制宜，建成藏鸡养殖、蜜蜂养殖、蔬菜种植、砂厂等农业合作社，有效地带动了群众增收致富。

【强基惠民工作】 年内，驻村工作队员充分利用所学知识和工作经验，从旁协助村“两委”班子开展好党建工作，通过不懈努力，扎西林村和普纳村在全县范围内的党建和党风廉政工作互评互查中取得了良好的成绩，受到广泛赞扬；杰雄村从后进村一跃成为先进村，在“双联户”、精准扶贫等工作方面表现突出；驻村工作队自2016年开展工作以来，撰写驻村日记144篇，民情日志48篇，为群众办实事16件，内容包括维修水塘、水渠、修路、人畜饮水工程等项目，解决了群众生活中的实际困难，完善了各村农业基础设施和公共服务设施，使村民生产生活环境得到了有效改善；为使困难群众充分感受到党和国家的关心和关怀，切洼乡8个驻村工作队在“三大节日”和“三八”妇女节等重大节日期间，共为困难群众送去慰问物品480件，慰问金40000元，总价值11万元；扎实开展民族宗教政策、富民惠民政策、实用法律法规、宣传教育工作，截至年底，8个驻村工作队累计开展集中宣传8场次，召开座谈会8场次，个别谈话146人次，播放宣传片4次，发放各类宣传材料770份，直接受教育人数达3260人次；开展志愿服务活动96余次，在群众中取得了较好的反响。

【人大工作】 年内，根据县人大换届选举工作会议的统一安排部署，切洼乡5月份组织召开换届选举动员部署会，并严格按照法定程序进行换届选举工作，通过依法加强代表资格审查，最终选出县级人大代表12名，乡级代表41名，确保换届选举工作顺利完成。

选举后及时组织召开新一届人民代表大会第一次会议，听取和审议乡人民政府工作报告、人大主席团工作报告、财政收支情况、乡规民约和代表的资格审查报告，并选举产生1名乡人大主席，1名乡长和4名副乡长，实现了组织意图。乡人大紧紧围绕发展和稳定大局，突出监督重点、注重监督实效，全年共组织人大代表30人（次），深入8个行政村项目建设现场视察2次。同时在2016年3月和4月分别组织县、乡人大代表对乡机关、乡中心小学、乡卫生院、46家商铺和各行政村进行2次全面的集中视察，充分发挥职能作用，严把资金落实、食品药品安全和教育教学质量。组织农牧民代表35名，进行一次以《中华人民共和国全国人民代表大会和地方各级人民代表大会代表法》和相关代表权利和义务以及为人民群众办事为主题的集中培训，代表们的思想认识得到提高，进一步明确职责，真正提高代表的工作素养和能力水平。组织人大主席团，对市、县、乡三级代表进行走访调研，增进了与代表的交流和沟通，及时掌握了解真实情况，为工作推进奠定了基石。完善“人大之家”的建设和硬件设施配备工作，为全乡人大代表在人大闭会期间履职提供了平台和阵地，搭起畅通民意的桥梁，全面加强主席团与代表、代表与代表之间的紧密联系。截至年底，县、乡两级人大代表共提出意见和建议11条，回复11条，答复率100%。

【环境综合整治】 年内，乡党委、政府高度重视环境保护和节能减排工作，深入各村开展环保宣传工作4次，发放宣传资料200余份，组织乡机关事业单位干部职工每周定期开展1次单位内卫生大扫除活动，每月开展一次全乡卫生大扫除活动，严格落实各项环保工作制度，在各村设立专职环卫人员，从精准扶贫建档立卡户中选取合适的人员担任，即保证了环境卫生工作职责落实到人，又帮助精准扶贫建档立卡户增加收入。同时按照“环境整治大干一百天”工作要求，制订乡主要领导包路、包片的工作制度，一天巡逻两次，对所包的辖区进行巡逻督导，在318国道沿线和机关、企事业单位、各村放置了53个垃圾桶，在各村设立垃圾集中处理点，4辆垃圾车及时清理垃圾。通过采取一系列强化措施，短期内实现了乡域内环境的明显改观，使全乡整体环境得到进一步巩固和提高。

【卫生工作】 进一步完善各村村级医务室的硬件设施，协同乡卫生院对各村村医进行2次专项业务培训，加强村医应对突发病情的处理能力和急救能力，建立健全了卫生服务考核评估体系，增加了对乡卫生院和各村医务室工作开展情况的督导力度，通过深入宣传、教育引导和送医上门，使农牧民群众健康体检率达70%以上，其中妇女病普查率及老年人体检率达80%以上，学校（幼儿园）学生（儿童）体检率达100%；新型农村合作医疗覆盖率达100%以上，全年无一起药品食品安全事故发生。

【人武工作】 积极配合县武装部做好征兵工作，2016年征收1名义务兵，并于“八一”建军节看望慰问入伍的新兵及其家属。组织开展民兵演练活动，县武装部下派骨干力量对民兵进行专业培训，增强民兵队伍对突发事件的应变能力，提高民兵队伍的整体素质。

【合作医疗】 2016年，全乡合作医疗参保人数4193人，缴纳金额83720元。

【新型农村社会养老保险】 2016年，全乡新型农村社会养老保险参保人数2157人，缴纳金额214100元。

【民政工作】 2016年，共发放惠农惠民资金

302.12万元，生态补偿资金188.73万元。发放过程公开、透明，全部资金发放表已在乡和各村的公示栏进行公示，自觉接受群众监督。按照最低保障最新政策要求，先后对全乡范围内的低收入牧户进行家庭经济状况重新核对，筛选低保对象，完善低保户的台账资料。

【旅游工作】 依托地理位置和文化资源优势，着力打造宗嘎风景区（雅江秘境）开发项目和切达农业观光旅游区建设项目，得到县委、县政府的高度重视，截至年底，项目已立项。在县相关单位的帮助下，已完成两个项目的前期查勘和初步设计工作，切达农业基建项目已基本通过，牛皮船体验区项目初审完毕。

【项目建设】 2016年，切洼乡共落实建设项目11个，其中基础设施建设项目3个，交通水利项目3个，林业项目3个，办公用房、居民住房建设项目2个，总投资919万元。截至年底，已完工项目9个，在建项目2个。2016年，切洼乡建设项目较2015年增长0.5%。切洼至列旺公路硬化建设已完成82%。全年切洼乡各村组织群众新修道路2700米，维修道路4.2公里，群众义务投劳3600人次；新修水塘2座，新修水渠两道长达2.5公里，维修水塘2座，组织群众清理水塘24座，维修水渠共计长度32.5公里，群众义务投劳2740人次。

【特色产业】 嘎布久嘎村的嘎尔久糌粑加工农民合作社有11座磨面坊，中央10台《味道》节目栏目组还到嘎布久嘎村专门做了一集水磨糌粑节目。雅鲁藏布江岸边石头遍地，在雅江河水长期的冲刷下，每块石头形状各异，造型奇特异趣，村委会将群众收集到的奇石集中在318国道路边销售。在乡政府和村委会的支持帮助，普纳村20户群众成立了坚参康萨蔬菜种销农民专业合作社，共同种植9个温室大棚，占地面积2.43亩，温室里种植黄瓜、西红柿、小白菜、韭菜、青椒、胡萝卜、南瓜等蔬菜。

仁布县聚宝开发有限责任公司于2014年落户切洼乡，注册资金800万人民币，主要经营石材开采、加工，雕刻，安装，建材销售。年产各种石材25万平方米的综合型石材实体企业，实现年产值2000万元左右。2016年生产石材达到35万平方米，实现年产值3000万元左右，解决42人就业，带动430户260人脱贫。

【文化事业工作】 2016年，切瓦乡不断改善硬件设施，加强文化阵地建设，落实“三个一”。即每个行政村设文化室，文化室内设有新旧西藏对比展览；设农家书屋，每个书屋现有图书2000余册，种植类音像制品100个，解决了农牧民群众读书难的问题，成为农牧民朋友“致富路上的加油站”。每个行政村设文化宣传栏，结合村“两委”工作实际，不定期调整展示内容。2016年全乡广播电视覆盖率达到100%，广播电视节目达52套，移动电话覆盖面达87%以上。

【教育事业】 2016年，切瓦乡积极开展宣传工作，安排人员下村16次，为8个行政村发放有关宣传册100多张、民主测评120多卷，使义务教育均衡发展的重要性得到广泛传播。切瓦乡政府在财力有限的情况下，投入2万元，帮助切瓦乡中心小学协调解决路灯7盏，垃圾箱12个，提供10套职工周转房。2016年切瓦乡中心小学入学率达100%，辍学率为0%，师资配备及生活设施配备均达到规定标准，教学质量有了大幅提高，顺利通过了区检查组的验收。

【生态保护工作】 2016年，切瓦乡高度重视环境保护和节能减排工作，深入各村开展环保宣传工作4次，发放宣传资料200余份，组织机关事业单位干部职工每周定期开展1次单位内卫生大扫除活动，每月开展一次全乡卫生大扫除活动，严格落实各项环保工作制度，在各村设立专职环卫人员，从精准扶贫建档立卡户中选取合适的人员担任，即保证了环境卫生工作职责落实到人，又帮助精准扶贫建档立卡户增加收入，有利于帮助他们实现脱贫，同时按照“环境整治大干一百天”工作要求，制订了乡主要领导包路、包片的工作制度，一天巡逻两次，对所包的辖区进行巡逻督导，在318国道沿线和机关、企事业单位、各村放置了60余个垃圾桶，在各村设立垃圾集中处理点，4辆垃圾车及时清理垃圾，全乡环境卫生工作得到了有效的改善，乡容村貌焕然一新。

【党风廉政建设】 年内，制订专项实施方案，与各村分别签订《切洼乡2016年度党风廉政建设和反腐败工作目标责任书》，明确工作职责，确保工作落实到位；将“制度管人，全程监督”作为乡党风廉政建设品牌，在工作中严格落实党政正职“四个不直接分管”和“一把手”末位表态制，重大事项请示报告制度及“三重一大”事项集体决策制度，使乡机关、事业单位和各村日常管理工作趋向规范化和常态化；广泛宣传纪检监察信访举报工作的受理渠道、方法、范围和权限，开展集中宣讲4次，张贴宣传画、宣传标语2次，发放宣传资料300余份，在8个行政村都设置举报箱，公布举报电话，鼓励群众参与到监督工作中来，扩大监督覆盖范围，让违纪事件无所遁形；及时传达学习区、市、县纪检文件精神，每月组织开展2次以纪律条例、重要讲话精神为主题的集中专题学习，截至年底，共组织乡机关党员集中学习22次，各村党支部开展集中学习活动40次，开展2次乡党委书记为全体党员上廉政教育党课活动，进行1次党内两项法规考试，增强切洼乡党员领导干部遵纪守法、依法依纪办事和廉洁从政的自觉性；以如何巩固党的群众路线教育实践活动和“三严三实”专题教育活动成果为主题，召开2次民主生活会，对切洼乡机关所有科级干部（10人）进行1次廉政谈话，同党员座谈2次，做到从源头预防贪污腐败事件的发生；全年总共更新党务、政务和财务公开栏24次，使“三公开”制度落到实处；对乡和8个行政村开展2次全面的财务审计，下村5次，着重对“三套班子”换届选举、强农惠农资金兑现情况和村级财务进行监督。截至年底，共发放惠农惠民资金302.12万元，发放及时，无挪用、侵占和贪污等情况发生。

（杨　晓）

【领导名录】

党委书记　刘俊华

党委副书记、人大主席
　拉巴顿珠（藏族）

党委副书记、乡长
　巴桑加措（藏族）

党委副书记、主任科员
　拉巴次仁（藏族）

统战委员、副乡长
　尼　珍（女，藏族）

政法委员、人武部部长
　索朗次仁（藏族）

纪委书记　索朗德吉（女，藏族）

宣传委员、副乡长
　萨理玛（女，回族，5月免）

组织委员、宣传委员
　次仁卓玛（女，藏族，5月任）

副乡长　杨　晓（女）

专职副乡长
　曾　静（女，5月任）

副乡长　德吉卓嘎（女，藏族，5月任）

派出所副所长
　旦增塔杰（藏族）

卫生院院长
　西热加措（藏族）

完小校长　米　玛（藏族）

姆　乡

【概况】 姆乡人民政府地处雅鲁藏布江中游河谷地带，较近318国道仁布段南部山区，位于仁布县南面，318国道沿线，以农业为主的半农半牧乡，属典型的高原性气候，空气稀薄，日照充足，昼夜温差大。山势险峻、沟壑纵横，在雅江沿岸道路崎岖，交通条件极为不便。姆乡下辖6个行政村

（分别为司玛村、吉村、江新村、祥巴村、酷龙达村、酷龙普村）。全乡共6个村民委员会，村“两委”班子人数34人，大学生村官2人，村党支部第一书记6人。全乡共783户、4120人，耕地面积8058亩，人均耕地0.59亩。乡党委下设8个党支部，260名党员12名预备党员，11名积极分子，其中农牧民党员216名，6名预备党员，9名积极分子。全乡人大代表41人、县级代表11人、政协委员5人、党代表15人，共青团员111人。全乡在干部职工40人，其中公益性2人，聘用干部1人，乡卫生院4人，包括公益性3人，乡派出所5人，包括辅协警1人。驻寺干部3人；全乡在职教职工24人，其中正式教师22人、中职班1人、公益性1人，在校学生345人，6所学前班，（分别坐落在司玛村、吉村、江新村、达村、普村）。全乡建档立卡贫困户264户、1098人，其中，一般贫困户115户、533人，低保贫困户147户、563人，社保兜底户40户、104人，“五保户”2户、2人。“三老人员”22人、残疾人192人。

【经济发展】 2016年，经济总收入2724.6万元，与2015年同比增加3%。其中农业总收入333.49万元，与2015年同比增加7.95%，牧业总收入69.06万元，与2015年同比下降20%，农牧民人均收入从2015年的6013.89.元增长到2016年的6613.09元，与2015年同比增加9.93%。

【农业】 2016年，姆乡大力发展特色农牧业，稳步推进农业结构调整，2016年播种良种青稞2300亩（“喜马拉雅22号”“藏青2000”）；豌豆播种面积为180亩；经济作物播种面积8058亩，其中油菜播种面积为834亩；蔬菜播种面积为60亩；青饲料种植面积600亩。全乡青稞总产量1645250公斤，豌豆总产量45000公斤、油菜总产量150120公斤、蔬菜总产量110520公斤，青饲料总产量195000公斤；化肥731袋，农家肥5934亩。

【牧业】 2016年，新生子畜2621（头、只、匹），成活率达90%；牲畜出栏1455，出栏率达8%；牲畜存栏2631头、只、匹；兑现草原生态保护补助奖励机制资金22151.98元；科技特派员补贴72000元；口蹄疫O型、亚洲I型三价灭活疫苗牲畜数为14880（头、只），实免数量为14880（头、只）接种率达100%；

【扶贫工作】 2016年，姆乡把精准扶贫作为当前的重点工作，年内，建档立卡内贫困户264户、1098人，脱贫户36户169人。易地搬迁户数24户（司玛村3户、吉村2户、江新村4户、酷龙达3户、酷龙普1户、向巴村11户），受益人数91人；产业扶持31户，将受益人数95人（计划实施）；医疗救助8户，受益人数12人；生态就业岗位619人，（其中建档立卡599人，人均收入3311元～4100元农村低保人20人）。发放资金1263600元，未发放593400元；信贷扶持264户（计划实施）；社会兜底40户，104人。

【“两学一做”专题活动】 4月14日，姆乡党委召开“两学一做”主题活动动员大会，通过“深化五项教育、增进五个意识”主题活动实施方案和工作领导小组，明确活动内容、目标任务、开展形式、方式步骤、工作安排，为开展专题活动指明方向。各党支部也结合自身召开了专题组织生活会，就如何开展“两学一做”主题活动任务节点做了进一步细化。

【人大工作】 年内，姆乡人大代表在全乡共划分16个选区，选民2850，41名代表，其中宗教人士1名，党政代表4名，群众代表37名，全乡共4处代表之家。乡人大在精准扶贫对象确定，发放岗位资金，经费使用情况等进行全程监督。以公平、公正、公开为原则。6月8日，姆乡人大换届选举工作正式结束。

【集体经济】 年内，以发展壮大村集体经济为突破口，促进农牧民增收。截至年底，姆乡正在实施的村集体经济有：吉村生猪养殖项目，项目资金30万元。吉村藏鸡养殖项目，项目资金5万元。

【团委工作】 年内，姆乡在团建方面十分重视团员的发展和教育工作，将团委工作制度化、经常化、规范化。2016年团员111人，新增团员9人，达到年龄退团的有15人。

【干部作风建设】 年内，加强机关干部作风建设，制订《干部管理办法》，由乡纪委牵头严格执行考勤制度，要求干部职工严格遵守制度，加强值班带班制度，实行办事有登记，服务有评价，责任落实到人的岗位职责，并将全年考核情况作为干部职工年终考评的重要依据。

【为群众办实事解难题】 12月20日，分别为结对帮扶贫困户家庭解决越冬口粮问题，姆乡党委班子组织牵头，开展贫困户慰问活动，给6个行政村45户贫困户家庭送去90袋大米、90袋面粉。

【环境综合整治】 年内，环境整治工作作为姆乡的重点工作，党委、政府就专门组织召开专题会议，成立以乡党委书记为组长的工作领导小组，与6个行政村签订目标责任书，划分片区，责任落实到位，并落实全乡保洁员资金21600元。将环境卫生整治作为长效机制来抓，由各单位、各村委和驻村工作队负责定期组织群众对村居及周边环境进行打扫。乡督导组不定期对各单位、各村开展督查，整改不到位的下发整改任务通知单，限期整改。定期组织干部职工和群众学习环境保护法律法规知识，开展环保知识宣传，增强群众爱护环境、爱护家园的意识。

【劳务输出】 劳务输出主要是劳动力转移就业和农牧民技能培训相结合，让农牧民群众增加收入，使农牧民群众过上幸福生活。2016年，姆乡劳务输出人次1023人／次，劳务输出实现经济收入人均8264.56元。2016年，派送4名农牧民群众到市人社局下属的9家培训机构参加太阳能设备维修、创业、装载机、挖掘机、钢筋机、混泥土工、农机维修、藏餐厨师等技能培训。

【教育工作】 年内，为进一步加快推进姆乡义务教育均衡发展工作，制订工作计划，制作宣传展台，以党委书记为组长成立领导小组，经常巡查教育教学计划，教师请销假制度、学生吃、住、学等情况，进一步完善和提高整体教育效率。全乡小学在校生345人，入学率达到100%，投资420万元的学校综合楼已投入使用，并在2016年的国检中取得了优异的成绩。

【卫生工作】 全乡农牧民参合4018人，参合率达到100%，各种疫苗接种率100%，卫生知识宣传5次，门诊人数6人次。加强医疗卫生队伍建设，提高诊疗水平，不定时的组织村医务人员在乡卫生院进行培训。让广大人民群众就近就医、安心就医。巩固完善基本药物制度，排查过期药物，保证农牧民放心用药。充分利用民族医药特色优势，提升藏医药服务能力。加强妇幼卫生和优生优育工作，保证孕妇在分娩周期得到有效保障。大力开展健康教育宣传工作，提高群众健康意识。

【新型农村社会养老保险】 新型农村社会养老保险是国家出台的一项惠民政策，是一项好政策，达到年龄后每月就可领取养老金至终身。2016年，姆乡16～59岁应参保人数2290人，实际参保人数2145人。

【民政工作】 2016年10月，姆乡完成低保户筛选工作，现有低保户38户，70人。“五保户”3户，困难残疾人188人，高龄老人23人，重度残疾人76人，2016年，发放重度残疾人补助资金99000元，发放高龄老人补助资金13800元，困难残疾人补助资金124080元。

【党建工作】 年内，加强对入党积极分子的教育培养，坚持党员发展标准，认真履行入党手续，全乡共有8个党支部，260名党员，其中群众党员216人。重视村级班子队伍建设。年初乡党委就专门召开村“两委”班子专题会议，制订完善村干部考核实施细则，采取开会测评、约谈、走访群众等方法对村干部进行德、能、勤、绩、廉五个方面的考核。将奖惩与考核结果挂钩，有效调动了村干部的工作主动性和积极性。

【党风廉政建设】 年内，在党风廉政建设和反腐败工作中，为全力加强做好党风廉政建设和反腐败工作，“一岗双责”制度，坚持党委负总责、纪委负监督责任的要求，制订《2016年党风廉政建设和反腐败工作要点及责任分解》，将责任进行有效分解，明确全乡干部各自职责。强化组织领导，成立领导小组，明确领导小组成员职责。4月7日，分别与6个行政村签订《党风廉政目标责任书》，将各村的党风廉政目标任务细化到个人。

（达娃央宗）

【领导名录】

县人大常委会副主任、乡党委书记
杨　彬

党委副书记、人大主席
尼玛卓玛（女，藏族）

党委副书记、乡长
米　玛（藏族，5月免）
边巴杰布（藏族，5月任）

党委副书记、副乡长
金巴次仁（藏族，5月免）

党委副书记、主任科员
卓　拥（女，藏族，5月任）

宣传委员、副乡长
普布卓玛（女，藏族）

政法委员、统战委员
普布扎西（藏族，5月任）

纪委书记　索旺德珍（女，藏族）

人武部部长、副乡长
高晓晓（5月任）

组织委员　格桑曲珍（女，藏族，6月任）

副乡长　吕　华（女）
达娃央宗（女，藏族）

卫生院院长
次仁罗布（藏族）

完小校长　索　朗（藏族，1月任）

仁布乡

【概况】 仁布乡位于G318至县城之间，距离县城5公里，全乡下辖7个行政村，41个自然村，623户，3041人，1705人劳动力，耕地面积8112亩，牲畜总数13089头（匹）。全乡共有10个党支部，7个村党支部，1个机关支部，1个小学党支部，1个退休党支部。党员261人，团员145人，乡机关干部37名，大学生村官1名，乡卫生院医务人员4名，乡中心小学教职工17名，乡派出所干警4名，辅警2名。

2016年，全乡经济总收入2739.5万元，人均总收入9009元，人均纯收入6823.43元，比2015年增长9.44%，现金收入3648.89元 。

【社会治安综合治理】 年内，以创建“平安底堡”活动为载体，实施“组织、制度、责任、落实、督查”五个保障机制，仁布乡党委定期听取综治办、信访办的工作汇报，对涉及社会稳定的重大信访矛盾及时召开专题会议，定期会商，安排专人，限期解决，并将处办情况作为年终乡村干部目标考核的重要内容。在全乡维稳综治工作会议上，与各村、相关部门签订社会管理综合治理目标责任书8份，规定村支书、主任和单位负责人为主要责任人，保证层级管理机构健全。

2016年，组织开展12次矛盾纠纷排查会议，认真分析各村居矛盾纠纷主要类型，并对各村人民调解委员会成员进行具体分工。在开展矛盾纠纷调解工作中，乡党委、政府在抓好各村调委会的组织双联户户长，规范调委会的各项资料的同时，工作中坚持做到“四个及时”。2016年，矛盾纠纷调解委员会深入基层进行调解50起矛盾纠纷、乡调解委员会成功调解5起，村调解委员会成功调解4起，“双联户”调解39起（其中2起婚姻类矛盾）纠纷。乡党委、政府积极配合各村工作人员和“双联户”户长的工作，住户家中来外来人时要及时汇报，有出租房屋的业主必须得掌握出租屋内的治安状况，发现承租人及同住人有违法犯罪行为要及时向辖区警务室、派出所报告，并协助做好查处工作；房主对房屋出租人员登记的姓名、性别、年龄、身份证号码等相关情况进行登记造册，在登记过后才能入住，身份不明的人员不得出租房屋；房主出租门店的做到合法经营，不得酗酒、赌博等违法经营活动。如发现新问题，及时向上级报告或与派出所联系；房主要对租住人员使用的煤炉进行安全引导，烟道要安装合理、畅通，严禁使用不规范炉具，防止煤气中毒。2016年，全乡共制作综治简报40期，召开平安创建座谈会5场次，发放平安创建宣传手册160份，张贴标语36条，为推进“平安和谐仁布”建设提供了强大的精神动力、思想保证和舆论支持。

【专项治理】 年内，开展以交通教育为重点的专项治理活动工作，大张旗鼓地宣传摩托车不带头盔、拖拉机载人等危害人民群众的生命安全，广泛动员和组织96人员大规模开展设卡登记行动。召开座谈会13场次，认真落实以创建“无交通事故”工作为宣传重点，堵源头，抓预防，发放宣传册子150份，努力实现零交通事故的目标。

【“万名村居干部素质提升工程”】 2016年，“万名村居干部素质提升工程”以党建工作龙头任务来抓，乡党委、政府要求各驻村工作队以认真负责的态度，自学和集中相结合的方式，各村按制订的课程内容给村干部讲解课程，同时在乡里组织各村班子进行集中培训5期，并进行多次模拟考试，进一步掌握了各村干部理论素养提高情况。

发展党员，对入党人员严把关，认真审核，确保注入新鲜血液的质量，着重培养一批年轻、有作为、有能力、有致富带头能力的优秀人员作为培养对象，2016年从积极分子转为预备的有11名、预备转为正式的有5名、吸收的积极分子有15名。乡党委推行星级化管理机制，组织群众、乡干部对村“两委”成员进行3次评议，每季度对村“两委”班子进行考核打分，建立完善村“两委”管理制度，促使其发挥职能作用。以“三民工程”党建品牌为契机，开发当地特色产业，以日隆布村农业合作社、草莓种植基地等项目的实施，为群众提供了就业岗位，同时增加群众收入。

【民主评议表彰】 2016年，召开年度民主评议表彰大会，被表彰的有优秀党员21名、其中一等奖7名、给每人发放的奖金为300元，二等奖7名、给每户发放的奖金为200元，三等奖7名、给每户发放的奖金为150元；优秀家庭21户，其中一等奖7户、给每户发放的奖金为300元，二等奖7户，给每户发放的奖金为200元，三等奖7户，给每户发放的奖金为150元，表彰发放资金共计为9100元。

【信访工作】 乡纪委严格监督乡、村、学校每季度实行三务公开，有效推动乡、村、学校工作的透明度。乡卫生院方面检查是否存在过期药品，购买不符合规定的药品；财务管理和各项补助资金兑现情况。乡政府及各村委会检查资金使用和各项惠民资金的落实情况，以及财务账目收支情况进行全面监督、检查；县、乡两级换届期间，乡换届纪律督查领导小组常督查和深入群众暗访调查等有力的措施进行调查了解换届期间各项纪律问题；对精准扶贫工作从开始的摸底调查及最后的扶贫户、低保户、易地搬迁户确定时的各个程序环节都进行监督，并对精准扶贫每项工作是否通过村两委班子成员集体讨论，是否进行公示，公示期限是否符合规定都开展专项检查。仁布乡7个行政村举报箱已覆盖，举报箱设立在各村村委会，乡纪委每周对各个举报箱进行检查。2016年，仁布乡未发生任何信访举报。

【农业】 从2015年末仁布乡开始安排2016年农业前期准备工作并制订目标要求，通过2016年春季乡里组织验收。三肥准备及积造情况，完成目标达32.4万驮、施肥量达每亩56驮、订购化肥56040公斤，每亩施肥9.7公斤；秋翻冬灌工作完成面积达4630亩，占总耕地面积的84%，其中完成秋翻面积3760亩，占总耕地面积的65%；2016年仁布乡联系县农牧局征取到了“藏青2000”青稞良2500种亩、“喜马拉雅22”青稞良种2000亩，土豆50亩，一级种子500亩。

【农业综合合作社商品商标注册上市】 2016年，为日龙布村农业综合合作社争取到45万元的后续基础设施建设项目资金。2016年在乡党委、日龙布党支部的带领下农业综合合作社商品商标注册已成功上市，截至年底，收入达到6万元、纯利润2千余元解决了日龙布村5名群众的就业问题。实行“双脱”工作与惠民政策相挂钩的方式，全乡2016年的公路沿线“双脱”工作达100%。

【畜牧业】 2016年，全乡牲畜总头数为13089头（匹），其中大畜3241（头、只、匹），小畜9848（头、只、匹）。全乡全面实现了零超载户目标。严格执行疫情防控工作为贯彻落实上级部门关于牲畜、家禽卫生防疫工作精神指示，仁布乡专门成立了牲畜家禽防疫领导小组，在各村进行宣传防疫家禽牲畜疫病，及时注入疫苗，从未出现“W”病和禽流感及其他传染病，疫苗率达到100%，同时严格执行禽流感防控日报告制。把防控禽流感和“W”病等疫情当作一项政治任务，并要求及时、准确地上报疫情，避免出现疫情迟报、漏报、晚报等现象，有力保障了全乡畜牧产业健康快速发展。

【防抗灾工作】 2016年，仁布乡党委、政府高度重视防抗灾工作，防止夏季、冬季自然灾害，专门成立抗灾领导小组，并深入到各村宣传教育，组织指导防抗灾工作，同时为了防雪灾，在各村下达安排任务目标，饲草8万公斤，饲料20万公斤。

【林业】 2016年，仁布乡在白林村种植40亩树木，在仁布村种植35亩树木，同时进一步加大2300余亩生态林的保护，并进行6次浇灌等后续工作。

【科普宣传】 2016年，组织开展宣传科普工作，利用科普宣传日，在每村组织宣传，并发放相关宣传资料，受益人次达2860人，同时在每村成立科普宣传站、设立科普宣传栏；2016年在日龙布村合作社推广草莓种植试点工作，经济收入达到13600元，在仁布村开展马铃薯种植示范区工作，每亩产量达2800公斤，共计168000公斤。

【成立“两基”工作领导小组】 2016年，仁布乡成立一把手为第一责任人的“两基”工作领导小组，于年初召开全体在校生家长会并与他们签订目标责任书。结合仁布乡实际，乡“两基”巩固工作领导小组研究制订《在校学生管理办法》，从制度上完善和加强学生管理工作。2016年仁布乡适龄儿童入学率达100%，巩固率达100%。在2013年开始每年召开教育工作会议及制订相关教学成绩奖惩制度后，乡中心小学教学质量及成绩方面有明显提高，2016年仁布乡通过了国家级教育均衡发展验收工作。

【江嘎尔藏戏演出队】 仁布乡江嘎尔藏戏2006年列入国家级非物质文化遗产。学习江嘎尔藏戏的人员日益增多，创建江嘎尔藏戏专业演出队，寻求合作对象，进入市场为群众服务，此举帮助25名党员致富和解决就业问题。村村通工程、四新工程，仁布乡村级文化室全部已建成。同时仁布乡电视直播机覆盖率达95%。

【措拉嘎布文化网站】 年内，为推动政府信息化、广大老百姓获取信息提供一个窗口，提高政府行政效率、服务企业和社会公众、互动交流的重要渠道，为改善仁布经济社会发展环境搭建虚拟平台，经过不懈的努力，仁布乡措拉嘎布文化网站正式开通。网站内容分为六个板块：《走进仁布》主要介绍的内容为仁布的人文历史；《仁布新闻》主要内容涵盖了仁布乡相关政策内容以及工作简报；《党的建设》主要内容为仁布乡党建工作开展情况；《建设新农村》的主要内容有政府开展相关惠民政策以及留言板和政府联系地址等内容。

【医疗保险】 2016年，农牧民参加医疗保险共3011人，群众每人集资20元共60220元整。农牧民参加医疗参保率达到100%；卫生院实行24小时值班制度，不管村民在什么时间需要就医都能在第一时间到乡卫生院看病，从而从根本上解决了农牧民群众看病难，就医难的问题。乡政府与乡卫生院合作下村就环境卫生、住院分娩两项扶助政策宣传两次，共520人。

【劳务输出】 年内，抓好农牧业生产的同时加强劳务输出工作，抓紧乡域江嘎灌渠、植树造林、明珠大桥等项目建设的机遇，组织和动员仁布乡富余劳动力，加大劳务输出力度，把劳务输出作为增加群众收入的重要产业，2016年劳务输出达1911人次，创收达942.74万元。

【沼气建设】 仁布乡作为县沼气建设项目的先驱者，以高度负责的态度积极配合该项目，加大宣传力度，截至年底，沼气建设任务413全部完成、除57户在外户、79户无建设用地以及2户“五保户”外，全乡全覆盖，同时2016年有6户推广高标准沼气工程项目的实施，共修建5座高标准沼气池。

【民生保障】 2016年，仁布乡结合“两学一做”实践活动，开展规范最低生活保障工作，经乡党委、政府组织安排，仁布乡结合“两学一做”开展规范最低生活保障工作全面完成。原有低保户138户412人，经此次核查工作全乡7个行政村共计低保户19户38人，退出低保人员共计119户374人，“五保户”4户，共4人（其中仁布乡1户1人）。组织召开精准扶贫工作会议，做好全乡贫困人口建档立卡工作，进行具体的部署安排。仁布乡建档立卡共计196户691人，其中建档立卡低保贫困户105户333人、一般贫困户91户357人。“五保”贫困户1户1人。开展实施九项措施的情况；社保兜底：建档立卡社保兜底共计户数37户87人，易地搬迁：从2016—2017年易地搬迁户共计25户74人全部为集体搬迁，其中2016年共计搬迁11户27人，全部集体搬迁至县城；经过与各村委班子成员、村民监督委员成员交流，各村共计申报12个产业扶持项目，其中扶贫办回复通过审核的有7个项目；仁布乡产业脱贫共计126户302人。2016年，全乡教育脱贫基础数据共计92户153人。2016年仁布乡上报县扶贫办微型基建项目12个，2016年建档立卡系统内的社保兜底共计37户88人，建档立卡计划外的社保兜底共计11户49人。仁布乡生态岗位扶持共计573人，“十三五”建档立卡医疗救助共计29户29人，地域性疾病登记6户7人。

仁布乡“十三五”期间西藏自治区日喀则贫困人口需培训转移就业共计32户32人；除去社保兜底37户87人外的159户604人都纳入了信贷扶持项目；2016年全乡共计完成25个项目，总投资达到5594.4万元。

【安居工程】 2016年，安居危房改造共计9户。截至年底，已完成改造，并完成自查工作。

【交通水利】 2016年，仁布乡维修各村村道30余公里，总投资3.6万元，投劳230人次，同时6月12日仁布乡因强降雨导致泥石流灾害冲毁仁测公路10公里，乡政府积极联系上级部门并递交灾情报告，于6月13日至14日利用两天的时间维修道路。2016年仁布乡共修建水塘1座，水渠1200米，总计投资60万元。

【农村养老保险】 2016年年初下村收集仁布乡7个行政村的每户成员信息、统计新增人员并收集2016年度参保缴费款，同时制订2016年仁布乡农村养老保险缴费花名册、系统录入。2016年，实际参保人数1380人（其中低保410人、村干部37人），2016年新增享受待遇人员35人，参保率达95%，征缴参保基金共计149900元；村干部提保资金缴纳共计10800元。2016年追缴冒领死亡60周岁以上老人养老保险金共计38人，46685元。

【草场承包和奖励机制】 仁布乡在落实草原生态

环境保护补助奖励工作开展时召开3次专题会议，在全乡范围内进行调查、摸排。清点结果对7个行政村进行为期5个月的公示；组织专门人员进行填表区、地、县级的表，在工作开展中存在的问题及时进行纠正。2016年，在仁布乡草奖办工作人员以及各村包村干部进行分组对乡辖7个行政村发放2015年草奖资金，共计发放242667万元，并设立草原生态保护补助奖励资金专账、专款专用。补助奖励资金的发放实行村级公示制，接受群众监督。补助奖励资金采用现金发放到各牧户手中，乡党委、政府成立资金发放领导组，严格资金管理，强化监管监测，深入群众调查，切实将各项政策贯彻好、落实好。

年内，仁布乡草奖办公室工作人员以及各村工作人员下村实地调研草原生态补助奖励机制工作开展5年以来对全乡效益。草场得到有效保护；牧业基础设施条件切实得到加强；草原畜牧业规模化；增加了群众政策性收入。2016年8月，仁布乡召开年底牲畜清点部署会议并成立2016年下半年牲畜清点工作领导小组以及与各村签订目标责任书，8月中旬开始进行牲畜清点工作。

【文化事业】 仁布乡江嘎尔藏戏属西藏四大著名藏戏流派之一，其系蓝面具藏戏著名的职业性戏班，它以独有的藏戏风格享誉西藏及周边地区。2016年江嘎尔藏戏被列为日喀则后藏新年晚会演出节目。2016年，江嘎尔藏戏表演队有演员27人。

【党建工作】 年初乡党委开展各项工作安排布置会议，签订目标责任书，全年以目标责任为主线统筹安排好各项工作，全面完成目标任务。乡机关党支部制订机关年度学习计划，确定学习主题，精心设计实施方案。以“两学一做”实践活动为契机，坚持每月学习两次的学习制度，并结合乡实际工作中遇到的一些重要问题组织讨论。2016年，共召开13次座谈会，召开支部党员大会5次，召开党小组会学习讨论5次，乡科级及以下干部讲党课5次，基层党组织书记讲党课3次，驻村工作队队长讲党课21次，对下级党组织进行85次督导，学时46，撰写学习笔记2600次，坚持到“两学一做”实现常态化。

【党风廉政建设】 年初召开党风廉政建设和反腐败工作部署会议，结合仁布乡实际制订《2016年度仁布乡党风廉政建设和反腐败工作计划》，健全组织领导机构，调整、充实各项工作领导小组，出台以科级干部为领导的党风廉政建设和反腐败工作包村制度。会上主要从教育宣传、监督检查、举报渠道等方面对2016年仁布乡党风廉政建设和反腐败工作进行了全面部署。认真落实目标任务，年初与各行政村、卫生院、派出所、中心小学签订《仁布乡2016年度党风廉政建设和反腐败工作目标责任书》，明确各单位职责，确保工作落实到位，形成层层挂钩的管理机制；与乡党政领导班子成员签订《班子成员履行“一岗双责”目标责任书》。细化党风廉政建设和反腐败工作责任并签订《党风廉政建设和反腐败工作责任清单》，同时责任清单进行公示。2016年，仁布乡主要采取集中学习和个人自学相结合的方式，充分利用工作业余，定期和不定期学习，以会代学机会，组织班子成员，干部职工开展对《中国共产党章程》《中国共产党廉洁自律准则》《中国共产党纪律处分条例》《中国共产党问责条例》、中央“八项规定”、自治区“约法十章”“九项要求”、《习近平关于党风廉政建设和反腐败斗争论述摘编》，区市县级相关党风廉政建设的文件精神进行学习，尤其是学习县委关于通报发生在群众身边违纪违规的典型案例的教育，从而发现自身存在的问题，逐步提升干部职工拒腐防变的能力。抓制度、促惩防体系建设工作落实，建立健全惩治和预防腐败体系。乡党委书记始终把反腐倡廉工作作为工作重心之一，做到及时研究部署反腐倡廉工作计划，对责任分工和落实保障措施进行认真部署、逐一分工，保证责任落实到人头；对班子成员履职情况进行及时督促检查，坚持对班子成员存在的苗头性问题，及时批评纠正，并结合开展“两学一做”主题教育活动，进行反腐倡廉报告；从群众反映强烈的难点、热点入手，对民生工程、直发资金和各项惠农资金发放等的督促检查，确保各项政策全部落到实处；深化村级民主决策机制建设，凡是涉及群众切身利益的集体“三资”管理、惠农强农资金使用、项目建设、精准扶贫工作等重大事项，全部按照“四议两公开”的程序进行民主决策，切实保证决策符合群众意愿。

（扎西普尺）

【领导名录】

县人大常委会副主任、党委书记
　　洛　桑（藏族）

党委副书记、乡长
　　李素萍（女，1月免）
　　杨成洪（3月任）

党委副书记、人大主席
　　达　瓦（藏族）

党委副书记、纪委书记
　　赵伟平（5月免）
　　欧珠旺姆（女，藏族，5月任）

政法委员、人武部部长
　　多吉次仁（藏族）

组织委员、宣传委员
　　卓玛桑吉（女，藏族，5月任）

统战委员、副乡长
　　欧珠旺姆（女，藏族，5月免）
　　旦增卓玛（女，藏族，5月任）

党委委员、副乡长
　　旦增普尺（女，藏族，3月免）
　　李　敏（女，5月任）
　　袁　超（女，5月任）

专职副乡长　琼　吉（女，藏族，1月免）
　　王菊琴（女，5月任）

人大副主席　曾　超（5月任）

帕当乡

【概况】 帕当乡位于仁布县东部，乡政府坐落在萨达村，距县城70公里，平均海拔4100米，东与山南市浪卡子县接壤，北和拉萨市尼木县隔江相望。半农半牧乡，属典型的高原性气候，空气稀薄，日照充足，昼夜温差大。毗邻318国道，拉日铁路穿境而过，交通极为便利。

帕当乡下辖6个行政村（分别为萨嘎村、萨达村、孔培村、康阿村、切村、普村），36个自然村。全乡共6个村民委员会，村“两委”班子人数32人，其中一肩挑3人。全乡总面积168平方公里，其中耕地面积5801亩，林地面积105万亩，可利用草场面积180523.5万亩，载畜量为22113，年末牲畜存栏数为10279（头、只、匹）。2016年，人均年收入7095.19元。全乡共有654户，3689人，共有69个联户单位，69名户长，其中六个村64个联户单元，64名户长；全乡共有8个党支部，281名党员，其中女性党员70人、预备党员11人、积极分子12人；全乡群众党员230人，预备党员6人，积极分子6人；全乡人大代表32人、县级代表10人、政协委员5人、党代表17人，共青团员120人。全乡在编干部职工77人，其中乡机关干部职工46人，包括公益性2人，临时工1人，乡卫生院5人，包括公益性2人，乡派出所4人。驻寺干部4人；全乡在职教职工27人，其中正式教师22人、临时工5人，在校学生283人，5所学前班（分别坐落在乡完小、普村、孔培村、萨嘎村、萨达村）。全乡贫困户281户，贫困人口1138人，其中扶贫建党立卡内281户，1138人，建党立卡外343户，2534人；全乡低保户51户，194人、“五保户”6人、“三老人员”36人、残疾人127人。

【扶贫工作】 2016年，帕当乡把精准扶贫作为当前的重点工作，年内，建档立卡内贫困户281户、1138人。建档立卡外343户2534人，易地搬迁户数33户，受益人数125人；产业扶持133户，将受益人数1841人；医疗救助69户，受益人数157人；生态就业岗位889人，发放资金1479600万元；社会兜底74户，234人；拟易地同步搬迁46户，100人。

【“两学一做”专题活动】 4月13日，帕当乡党委召开“两学一做”主题活动动员大会，明确活动内容、目标、开展形式、方式步骤、工作安排，为开展专题活动指明方向。各党支部也结合自身召开了专题组织生活会，就如何开展“两学一做”主题活动任务节点做了进一步细化。

【团委工作】 帕当乡在团建方面十分重视团员的发展和教育工作，将团委工作制度化、经常化、规范化。2016年团员149人，新增团员14人，达到年龄退团的有29人。

【机关干部作风建设】 年内，加强机关干部作风建设，由乡纪委牵头严格执行考勤制度，要求干部职工严格遵守上下班制度，并将全年考核情况作为干部职工年终考评的重要依据。

【环境工作】 年内，与县政府签订《环境保护目标管理责任书》，实行一级抓一级，层层抓落实，并结合本乡实际，制订了帕当乡环境保护实施方案。下发《关于帕当乡环境整治有关事宜的通知》，加大门前“三包”的实施力度，新增3名环卫监督员。萨达村荣获“全国文明生态村”称号。加大饮水地保护区的监管力度，禁止有毒有害物质进入水源地保护区，积极完成饮用水源地保护应急预案。加大植树造林工作力度，修建了湿地栈道、凉亭、网围栏等，让湿地成为一道亮丽的旅游风景线，与卡日圣山和生态村相得益彰。

【新型农村社会养老保险】 新型农村社会养老保险是国家出台的一项惠民政策，是一项好政策，达到年龄后每月就可领取养老金至终身。2016年帕当乡16—59岁应参保人数2348人，实际参保人数1428人。

【民政工作】 2016年11月，帕当乡完成低保户筛选工作，现有低保户51户，194人。“五保户”6户，困难残疾人87人，高重度残疾人40人，2016年发放重度残疾人补助资金59400元，困难残疾人补助资金83820元。

【教育事业】 2016年帕当乡辖6个行政村，672户，3674人。全乡现有中心小学1所，六个班级，学生290名。教师21名，其中本科及以上10人，大专10人，中专1人。村幼儿园5所（康阿、切村在乡幼儿园，其余均在各村内），聘用教师5名，学生111人。年内，制订《帕当乡推进义务教育均衡发展实施方案》，成立“推进义务教育均衡发展领导小组”，改善办学条件，落实教育优先发展的战略地位，投资210万的小学附属设施项目，投资180万的修建村级幼儿园，乡党委政府投入10万元作为教育发展储备金。

【六玄琴合作社】 帕当乡六弦琴合作社成立于2015年3月，合作社现有原材料库、加工厂房等650平米，在县城设有展销厅，工作人员61人，其中技术工人7人，2016年销售额达80余万元，纯收入25万元。

【文化事业】 2016年帕当萨达村扎西“谐钦”演出人员共11人。萨达村藏戏队共有18人，其中男性11人，女性7人。萨嘎村藏戏队共16人，其中演员14人，鼓手2人。演员中男演员8名，其中出演甲鲁2人，温巴6人（甲鲁为王子温巴是渔夫或猎人），女演员6名，出演拉姆（仙女）。萨达藏戏演出剧目为“八大藏戏”之中的“卓瓦桑姆”“诺桑王子”“智美更登”。萨嘎藏戏演出剧目为“八大藏戏”之中的“若桑法王”“卓瓦桑姆”。

【党建工作】 年内，加强对入党积极分子的教育培养，坚持党员发展标准，认真履行入党手续，全乡共有8个党支部，281名党员，其中群众党员230人。重视村级班子队伍建设。年初乡党委就专门召开村“两委”班子专题会议，制订完善村干部考核实施细则，采取开会测评、约谈、走访群众等方法对村干部进行了德、能、勤、绩、廉五个方面的考核。将奖惩与考核结果挂钩，有效调动了村干部的工作主动性和积极性。

【党风廉政建设】 在党风廉政建设和反腐败工作中，帕当乡强化组织领导，成立领导小组，明确领导小组成员职责。分别与6个行政村签订《党风廉政目标责任书》，将各村的党风廉政目标任务细化到个人。

（王 哲）

【领导名录】

党委书记 刘 涛

党委副书记、乡长

边 加（藏族）

党委副书记、人大主席

拉 增（藏族，5月免）

金巴次仁（藏族，6月任）

党委副书记、组织委员、主任科员

曲 珍（女，藏族）

纪委书记 次 仁（女，藏族）

统战委员、副乡长

卓 拥（女，藏族，5月免）

统战委员、政法委员

次旺欧珠（藏族，6月任）

宣传委员、副乡长

巴 果（女，藏族）

人武部部长、副乡长

陈 凯

副乡长 次仁央拉（女，藏族，5月任）

人大专职副主席

曾 严（6月任）

专职副乡长 程玉敬（6月任）

副主任科员 曲 扎（藏族）

派出所所长 尼玛加拉（藏族）

卫生院院长 班 典（藏族）

然巴乡

【概况】 然巴乡是仁布县东大门，乡政府所在地海拔为4200米，距离仁布县38公里。乡机关干部职工35人，其中行政编制12人，事业编制15人，大学生村官3人，公益性岗位2人，聘用干部3人；全乡共10个党支部，1个乡机关支部，9个村支部，“三老人员”25名，其中老干部11人、老党员14人。党员255名，乡机关党员26名，农牧民党员229名；全乡下辖区9个行政村40个自然村，全乡总人口为397户2354人（男1129人、女1225人），其中农业村4个242户1542人，劳力731人（男372人、女359人），其中农业人口，纯牧业5个155户939人，劳力494人（男266人、女228人）。

【村集体经济】 玛日村农牧民采石专业合作社，固定资产投资400余万元，大型切石机2台、空压机20台、拖拉机5辆、东风车1辆，合作社全年收入15万元；德米村牧区产品合作社，梳毛加工坊2间、投资8万元，农牧区产品销售间1间、投资8万元，全年收入约7万元。

【结对认亲】 开展党员干部进村入户结对认亲交朋友活动，做到亲民、敬民、爱民，切实在群众中树立良好的党员干部形象；在各大节日，积极组织党员干部、农牧民党员开展志愿服务队工作；按照区、市、县的部署以及乡“村干部文化素质提升工程”实施方案要求，迎难而上、拼搏奉献、攻坚克难，用辛勤额汗水和百倍的努力，全面开创“村干部文化素质提升工程”工作新局面，为全面提升农村党员干部文化提升攻坚战贡献力量。

【干部管理】 年内，以“两学一做”“三严三实”“忠诚干净担当”主题教育活动为契机，认真学习习近平总书记系列讲话精神，诠释主题活动现实意义、科学内涵、基本要求，并要求全乡干部、村“两委”班子、农牧民党员、“双联户”户长本着实事求是的原则查找自身存在的问题，切实端正思想，改变作风。组织观看电视系列片---杨善周和焦裕禄等先进事迹教育片，并鼓励各基层党组织各参学人员利用进行学习（集中学习场次达到30场，自学时间每人达到60个小时），全乡干部职工都认真撰写了5000余字的学习笔记、1700余字的心得体会，乡领导班子成员集中对查摆出来的突出问题，结合群众意见，坚持边学边改、边查边改和即知即改，一步一个脚印认真开展各项主题活动，深入开展正风肃纪活动，不断加强干部管理工作，纠正干部职工在工作中存在的慵、懒、散的现象。

【人大工作】 组织代表开展活动，充分发挥人大代表在政治和经济生活中的表率作用，履行宪法和法律赋予的职责，解放思想，开拓进取，广泛开展法治宣传，深入基层调查研究，为促进全乡政治稳定、经济发展、社会进步和民主法治建设做出应有的贡献。精心组织，依法开好乡人大会，2016年6月7日，然巴乡召开第十四届人民代表大会第一次会议。按照全区“六有”的标准全面完成并创建“人大之家”，多次开展相关的代表学习活动，提高代表的政治素养、履职能力，打造“学习型”代表队伍；加大工作监督力度，推动政治工作开展，督促乡、村及时将相关目标任务落实到责任单位、责任领导、责任人，有力推动乡政府各项工作开展。

【信访工作】 乡纪委牵头定期对在乡政府、村委会门口设立的举报箱进行检查，并按照县信访局要求每周四报属地排查工作开展台账，做到有信访及时上报、无信访报平安，最大化的保障农牧民群众的监督权、使用权、参与权。

【流动人口排查登记】 年内，按照县公安局、综治办要求认真实施流动人口排查登记工作，严格落实流动人口登记、办证制度。乡派出所、综治办对辖区内流动人口实行登记分类管理、建档，确保做到“四知”（流动人口基本情况及社会关系、经济关系、政治表现、遵纪守法的情况）真正做到“人来有登记、人走有注销”，截至年底，全乡共登记流动人员351人。

【矛盾纠纷调解】 截至年底，共排查各类矛盾纠纷7起，调解率达到100%，结案率达到100%。并每月、每季度向县综治办上报月报、季报，2016年，全乡没有因矛盾纠纷调处不及时或不适当引发的民转刑案件或群体上访事件的发生。

【宣传法律法规】 年内，利用综治宣传月、宣传周、“9·16”平安，西藏日平台由乡综治负责人牵头宣传并讲解《中华人民共和国婚姻法》《中华人民共和国未成年人保护法》《信访条例》《山洪防御知识手册》《交通法》《野生动植物保护法》等相关知识，进一步提高农牧民群众相关知识面，从而提高群众对法律法规知晓率，增强广大农牧民群众学法用法、依法办事、依法维权的能力。

【农业】 2016年，耕地面积2375亩，年粮食总产量545365公斤，其中油菜总产量408150公斤、油菜总产量30640公斤、蔬菜总产量97601公斤、饲草总产量8974公斤。

【牧业】 截至年底，牲畜总头数161872头（只、匹）其中大畜4470头、小畜11712头，第一产业收入88.57万元，第二产业收入845.57万元，第三产业收入541.08万元，全年总收入1475.22万元，纯收入1139.14万元，年人均收入5087.72元。

【扶贫工作】 然巴乡“十三五”期间建档贫困户177户918人，低保户91户437人，一般贫困户86户481人，计划产业扶持301人，转移就业扶持99人，异地搬迁67户，社保兜底扶持25户93人，金融信贷扶持177人。计划2018年实现100%脱贫。坚持以日喀则市“十三五”期间扶贫开发规划为引领，以建档立卡贫困人口为对象，以精准扶贫，精准脱贫为抓手，切实摸清贫困底数，加大扶贫开发投入和扶贫队伍建设两个力度，落实“七个精准”要求，实施“九个一批”工程及微型基础设施建设，采取精准扶贫措施，通过精准扶贫，实现精准脱贫，确保脱贫对象“三不愁”“三保障”“三有”，让贫困人口享有更高质量的吃、住、穿、行、学、医、养保障，享有更高的获得感和幸福指数。

【民政与社保】 全乡现有农牧民人口为397户2354人，享受农村低保户32户119人、残疾人106人、寿星老人16人。2016年，全乡农牧民登记参保（16～19岁）1116人，参保率达100%，共缴125000.00元。

【教育事业】 乡中心小学占地面积3498平方米，教学及辅助用房面积1376平方米、体育运动场馆面积6684平方米、师生比例1：12，学校现有6个教学班，在职教职工24人、专职教师18人、幼儿园聘用教师6人、其中大专学历12人、本科以上学历6人、教师学历合格率达90%以上，后勤4人，在校学生214人。幼儿生84名、小学生214名、初中生81名、高中生37名、大学生21名，入学率达100%。

【团建工作】 年内，紧紧围绕乡党委、政府的中心工作，遵循“服务大局、服务社会、教育青年”的原则，大力加强团的建设和组织要求，注重外来青年的教育管理，全面拓展团的各项工作，开创了共青团各项事业的新局面，针对青少年身心成长特点，积极探索新阶段青少年思想道德建设的规律，坚持以人为本，教育和引导青少年树立中国特色社会主义理想信念和正确的“四观”，截至年底，建立11个团支部，其中村级团支部9个，乡机关支部1个，非公企业团支部1个。全乡现有团员142人，其中农牧民团员139人，乡机关事业单位3人，村级团支部的团委书记9人，均属中共党员；工会会员总数360人，其中女46人。

【党建工作】 乡党委辖属10个党支部，1个乡机关支部，9个村支部，“三老人员”25名，其中老干部11人、老党员14人。党员255名，乡机关党员26名，农牧民党员229名，预备党员14名、入党积极分子20名，实有村干部46名。

【党风廉政建设】 加强党风建设，积极建设学习型领导班子，除坚持正常学习制度外，全体班子成员以“两学一做”“三严三实”和“忠诚干净担当”主体教育活动为契机，自觉把学习放在首位，并努力把学习在实践和思考中加以丰富和深化，有效提升了业务素养和知识水平；认真执行党风廉政建设责任制。严格落实班子成员工作责任，积极建立健全和完善相关工作机制；加强能力建设。年初开始，党委班子审时度势、把握大局，进一步建立了“强基础、惠民生、兴产业、促发展”总体工作思路，班子成员都能按分工要求，锐意进取。

（旦增平措）

【领导名录】

党委书记　罗宏涛

党委副书记、人大主席

平　措（藏族）

党委副书记、乡长

米玛次仁（藏族）

党委副书记　朱　峰

副乡长、人武部部长

温西伟

人大副主席　陈　浩（5月任）

专职副乡长　彭东帆（5月任）

纪检书记　卓　玛（女，藏族）

政法委委员、统战委员

旦增平措（藏族）

副乡长、宣传委员

尼玛卓玛（女，藏族）

副乡长　益西拉珍（女，藏族）

派出所负责人

旦　增

中心小学校长

普　琼

卫生院院长　索朗旦增

营业所负责人

次仁吉宗（藏族）

普松乡

【概况】 普松乡位于仁布县东南部，乡政府坐落在华措村，距县城65公里，平均海拔4370米，北接仁布县康雄乡，南与山南市浪卡子县相邻，西与然巴乡接壤。以农为主的半农半牧乡，属典型的高原性气候，空气稀薄，日照充足，昼夜温差大。山势险峻、沟壑纵横，在雅江沿岸道路崎岖，交通条件极为不便。普松乡下辖7个行政村（分别为华措村、咸阿村、白仲村、那仁村、夺索村、钦白村、娘德村）。全乡共7个村民委员会，村“两委”班子人数34人，其中一肩挑4人。全乡总面积1158.1744平方公里，其中农作物播种面积5500亩，草场面积226981.1亩，牛畜总头数11491头，其中大畜1994头，小畜9497头。2016年，农牧民人均收入7040元，主要经济来源于农业、牲畜养殖、特色产业、外出打工收入。

全乡共有359户，2156人，共有48个联户单位，48名户长，其中7个村43个联户单元，43名户长；全乡共有9个党支部，176名党员，其中女性党员54人、预备党员7人、积极分子7人；全乡群众党员134人，预备党员4，积极分子4人；全乡人大代表40人、县级代表5人、政协委员7人、党代表13人，共青团员123人。乡机关干部职工共有36人，其中班子成员11人、聘用干部3人、公益性岗位2人；大专及以上学历28人，占75.6%。学校教职工17人，在校学生211人，4所学前班（分别坐落在白仲、夺索、钦白、娘德四个点）；寺管会工作人员5人；卫生院医护人员4人；派出所民警5人；兽防站工作人员2人；文化站工作人员5人。全乡贫困户186户，贫困人口1160人，其中扶贫建档立卡内140户，790人，建档立卡外46户370人；全乡低保户37户，49人“五保户”3人、“三老人员”21人、残疾人56人。

【经济发展】 年内，经济总收入14152224.8元，与2015年同比增加16.8%。其中农业总收入1140424.80元，与2015年同比增加36%，农牧民人均收入从2015年的6172元增长到2016年的7040元，与2015年同比增加15%。

【农业】 2016年，普松乡大力发展特色农牧业，稳步推进农业结构调整，2016年播种良种青稞3694亩（“喜马拉雅22号”“藏青2000”）；豌豆播种面积为140亩；经济作物播种面积为1166亩，其中油菜播种面积为735亩；蔬菜播种面积为341亩；饲草料种植面积为90亩。全乡青稞总产量46.1875万公斤、油菜总产量14.7万公斤、蔬菜总产量21.315万公斤，饲草料总产量25.2万公斤；化肥52吨（其中尿素42吨、2胺10盾吨），农家肥2640公斤。

【牧业】 2016年，新生子畜2861（头、只、匹），成活率达98%；牲畜出栏2836（头、只、匹），出栏率达22%；牲畜存栏13076（头、只、匹）；科技特派员补贴84000元；口蹄疫O型、亚洲I型三价灭活疫苗牲畜数为13076（头、只），实免数量为13067（头、只），接种率达100%。

【水利】 年内，以项目建设为抓手，加快基础设施建设，筑牢经济发展基础。2016年全乡开工建设水塘项目4个，总投资400万元。

【换届工作】 2016年，为普松乡换届之年，为认真贯彻落实县委关于换届工作有关精神，严肃换届工作纪律，按照“公平、公正、公开”的原则，由乡人大、纪委全程监督，通过在全乡范围内开展严肃换届纪律，保证换届风清气正承诺活动、印发换届纪律知晓卡等方式，筑牢纪律防线，严守纪律规定，确保换届选举工作顺利进行。经换届后，普松乡现有党委班子11人、人大班子2人、政府班子7人、纪委班子2人。

【扶贫工作】 2016年，普松乡把精准扶贫作为当前的重点工作，年内，建档立卡内贫困户140户、790人，脱贫户17户121人。建档立卡外46户370人，易地搬迁户数5户（华措村），受益人数30人；产业扶持3户，将受益人数21人；医疗救助1户，受益人数2人；生态就业岗位466人，发放资金715500万元；信贷扶持0户；社会兜底49户，266人。

【“两学一做”专题活动】 4月18日，普松乡党委召开“两学一做”主题活动动员大会，通过“讲学习、讲忠诚、正风纪、转作风、提效能”主题教育活动、“深化五项教育、增进五个意识”主题活动为载体、“四讲四爱”主题教育实践活动实施方案和工作领导小组，明确活动内容、目标任务、开展形式、方式步骤、工作安排，为开展专题活动指明方向。各党支部也结合自身召开了专题组织生活会，就如何开展“两学一做”主题活动任务节点做进一步细化。

【团委工作】 普松乡在团建方面十分重视团员的发展和教育工作，将团委工作制度化、经常化、规范化。2016年团员123人，新增团员11人，达到年龄退团的有0人。

【干部作风建设】 年内，加强机关干部作风建设，由乡纪委牵头严格执行考勤制度，要求干部职工严格遵守上下班制度，并将全年考核情况作为干部职工年终考评的重要依据。

【为群众办实事解难题】 6月、12月为帮助贫困户家庭解决越冬口粮问题，普松乡干部职工组织开展贫困户慰问活动，给7个行政村60户贫困户家庭送去120袋大米、120袋面粉、120个砖茶。“百企百帮村”开展慰问活动7个行政村，其中姆乡建筑队对华措村贫困21户每户发放现金2000元（现金总共42000元），21户每户发放大米、面粉、砖茶，总价值52000元。查巴乡建筑队对咸阿村贫困17户、老党员2户，总户数19户，每户发放现金1000元（现金总共19000元），19每户发放大米，面粉，总价值38000元。日喀则烟草公司对夺索村、钦白村帮扶资金总价值69700元，移动公司对娘德村、白仲村帮扶资金总价值3万元。

【环境综合整治】 2016年，环境整治工作作为普松乡的重点工作，党委、政府就专门组织召开专题会议，并多次召开专题部署会议，成立以乡党委书记为组长的工作领导小组，制订《普松乡环境整治督查工作方案》，并与各单位、各村签订目标责任书，划分片区，责任落实到位。将环境卫生整治作为长效机制来抓，由各单位、各村委会和驻村工作队负责定期组织群众对村居及周边环境进行打扫。乡督导组不定期对各单位、各村开展督查，整改不到位的下发整改任务通知单，限期整改。定期组织干部职工和群众学习环境保护法律法规知识，开展环保知识宣传，增强群众爱护环境、爱护家园的意识。

【劳务输出】 2016年，派送32民农牧民群众到市人社局下属的9家培训机构参加太阳能设备维修、创业、装载机、挖掘机、钢筋机、混泥土工、农机维修、藏餐厨师等技能培训。

【教育工作】 教育工作作为普松乡一把手工程，由乡党委书记主抓，并配备了专干工作人员，经常检查教育教学计划，教师请销假制度、学生吃、住、学等情况，完善和提高整体教育效率。全乡小学在校生211人，入学率达到了100%。

【卫生工作】 年内，严格建立卫生工作台账，实施村医包村和考评制度，确保村医的管理和用药指导工作，全乡农牧民参合2023人，参合率达到98%，各种疫苗接种率100%，卫生知识宣传40次，门诊人数4917人次，住院分娩42人。

加强医疗卫生队伍建设，提高诊疗水平，不定时的组织村医务人员在乡卫生院进行培训。让广大人民群众就近就医、安心就医。巩固完善基本药物制度，排查过期药物，保证农牧民放心用药。充分利用民族医药特色优势，提升藏医药服务能力。加强妇幼卫生和优生优育工作，保证孕妇在分娩周期得到有效保障。大力开展健康教育宣传工作，提高群众健康意识。

【新型农村社会养老保险】 新型农村社会养老保险是国家出台的一项惠民政策，是一项好政策，达到年龄后每月就可领取养老金至终身。2016年普松乡16～59岁应参保人数1485人，实际参保人数1114人，领取待遇人数237人，缴费人数1100人，缴费金额123400元。

【民政工作】 2016年10月，普松乡完满完成低保户筛选工作，现有低保户37户，49人。“五保户”3户（其中分散户2户，集中1户），困难残疾人57人，高龄老人27人，重度残疾人57人，2016年低保户发放补助资金共36489元，发放重度残疾人补助资金67800元，发放高龄老人补助资金3300元，退伍军人5人，发放补助资金2500元，救灾粮食发放户数31户，发放补助资金26720元，冬令春荒期间临时救助补7户，补助资金130000元，“五保户”2户，补助资金9480元，低保家中老人两项12户，补助资金7200元，特困户救助7户，补助资金3500元。

【国土工作】 2016年，普松乡经过实际勘察，为合理利用国土资源，2016年通过与上级业务部门进行沟通后，为仁帕公路修建工作打下了良好的基础。

【党建工作】 加强对入党积极分子的教育培养，坚持党员发展标准，认真履行入党手续，全乡共有9个党支部，176名党员，其中群众党员134人。重视村级班子队伍建设。年初乡党委就专门召开村“两委”班子专题会议并签订基层党建目标责任书，制订完善村干部考核实施细则，采取开会测评、约谈、走访群众等方法对村干部进行德、能、勤、绩、廉五个方面的考核。将奖惩与考核结果挂钩，有效调动村干部的工作主动性和积极性。

【党风廉政建设】 年内，在党风廉政建设和反腐败工作中，普松乡强化组织领导，成立领导小组，明确领导小组成员职责。分别与7个行政村签订《党风廉政目标责任书》，将各村的党风廉政目标任务细化到个人。

（拉　吾）

【领导名录】

党委书记　格桑顿珠（藏族）
人大主席　普　布（藏族，2月免）
党委副书记、人大主席
　扎西平措（藏族，5月任）
党委副书记、乡长
　李　建
党委副书记、纪委书记
　唐　波（5月免）
　郭　勇（5月任，主任科员）
专职副乡长　刘克国（5月任，主任科员）
统战委员、副乡长
　仁青顿珠（藏族，5月免）
武装部部长、副乡长
　仁青顿珠（藏族，5月任，主任科员）
政法委员、武装部部长
　尼　玛（藏族，5月免）
政法委员、统战委员
　尼　玛（藏族，5月任）
组织委员　白玛卓嘎（女，藏族，5月免）
组织委员、宣传委员
　白玛卓嘎（女，藏族，5月任）
人大副主席　张海洋（5月任）
宣传委员、副乡长
　尼玛央吉（女，藏族，5月免）
副乡长　尼玛央吉（女，藏族，5月任）
　尼　珍（女，藏族）
派出所所长　欧　珠（藏族，4月免）
　旦增旺久（藏族，4月任）
卫生院院长　达瓦扎西（藏族）

查巴乡

【概况】 查巴乡位于仁布县东部，乡政府坐落在吴米村，距县城11公里，平均海拔4010米，东与仁布县然巴乡接壤，西与德吉林镇毗邻，东西长、南北窄。属典型的高原性气候，空气稀薄，日照充足，昼夜温差大，山势险峻、沟壑纵横。主要以农业为主的半农半牧乡，查巴乡下辖9个行政村（分别为贡热村、岗堆村、吴米村、查巴村、邦庆村、玉拉村、吉米村、甲村、曲参村）；全乡共9个村民委员会，村“两委”班子人数50人，其中一肩挑5人，村务监督委员会27人，“双联户长”110人。全乡耕地面积9178.7亩，主要以豌豆、青稞、小麦为主，可利用草场面积34.66万亩，载畜量为18992只（折羊单位），据2016年国民经济统计，人均年纯收入约7127元。

全乡共有919户、4847人（农业户891户、4655人，牧业户28户、111人），其中男性2507人，女性2340人；全乡共有13个党支部，331名党员，其中女性党员64人、预备党员7人、积极分子57人；全乡农牧民党员288人；全乡人大代表41人、县级代表13人、市级代表1人；政协委员5人、党代表14人。全乡在编干部职工42人，公益性岗位2人；全乡精准扶贫建档立卡内299户，1396人，建档立卡外52户，223人；全乡低保户23户，56人、社保兜底23户、61人，“五保户”7人、“三老人员”68人。

【经济发展】 2016年，查巴乡经济总收入4219.92万元，与2015年同比增加15.42%；其中第一产业总收入585.96万元；与2015年同比下降0.1%；第二产业总收入1917.22万元，与2015年同比增加17.6%；第三产业总收入1716.74万元，与2015年同比增加16.9%；农牧民人均收入从2015年的6093元增长到2016年的7127元，与2015年同比增加14.5%。

【农牧业】 2016年，查巴乡大力发展特色农牧业，稳步推进农业结构调整，2016年粮油播种面积8359亩，粮油总产量476.88万吨；播种良种青稞6085亩（“喜马拉雅22号”“藏青2000”）；小麦播种面积320亩；豌豆播种面积为720亩；油菜播种面积为1234亩；蔬菜播种面积为60亩；土豆播种面积360亩；饲草料种植面积451亩。全乡青稞总产量187.115万公斤，小麦总产量9.8万公斤，豌豆总产量17.46万公斤、油菜总产量24.063万公斤、蔬菜总产量3.09万公斤，青饲料总产量200万公斤。

【水利】 年内，以项目建设为抓手，加快基础设施建设，筑牢经济发展基础。2016年，查巴乡开工建设水土保持综合治理、水塘、水渠等项目9个，总投资2700余万元。2016年9月，查巴乡进行乡政府大院饮水设施改造工程，该工程有效解决了乡政府及周边饮水问题。

【“两学一做”主题活动】 4月13日，召开“两学一做”学习教育工作动员部署会，传达学习中央及自治区、市、县“两学一做”学习教育工作会议精神，认真安排部署“两学一做”学习教育活动。为使“两学一做”工作深入贯彻落实，取得实效，查巴乡党委制订“基础在学，关键在做”的工作思路，明确以“党员干部上党课，党员自践行，考核破常规，党员提素质”为工作重点。乡党委书记带领乡机关党员干部开展集中学习30余次，党员干部按规定坚持自学62天；组织全乡330名党员干部深入学习党章党规、学习主席系列讲话，争做合格党员；组织“两学一做”专题研究讨论4次，撰写心得体会100余篇；组织党员干部为民办实事20余件；开展“党员活动日”5次等工作，极大地增强了党员干部的党性修养，提高了为民服务意识。

【村干部能力素质提升】 年内，通过发放课本教材、制订课程、组织集中培训、举办夜校、模拟考试等方式努力提高村干部藏汉“双语”交流能力、基础数学和统计财务会计基本知识、政策法规和业务知识，提高为群众服务能力。在此期间，查巴乡党建办组织集中培训4天，模拟考试12次，不定时下乡检查督导学习情况，各驻村工作队每月组织一次考试，对学习教育不合格的开展“一对一帮扶”，确保每名村干部都能达到预期目标。

【换届工作】 年内，为抓好“三套班子”换届工作，查巴乡组织开展“走百家访千人”活动，安排科级干部对全乡901户、4709人进行全面走访。通过开展“走百家访千人”活动，充分调动广大农牧民群众参加换届选举的积极性，引导群众正确行使手中的权力，推选出了组织满意、群众拥护的新一届乡“三套班子”，当选率达98%，圆满完成了此次换届选举工作，在换届选举期间，无一例上访事件和群体性事件发生。

【村级集体经济】 年内，查巴乡党委针对各行政村的不同情况，积极打造“一村一品”工程，增加村集体经济收入。具体为贡热村建设了果树经济林合作社；吴米村建设养猪场一座；查巴村豌豆糌粑加工厂；曲参村温泉旅游度假村，2016年9月完工的查巴村角布养鸡场也已正式投入使用。

【机关干部作风建设】 年内，加强机关干部作风建设，由乡纪委牵头严格执行考勤制度，要求干部职工严格遵守上下班制度，并将全年考核情况作为干部职工年终考评的重要依据。

【扶贫工作】 2016年，查巴乡把精准扶贫作为当前的重点工作，于3月12日召开“精准扶贫”工作动员部署会，传达学习中央及自治区、市、县“精准扶贫”工作相关会议文件精神，认真安排部署“精准扶贫”工作，成立领导小组，制订实施方案。为工作更加有效的开展，查巴乡抽调专门人员成立精准扶贫指挥部，共计召开“精准扶贫”专题部署会5次，组织相关人员下村入户43次，发放宣传资料、手册1000余份，做到每人每户信息核对正确，符合标准，准确无误，确实做到无漏报，错报现象，做到无人情保，求真务实。全乡共有“建档立卡贫困户”299户、1396人（一般贫困户261户、1265人，低保贫困户38户、131人），“五保户”7人，异地搬迁76户、303人，生态就业岗位618人，发放资金1312200万元；社保兜底23户、61人。

【教育工作】 教育工作作为查巴乡一把手工程，由乡党委书记主抓，并配备了专干工作人员，组织召开义务教育均衡发展动员会议及义务教育均衡发展推进会议，安排人员下村18次，为9个行政村发放有关宣传册100多张、与村民讲解教育工作相关政策，使义务教育均衡发展的重要性得到广泛传播。把适龄儿童的“四率”（入学率、辍学率、毕业率、完成率）指标列入乡、村、学校干部年度考核内容，与考核奖惩挂钩。通过一系列的努力，学校办学条件、教学水平有大幅度提高，教学质量明显改善，对学校的教学楼、宿舍、活动用地等进行改扩建，学校文化、校风校训等亮点工程进一步凸显。师资配备及生活设施配备均达到规定标准，升学率在全县乡小学中名列前茅，素质教育进一步得到加强。全乡小学在校生370人，入学率达到100%。

【卫生工作】 年内，严格建立卫生工作台账，实施村医包村和考评制度，确保村医的管理和用药指导工作，全乡农牧民参合4847人，参合率达到100%，各种疫苗接种率100%，卫生知识宣传10次。

加强医疗卫生队伍建设，提高诊疗水平，不定时的组织村医务人员在乡卫生院进行培训。让广大人民群众就近就医、安心就医。巩固完善基本药物制度，排查过期药物，保证农牧民放心用药。充分利用民族医药特色优势，提升藏医药服务能力。加强妇幼卫生和优生优育工作，大力开展健康教育宣传工作，提高群众健康意识。

【环境综合整治】 环境整治工作作为查巴乡的重点工作，党委、政府就专门组织召开专题会议，并多次召开专题部署会议，成立以乡党委书记为组长的工作领导小组，并与各单位、各村签订目标责任书，划分片区，责任落实到位，将环境卫生整治作为长效机制来抓，由各单位、各村委和驻村工作队负责定期组织群众对村居及周边环境进行打扫。乡督导组不定期对各单位、各村开展督查，整改不到位的下发整改任务通知单，限期整改。定期组织干部职工和群众学习环境保护法律法规知识，开展环保知识宣传，增强群众爱护环境、爱护家园的意识。

【民政工作】 2016年10月，查巴乡完成低保户筛选工作，现有低保户23户，56人。“五保户”7户，2016年兑现高龄老人补助资金7800元，最低生活保障资金469520元。10月4日，查巴乡为7户断粮户共24人发放了三个月的救济粮，每人108斤，共计2592斤。

【新型农村社会养老保险】 年内，贯彻新型农村养老保险、医疗保险，提高参保率，查巴乡组织专门人员6次深入9个行政村统计参保人员信息，进一步了解掌握全乡参保人员资料，积极宣传党和政府的惠民政策，确保全乡群众无后顾之忧，人人老有所依，老有所养，2016年查巴乡16～59岁参保人数2025人。

【结对认亲】 年内，为帮助贫困户家庭解决实际困难，增进党群干群关系，1月25日，市财政局副局长次旺卓玛、珠峰投资公司副经理拉巴平措等18名党员干部共结对贫困户29户，发放总价值4200元的慰问品；查巴乡组织干部职工对9个行政村65户贫困户家庭送去慰问金14200元，物资折现10785元。

【技能培训】 年内，市财政局驻村工作队对查巴乡群众进行驾驶技能培训60人（自费人员39人），装载机、挖掘机人员培训36人，查巴乡组织农民群众进行农机维修培训30人，组织农牧民群众玉石雕刻技能培训15人，其他各类培训5次，123人。

【小城镇建设】 查巴乡政府于2014年7月从查巴村搬迁至吴米村。搬迁后在县委、县政府的鼎力支持下，先后投入199万元先后进行了填方、道路硬化、围墙建设等，投入650万元左右新修宿舍楼78套。乡政府通过从市财政局党组向上协调争取资金共2500余万元左右，对吴米小城镇建设进行投资（包括主要有吴米村委会标准化建设、精准扶贫产业示范点、全村道路建设、道路硬化，安装路灯，人畜饮水改造等等），使吴米村从2012年的55户不足200人发展成为现在集农、工、商、行政一体的小城镇。

2016年在加快小城镇建设步伐上，乡党委、政府将从积极向上争取项目上落实发展速度，截至年底，已争取700万元的人畜饮水项目、800万元的小城镇建设资金、900万的精准扶贫产业示范点、400万的吴米村委会标准化建设和扶贫搬迁等项目的落实，此外乡党委、政府积极从环境整治、水利工程建设和基础设施建设等方面向上级单位争取资金用于境内绿化及硬化工程，现小城镇建设已初具规模。

【党建工作】 年内，加强对入党积极分子的教育培养，坚持党员发展标准，认真履行入党手续，查巴乡共有13个党支部，331名党员，其中群众党员288人，2016年，查巴乡新发展党员18名，其中预备党员7名，入党积极分子11名，新增老党员1名。年初，查巴乡党委就专门召开村“两委”班子专题会议，制订完善村干部考核实施细则，采取开会测评、约谈、走访群众等方法对村干部进行了德、能、勤、绩、廉五个方面的考核，将奖惩与考核结果挂钩，有效调动村干部的工作主动性和积极性。

【党风廉政建设】 年内，在党风廉政建设和反腐败工作中，查巴乡强化组织领导，成立领导小组，明确领导小组成员职责。制订《查巴乡2016年党风廉政建设工作实施方案》和《落实惩治和预防腐败体系工作规划实施方案》；将党风廉政建设和反腐败工作任务进行了分解，明确党风廉政建设的党委主体责任和纪委监督责任，在班子内部形成“一岗双责”的责任体系和工作机制；及时与各村签订《查巴乡2016年度党风廉政建设和反腐败工作目标责任书》；与党员干部签订党员党风廉政公开承诺书38份。2016年，党员干部不大操大办子女升学宴请承诺书12份，严格公车使用管理承诺书12份。开展5次乡党委书记为全体党员上廉政教育党课活动，组织乡机关党员集中学习13次，观看各类警示教育片18场次。

为确保换届纪律风清气正，组织召开1次全乡干部换届纪律大会，安排专人到各村开展以“十个严禁，九个不准”为主题的换届纪律宣传活动8次，观看换届纪律警示教育片6场次，确保“三套班子”换届选举期间无一例违纪事件发生，无一例上访和群体性事件发生。进一步拓宽了投诉举报渠道，乡纪委在9个行政村都放置了举报箱，公布举报电话，对各种损害群众利益的不正之风问题，做到“有诉必理、有理必查、有查必果”。

（唐　术）

【领导名录】

党委书记　沈凌云

党委副书记、人大主席

尼　仓（女，藏族，1月免）

罗布扎西（藏族，1月任）

党委副书记、乡长

珠仁江措（藏族）

党委副书记、纪委书记

罗布扎西（藏族，1月免）

琼　吉（女，藏族，1月任）

主任科员　李凤兰（女，10月任）

组织委员、宣传委员

拉姆次仁（女，藏族，5月任）

政法委员、统战委员

罗建华（藏族，5月任）

人武部部长、副乡长

洛桑久米（藏族，5月任）

副乡长　李　敏（女，5月免）

旦增普尺（女，藏族，5月任）

受区（县）级以上表彰的先进集体名录

表2

获奖单位	获奖名称	表彰时间	授予单位
仁布县帕当乡萨达村	生态文化村	2016年	中国生态文化协会
仁布县亚德细褐羊毛制品基地	基层科普行动计划奖	2016年	中国科协
仁布县姆乡党委、政府	“先进双联户”创建活动先进乡镇（街道）	2016年	自治区党委、自治区政府
西藏自治区纪委监察厅驻康雄乡年拉村工作队	先进驻村工作队	2016年	自治区党委、自治区政府
西藏自治区纪委监察厅驻康雄乡茶村工作队	先进驻村工作队	2016年	自治区党委、自治区政府
西藏公安消防总队驻然巴乡卓村工作队	先进驻村工作队	2016年	自治区党委、自治区政府
西藏自治区粮食局驻普松乡娘德村工作队	先进驻村工作队	2016年	自治区党委、自治区政府
西藏自治区警卫局驻帕当乡切村工作队	先进驻村工作队	2016年	自治区党委、自治区政府
日喀则市财政局驻查巴乡查巴村工作队	先进驻村工作队	2016年	自治区党委、自治区政府
日喀则市国资委驻德吉林镇当雄村工作队	先进驻村工作队	2016年	自治区党委、自治区政府
仁布县公安局驻切洼乡扎西林村工作队	先进驻村工作队	2016年	自治区党委、自治区政府
仁布乡驻仁布乡仁布村工作队	先进驻村工作队	2016年	自治区党委、自治区政府
仁布县切洼乡扎西林村	优秀驻村工作队	2016年	自治区党委、自治区政府

续表 2

获奖单位	获奖名称	表彰时间	授予单位
仁布县仁布乡仁布村	先进驻村工作队	2016年	自治区党委、自治区政府
仁布县公安局	优秀组织单位	2016年	自治区党委、自治区政府
仁布县然巴乡然巴村	“先进双联户”创建活动区、市、县、乡级先进集体	2016年	自治区党委、自治区政府
仁布县然巴乡卓村	强基础惠民生活动区级先进驻村工作队先进集体	2016年	自治区党委、自治区政府
仁布县康雄乡党委	先进基层党组织	2016年	自治区党委
仁布县然巴乡人民政府	乡镇（街道）工会规范化建设“八有”达标单位	2016年	自治区总工会
仁布县人民法院	2016年度“全区优秀法院”	2017年	自治区高级人民法院
农行仁布县支行	2016年度“三化三良好”单位	2016年	农行自治区分行
仁布县公安局	公安机关执法示范单位	2016年	自治区公安厅
仁布县疾控中心	结核病防治工作先进集体	2017年	自治区疾控中心
仁布县教育体育局	优秀组织单位	2016年	日喀则市委、市政府
仁布县姆乡党委、政府	“先进双联户”创建评选工作先进集体	2016年	日喀则市委、市政府
仁布县然巴乡然巴村	强基础惠民生活动市级先进驻村工作队先进集体	2016年	日喀则市委、市政府
自治区纪委监察厅驻康雄乡阿村工作队	先进驻村工作队	2016年	日喀则市委、市政府
自治区纪委监察厅驻康雄乡司村工作队	先进驻村工作队	2016年	日喀则市委、市政府
自治区粮食局驻普松乡咸阿村工作队	先进驻村工作队	2016年	日喀则市委、市政府
自治区粮食局驻普松乡那仁村工作队	先进驻村工作队	2016年	日喀则市委、市政府
西藏公安消防总队驻然巴乡卓达村工作队	先进驻村工作队	2016年	日喀则市委、市政府
自治区警卫局驻帕当乡孔陪村工作队	先进驻村工作队	2016年	日喀则市委、市政府
日喀则市财政局驻查巴乡吴米村工作队	先进驻村工作队	2016年	日喀则市委、市政府
日喀则市国资委驻德吉林镇艾玛工作队	先进驻村工作队	2016年	日喀则市委、市政府
仁布县然巴乡驻然巴乡然巴村工作队	先进驻村工作队	2016年	日喀则市委、市政府

续表2

获奖单位	获奖名称	表彰时间	授予单位
仁布县委办公室	2015年度县（区）目标绩效争先进位考核第二名	2017年	日喀则市委、市政府
仁布县仁布乡日龙布村	日喀则市先进驻村工作队	2016年	日喀则市委、市政府
仁布县财政局	2016年宗教工作先进集体	2016年	日喀则市委、市政府
仁布县教育局	地市级“优秀组织单位”	2016年	日喀则市委、市政府
仁布县普松乡党委、政府	民族团结进步模范“先进集体”荣誉称号	2016年	日喀则市委、市政府
仁布县	2016年度县（区）目标绩效争先进位考核第二名	2017年	日喀则市委、市政府
仁布县国税局	先进基层党组织	2016年	日喀则市委
仁布县藏语委办（编译局）	规范藏语社会用字工作先进集体	2016年	日喀则市政府
仁布县旅游局	旅游工作综合三等奖	2016年	日喀则市旅游发展委员会
仁布县旅游局	旅游网络宣传工作先进单位	2016年	日喀则市旅游发展委员会
仁布县旅游局	旅游纪念品研发工作先进单位	2016年	日喀则市旅游发展委员会
仁布县旅游局	旅游景区市场推广工作先进单位	2016年	日喀则市旅游发展委员会
仁布县旅游局	2016年度旅游规划项目工作先进集体	2017年	日喀则市旅游发展委员会
仁布县帕当乡党委、政府	平安乡镇	2016年	日喀则市综治委员会
仁布县人民法院	2016年度全市法院目标责任考评“先进集体”	2017年	日喀则市中级人民法院
仁布县人民法院	全市党建工作“先进集体”	2017年	日喀则市中级人民法院
仁布县人社局	仁布县人社局2016年度就业再就业工作先进集体	2017年	日喀则市人社局
仁布县人社局	基金管理工作先进集体	2017年	日喀则市人社局
仁布县工商联	“五好”县级工联	2016年	日喀则市工商联
仁布县工商行政管理局	2016年度工作目标绩效考核	2016年	日喀则市工商局
仁布县教育（体育）局	基层党建工作先进单位	2016年	日喀则市教育局党委、市教育局
仁布县教育（体育）局	基层党建工作先进单位	2016年	日喀则市教育局党委、市教育局

续表2

获奖单位	获奖名称	表彰时间	授予单位
仁布县教育（体育）局	薄弱学科攻坚推荐奖	2016年	日喀则市教育局党委、市教育局
仁布县教育（体育）局	安全维稳先进单位	2016年	日喀则市教育局党委、市教育局
仁布县查巴乡党委、政府	财政局党组授予查巴乡党支部优秀组织奖	2016年	日喀则市财政局
仁布县中学	教研教改工作先进单位	2017年	日喀则市教育局
仁布县教育（体育）局	“校园文化展示月”（校本教材）优秀奖	2016年	日喀则市教育局
仁布县教育（体育）局	“校园文化展示月”（走廊、橱窗文化）优秀奖	2016年	日喀则市教育局
仁布县科学技术局	基层科技管理工作集体	2016年	日喀则市科学技术局党组、科学技术局
仁布县科技局（科协）	科协工作集体三等奖	2016年	日喀则市科学技术协会
仁布县县民宗局	统战民族宗教工作综合三等奖	2017年	日喀则市委统战部、市民宗局、市宗教办
仁布县交警大队	预防道路交通事故先进集体2016年度	2017年	日喀则市交警支队
仁布县卫生局	卫生计生工作综合二等	2017年	日喀则市卫计委
仁布县疾控中心	疾控工作先进集体	2017年	日喀则市卫计委
仁布县公安局	综合第二名	2016年	日喀则市公安厅
农行仁布县支行	2016年度安全保卫工作先进集体奖	2016年	农行日喀则分行
农行仁布县支行	2015年度安全保卫工作先进集体奖	2016年	农行日喀则分行
农行仁布县支行	2015年合规文化建设示范单位	2016年	农行日喀则分行
自治区粮食局驻普松乡白仲村工作队	先进驻村工作队	2016年	仁布县委、县政府
仁布县康雄乡驻康雄乡陈村工作队	先进驻村工作队	2016年	仁布县委、县政府
仁布县康雄乡驻康雄乡则乐村工作队	先进驻村工作队	2016年	仁布县委、县政府
仁布县然巴乡驻然巴乡日聂村工作队	先进驻村工作队	2016年	仁布县委、县政府

续表2

获奖单位	获奖名称	表彰时间	授予单位
仁布县教育局驻然巴乡泽松村工作队	先进驻村工作队	2016年	仁布县委、县政府
仁布县公安局驻帕当乡萨嘎村工作队	先进驻村工作队	2016年	仁布县委、县政府
仁布县帕当乡驻帕当乡萨达村工作队	县级“先进驻村工作队”	2016年	仁布县委、县政府
仁布县查巴乡驻查巴乡贡热村工作队	县级“先进驻村工作队”	2016年	仁布县委、县政府
仁布县发改委、国土局驻查巴乡曲参村工作队	县级“先进驻村工作队”	2016年	仁布县委、县政府
仁布县委办、县政府、县团委驻德吉林镇强钦村工作队	县级“先进驻村工作队”	2016年	仁布县委、县政府
仁布县卫生服务中心驻德吉林镇卡若村工作队	县级“先进驻村工作队”	2016年	仁布县委、县政府
仁布县公安局驻切洼乡宗嘎曲奴村工作队	县级“先进驻村工作队”	2016年	仁布县委、县政府
仁布县切洼乡驻切洼乡奴达村工作队	县级“先进驻村工作队”	2016年	仁布县委、县政府
仁布县仁布乡驻仁布乡日龙布村工作队	县级“先进驻村工作队”	2016年	仁布县委、县政府
仁布县人民法院驻仁布乡江嘎达村工作队	县级“先进驻村工作队”	2016年	仁布县委、县政府
仁布县公安局驻姆乡库龙达村工作队	县级“先进驻村工作队”	2016年	仁布县委、县政府
仁布县姆乡驻姆乡江新村工作队	县级“先进驻村工作队”	2016年	仁布县委、县政府
仁布县公安局驻切洼乡宗噶曲夏村工作队	县级“先进驻村工作队”	2016年	仁布县委、县政府
仁布县文化广播电影电视局	县级“优秀组织单位”	2016年	仁布县委、县政府
仁布县卫生局	县级“优秀组织单位”	2016年	仁布县委、县政府
仁布县国土局	县级“优秀组织单位”	2016年	仁布县委、县政府
仁布县委宣传部	县级“优秀组织单位”	2016年	仁布县委、县政府

续表2

获奖单位	获奖名称	表彰时间	授予单位
仁布县卫生服务中心	县级“优秀组织单位”	2016年	仁布县委、县政府
仁布县发展与改革委员会	县级“优秀组织单位”	2016年	仁布县委、县政府
仁布县然巴乡泽松村	仁布县强基础惠民生活动县级先进驻村工作队先进集体	2016年	仁布县委、县政府
仁布县然巴乡	仁布县宣传党的十八届六中全会精神及自治区第九次党代会三等奖	2016年	仁布县委、县政府
仁布县然巴乡	仁布县2016年度卫生工作先进集体	2016年	仁布县委、县政府
仁布县扶贫办	2016年度民族团结进步模范集体	2016年	仁布县委、县政府
政协仁布县委员会	民族团结进步模范集体	2016年	仁布县委、县政府
仁布县德吉林镇党委、人民政府	第五届江嘎尔藏戏文化旅游节乡镇女子拔河比赛冠军	2016年	仁布县委、县政府
仁布县德吉林镇党委、人民政府	“128”活动中被评为先进乡镇	2016年	仁布县委、县政府
政协仁布县委员会	先进集体	2016年	仁布县委、县政府
仁布县姆乡党委、政府	2016年卫生工作先进乡镇政府	2017年	仁布县委、县政府
仁布县姆乡江新村驻村工作队	2015–2016年度创先争优强基础惠民生活动先进驻村工作队	2016年	仁布县委、县政府
仁布县然巴乡人民政府	第五届江嘎尔藏戏文化旅游节文艺比赛三等奖	2016年	仁布县委、县政府
仁布县然巴乡人民政府	第五届江嘎尔藏戏文化旅游节乡镇女子拔河比赛季军	2016年	仁布县委、县政府
仁布县公安消防大队	仁布县在“江噶尔藏戏文化节”中被评为先进集体	2016年	仁布县委、县政府
仁布县完全小学	2015–2016学年教学目标达标学校	2016年	仁布县委、县政府
仁布县完全小学	2015–2016学年教学综合管理先进学校	2016年	仁布县委、县政府
仁布县完全小学	江嘎尔藏戏文化旅游节活动中被评为先进集体	2016年	仁布县委、县政府
仁布县仁布乡人民政府	第五届江嘎尔藏戏文化旅游节乡镇男子拔河比赛季军	2016年	仁布县委、县政府
仁布县仁布乡人民政府	第五届江嘎尔藏戏文化旅游节文艺比赛二等奖	2016年	仁布县委、县政府
仁布县仁布乡人民政府	第五届江嘎尔藏戏文化旅游节乡镇举重比赛冠军	2016年	仁布县委、县政府
仁布县仁布乡人民政府	“128”活动中被评为先进集体	2016年	仁布县委、县政府
仁布县纪律检查委员会	2016年度民族团结进步模范集体	2016年	仁布县委、县政府

续表 2

获奖单位	获奖名称	表彰时间	授予单位
仁布县纪律检查委员会	换届工作先进集体	2016年	仁布县委、县政府
仁布县委宣传部	换届工作先进集体	2016年	仁布县委、县政府
仁布县委宣传部	民族团结进步模范集体	2016年	仁布县委、县政府
仁布县交警大队	2016年度民族团结进步模范集体	2016年	仁布县委、县政府
仁布县委宣传部	创先争优强基础惠民生优秀组织单位奖	2016年	仁布县委、县政府
仁布县农牧局	2016年度民族团结进步模范集体	2016年	仁布县委、县政府
仁布县委组织部	换届工作先进集体	2016年	仁布县委、县政府
仁布县中学	2015—2016学年教学综合管理先进学校	2016年	仁布县委、县政府
仁布县中学	江噶尔藏戏文化旅游节活动被评为先进集体	2016年	仁布县委、县政府
仁布县卫生局	党风廉政建设和反腐败工作一等奖	2017年	仁布县委、县政府
仁布县卫生局	优秀驻村派驻单位	2017年	仁布县委、县政府
仁布县公安局	民族团结模范集体	2016年	仁布县委、县政府
仁布县切洼乡人民政府	“128”活动先进乡镇	2016年	仁布县委、县政府
仁布县切洼乡人民政府	“先进双联户”创建评选活动先进乡镇	2016年	仁布县委、县政府
仁布县帕当乡党委、政府	2016年度仁布县维护稳定和社会治安综合治理工作	2016年	仁布县委、县政府
仁布县切洼乡人民政府	江嘎尔藏戏文化节男子拔河二等奖	2016年	仁布县委、县政府
仁布县食品药品监督管理局	2016年度仁布县维护稳定和社会治安综合治理工作三等奖	2017年	仁布县委、县政府
仁布县切洼乡人民政府	县2016年度维护稳定和社会综合治理工作二等奖	2017年	仁布县委、县政府
仁布县切洼乡人民政府	县2016年度党风廉政建设和反腐败工作二等奖	2016年	仁布县委
仁布县查巴乡党委、政府	仁布县2016年度维护稳定和社会治安综合治理工作三等奖	2016年	仁布县委
仁布县德吉林镇党委、人民政府	妇联工作先进集体	2017年	仁布县委
仁布县德吉林镇党委、人民政府	仁布县宣传党的十八届六中全会精神及自治区第九次党代会精神知识竞赛活动鼓励奖	2016年	仁布县委
仁布县仁布乡人民政府	仁布县宣传党的十八届全会精神及自治区第九次党代会精神知识竞赛活动中被评为二等奖	2016年	仁布县委

续表 2

获奖单位	获奖名称	表彰时间	授予单位
仁布县国税局	先进基层党组织	2016年	仁布县委
仁布县公安局	“128”活动中被评为先进集体	2016年	仁布县委
仁布县人民法院	2016年度先进驻村工作队	2016年	仁布县委
仁布县切洼乡人民政府	妇联工作先进奖	2016年	仁布县委
仁布县帕当乡党委	仁布县2016年度党风廉政建设和反腐败工作三等奖	2016年	仁布县政府
农行仁布县支行	2015年度全县政务信息先进集体	2016年	仁布县政府
仁布县文广局	仁布县2016年度创先争优强基础惠民生活动优秀组织单位	2016年	仁布县政府
仁布县文广局	江嘎尔藏戏文化旅游节活动先进集体	2016年	仁布县政府
仁布县食品药品监督管理局	2015年度全县政务信息先进集体	2016年	仁布县政府

说明：由于各单位资料提供不全，可能有遗漏

受区（县）级以上表彰的先进个人名录

表 3

姓　　名	性别	民族	工作单位	获奖名称	表彰时间	授予单位
旦增群培	男	藏	仁布县日龙普村瓜果蔬菜种植基地	全国科普惠农兴村先进个人	2016年	中国科协、财政部
土旦次仁	男	藏	仁布县查巴乡人民政府	自治区优秀驻村工作队员	2016年	自治区党委、自治区政府
罗布拉珍	女	藏	仁布县德吉林镇人民政府	自治区创先争优强基础惠民生活动先进驻村工作队员称号	2016年	自治区党委、自治区政府
次仁多吉	男	藏	仁布县康雄乡人民政府	自治区创先争优强基础惠民生活、动先进驻村（居）工作队称号	2016年	自治区党委、自治区政府
达娃央宗	女	藏	仁布县姆乡人民政府	自治区创先争优强基础惠民生活动先进工作者荣誉称号	2016年	自治区党委、自治区政府
金巴群培	男	藏	仁布县民宗局	2016年自治区优秀涉宗干部	2016年	自治区党委、自治区政府
普琼达瓦	男	藏	仁布县教育局	自治区先进驻村工作队	2016年	自治区党委、自治区政府
格桑卓嘎（大）	女	藏	农牧综合服务中心	先进驻村（居）工作队员称号	2016年	自治区党委、自治区政府
塔　　杰	男	藏	仁布县公安局	自治区创先争优强基础惠民生活动先进驻村（居）工作队员称号	2016年	自治区党委、自治区政府
次仁坚赞	男	藏	仁布县公安局交警管理大队	西藏自治区优秀驻村工作队员	2016年	自治区党委、自治区政府
富　　盛	男	汉	仁布县人力资源和社会保障局	自治区创先争优强基础惠民生活动先进驻村工作队员称号	2016年	自治区党委、自治区政府
扎　　桑	女	藏	仁布县公安局治安大队	自治区优秀驻寺干部	2016年	自治区党委、自治区政府
尼玛平措	男	藏	仁布县仁布乡人民政府	先进驻村工作队员	2016年	自治区党委
旺姆达娃	女	藏	仁布县仁布乡人民政府	先进驻村工作队员	2016年	自治区党委
次仁多吉	男	藏	仁布县康雄乡人民政府	全区第一批优秀村（社区）党支部第一书记称号	2016年	自治区党委
次　　仁	男	藏	仁布县仁布乡人民政府	全区第一批优秀村党支部书记	2016年	自治区党委
边　　多	男	藏	仁布县公安局	西藏自治区先进驻村工作队员	2016年	自治区政府
旦增平措	男	藏	仁布县然巴乡人民政府	自治区级先进驻村工作队先进个人	2016年	自治区政府

续表3

姓　名	性别	民族	工作单位	获奖名称	表彰时间	授予单位
米　玛	男	藏	仁布县藏语委办（编译局）	全区规范藏语文先进个人	2016年	自治区政府
普　琼	男	藏	仁布县切洼乡中心小学	西藏自治区乡村教师从教25年荣誉奖	2016年	自治区政府
巴　桑	女	藏	仁布县完小	西藏自治区优秀教师	2016年	自治区政府
巴桑次仁	男	藏	仁布县康雄乡中心小学	西藏自治区乡村教师从教20年荣誉奖	2016年	自治区政府
白玛次仁	男	藏	仁布县公安局	在2013——2015年工作中做出较大贡献，给予记三等功	2016年	自治区组织部、自治区人社厅
姬生贺	男	汉	仁布县发展和改革委员会	在2013-2015年工作中做出突出贡献，三等功	2016年	自治区组织部、自治区人社厅
旦增卓嘎	女	藏	仁布县仁布乡人民政府	在2013-2016工作中做出较大贡献，给予记三大功	2016年	自治区组织部、自治区人社厅
张晓培	男	汉	仁布县委	三等功	2016年	自治区组织部、自治区人社厅
次　仁	男	藏	仁布县中学	在西藏自治区第十届优质政治课大赛（初中组）评选活动中荣获优秀奖	2016年	自治区教育厅、自治区中学德育研究中心
拉姆次仁	女	藏	仁布县中学	被评为全区中小学模范班主任	2016年	自治区教育厅委员会、自治区教育厅
旺　拉	男	藏	仁布县政协、仁布县康雄乡人民政府	在“时轮金刚灌顶法会”接待服务工作中被评为先进个人	2016年	自治区接待“128”进藏工作领导小组、日喀则市委、市政府
张晓培	男	汉	仁布县委	三等功	2016年	自治区党委组织部、自治区人力资源和社会保障厅
朗　曲	男	藏	仁布县中学	在全区第二届初中教师教学大赛中荣获藏文组三等奖	2016年	自治区教育厅
贵桑朗加	男	藏	仁布县查巴乡曲参村	荣获2016年度区、市、县、乡四级“先进双联户”荣誉称号	2016年	自治区综治办
次仁旺加	男	藏	仁布县帕当乡人民政府	西藏自治区先进驻村工作队队员	2016年	自治区强基办
高　友	男	汉	仁布县中学	因工作业绩突出，享受日喀则市政府特殊津贴	2017年	日喀则市委、市政府

续表3

姓　　名	性别	民族	工作单位	获奖名称	表彰时间	授予单位
次仁德吉	女	藏	仁布县姆乡人民政府	日喀则市创先争优强基础惠民生活动先进工作队员荣誉称号	2016年	日喀则市委、市政府
米　　玛	男	藏	仁布县姆乡人民政府	在2106年被评为日喀则市创先争优强基础惠民生活动先进驻村工作队员荣誉称号	2016年	日喀则市委、市政府
格桑次仁	男	藏	仁布县切洼乡人民政府	日喀则市优秀驻村工作队队员	2016年	日喀则市委、市政府
旦增旺旦	男	藏	仁布县公安局驻寺点	日喀则市优秀驻寺干部	2016年	日喀则市委、市政府
吉　　巴	女	藏	仁布县切洼乡人民政府	日喀则市优秀驻村工作队队员	2016年	日喀则市委、市政府
王 永 红	男	汉	仁布县查巴乡人民政府	日喀则市优秀驻村工作队员	2016年	日喀则市委、市政府
次旺德吉	女	藏	仁布县德吉林镇人民政府	日喀则市创先争优强基础惠民生活动先进驻村工作队员称号	2016年	日喀则市委、市政府
达瓦罗布	男	藏	仁布县完小	先进驻村工作队	2016年	日喀则市委、市政府
边巴卓玛	女	藏	仁布县检察院	市级优秀驻村工作队员	2016年	日喀则市委、市政府
次仁旺姆	女	藏	仁布县康雄乡人民政府	日喀则市创先争优强基础惠民生活动先进驻村（居）工作队称号	2016年	日喀则市委、市政府
尼　　次	男	藏	仁布县普松乡中心小学	日喀则市先进工作者	2016年	日喀则市委、市政府
石曲普赤	女	藏	仁布县仁布乡人民政府	先进驻村工作队员	2016年	日喀则市委
次　　仁	男	藏	仁布县仁布乡人民政府	先进驻村工作队员	2016年	日喀则市委
旺　　拉	男	藏	仁布县政协、康雄乡人民政府	日喀则市优秀党务工作者称号	2016年	日喀则市委
阿旺措姆	女	藏	中共仁布县委办公室	2016年度日喀则市党委系统信息工作先进个人	2016年	日喀则市委办
旦增塔杰	男	藏	仁布县民政局	2016年度日喀则市强基惠民先进驻村工作队	2016年	日喀则市政府
阿旺卓玛	女	藏	仁布县然巴乡人民政府	日喀则市级先进驻村工作队个人	2016年	日喀则市政府
普　　次	男	藏	仁布县教育局	先进财务工作者	2016年	日喀则市教育局党委、市教体局委员会

续表3

姓　　名	性别	民族	工作单位	获奖名称	表彰时间	授予单位
米玛次仁	男	藏	仁布县教育局	优秀教研员	2016年	日喀则市教育局党委、市教体局委员会
旦增巴姆	女	藏	仁布县普松乡中心小学	珠峰好教师	2016年	日喀则市教育局党委、市教体局委员会
索朗德吉	女	藏	仁布县康雄乡中心小学	优秀教师	2016年	日喀则市教育局党委、市教体局委员会
索朗扎西	男	藏	仁布县康雄乡中心小学	在2015年至2016学年中，扎实工作，表现优异，被评为“优秀党务工作者”	2016年	日喀则市教育局党委、市教体局委员会
洛　　多	男	藏	仁布县康雄乡中心小学	珠峰好教师	2016年	日喀则市教育局党委、市教体局委员会
边　　巴	男	藏	仁布县切洼乡中心小学	模范班主任	2016年	日喀则市教育局党委、市教体局委员会
米　　玛	男	藏	仁布县切洼乡中心小学	在2015年至2016学年中，扎实工作，表现优异，被评为“优秀校长”	2016年	日喀则市教育局党委、市教体局委员会
达　　确	男	藏	仁布县中学	在2015年至2016学年中，扎实工作，表现优异，被评为“优秀党务工作者”	2016年	日喀则市教育局党委、市教体局委员会
培　　杰	男	藏	仁布县中学	在2015年至2016学年中，扎实工作，表现优异，被评为“优秀党务工作者”	2016年	日喀则市教育局党委、市教体局委员会
培　　杰	男	藏	仁布县姆乡中心小学	优秀教师	2016年	日喀则市教育局党委、市教体局委员会
扎西塔杰	男	藏	仁布县完小	模范班主任	2016年	日喀则市教育局党委、市教体局委员会
平　　措	男	藏	仁布县普松乡中心小学	优秀教师	2016年	日喀则市教育局党委、市教体局委员会
高　　友	男	汉	仁布县中学	在2015年至2016学年中，扎实工作，表现优异，被评为“优秀校长”	2016年	日喀则市教育局党委、市教体局委员会
罗　　桑	男	藏	仁布县完小	日喀则市首届少先队辅导员优秀学员	2016年	共青团日喀则市委、市教育局、市少先队工作委员会、共青团市教育工作委员会
朗　　加	男	藏	仁布县完小	西藏自治区乡村小学校长管理提升中活动优秀学员	2016年	扬州大学教育科学学院
拉巴次仁	男	藏	仁布县中学	被评为2016年度教育考试招生工作中“先进个人”	2017年	日喀则市招生考试委员会、市教育局

续表3

姓　名	性别	民族	工作单位	获奖名称	表彰时间	授予单位
寸艳华	女	藏	仁布县中学	在日喀则市2015—2016学年初中教师大赛中荣获汉语文组三等奖	2016年	日喀则市教育局
寸艳华	女	藏	仁布县中学	在2016年日喀则市第一轮命题大赛中荣获初中汉语组三等奖	2016年	日喀则市教育局
朗　曲	男	藏	仁布县中学	在日喀则市2015-2016学年初中教师大赛中荣获藏语文组一等奖	2016年	日喀则市教育局
次仁曲珍	女	藏	仁布县国税局	优秀公务员	2016年	日喀则市国税局
普布扎西	男	藏	仁布县人民法院	2016年度全市法院优秀法官	2017年	日喀则市中级人民法院
贡　嘎	男	藏	仁布县文广局	2016年度市民间艺术团先进个人	2017年	日喀则市文化局
德　央	女	藏	仁布县文广局	2016年度市非遗工作先进个人	2017年	日喀则市文化局
唐曹钟	男	汉	仁布县公安局	个人嘉奖	2016年	日喀则市公安局
旦　增	男	藏	仁布县公安局	三等功	2016年	日喀则市公安局
张天雪	女	汉	仁布县工商局	优秀公务员	2016年	日喀则市工商局
曲　扎	男	藏	仁布县帕当乡人民政府	日喀则市先进驻村工作队队员	2016年	日喀则市强基办
其　美	男	藏	仁布县帕当乡人民政府	日喀则市先进驻村工作队队员	2016年	日喀则市强基办
贡觉多吉	男	藏	仁布县委宣传部	日喀则市优秀网信工作者	2016年	日喀则市网信办
王东海	男	汉	仁布县德吉林镇人民政府	“加强民族团结、建设美丽西藏”双语演讲比赛荣获藏语组决赛三等奖	2016年	日喀则市组织部
次仁穷达	女	藏	农行仁布县支行	2016年度先进工作者	2017年	农行日喀则分行
白玛卓嘎	女	藏	农行仁布县支行	2016年度先进者	2017年	农行日喀则分行
扎西泽措	女	藏	仁布县旅游局	2016年旅游微信宣传先进个人	2016年	日喀则市旅游发展委员会
其美卓嘎	女	藏	仁布县加油站	中石油西藏销售公司先进个人	2016年	中石油西藏销售公司
拉　确	女	藏	仁布县	先进个人	2016年	仁布县委、县政府
程志刚	男	汉	仁布县政协办	先进个人	2016年	仁布县委、县政府

续表3

姓　　名	性别	民族	工作单位	获奖名称	表彰时间	授予单位
琼　　达	女	藏	仁布县德吉林镇人民政府	仁布县“12.8”活动先进个人	2016年	仁布县委、县政府
尼玛欧珠	男	藏	仁布县德吉林镇人民政府	民族团结进步模范个人奖	2016年	仁布县委、县政府
王 东 海	男	汉	仁布县德吉林镇人民政府	“加强民族团结、建设美丽西藏”双语演讲比赛荣获藏语组一等奖	2016年	仁布县委、县政府
王 东 海	男	汉	仁布县德吉林镇人民政府	仁布县“128”活动先进个人	2016年	仁布县委、县政府
拉姆卓嘎	女	藏	仁布县德吉林镇人民政府	优秀驻村工作队	2016年	仁布县委、县政府
尼　　玛	男	藏	仁布县德吉林镇人民政府	仁布县“128”活动先进个人	2016年	仁布县委、县政府
仁增央宗	女	藏	仁布县姆乡人民政府	仁布县2015–2016年度创先争优强基础惠民生活动先进驻村工作队员荣誉称号	2016年	仁布县委、县政府
次旦多吉	男	藏	仁布县姆乡人民政府	仁布县2015–2016年度创先争优强基础惠民生活动先进驻村工作队员荣誉称号	2016年	仁布县委、县政府
格桑顿珠	男	藏	仁布县姆乡人民政府	仁布县2015–2016年度创先争优强基础惠民生活动先进驻村工作队员荣誉称号	2016年	仁布县委、县政府
普布扎西	男	藏	仁布县姆乡人民政府	在“128”活动中表现突出被评为先进个人	2016年	仁布县委、县政府
尼　　珍	女	藏	仁布县姆乡人民政府	在“128”活动中表现突出被评为先进个人	2016年	仁布县委、县政府
白玛卓嘎	女	藏	仁布县普松乡人民政府	在换届工作中被评为“先进个人”荣誉称号	2016年	仁布县委、县政府
格桑顿珠	男	藏	仁布县普松乡人民政府	“128”活动中变现突出被评为“先进个人”荣誉称号	2016年	仁布县委、县政府
吉　　巴	女	藏	仁布县切洼乡人民政府	换届工作“先进个人”	2016年	仁布县委、县政府
益西曲珍	女	藏	仁布县切洼乡人民政府	县级优秀驻村工作队队员	2016年	仁布县委、县政府
尼玛旺堆	男	藏	仁布县公安局驻寺点	在“128”活动中表现突出评为先进个人	2016年	仁布县委、县政府
尼　　玛	男	藏	仁布县公安局姆乡派出所	在“128”活动中表现突出评为先进个人	2016年	仁布县委、县政府

续表3

姓　　名	性别	民族	工作单位	获奖名称	表彰时间	授予单位
尼　　玛	男	藏	仁布县公安局康雄乡派出所	在“128”活动中表现突出评为先进个人	2016年	仁布县委、县政府
方 佳 圆	男	藏	仁布县公安局督察大队	在“128”活动中表现突出评为先进个人	2016年	仁布县委、县政府
索朗次仁	男	藏	仁布县公安局仁布乡派出所	在“128”活动中表现突出评为先进个人	2016年	仁布县委、县政府
索朗次仁	男	藏	仁布县公安局	在“128”活动中表现突出评为先进个人	2016年	仁布县委、县政府
仁　　庆	男	藏	仁布县公安局	在“128”活动中表现突出评为先进个人	2016年	仁布县委、县政府
旦　　增	男	藏	仁布县公安局	优秀公务员	2016年	仁布县委、县政府
旦　　增	男	藏	仁布县公安局	在“128”活动中表现突出评为先进个人	2016年	仁布县委、县政府
周　　庆	男	汉	仁布县公安局	民族团结进步模范个人	2016年	仁布县委、县政府
赵　　印	男	汉	仁布县公安局	优秀党务工作者	2016年	仁布县委、县政府
米玛次仁	男	藏	仁布县公安局	优秀公务员	2016年	仁布县委、县政府
格　　列	男	藏	仁布县公安局	优秀公务员	2016年	仁布县委、县政府
普布琼达	男	藏	仁布县公安局	在“128”活动中表现突出评为先进个人	2016年	仁布县委、县政府
陈 俊 良	男	汉	仁布县公安局	优秀公务员	2016年	仁布县委、县政府
李 荣 正	男	汉	仁布县切洼乡人民政府	换届工作“先进个人”	2016年	仁布县委、县政府
旦增曲加	男	藏	仁布县切洼乡人民政府	县级优秀驻村工作队队员	2016年	仁布县委、县政府
达瓦次仁	男	藏	仁布县交通运输局	“128”活动先进个人	2016年	仁布县委、县政府
罗桑南加	男	藏	仁布县交通运输局	“128”活动先进个人	2016年	仁布县委、县政府
金巴群培	男	藏	仁布县民宗局	“128”活动先进个人	2016年	仁布县委、县政府

续表3

姓　　名	性别	民族	工作单位	获奖名称	表彰时间	授予单位
巴　　吉	男	藏	仁布县民宗局	“128”活动先进个人	2016年	仁布县委、县政府
拉巴顿珠	男	藏	仁布县农牧局	被评为2016年“先进双联户”	2016年	仁布县委、县政府
达瓦旦珍	女	藏	仁布县农牧局	被评为2016年“先进双联户”	2016年	仁布县委、县政府
吴金次旺	男	藏	仁布县农牧综合服务中心	被评为2016年“先进双联户”	2016年	仁布县委、县政府
索朗旺加	男	藏	仁布县农牧综合服务中心	被评为2016年“先进双联户”	2016年	仁布县委、县政府
其美仁增	男	藏	仁布县农牧综合服务中心	被评为2016年“先进双联户”	2016年	仁布县委、县政府
阿旺曲珍	女	藏	仁布县农牧综合服务中心	被评为2016年“先进双联户”	2016年	仁布县委、县政府
曲　　珍	女	藏	仁布县农牧综合服务中心	被评为2016年“先进双联户”	2016年	仁布县委、县政府
格　　桑	女	藏	仁布县农牧综合服务中心	被评为2016年“先进双联户”	2016年	仁布县委、县政府
格桑卓嘎（小）	女	藏	仁布县农牧综合服务中心	被评为2016年“先进双联户”	2016年	仁布县委、县政府
格桑卓嘎（大）	女	藏	仁布县农牧综合服务中心	被评为2016年“先进双联户”	2016年	仁布县委、县政府
贡桑德吉	女	藏	仁布县幼儿园	2016年度民族团结进步模范个人	2016年	仁布县委、县政府
达娃宗巴	女	藏	仁布县农牧综合服务中心	被评为2016年“先进双联户”	2016年	仁布县委、县政府
平　　措	男	藏	仁布县然巴乡人民政府	仁布县换届工作先进个人	2016年	仁布县委、县政府
平　　措	男	藏	仁布县然巴乡人民政府	2016年被评为县级优秀公务员	2016年	仁布县委、县政府
平　　措	男	藏	仁布县然巴乡人民政府	2016被评为仁布县“128”佛事活动先进个人	2016年	仁布县委、县政府
阿旺卓玛	女	藏	仁布县然巴乡人民政府	2016年度被评为县级优秀公务员	2016年	仁布县委、县政府
拉巴卓嘎	女	藏	仁布县然巴乡人民政府	仁布县级先进驻村工作队个人	2016年	仁布县委、县政府

续表3

姓　　名	性别	民族	工作单位	获奖名称	表彰时间	授予单位
阿旺曲珍	女	藏	仁布县然巴乡人民政府	仁布县级先进驻村工作队个人	2016年	仁布县委、县政府
尼玛琼达	女	藏	仁布县然巴乡人民政府	仁布县级先进驻村工作队个人	2016年	仁布县委、县政府
拉巴卓玛	女	藏	仁布县然巴乡人民政府	2016年度被评为县级优秀公务员	2016年	仁布县委、县政府
扎西次仁	男	藏	仁布县水利局	县级“先进双联户”	2016年	仁布县委、县政府
次仁旺堆	男	藏	仁布县水利局	县级“先进双联户”	2016年	仁布县委、县政府
格桑罗布	男	藏	仁布县水利局	县级“先进双联户”	2016年	仁布县委、县政府
次仁拉姆	女	藏	仁布县水利局	县级“先进双联户”	2016年	仁布县委、县政府
刘　　丹	男	汉	仁布县公安局交警管理大队	在“128”活动中表现突出评为先进个人	2016年	仁布县委、县政府
贾国秋	男	汉	仁布县水利局	县级“先进双联户”	2016年	仁布县委、县政府
扎西平措	男	藏	仁布县旅游局	2016年先进优秀公务员	2017年	仁布县委、县政府
郭小丽	女	汉	仁布县旅游局	2016年先进优秀公务员	2017年	仁布县委、县政府
颜礼成	男	汉	仁布县消防大队	在“128”活动中表现突出，被评为先进个人	2016年	仁布县委、县政府
西热加措	男	藏	仁布县住房和城乡建设局	先进个人	2016年	仁布县委、县政府
卢继峰	男	汉	仁布县纪委	换届工作先进个人	2016年	仁布县委、县政府
其米玉珍	女	藏	仁布县纪委	2016年度优秀共产党员	2016年	仁布县委、县政府
其米玉珍	女	藏	仁布县纪委	换届工作先进个人	2016年	仁布县委、县政府
张晓杰	男	汉	仁布县纪委	换届工作先进个人	2016年	仁布县委、县政府
晋巴卓玛	女	藏	仁布县然巴乡人民政府	2016年度被评为县级优秀共产党员	2016年	仁布县委、县政府

续表3

姓 名	性别	民族	工作单位	获奖名称	表彰时间	授予单位
次仁卓玛	女	藏	仁布县切洼乡人民政府	优秀宗教工作者	2016年	仁布县委、县政府
曹泽义	男	汉	仁布县纪委	换届工作先进个人	2016年	仁布县委、县政府
曹泽义	男	汉	仁布县纪委	2016年度优秀公务员	2016年	仁布县委
多 吉	男	藏	仁布县组织部	“128”先进工作者	2016年	仁布县委
孙红艳	女	汉	仁布县组织部	换届工作先进个人	2016年	仁布县委
次仁曲珍	女	藏	仁布县组织部	换届工作先进个人	2016年	仁布县委
洛桑贡布	男	藏	仁布县组织部	换届工作先进个人	2016年	仁布县委
琼次仁	男	藏	仁布县组织部	换届工作先进个人	2016年	仁布县委
琼次仁	男	藏	仁布县组织部	“128”先进工作者	2016年	仁布县委
益西平措	男	藏	仁布县纪委	2016年度优秀公务员	2016年	仁布县委
芦 军	男	藏	仁布县纪委	2016年度优秀公务员	2016年	仁布县委
格桑卓玛	女	藏	仁布县人民法院	县级优秀驻村人员	2016年	仁布县委
旦增曲宗	女	藏	仁布县人民法院	县级优秀驻村人员	2016年	仁布县委
次仁桑珠	男	藏	仁布县人民法院	县级优秀驻村人员	2016年	仁布县委
吴云峯	男	汉	仁布乡人民政府	仁布县宣传党的十八届全会精神及自治区第九次党代会精神知识竞赛活动优秀个人奖	2016年	仁布县委
普 琼	男	藏	仁布县食品药品监督管理局	“128”先进个人奖	2016年	仁布县委
格桑顿珠	男	藏	仁布县普松乡人民政府	优秀共产党员荣誉称号	2016年	仁布县委
仁青顿珠	男	藏	仁布县普松乡人民政府	2016年仁布县优秀公务员荣誉称号	2016年	仁布县委
白玛卓嘎	女	藏	仁布县普松乡人民政府	在2016年度被评为“优秀党务工作者”荣誉称号	2016年	仁布县委
其米朗加	男	藏	仁布县普松乡人民政府	2016年仁布县优秀公务员荣誉称号	2016年	仁布县委

续表3

姓　　名	性别	民族	工作单位	获奖名称	表彰时间	授予单位
旦巴江村	男	藏	仁布县普松乡人民政府	2016年仁布县优秀事业工作人员荣誉称号	2016年	仁布县委
拉　　吾	男	藏	仁布县普松乡人民政府	2016年仁布县优秀事业工作人员荣誉称号	2016年	仁布县委
次旺多吉	男	藏	仁布县姆乡人民政府	2106年被评为优秀党务工作者	2016年	仁布县委
普布扎西	男	藏	仁布县姆乡人民政府	在2106年被评为优秀共产党员	2016年	仁布县委
普　　布	男	藏	农行仁布县支行	2016年优秀党务工作者	2016年	仁布县委
达　　瓦	男	藏	仁布县工商局	优秀党务工作者	2016年	仁布县委
晋美旺久	男	藏	仁布县工商局	优秀党员	2016年	仁布县委
尼玛旺堆	男	藏	仁布县公安局驻寺点	仁布县优秀驻寺干部	2016年	仁布县委
顿　　平	男	藏	仁布县国税局	优秀党务工作者	2016年	仁布县委
格桑曲珍	女	藏	仁布县国税局	优秀党员	2016年	仁布县委
胡　　婷	女	汉	仁布县民政局	优秀公务员	2016年	仁布县委
尼　　珍	女	藏	切洼乡人民政府	三八红旗手	2016年	仁布县委
拉巴顿珠	男	藏	切洼乡人民政府	“128”活动先进个人	2016年	仁布县政府
刘 俊 华	男	汉	切洼乡人民政府	“128”活动先进个人	2016年	仁布县政府
普　　布	男	藏	农行仁布县支行	2015年度优秀信息员	2016年	仁布县政府

说明：由于各单位资料提供不全，可能有遗漏

索 引

说 明

一、本索引采用主题分析法编制。索引范围包括篇目、类目、部(门)目、条目等。
二、本索引按主题词首字汉语拼音音序(同音按音调)排列,若首字拼音相同则按第二字音序排列,以此类推。
三、索引款目后的数字表示内容所在的页码,数字后的拉丁字母(a、b)表示栏别(从左至右)。
四、篇目、类目、部(门)目用黑体字。

D

E

F

G

H

J

P

Q

R

S

T

W

X

中共仁布县委员会

2016年6月24日，县委书记张晓培参加黑龙江省佳木斯市援助仁布县捐资现场

2016年8月28日，县委书记张晓培在中国共产党仁布县第九次代表大会上作专题报告

2016年10月21日，县委书记张晓培主持召开“128”接待服务工作、换届工作和江嘎尔藏戏文化旅游节表彰大会

2016年11月24日，县委书记张晓培、县委常务副书记迟伟东参加哈尔滨市第二医院向仁布县卫生服务中心捐赠医疗设备仪式

2016年8月29日，县委常务副书记迟伟东参加中国共产党仁布县第九次代表大会代表投票

2016年8月6日，县委副书记周宏坪到康雄乡考察小城镇建设情况

2016年7月6日，仁布县援藏干部迎送座谈会

2016年8月1日，县委副书记、县长次仁顿珠实地考察灾情及指导救援救灾工作

2016年3月3日，县委副书记、常务副县长国宏利开展维稳督导工作

2016年12月16日，县委副书记、常务副县长周宏坪考察神湖景区项目工作

2016年5月12日，县委常委、副县长旦增开展县城商品房检查工作

2016年12月11日，县委常委、副县长魏家宜文物调研工作

2016年10月10日，县委常委、副县长黎星庆陪同日喀则市交通运输局工作组检查仁帕公路

2016年8月5日，副县长旦增曲珍调研精准扶贫工作

2016年11月16日，副县长次仁欧珠到帕当乡调研农民工待遇工作情况

2016年12月26日，副县长杨春林慰问结对帮扶户

2016年4月18日，副县长拉桑桑旦检查教育项目建设情况

2016年9月25日，副县长景洁调研民族宗教工作

仁布县人民代表大会常务委员会

2016年10月13日，人大常委会副主任罗丹考察精准扶贫工作

2016年10月10日，人大常委会副主任、仁布乡党委书记洛桑考察交通项目

2016年4月11日，人大常委会副主任洛桑带队到帕当乡开展《西藏自治区湿地保护条例》执法检查

2016年8月31日，仁布县第十三届人民代表大会第一次会议人大常委会班子和乡镇人大主席合影

中国人民政治协商会议仁布县委员会

2016年10月12日，政协党组书记、主席旦增组织县经济界委员到康雄乡帕夏村调研项目

2016年8月31日，召开政协第二届仁布县委员会第一次会议选举会

2016年3月30日，召开政协第一届仁布县委员会第六次会议

2016年8月31日，召开政协第二届仁布县委员会第一次会议

2016年8月2日，日喀则市政协联合市环保局到仁布县召开环境监测和监管执法能力建设座谈会

中共仁布县纪律检查委员会（监察局）

2016年5月18日，日喀则市委常委、纪委书记马陵田（左三）一行到仁布县检查指导工作

2016年9月21日，县委书记张晓培，县委常委、纪委书记卢继峰对全县“三公”经费开支情况进行检查

2016年12月14日，召开县委巡察工作业务培训会

2016年10月13日，召开县委反腐败协调工作小组会议

2016年10月14日，县委书记张晓培讲党课

中共仁布县委办公室

批阅来件

审核下发文件

档案分类归档

2016年5月23日，县委办公室工作人员撰写文件

参加党委支部“讲学习”专题研讨会

2016年12月24日，县委办公室工作人员到姆乡新江村看望慰问结对帮扶户

2016年3月12日，县委办公室工作人员到德吉林镇吉雄村植树

仁布县人民政府办公室

2016年6月5日，政府办公室主任索次到帕当乡检查指导工作

信访局局长、政府办主任科员嘎多处理来访资料

政府办公室副主任曹泽义修改会议发言材料

政府办公室工作人员通知参会单位参会

政府办支部会议

信访局工作人员整理信访资料

仁布县人民代表大会常务委员会办公室

2016年11月4日，县委副书记、人大常委会党组书记、主任达娃卓玛主持召开支部“讲学习、讲忠诚、正风纪、转作风、提效能”组织生活会

2016年7月1日，组织开展宣传活动

2016年11月18日，召开支部廉政党课

第十三届人大常委会一次会议议案交办会

2016年12月13日，召开“不忘初心、真抓实干，做合格党员”专题研讨会

中国人民政治协商会议
仁布县委员会办公室

2016年11月9日，日喀则市政协副秘书长达扎（主席台左二）到仁布县政协二届一次委员培训会讲课

2016年4月13日，召开仁布县政协一届六次提案交办会

2016年3月5日，政协办为群众发放法制宣传单

2016年8月2日，日喀则市政协联合日喀则市环保局到仁布县实地调研工作

2016年12月9日，政协办公室班子成员召开“两学一做”“四个专题”研讨会

2016年10月11日，仁布县政协召开项目建设考察调研筹备会

2016年12月12日，召开支部专题研讨会

中共仁布县委组织部

2016年2月16日，召开“万名村（居）干部文化素质提升工程”动员大会

2016年3月27日，仁布县“加强民族团结、建设美丽仁布”双语演讲比赛

2016年4月13日，召开2016年基层党建工作座谈会

2016年4月23日，召开干部职工“双语”培训开班会议

2016年3月24日，召开组织工作会议

2016年5月11日，组织召开“两学一做”学习教育座谈会

中共仁布县委宣传部

2016年9月19日，县委书记张晓培检查指导法制宣传工作

2016年4月12日，县委常委、宣传部部长张晶到县公安局出席自治区文明单位挂牌仪式

2016年4月19日，县委宣传部在县会议室开设日喀则市道德讲堂仁布县分会场

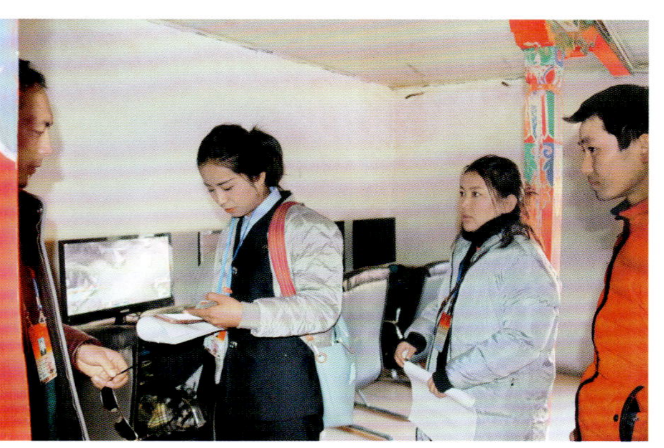

2016年12月21日，县文化执法大队协同公安、文广等单位到仁布县网吧进行文化执法

2016年10月24日，西藏自治区文化厅演出队到仁布县基层慰问演出

2016年11月28日，县委宣传部组织宣讲团到姆乡进行十八届六中全会和区九次党代会精神宣讲

中共仁布县委统战部

2016年3月10日，日喀则市政协副主席罗布（左四）到仁布县强钦寺检查督导维稳工作

2016年1月5日，县委常委、统战部部长次旺普拉，县政协副主席、民宗局局长尼春到康阿拉康管委会慰问僧尼

2016年1月7日，县委常委、统战部部长次旺普拉到恩则寺慰问僧人

2016年10月27日，县委副书记、人大常委会党组书记、主任达娃卓玛主持召开宗教工作专题会议

2016年3月1日，县委常委、统战部部长次旺普拉主持召开宗教领域维稳工作安排部署会议

2016年1月18日，宗教办副主任拉巴次仁慰问瑞士籍探亲藏胞

2016年12月7日，仁布县召开和谐模范寺庙暨爱国守法先进僧尼表彰大会

仁布县民族宗教事务局

2016年10月24日，县委常委、副县长边索，县委常委、统战部部长次旺普拉到嘎布久嘎寺调研

2016年10月21日，县委常委、副县长边索到贡康寺指导饮水工程

2016年7月20日，副县长次仁欧珠走村入户调研社会流动从事宗教活动人员基本情况

2016年8月20日，副县长次仁欧珠了解社会流动从事宗教活动人员情况

2016年7月11日，副县长次仁欧珠到康阿拉康寺检查指导工作

2016年12月14日，副县长次仁欧珠审查少数民族发展资金项目中标单位资质

中共仁布县委政法委员会

2016年9月23日，昂仁县委常委、政法委书记求琼带队市综治考评组一行到仁布县组织召开仁布县综治考评工作汇报会

2016年1月14日，县委常委、政法委书记、公安局政委周庆慰问仁布县公安局一线值班人员

2016年9月27日，县综治办召开平安创建工作推进会议

2016年3月8日，县综治办在然巴乡发放区、市级“先进双联户”奖牌、奖金

2016年11月7日，召开2016年度“先进双联户”创建评选活动表彰大会

2016年12月30日，维稳办工作人员在县公安局为各乡（镇）派出所、乡镇、一级检查站发放防暴装备

中共仁布县委党校

2016年5月16日，县委党校校长次潘到姆乡督导检查乡镇夜校开展工作情况

2016年11月2日，中央党校哲学部马克思主义哲学史教研室副主任、副教授孙要良到仁布县开展绿色发展与生态文明建设调研工作

2016年6月19日，县委党校为普松乡师资人员颁发特邀聘书

2016年5月28日，县委党校特邀教员次多在县会议室夜校授课

2016年4月13日，县委党校3名人员参加日喀则市“双语”演讲比赛预赛

2016年1月19日，县委党校召开全县“万名村（居）干部素质提升工程”动员大会

仁布县人民法院

2016年4月10日，日喀则市中级人民法院院长其米加布（左三）到仁布县人民法院检查指导工作

2016年6月11日，日喀则市中级人民法院党组副书记、副院长卓嘎（左一）到仁布县人民法院检查指导工作

2016年7月19日，日喀则中级人民法院副院长央珍（左三）到仁布县人民法院检查指导工作

2016年5月18日，日喀则市中级人民法院副院长白玛仁增（右一）到仁布县人民法院检查指导工作

2016年6月20日，仁布县人民法院院长索朗央宗到测米村慰问贫困户

2016年12月8日，仁布县人民法院院长索朗央宗到测米村看望慰问贫困户

仁布县人民检察院

2016年3月12日，党组书记、检察长旺久到县中学开展法制进校园讲座活动

2016年9月5日，党组书记、检察长旦增在检察院依法宣布处理结果

2016年10月26日，党组书记、检察长旦增到切洼乡查看举报箱

2016年4月8日，检察院干警集体观看爱国主义影片

2016年12月5日，检察院开展检察官职务套改工作

2016年11月17日，检察院开展"两学一做"第四专题活动

2016年12月14日，干警在县城开展法制宣传活动

仁布县总工会

2016年9月14日，西藏自治区政协副主席、自治区工会主席洛桑久美（右三）到仁布县慰问10名困难职工

2016年1月16日，县委副书记、人大常委会党组书记、主任达娃卓玛，工会主席次多看望慰问26名困难职工

2016年7月16日，工会主席次多组织支部全体党员学习习近平总书记系列讲话精神

2016年12月20日，工会主席次多为德吉林镇和切洼乡农民劳模发放由格力集团赠送的高压电饭锅

2016年5月1日，仁布县总工会开展“送医、送药、送文艺”活动

仁布县妇女联合会

2016年5月10日，妇联主席琼吉为切洼乡维色曲林寺进行“妇女之家”挂牌仪式

2016年10月12日，妇联主席琼吉到德吉林镇当雄村慰问结对帮扶对象

2016年3月12日，妇联主席琼吉到仁布乡白林村慰问贫困妇女

2016年5月30日，妇联主席琼吉到切洼乡慰问孤寡老人

2016年5月30日，妇联主席琼吉慰问切洼乡普纳村贫困母亲

2016年8月9日，仁布县妇联联合县疾控中心到切洼乡开展“健康教育进寺庙”活动

2016年3月8日，仁布县妇联举办“三八”表彰大会

共青团仁布县委员会

2016年3月16日，县委副书记、人大常委会党组书记、主任达娃卓玛主持召开首届创业大赛动员大会

2016年6月22日，团县委书记那加平措到普松乡为农村留守儿童发放物资

2016年11月16日，团委组织预防青少年违法犯罪法制宣传进校园活动

2016年10月17日，团县委组织到德吉林镇当雄村慰问贫困结对户

2016年9月20日，团县委在德吉林镇开展“两学一做、助农收割”活动

仁布县工商联合会

2016年11月13日，工商联副主席尼玛普尺、姆乡建筑队负责人次仁多吉到普松乡开展慰问活动

2016年11月12日，工商联副主席尼玛普尺、查巴乡热巴建筑队负责人米玛到普松乡白中村慰问

2016年11月11日，工商联副主席尼玛普尺、热巴建筑队负责人米玛到普松乡白中村调研

2016年8月12日，工商联召开“百企帮百村”精准扶贫工作推进会

2016年8月13日，工商联各企业与各乡（镇）鉴定目标责任书

2016年1月17日，县工商联召开非公有制经济人士座谈会

仁布县发展和改革委员会

2016年9月15日，县委副书记、常务副县长周宏坪带队检查市政道路施工情况

2016年10月13日，县委常委、副县长旦增，人大常委会主任罗丹带队到然巴乡检查水渠建设情况

2016年3月20日，县委常委、副县长郭军，发改委主任邓邦仁督查县城河道治理工程

2016年4月5日，县委常委、副县长旦增主持召开第五次项目推进会

2016年9月30日，发改委主任邓邦仁联合环保局局长鄢树文、住建局副局长西热加措到姆乡检查防洪设施建设

2016年4月16日，发改委主任邓邦仁到查巴乡检查施工安全及质量工作

2016年3月20日，发改委副主任普布卓玛到工地检查

仁布县商务局

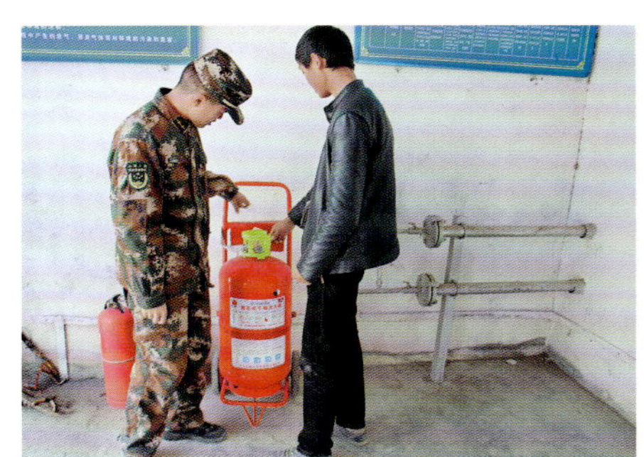

2016年12月25日，商务局联合消防工作人员到加气站对消防设施进行检查

2016年2月26日，商务局联合县消防队到农贸市场检查安全设施

2016年5月18日，商务局联合食药局、安监局对县超市食品安全卫生情况进行检查

2016年7月25日，商务局协同食药局工作人员对药店药品安全进行检查

2016年9月29日，商务局工作人员联合消防、发改等部门到县加油站进行检查

2016年4月8日，商务局联合食药局到农贸市场检查食品卫生

仁布县财政局

2016年12月16日，日喀则市财政局会计监督科科长尼玛平措（左一）到仁布县财政局开展查账工作

2016年5月17日，日喀则市财政局党组书记阿旺赤列、局长周贵庆到仁布县查巴乡检查吴米小城镇建设情况

2016年12月10日，西藏自治区财政厅工作人员到仁布县财政局检查指导工作

2016年7月2日，财政局副局长米玛次仁到查巴乡吉米村开展结对认亲活动

2016年11月16日，财经支部组织传达学习西藏自治区第九次党代会精神

2016年8月5日，财政局组织工作人员在县城开展惠民政策宣传活动

仁布县交通运输局

2016年4月14日，西藏自治区交通运输厅党委委员、副厅长卫强（左二）到仁布县检查仁帕公路进展情况

2016年6月15日，县委书记张晓培，县委副书记、县长次仁顿珠，县委常委、副县长黎星庆，副县长旦曲，交通局局长达瓦次仁参加明珠桥梁改建工程开工仪式

2016年3月10日，日喀则市交通运输局副局长强巴（居中）检查仁帕公路建设进度情况

2016年5月9日，局长达瓦次仁到然巴乡日聂村检查道路桥涵维修情况

2016年8月23日，日喀则市交通运输局副局长强巴（右四）检查仁帕公路第一标段项目施工进度及质量

2016年6月22日，局长达瓦次仁、帕当乡党委书记刘涛到帕当乡取料场检查

2016年12月24日，交通运输局组织道班养护工人在仁江线（进城油路段）设立警示牌

仁布县科学技术局

2016年9月21日，县委书记张晓培到切洼乡养蜂点检查指导工作

2016年4月19日，科技局局长珍拉到仁布乡日龙布村草莓种植基地现场技术指导

2016年4月12日，西藏自治区农科院技术人员到仁布县帕当乡萨嘎村指导核桃种植技术

2016年9月10日，科技局组织工作人员在县城开展科普活动周宣传现场

2016年5月1日，科技局工作人员到德吉林镇德吉林村发放喷雾器

2016年8月22日，科技局工作人员到仁布乡日龙布村瓜果蔬菜基地查看草莓长势情况

姆乡马铃薯种植示范基地

仁布县教育（体育）局

2016年9月24日，国家义务教育均衡发展督导组督陈江汉（前排左六）、付炜（前排左五）到仁布县帕当乡小学调研与老师合影

2016年6月23日，西藏自治区义务教育均衡发展过程督导组组长罗布（右二）到仁布县检查指导工作

2016年6月23日，日喀则市副市长甘立泉（二排左三）到仁布县普松乡小学检查指导工作

2016年6月24日，西藏自治区义务教育均衡发展过程督导组在仁布县召开反馈会

རིན་སྤུངས་རྫོང་སློབ་གསོ་ལུས་རྩལ་ཅུད་ཀྱི་ཡིག་ཆ།

仁布县教育体育局文件

仁教体字〔2015〕72

仁布县教育助学基金管理办法

为全面贯彻落实十八大关于建设人力资源强国和使每个孩子都享受良好教育的精神及《国家中长期教育改革和发展规划纲要（2010—2020年）》精神，进一步调动全县广大教育工作者投身教育事业的积极性，不断提高仁布县教育教学质量，促进教育事业健康、持续、稳定、和谐发展，努力办好人民满意的教育事业。根据仁布县教育发展及人才培养实际情况，特制定本方案。

一、指导思想

全面贯彻党的教育方针，落实科学发展观，坚持以人为本，关注民生，促进教育公平和社会和谐，充分调动广大学生的积极性和主动性，激励他们刻苦学习、奋发向上，发挥专长，更是为品学兼优的贫困学生解决后顾之忧。

二、目标原则

多措并举营造全社会尊师重教的浓厚氛围，使广大干部

仁布县教育助学金管理办法

仁布县司法局

2016年9月26日，司法局组织干警开展学习“两学一做”

2016年10月13日，司法局副局长平措多布杰到仁布乡对社区矫正人员入矫宣告

2016年9月20日，司法局开展党员志愿者服务活动

2016年5月20日，切洼乡普纳村组织村“两委”学习法律知识

2016年1月20日，仁布县“五下乡”到姆乡开展法治宣传活动

仁布县公安局

2016年6月15日，县委常委、政法委书记、公安局政委周庆到公安局指挥中心指导工作

2016年5月24日，县委常委、政法委书记、公安局政委周庆主持召开会议

2016年10月19日，县委常委、政法委书记、公安局政委周庆到仁布乡靶场指导射击训练

2016年5月10日，切洼一级检查站站长、公安局局长次仁到铁路沿线检查指导工作

2016年4月13日，切洼公安一级检查站站长、公安局局长次仁到然巴乡检查指导工作

2016年3月9日，切洼一级公安检查站站长、公安局局长次仁到然巴乡检查设卡点

仁布县民政局

2016年8月23日，西藏自治区民政厅党组成员、副厅长饶边疆（左二）到仁布县“五保”集中供养中心检查指导工作

2016年7月20日，民政局局长群培为城市低保对象宣传新的低保标准和相关政策要求

2016年8月9日，民政局局长群培到德吉林镇核查受灾情况

2016年9月28日，民政局局长群培为“五保老人”发放生活补助资金

2016年8月12日，民政局工作人员为县低保家庭大学生发放高校一次性救助资金

2016年6月10日，民政局工作人员为各乡（镇）民政助理员培训残疾人动态更新管理信息系统

2016年8月25日，民政局工作人员到德吉林镇入户抽查规范低保情况

仁布县
人力资源和社会保障局

2016年2月7日，副县长旦增曲珍组织召开城乡居民养老保险工作培训会

2016年12月20日，人社局举办第一批挖掘机技能培训班结业典礼

2016年4月20日，人社局工作人员协调解决劳务纠纷

2016年10月20日，人社局第三批挖掘机技能培训班动员大会

2016年11月2日，人社局工作人员开展社会保险统筹工作

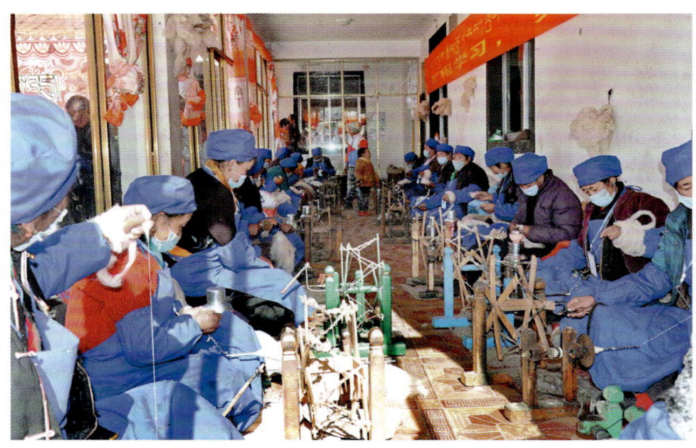
2016年9月5日，人社局组织细褐羊毛制作技能培训班在康雄乡正式开班

2016年4月15日，人社局统一输送学员到日喀则市参加厨师、汽车维修等实用技能培训

仁布县国土资源局

2016年12月21日，国土局局长扎西拉姆、商务局局长拉巴加布到查巴乡考察协商光伏电站用地事宜

2016年11月24日，国土局局长扎西拉姆与专业人员到康雄乡考察采矿点

2016年9月8日，国土局局长扎西拉姆到然巴乡主持召开地质灾害演练动员会

2016年8月20日，国土局副局长顿珠到帕当乡慰问贫困户

2016年11月8日，国土局工作人员到查巴乡考察扶贫搬迁安置点

2016年10月15日，国土局工作人员到然巴乡指导地质灾害演练

仁布县环境保护局

2016年8月2日，日喀则市政协联合调研组副组长、日喀则市环保局党组书记、副局长巴桑次仁到仁布县开展环境监测和监管执法能力建设调研

2016年8月10日，日喀则市环境保护局副局长邱东军（右四）到仁布县开展督导检查环境保护工作

2016年5月29日，县委副书记、县长次仁顿珠出席2016年度环境保护工作会议并做重要讲话

2016年3月11日，县委常委、副县长张晶到姆乡详巴村慰问仁布县环境保护局驻村工作人员

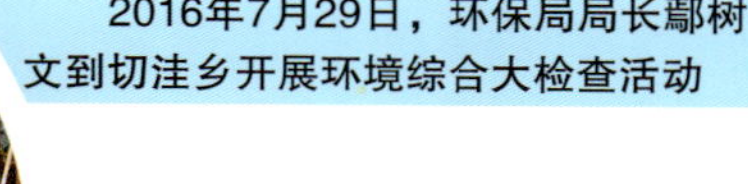

2016年7月29日，环保局局长鄢树文到切洼乡开展环境综合大检查活动

2016年5月16日，县人大常委会副主任罗丹，县环保局副局长益西顿珠到德吉林镇开展2015年度环境保护考核工作

2016年6月5日，组织工作人员在县政府前开展“6·5”世界环境日环保宣传活动

仁布县住房和城乡建设局

2016年3月2日，县委副书记、县长次仁顿珠检查乡镇周转房建设情况

2016年11月10日，住建局局长拉琼组织相关单位对然巴乡干部职工周转房验收

2016年11月9日，住建局局长拉琼验收乡镇周转房

2016年9月21日，召开建设项目工程质量安排部署会

2016年3月2日，仁布县项目领导小组工作人员验收保障性住房

2016年4月7日，住建局工作人员到工地检查钢筋质量情况

2016年9月21日，住建局工作人员验收周转房

仁布县水利局

2016年8月27日，日喀则市人大常委副主任赵小周（左一）到仁布县然巴乡受灾区检查指导水毁修复情况

2016年5月9日，日喀则市水利局质监站站长李志涛（右二）到仁布县检查强钦灌区工程建设情况

2016年4月17日，县委副书记、县长次仁顿珠陪同日喀则市水利局工作组检查指导仁布县水毁修复工作

2016年6月27日，副县长杨春林带领项目巡视组到新城区防洪提工程检查项目进度及质量

2016年3月16日，日喀则市水利局专家到仁布县切洼乡奴水库实地开展现场复合工作

2016年7月9日，日喀则市水利局检查组一行到仁布县检查强钦灌区工程

2016年4月23日，水利局工作人员到康雄乡塔热村水塘检查水利设施维修工程

仁布县农牧局

2016年5月10日，日喀则市农牧局副局长拉巴扎西到仁布乡日龙布村农牧民技术合作社检查指导工作

2016年4月13日，副县长杨春林到德吉林镇检查春耕备播工作

2016年9月8日，农牧局局长拉巴顿珠到仁布乡验收配种站

2016年2月13日，农牧局局长拉巴顿珠主持召开党风廉政建设专题会

2016年11月14日，农牧局局长拉巴顿珠到姆乡详巴村主持召开农村土地承包经营确权颁证试点工作部署会议

2016年12月12日，农牧局局长拉巴顿珠到仁布乡日龙布村检查种子田

仁布县文化广播电影电视局

2016年4月24日，日喀则市群艺馆副馆长格旺（右二）到仁布县开展石刻造像调研工作

2016年11月23日，文广局开展“讲学习、讲忠诚、正风纪、转作风、提效能”学习会

2016年12月21日，仁布县文化执法大队工作人员在县城商铺进行文化市场安全检查

2016年9月25日，仁布县电视台记者到县敬老院开展“爱老敬老”活动

2016年9月7日，仁布县举办第五届江嘎尔藏戏文化旅游节

2016年3月28日，县电影放映队到县小学放映“3·28”主题电影

仁布县卫生局

2016年6月6日，西藏自治区卫计委农卫处处长郭聃（右三）到仁布县检查指导基层医疗工作

2016年12月21日，日喀则市卫计委党组成员、副主任罗布（左三）到仁布县考核年终工作

2016年6月16日，日喀则市卫计委副主任普赤（右二）到仁布县慰问三胞胎产妇

2016年11月10日，日喀则市妇保院专家索曲（右六）到仁布县指导妇幼保健工作

2016年9月24日，哈尔滨第二医院代表团向仁布县卫生服务中心捐赠医疗设备

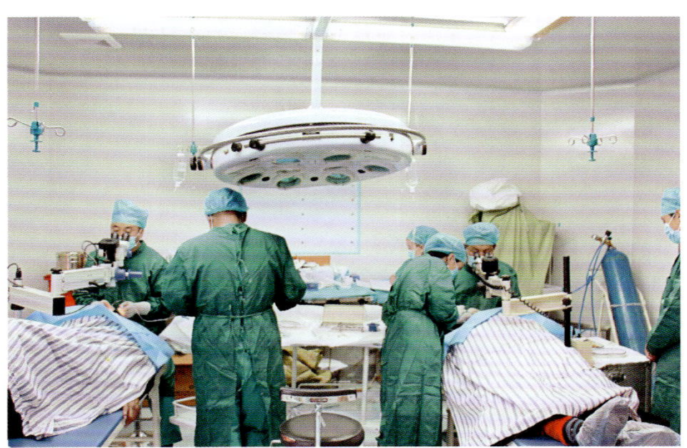

2016年7月9日，日喀则市红十字会医疗工作人员到仁布县为农牧民做白内障手术

2016年9月21日，中共仁布县委员会、仁布县人民政府为援藏专家组赠送锦旗

仁布县食品药品监督管理局

2016年12月8日，西藏自治区食药局副局长格桑玉珍（右一）到仁布县检查食品安全工作

2016年4月18日，食药局局长普琼到卫生服务中心开展药品和医疗器械监督检查工作

2016年4月14日，仁布县首届食品药品安全工作会议

2016年7月12日，食药局局长普琼到乡（镇）开展食品安全检查

2016年8月20日，检查食品生产加工作坊

2016年9月19日，开展食品药品安全宣传活动

仁布县藏语委办（编译局）

2016年3月9日，编译局局长米玛翻译“两会”材料

2016年10月13日，开展规范社会用字工作普查

2016年3月18日，编译局局长米玛校对政府工作报告

2016年9月30日，编译局局长米玛到帕当乡宣讲精准扶贫政策

2016年10月11日，开展社会用字及地名来源普查

2016年8月4日，编译局工作人员翻译换届材料

仁布县安全生产监督管理局

2016年9月19日，县委书记张晓培到县安监局安全生产宣传点了解宣传活动开展情况

2016年7月9日，切洼公安一级检查站站长、县公安局局长次仁，安监局局长孙明到切洼乡加油站检查日常运转安全情况

2016年4月20日，安监局局长孙明到然巴乡然巴小学检查教学楼新建项目

2016年1月8日，安监局副局长旦增扎西在仁布县烟花爆竹零售点进行安全检查

2016年5月29日，县安监局、县交通局、县交警大队联合排查318国道仁布辖区境内道路安全隐患

2016年9月30日，安监局工作人员在318国道仁布辖区隐患点设立藏汉双语交通警示牌

仁布县林业局

2016年7月20日，西藏自治区林业厅党组副书记、厅长云旦（左四），造林处副处长徐艺文（左三），日喀则市林业局局长宋国军（右四）到仁布县切洼乡切洼村检查历年造林成果

2016年4月22日，西藏自治区林业厅造林处处长董益均（右三）、日喀则市林业绿化局副局长文明祥（右一）到仁布县仁布乡行夏村查看2016年造林点

2016年10月25日，西藏自治区退耕办王洪英（中）、日喀则林业局副局长文明祥、县林业局局长次旦旺久到仁布县仁布乡仁布村检查指导防沙治沙项目

2016年6月2日，县人大常委会副主任罗旦、林业局局长次旦旺久、副局长措拉、切洼乡党委书记刘俊华到切洼乡人民政府兑现2016年生态效益补偿金

2016年6月16日，日喀则市林业绿化局林政科科长索次（左二）、县林业局局长次旦旺久、副局长措拉、然巴乡乡长米玛次仁到然巴乡日聂村检查指导生态建设工作

2016年5月10日，林业局局长次旦旺久，副局长措拉，乡长边加到帕当乡检查指导湿地保护项目建设工作

仁布县扶贫开发办公室

2016年5月4日，西藏自治区常务副主席丁业现（前排左三）日喀则市委副书记、市长刘虎山到仁布县调研

2016年11月17日，县委常委、常务副县长周宏坪到康雄乡调研亚德细褐产业项目

2016年4月14日，副县长顿珠、扶贫办主任塔旦到然巴乡入户调研

2016年4月30日，仁布县扶贫办副主任普琼到现场了解生产资料发放情况

2016年4月20日，仁布县脱贫攻坚指挥部召开易地搬迁工作部署会

2016年7月21日，仁布县脱贫攻坚指挥部召开精准扶贫汇报会

仁布县创先争优强基础惠民生活动领导小组办公室

2016年4月15日，西藏自治区警卫局驻帕当乡工作队组织学生开展宣传教育感党恩

2016年11月4日，西藏自治区纪委驻仁布县康雄乡工作队邀请自治区人民医院医护人员开展义诊活动

2016年4月11日，日喀则市财政局机关干部到仁布县查巴乡吴米村开展“结对认亲”活动

2016年10月17日，县委常委、纪委书记卢继峰到康雄乡走访慰问贫困户

2016年3月28日，德吉林镇人民政府驻吉雄村工作队举行“3・28”西藏百万农奴解放纪念日文艺活动

2016年7月10日，查巴乡查巴村工作队邀请乡完小教师，组织村开展“万名村干部文化素质提升工程”

仁布县旅游局

2016年5月4日，自治区党委副书记、常务副主席、区脱贫攻坚总指挥部总指挥长丁业现带领工作组一行到仁布县嘎布久噶生态旅游村检查指导扶贫工作

2016年11月6日，日喀则市旅发委副局长扎西次仁、县旅游局局长扎西泽措到国家AAA景区雍泽绿观相湖检查项目终验工作

2016年3月29日，日喀则市旅游局规划项目科副科长张传文（右一），西藏易境旅游规划景观设计院专家组一行到仁布县调研“十三五”旅游规划项目

2016年11月15日，日喀则市旅游发展委员会项目科科长旦曲（左四）到嘎布久嘎生态旅游村进行生态检查

2016年9月19日，县委书记张晓培检查旅游安全生产宣传工作情况

2016年11月23日，旅游局局长扎西泽措组织召开嘎布久嘎乡村旅游扶贫试点规划评审会

仁布县 德吉林镇

2016年7月5日，县委书记张晓培到德吉林镇强钦村检查指导工作

2016年5月10日，镇党委书记琼达、副书记次旦朗杰到艾玛村水坝检查修建情况

2016年12月11日，镇人大主席尼玛欧珠到艾玛村检查扶贫户危房修建情况

2016年4月24日，镇人大主席尼玛欧珠带领工作人员到德吉林村开展入户调研工作

2016年6月16日，党委副书记、镇长王东海到那休村检查水渠项目进展情况

2016年4月8日，德吉林镇召开推进精准扶贫工作会议

2016年9月30日，德吉林镇召开农村集体土地所有权确权发证工作安排部署会

2016年6月30日，德吉林镇机关党支部党员志愿服务队开展“七一”系列活动喜迎建党95周年

仁布县康雄乡

2016年12月12日，日喀则市委书记张延清（前排左三）到仁布县康雄乡实地查看细褐合作社生产运营情况

2016年8月10日，日喀则市扶贫办主任旦增（右三）到仁布县康雄乡检查精准扶贫工作开展情况

2017年1月8日，县委书记张晓培到康雄乡慰问“三老人员”和贫困户

2016年11月4日，县政协副主席、乡党委书记旺拉到康雄村协调农田改造项目

2016年12月16日，县政协副主席、乡党委书记旺拉主持召开康雄乡“先进双联户”表彰大会

2016年12月20日，康雄乡召开“亚德翠玉”工资兑现会议

仁布县 切洼乡

2016年5月4日，西藏自治区常务副主席丁业现（左二）、日喀则市委副书记、市长刘虎山（左一）到仁布县切洼乡嘎布久嘎村调研精准扶贫工作

2016年11月14日，日喀则市委书记张延清（左二）到仁布县切洼乡调研

2016年8月13日，日喀则军分区副司令员拉旺（右四）到切洼乡查看民兵演练情况

2016年7月4日，乡党委书记刘俊华，党委副书记、乡长巴桑加措到泽玉吉彩寺与僧人交流谈心

2016年9月6日，党委副书记、乡长巴桑加措到宗奴村主持召开"两学一做"最低生活保障政策宣传大会

2016年3月9日，切洼乡召开环境整治工作安排部署会

2016年6月7日，切洼乡召开第十四届人民代表大会一次会议

仁布县 姆乡

2016年12月9日，副县长旦增曲珍带领县验收组初步验收易地搬迁项目

2016年4月10日，姆乡党委书记杨彬讲廉政党课

2016年7月15日，乡干部到祥巴村委会召集群众宣传召开规范最低生活保障政策落实工作会

2016年12月6日，姆乡召开第五、六批驻村工作队座谈会

2016年5月19日，姆乡开展村一级县、乡两级人大代表换届选举大会

2016年4月7日，姆乡召开教育工作会暨均衡教育发展工作部署会议

2016年6月20日，姆乡召开规范最低生活保障动员部署暨培训会

仁布县 仁布乡

2016年11月3日，党委书记洛桑到行夏村检查党建工作开展情况

2016年3月28日，仁布乡组织开展“西藏新旧”对比展

2016年5月6日，仁布乡农业种植技能培训会开幕式

2016年10月18日，仁布乡优秀“双联户”表彰大会

2016年3月28日，仁布乡庆祝“3·28”西藏百万农奴解放纪念日文艺会演

2016年9月15日，仁布乡江嘎达村党员群众义务投劳

2016年7月14日，仁布乡非物质文化遗产“江嘎尔藏戏”排练

仁布县 帕当乡

2016年4月18日，县委副书记、县长次仁顿珠到帕当乡检查党建工作

2016年8月1日，县委常委、组织部部长琼次仁到帕当乡检查指导工作

2016年3月5日，县政协副主席夏果·次多到帕当乡指导维稳工作

2016年4月11日，县委政法委副书记普琼次仁到帕当乡检查指导工作

2016年5月15日，县人社局局长阿旺扎西到帕当乡检查指导工作

2016年7月1日，帕当乡召开庆祝中国共产党建党95周年暨党员表彰大会

2016年6月1日，帕当乡完小庆祝“六一”儿童节

仁布县 然巴乡

2016年6月28日，县委常委、组织部部长琼次仁到然巴乡慰问“三老”人员

2016年7月10日，抗洪抢险指挥部组长、副县长旦增曲珍到然巴乡然巴村查看灾情

2016年7月10日，抗洪抢险指挥部组长、副县长旦增曲珍到然巴乡德米村查看民房灾情

2016年11月17日，然巴乡全体工作人员观看教育警示片

2016年6月7日，然巴乡召开第十四届人民代表大会第一次会议

2016年5月25日，然巴乡召开换届选举动员大会

2016年7月1日，然巴乡全体干部职工及党员举行升国旗仪式

仁布县 普松乡

2016年6月29日，县委副书记、县长次仁顿珠到普松乡查看洪水灾后情况

2016年11月23日，县委常务副书记迟伟东到普松乡调研

2016年5月24日，县委常委、组织部部长琼次仁，法院院长索朗央宗到普松乡检查指导换届工作开展情况

2016年3月21日，县委常委、副县长旦增，副县长景洁到普松乡检查环保整治工作开展情况

2016年11月18日，县委常委、副县长魏家宜，扶贫办主任塔旦到普松乡调研扶贫生态岗位资金兑现情况

2016年9月12日，日喀则市教育督导组，县委常委、副县长黎星庆到普松乡检查教学开展情况

2016年6月14日，党委副书记、乡长李建到白仲村编制筐扣字制作农牧民合作社检查指导工作

仁布县 查巴乡

2016年9月12日，县委书记张晓培，县委副书记、常务副县长周宏坪，县委常委、组织部部长琼次仁，县委常委、纪委书记卢继峰到查巴乡慰问驻村工作队员

2016年11月2日，县委常委、组织部部长琼次仁到查巴乡检查吾米村标准化建设情况

2016年5月26日，县委常委、宣传部部长张晶到查巴乡参加党委换届大会

2016年3月12日，查巴乡发放村“两委”绩效考核奖金

2016年11月22日，日喀则市委第三巡察组一行到查巴乡开展巡察动员部署会

仁布县中学

2016年9月23日，国家督学、厦门市人民政府督导室原主任陈江汉（右三）到仁布县中学检查教育均衡工作开展情况

2016年3月15日，西藏自治区教育厅副厅长吴爱珍（右二）到仁布县中学检查指导工作

2016年5月24日，西藏自治区督导室副主任罗布（左三）到仁布县中学督导教育均衡工作

2016年11月2日，原日喀则市师范学校教授多吉玉加到仁布县中学开展师风教育讲座

2016年11月15日，县教育局局长米玛仓决到仁布县中学检查指导工作

2016年10月19日，组织学生开展地震应急疏散演练

2016年9月19日，仁布县中学开展初一新生军训开幕式

仁布县完全小学

2016年4月20日，县委副书记、县长次仁顿珠到县完小检查教育均衡推进落实情况

2016年4月19日，德吉林镇党委书记琼达到县完小检查教育均衡迎检工作

2016年4月8日，德吉林镇党委副书记、镇长王东海到县完小参加推进义务教育均衡发展专题会议

2016年5月6日，县卫生局局长米玛仓决到县完小排查春季学生疾病的防控工作

2016年4月25日，全体教师在县完小参加校本培训

2016年11月26日，县完小校长朗杰次仁传达学习西藏自治区第九次党代会精神

仁布县幼儿园

2016年4月5日，县教育局副局长索潘到幼儿园检查指导工作

2016年4月7日，日喀则市幼儿园教师对孩子进行教育演讲

2016年4月8日，教师互相交流教学经验

2016年6月1日，幼儿园开展庆“六一”文艺会演

2016年10月16日，组织学生开展逃生演练

2016年11月5日，给孩子进行消防宣讲活动

2016年12月2日，开展“阳光宝贝，快乐家庭”亲子活动

仁布县人民武装部

2016年9月9日，县委常委、武装部政委张立亚欢送新战友

2016年12月11日，武装部部长边巴给在部队立功战士所在家庭送喜报上门

2016年4月15日，武装部副部长李然面对面帮带仁布乡民兵组织调整

2016年12月28日，武装部部长边巴到敬老院慰问老人

2016年7月22日，组织民兵执勤巡逻

2016年8月21日，组织民兵实弹射击

2016年6月24日，武装部组织护路分队民兵军事训练合影

仁布县公安消防大队

2016年12月5日，西藏消防总队防火部副部长李大庆（右一）到仁布县消防大队督导检查工作

2016年5月25日，消防大队大队长李云贵到泽鲁寺检查消防安全

2016年10月25日，消防大队副中队长颜礼成到塔杰网吧进行夜查

2016年11月7日，消防大队官兵在县城开展消防安全宣传活动

2016年4月22日，消防大队官兵在县公安局门口进行消防演练

2016年6月3日，消防大队官兵到开发区加油站进行消防演练

2016年3月3日，消防大队官兵在县公安局参加誓师大会

武警仁布县中队

2016年5月，指导员王嵬到然巴乡中心小学慰问贫困儿童

2016年4月12日，中队长邓家武到完小慰问贫困学生

2016年4月18日，中队组织器械训练

2016年3月20日，中队组织战士刺杀训练

2016年3月14日，与公安干警联合进行徒步武装巡逻

中队“两业”生产

2016年5月9日，中队官兵到强钦寺帮助打扫卫生

仁布县国家税务局

2016年4月5日，西藏自治区国税局副局长旺堆（左二）到仁布县国税局调研

2016年6月3日，日喀则市国税局局长大平措（右二）到仁布县国税局检查指导工作

2016年4月20日，仁布县国税局组织开展建筑业纳税人税企座谈会

2016年9月18日，县国税局局长顿平（左一）到查巴乡查巴村扶贫点慰问帮扶户

2016年10月10日，国税局开展"讲学习、讲忠诚、正风纪、转作风、提效能"主题活动

仁布县国税局全体员工

仁布县工商行政管理局

2016年12月5日，日喀则市工商局局长扎西桑旦（右二）到仁布县工商局考察

2016年12月20日，局长达瓦到查巴乡慰问结对帮扶户

2016年2月17日，局长达瓦带队对县城娱乐场所开展“扫黄打非”工作

2016年3月15日，局长达瓦带队到然巴乡开展送法律知识进学校活动

2016年7月1日，工商局职工参加县政府组织文艺活动

中国邮政集团公司 西藏自治区仁布县邮政分公司

2016年4月1日，邮政分公司分拣员、乡邮员卸包裹

2016年4月1日，邮政分公司乡邮员分拣邮件

2016年5月3日，邮政分公司分拣人员分拣报纸报刊

2016年8月6日，邮政分公司工作人员收寄邮件

2016年7月2日，邮政分公司新装修机要通信室

仁布县邮政分公司营业大厅

2016年7月2日，邮政分公司新装修“职工之家”

中国移动通信集团西藏有限公司日喀则分公司仁布县分公司

2016年6月9日，自治区移动公司副总经理薛平（左一）一行到仁布县移动分公司调研

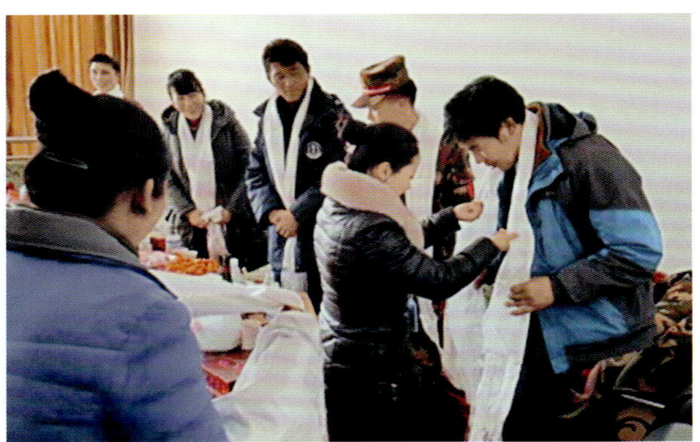
2016年2月9日，仁布县分公司经理卓玛到县一线指挥部慰问

2016年3月21日，仁布县移动分公司与县政府签订集团号簿业务

2016年9月28日，仁布县德吉林镇明珠桥梁改建工程及通讯管线改迁工作

2016年9月7日，组织工作人员在江嘎尔旅游文化节开展营销活动

仁布县移动分公司营业厅全景

2016年4月18日，工作人员为客户办理业务

中国联合网络通信有限公司日喀则市分公司仁布县营业部

用户挑选终端

2016年4月19日，联通营业部开展存话费送手机活动

营业厅工作人员受理业务

仁布县联通营业部办公楼

终端销售专台

中国电信集团公司
日喀则分公司仁布县电信局

2016年8月10日，组织员工开展业务知识培训

2016年11月20日，电信局工作人员到然巴乡为村民办理业务

2016年12月2日，电信局工作人员到然巴乡为客户推荐业务

仁布县电信局“职工之家”

2016年7月3日，电信局工作人员为客户介绍业务

仁布县电信局主卖场

中国农业银行股份有限公司仁布县支行

支行行长普布、副行长次仁琼达到仁布县一级检查站开展慰问活动

2016年3月21日，支行行长普布组织全体员工讲党课

2016年10月30日，支行行长普布到江新村看望慰问20名贫困户

2016年9月1日，农行仁布县支行仁布营业所正式开通新一代业务挂牌仪式

2016年3月30日，县支行第一季度经营分析工作会议及第二季度业务各项经营指标安排部署

传达学习农行西藏分行及农行日喀则分行党建和经营工作会议暨信贷工作会议精神

中国石油天然气股份有限公司西藏日喀则销售分公司仁布加油站

职工给客户发加油卡

职工为顾客加油

消防、公安到加油站联合开展应急演练

职工检查加油机运转情况

公安民警检查实名登记情况

检查消防器材